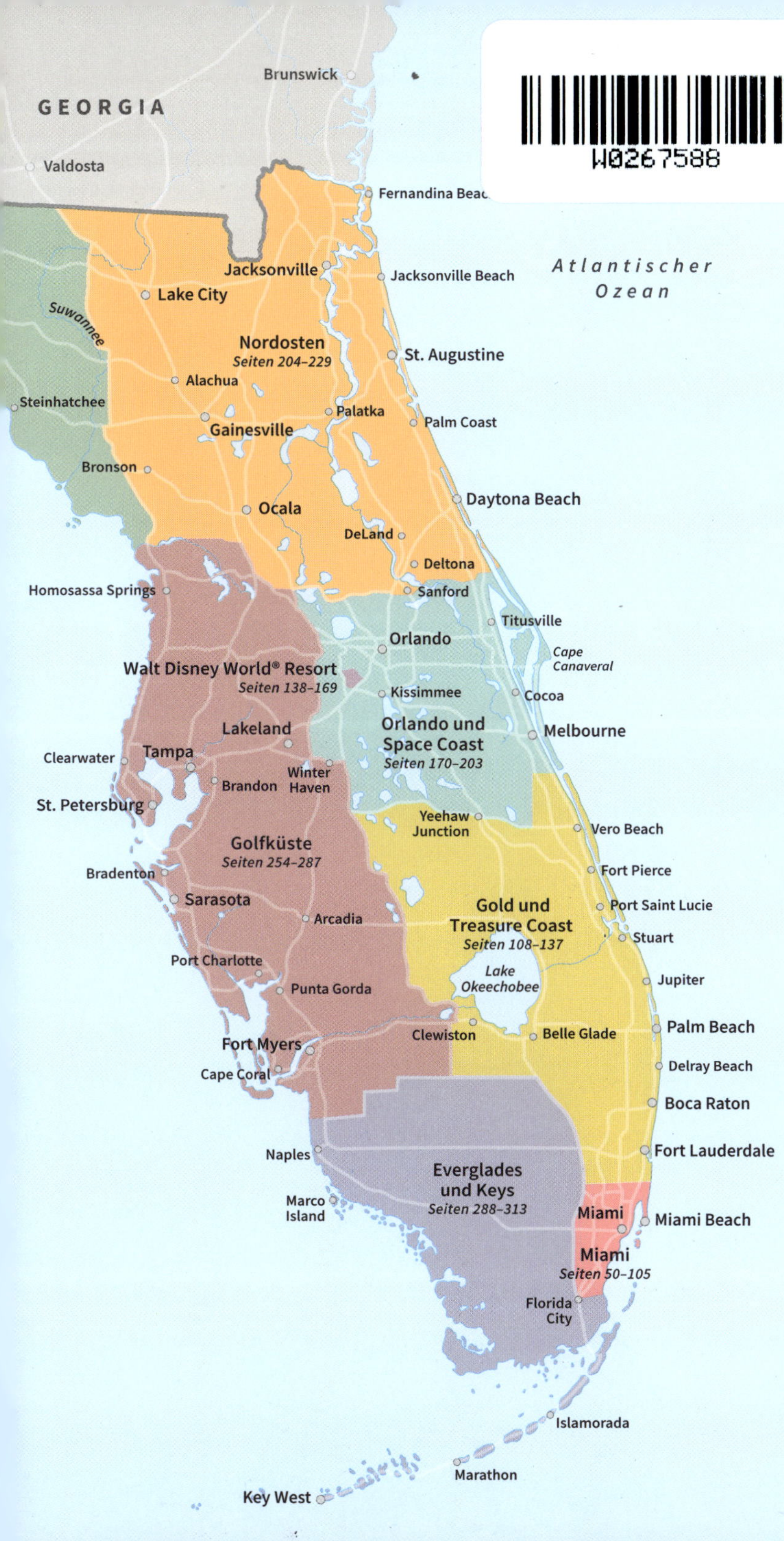
Brunswick
GEORGIA
Valdosta
Fernandina Beac
Atlantischer Ozean
Jacksonville
Jacksonville Beach
Lake City
Suwannee
Nordosten
Seiten 204–229
St. Augustine
Alachua
Steinhatchee
Palatka
Gainesville
Palm Coast
Bronson
Ocala
Daytona Beach
DeLand
Deltona
Homosassa Springs
Sanford
Titusville
Orlando
Cape Canaveral
Walt Disney World® Resort
Seiten 138–169
Kissimmee
Cocoa
Orlando und Space Coast
Seiten 170–203
Lakeland
Melbourne
Clearwater
Tampa
Winter Haven
Brandon
St. Petersburg
Yeehaw Junction
Vero Beach
Golfküste
Seiten 254–287
Fort Pierce
Bradenton
Sarasota
Gold und Treasure Coast
Seiten 108–137
Port Saint Lucie
Arcadia
Stuart
Port Charlotte
Lake Okeechobee
Jupiter
Punta Gorda
Palm Beach
Clewiston
Belle Glade
Fort Myers
Delray Beach
Cape Coral
Boca Raton
Naples
Fort Lauderdale
Everglades und Keys
Seiten 288–313
Marco Island
Miami
Miami Beach
Miami
Seiten 50–105
Florida City
Islamorada
Marathon
Key West

INSPIRIEREN / PLANEN / ENTDECKEN / ERLEBEN

FLORIDA

DK Vis-à-Vis

FLORIDA

INHALT

FLORIDA ENTDECKEN **6**

MIAMI ERLEBEN **50**

FLORIDA ERLEBEN **106**

REISE-INFOS **314**

Links: *Das Art-déco-Hotel Breakwater am Ocean Drive in Miami Beach* (siehe S. 73)
Vorhergehende Doppelseite: *Morgenstimmung über Miamis Skyline*
Umschlag: *Farbenfrohe Gebäude am Ocean Drive in Miami Beach* (siehe S. 68–73)

FLORIDA
ENTDECKEN

Farbenzauber über Gainesville

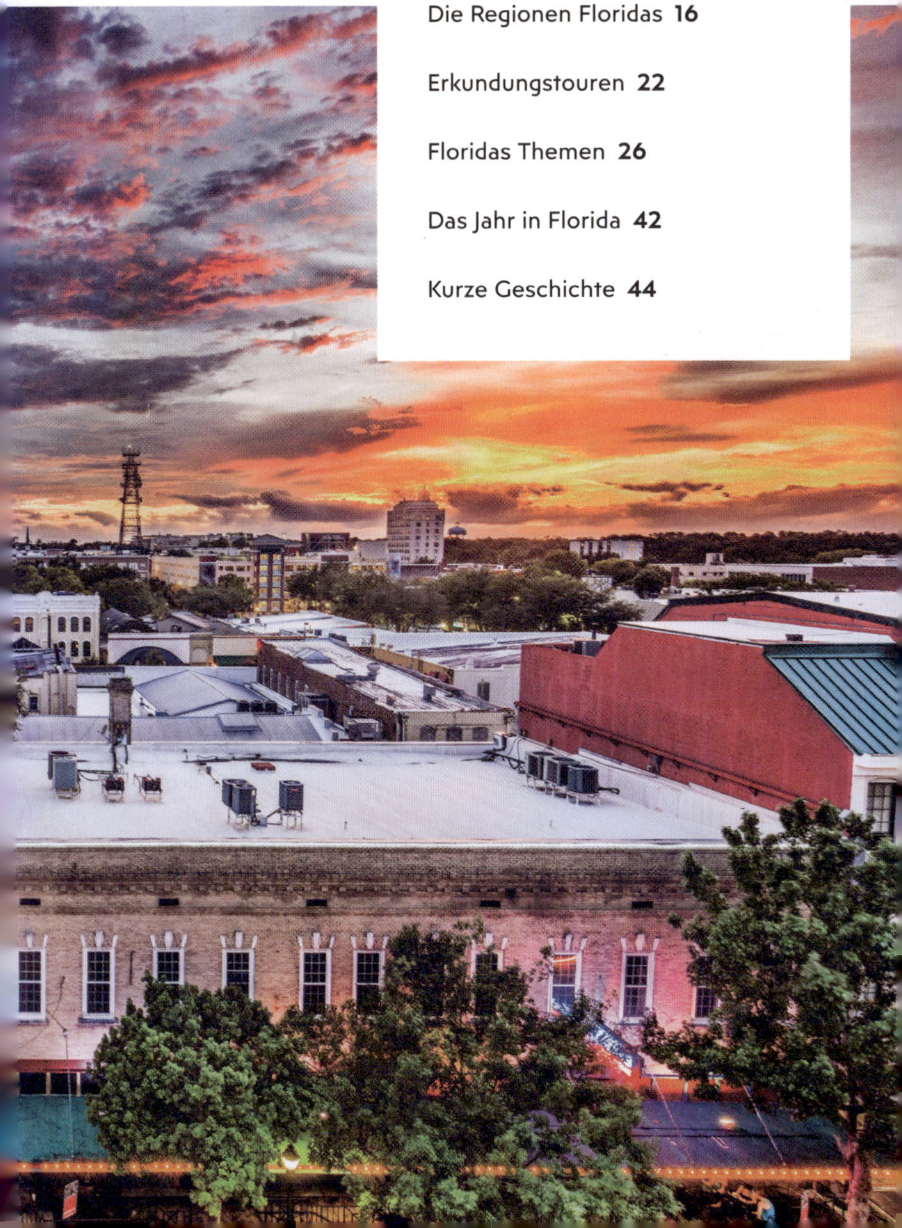

WILLKOMMEN IN FLORIDA

Florida ist in erster Linie bekannt für seine bunten Themenparks und die herrlichen Strände, dabei gibt es in dem Bundesstaat doch noch so viel mehr zu entdecken: Naturlehrpfade, Nationalparks, köstlichstes Essen, pulsierende Metropolen und eine interessante Geschichte. Was auch immer Sie in Florida sehen und erleben wollen - unser Vis-à-Vis Florida ist Ihr idealer Begleiter.

1

2

3

1 *Abenteuer im Astro Orbiter im Magic Kingdom®*

2 *Stimmungsbild: Sonnenaufgang am Strand in Fort Lauderdale*

3 *Ocean Drive in Miami am frühen Abend*

Floridas Strände sind einzigartig, Sonnenanbeter strömen an die herrlichen Küsten in St. Augustine, in Naples und an den Keys, der wunderschönen Inselkette im Süden des Staates. Naturliebhaber erleben in den Nationalparks die vielfältige Flora und Fauna Floridas. Neben dem Sumpfland der Everglades mit seinen Alligatoren gibt es auch im Hinterland viel zu entdecken.

Floridas Städte haben reichlich tolle Restaurants, Kultur-Events und Nightlife im Angebot, jede Stadt ist ganz eigen: Miami punktet mit seinem urbanen Chic, historische Schönheit begeistert in Pensacola, das entspannte Fort Lauderdale und das lässige Tampa mit ihrer Lage am Meer. In Orlando fühlt man sich dagegen in einer vollkommen anderen Welt mit einer Vielzahl schier unglaublicher Attraktionen: Walt Disney World® Resort und Universal Orlando Resort™ sind wahre Besuchermagneten, und an der nahe gelegenen Space Coast erwartet Sie ein ganz spezielles Flair.

Vom Panhandle im Norden bis zur Inselwelt der Keys mehr als 800 Kilometer weiter südlich haben wir Florida für Sie in einzelne Kapitel unterteilt und versorgen Sie mit vielen Tipps, farbigen Karten und Tourenvorschlägen. Damit steht Ihrem Traumurlaub nichts mehr im Weg – egal, ob Sie Themenparks besuchen oder die ganze Region bereisen. Viel Spaß!

LIEBENSWERTES FLORIDA

Traumhafte Strände, köstliches Seafood, herrliche Natur und ein munteres Nachtleben - Florida hat für jeden etwas zu bieten. Hier stellen wir Ihnen einige Highlights vor, die Sie in Florida unbedingt erleben sollten.

1 Paradiesische Strände

Floridas Küste säumen schier unglaubliche 1067 Kilometer Sandstrand *(siehe S. 26f)*. Vom Golf von Mexiko bis zu hohen Atlantikwellen findet jeder seinen Lieblingsplatz.

Abenteuer in Themenparks *2*

Vergessen Sie den Alltag, und lassen Sie sich verzaubern! Die Angebote der Themenparks *(siehe S. 30f)* sind riesig, Sie erleben mit Sicherheit einen unvergesslichen Tag.

3 Wundervolle Tierwelt

Großartige Natur und viele Tiere erwarten Sie in den State Parks und Reservaten in Florida *(siehe S. 36f)*. Zu den schönsten gehört das Merritt Island National Wildlife Refuge.

Bezaubernder Art déco 4

Beim Bummel über Miami Beachs Ocean Drive *(siehe S. 68–73)* sehen Sie wunderschön erhaltene Hotels, die die Gegend in eine Art-déco-Galerie verwandeln.

Kennedy Space Center 5

Eine Saturn-V-Rakete, eine Space Complex Tour und ein »Garten« voller riesiger Raketen sind nur der Anfang – das Kennedy Space Center *(siehe S. 190–195)* ist ein Muss.

Verlockende kubanische Küche 6

In den kubanischen Vierteln von Miami und Tampa *(siehe S. 34f)* finden Sie gute Lokale. Besonders fein sind Gerichte mit Schweinefleisch, Huhn mit Reis oder Sandwiches.

7 Vielfältiges Miami

Von der historischen Atmosphäre von Coral Gables bis zur Skyline in der Innenstadt sorgen die vielen Stimmungen Miamis *(siehe S. 50–105)* für urbane Abenteuer.

8 Beeindruckende Everglades

Fahren Sie mit einem Propellerboot durch die Sümpfe, oder sehen Sie Alligatoren, Kanadareiher und unzählige weitere Tiere von einem Fußweg aus *(siehe S. 292–297)*.

9 Golfplätze für jeden Geschmack

In Florida finden Sie über 1000 Golfplätze – mehr als in jedem anderen Staat – für Anfänger und Profis. Kein Wunder, dass Florida die Heimat vieler Golf-Profis ist *(siehe S. 41)*.

10 Abenteuer unter Wasser

Der John Pennekamp Coral Reef State Park *(siehe S. 307)* war der erste Unterwasserpark Amerikas. Nicht zuletzt wegen seines faszinierenden Korallenriffs.

Florida Keys 11

Die Florida Keys, die der Overseas Highway miteinander verbindet, sind glitzernde subtropische Inseln, Zufluchtsorte zum Schnorcheln, Tauchen, für frische Meeresfrüchte und Limettenkuchen.

Sonnenschein das ganze Jahr über 12

Nicht umsonst nennt man Florida den »Sunshine State«! Selbst an Regentagen bricht immer mal die Sonne durch. St. Petersburg hält den Rekord mit 361 Sonnentagen im Jahr.

FLORIDA
AUF DER KARTE

Für diesen Reiseführer wurde Florida in acht Regionen unterteilt, jede mit einer eigenen Farbe, wie auf der Karte ersichtlich. Auf den folgenden Seiten erfahren Sie viel Spannendes über diese Regionen.

Nordamerika

GEORGIA
Brunswick
Valdosta
0 Kilometer 100
0 Meilen 100
N
Fernandina Beach
Atlantischer Ozean
Jacksonville
Jacksonville Beach
Lake City
Suwannee
Nordosten
Seiten 204–229
St. Augustine
Alachua
Steinhatchee
Palatka
Palm Coast
Gainesville
Bronson
Daytona Beach
Ocala
DeLand
Deltona
Homosassa Springs
Sanford
Titusville
Orlando
Cape Canaveral
Walt Disney World® Resort
Seiten 138–169
Kissimmee
Cocoa
Orlando und Space Coast
Seiten 170–203
Melbourne
Lakeland
Clearwater
Tampa
Winter Haven
Brandon
St. Petersburg
Yeehaw Junction
Vero Beach
Golfküste
Seiten 254–287
Bradenton
Fort Pierce
Sarasota
Port Saint Lucie
Gold und Treasure Coast
Seiten 108–137
Arcadia
Stuart
Lake Okeechobee
Jupiter
Port Charlotte
Punta Gorda
Palm Beach
Clewiston
Belle Glade
Fort Myers
Delray Beach
Cape Coral
Boca Raton
Naples
Fort Lauderdale
Everglades und Keys
Seiten 288–313
Marco Island
Miami
Miami Beach
Miami
Seiten 50–105
Florida City
Islamorada
Marathon
Key West

DIE REGIONEN FLORIDAS

Der Sunshine State (Sonnenscheinstaat) ist auf drei Seiten von Wasser umgeben und liegt näher an Kuba und der Karibik als an den meisten Teilen der USA. Er ist eine Halbinsel von unglaublicher Vielfalt. Atemberaubende Strände bilden den roten Faden und verbinden die Mischung aus üppigen Feuchtgebieten, sanften Hügeln und tropischen Palmen.

Seiten 50–105

Miami

Die elegante Großstadt mit lateinamerikanischem Einschlag hat viel zu bieten. Erleben Sie die unterschiedlichen Stimmungen in den einzelnen Vierteln wie dem historischen Coral Gables, dem lebhaften Little Havana und dem Kunst-Mekka Wynwood. Downtown Miami ist ein modernes Zentrum mit vielen Museen und Kulturflair neben tollen Läden und Restaurants. Miami Beach begeistert mit Art-déco-Architektur, buntem Nachtleben und Trubel am Strand. Ein Stück weiter weg bietet Key Biscayne dagegen Ruhe und Entspannung am Strand.

Entdecken
Nachtleben, Kunst und Architektur

Sehenswert
Ocean Drive, Little Havana, Vizcaya Museum and Gardens und das Ancient Spanish Monastery

Genießen
Die wunderbare Art-déco-Architektur

Seiten 108 – 137

Gold und Treasure Coast

Sonnenverwöhnte Strände und kleine Ferienorte prägen die Küste nördlich von Miami, wo vor allem Urlauber und Rentner gern ihre Zeit verbringen. Fort Lauderdale mit seinem Kreuzfahrthafen ist der belebteste Ort an der Gold Coast, während Palm Beach der wohlhabendste ist – bekannt für seine Landhäuser und luxuriöses Shopping. Die Treasure Coast beginnt im bei Golfern sehr beliebten Jupiter und wird dann zum Sebastian Inlet hin ländlicher.

Entdecken
Badeorte und Golfplätze

Sehenswert
Palm Beach, Boca Raton und Fort Lauderdale

Genießen
Bei einer Bootsfahrt die versteckten herrschaftlichen Häuser in Fort Lauderdale

→

Seiten 138–169

Walt Disney World® Resort

Natürlich gibt es auch anderswo Disney-Parks, aber dieser riesige Komplex bei Orlando ist wahrlich einzigartig. Tauchen Sie ein in vier fantastische Themen- und zwei Wasserparks, erkunden Sie die Golfplätze, und nutzen Sie die großartigen Angebote zum Einkaufen oder Essen in Disney Springs®. Hier kommt wirklich jeder auf seine Kosten, unabhängig vom Alter – aber planen Sie unbedingt genügend Zeit ein, um alles zu entdecken.

Entdecken
Spaß mit der ganzen Familie und magische Erlebnisse

Sehenswert
Magic Kingdom®, Epcot®, Disney's Hollywood Studios®, Disney's Animal Kingdom®

Genießen
Eine nette Fahrt um die Welt mit dem Boot bei »it's a small world«®

Seiten 170 – 203

Orlando und Space Coast

In den Themenparks von Universal Orlando® könnte man viele spannende Tage verbringen, umso angenehmer ist anschließend ein Besuch der ruhigen Innenstadt mit ihren Museen und Gärten. Da entschleunigt man rasch wieder. Auch die Nachbarstadt Winter Park ist einen Besuch wert, ebenso natürlich das Kennedy Space Center. Zur Erholung laden an der Space Coast auch die lässige Canaveral National Seashore oder der bei Surfern beliebte Cocoa Beach.

Entdecken
Themenparks und bezaubernde Städte

Sehenswert
Universal Orlando®, Legoland®, Downtown Orlando, Kennedy Space Center

Genießen
Das rasende Tempo und die gruseligen Effekte bei Harry Potter and the Forbidden Journey™ im Universal Orlando Resort™

Seiten 204 – 229

Nordosten

Daytona Beach kennen vor allem die Motorsportfans und Studenten, die dort die Semesterferien verbringen. Die älteste Stadt Floridas – das charmante St. Augustine – begeistert alle, die sich für Geschichte interessieren. Ansonsten wird die ruhige Küste mit ihren schönen Stränden und dem hübschen Jacksonville am St. John's River von vielen Besuchern leicht übersehen. Im Hinterland bei Ocala liegen ausgedehnte Pferdefarmen, weiter im Norden lockt der ruhige, entspannte Fernandina Beach auf Amelia Island mit Badespaß.

Entdecken
Hübsche Kleinstädte und Geschichte

Sehenswert
Jacksonville und St. Augustine

Genießen
Fahrt in einem echten NASCAR-Rennwagen auf dem Daytona Speedway

→

Seiten 230–253

Panhandle

Dieser ruhigere Bereich im Norden hat nicht nur geografisch mehr Verbindung zu den Südstaaten als der Rest Floridas. Das historische Erbe sieht man in Städten wie der Hauptstadt Tallahassee und einigen Teilen von Pensacola. Die Küste ist ein Traum, unterbrochen von quirligen Städten wie Panama City und Destin. Fischerdörfer wie Cedar Key und Apalachicola zeigen eine ganz andere, weniger touristische Seite von Florida. In Nationalparks oder auf den Inseln kann man dem großen Andrang leicht entgehen und sich in der Natur erholen.

Entdecken
Natur, Strände und der Flair des Südens der USA

Sehenswert
Pensacola und Tallahassee

Genießen
Über Holzstege zu den fantastischen Stränden im Grayton Beach State Park

Seiten 254–287

Golfküste

Am Golf von Mexiko liegen nicht nur fantastische Strände, auch die herrliche Natur sowie faszinierende Städte begeistern den Besucher. Sarasota ist ein kulturelles Zentrum mit zwei von den bekannten Brüdern Ringling gegründeten Museen. In St. Petersburg steht das größte Dalí-Museum der USA, im stetig moderner werdenden Tampa erlebt man im historischen Bezirk Ybor City Historie und Nachtleben gleichermaßen. Muschelsammler werden an der Lee Island Coast bei Fort Myers fündig. Weiter nördlich locken Quellen und State Parks Outdoor-Fans an.

Entdecken
Strandspaß, Museen, Stadtleben

Sehenswert
St. Petersburg, Tampa, Lee Island Coast, Ringling Museum of Art, Ringling Museum Cà' d'Zan

Genießen
Dem Tanz der Meerjungfrauen in Weeki Wachee Springs zusehen

Seiten 288–313

Everglades und Keys

Die unendliche Weite der Everglades an der Südspitze Floridas ist ein überaus faszinierender Gegenpol zu Strandleben und Städtetourismus, die typisch sind für Florida. Noch weiter draußen liegen die Keys: Über 42 Brücken erreicht man auf dem Overseas Highway entspannte Inselgemeinden. Vor allem Taucher und Schnorchler lieben die Keys, da dort ein zauberhaftes Korallenriff erkundet werden kann. Und wie einst Hemingway gehen Angler dort gern auf großen Fang.

Entdecken
Tierwelt, Bootsausflüge, schnorcheln und angeln

Sehenswert
Everglades National Park und Key West

Genießen
Bei einer Bootstour durch die Everglades Alligatoren und seltene Vögel

1

2

3

4

←

1 *Spaziergang am Strand von Panama City Beach*

2 *Paddeltour im Ocala National Forest*

3 *Seekuh im Crystal River*

4 *Zu Gast im The Fish House*

So vieles bleibt unentdeckt in Florida, wenn man - wie viele Besucher - nur in die touristischen Hauptorte Orlando und Miami Beach fährt. Dabei gibt es so viel mehr Spannendes zu erleben - unsere Tourenvorschläge helfen Ihnen dabei.

5 TAGE

in Nord-Florida

Tag 1

Frühstücken Sie in Jacksonville *(siehe S. 208f)* am Jacksonville Landing, und besuchen Sie das Museum of Contemporary Art. Mittags essen Sie in St. Augustine *(siehe S. 210–217)* direkt am Wasser in Harry's Seafood Bar & Grille (www.hookedonharrys.com), ehe Sie durch die schmalen Gassen der Stadt bummeln. Abends dinieren Sie in der Nähe des Flagler College und stürzen sich dann ins Nachtleben.

Tag 2

Fahren Sie nach Daytona, und besuchen Sie den Daytona International Speedway *(siehe S. 222)*. Mittags essen Sie am Daytona Beach – einen schönen Blick aufs Wasser hat man bei Caribbean Jack's (www.caribbeanjacks.com). Nachmittags genießen Sie die herrliche Natur Floridas im Ocala National Forest *(siehe S. 226f)*. Hier gibt es ein paar schöne Rundwege. Verbringen Sie den Abend in Ocala und essen im historischen Ivy on the Square (www.ivyhousefl.com).

Tag 3

In Weeki Wachee Springs *(siehe S. 279)* erleben Sie eine der ältesten Attraktionen Floridas: eine Unterwassershow mit tanzenden »Meerjungfrauen«. Wasserbewohner aus den Tiefen des Ozeans kann man am Nachmittag in Crystal River *(siehe S. 278)* sehen, wo im Crystal River National Wildlife Refuge auch Seekühe leben. Verbringen Sie Ihren Abend damit, lokale Meeresfrüchte an einem der Fischstände oder in einem Restaurant im Freien zu genießen.

Tag 4

Cedar Key *(siehe S. 251)* ist eine der hübschesten Küstenstädte in Nord-Florida. Wenn Sie früh genug dran sind, machen Sie eine Inseltour und essen danach die berühmten Venusmuscheln. Fahren Sie weiter in die Landeshauptstadt Tallahassee *(siehe S. 240f)* – etwa zweieinhalb Stunden von Cedar Key entfernt. Besichtigen Sie dort das Tallahassee Museum. Probieren Sie zum Abendessen die Küche des Südens in einem der vielen Restaurants in Tallahassee.

Tag 5

Heute geht es an den Strand. Einer der schönsten liegt bei St. Andrews *(siehe S. 245)*. Fahren Sie früh dorthin, damit Sie das Sonnenbaden und Schwimmen ausgiebig genießen können. Wenn Sie Appetit haben, finden Sie im nahen Panama City Beach *(siehe S. 244f)* ein paar feine Restaurants. Nach einer Stunde Fahrt erreichen Sie Destin *(siehe S. 246)*, einen der beliebtesten Badeorte an der Golfküste, wo Sie nach Herzenslust tauchen, schnorcheln und angeln können. Abends fahren Sie nach Pensacola *(siehe S. 234–239)*, das ein spannendes Nachtleben bietet. Nutzen Sie die Chance auf fangfrischen Fisch im The Fish House (www.fishhousepensacola.com).

1

2

7 TAGE

in Süd-Florida

Tag 1

Die Tour beginnt in Miami mit einem Frühstück im legendären The Biltmore *(siehe S. 92)*. Genießen Sie dann Architektur, Galerien und das Shoppen an der Miracle Mile im schicken Coral Gables. Nachmittags erkunden Sie das Vizcaya Museum and Gardens, Floridas großartige Residenz *(siehe S. 86f)*. Nach einem kubanischen Essen im Versailles *(siehe S. 85)* bummeln Sie auf der Calle Ocho durch Little Havana *(siehe S. 84f)*.

Tag 2

Nach dem Frühstück in Downtown Miami erkunden Sie die Museen der Stadt. Beginnen Sie im Phillip and Patricia Frost Museum of Science *(siehe S. 88)* mit seinem Planetarium und Aquarium. Nach einer Stärkung im dortigen Food@Science sehen Sie im nahen Pérez Art Museum Miami *(siehe S. 89)* moderne internationale Kunst. Bummeln Sie danach den Baywalk entlang und durch die Läden am Bayside Marketplace *(siehe S. 89)*, bevor Sie ein Restaurant für das Abendessen aussuchen.

Tag 3

Frühstücken Sie in einem der Cafés in South Beach, bevor Sie einen Spaziergang auf dem Ocean Drive unternehmen und die Art-déco-Architektur genießen *(siehe S. 68–73)*. Anschließend gibt es Ausstellungen zu dekorativer Kunst an der Wolfsonian-Florida International University *(siehe S. 75)* und Gemälde im The Bass *(siehe S. 76f)*. Essen Sie an der Lincoln Road Mall *(siehe S. 76)*, durchstöbern Sie die Läden und kehren danach zurück an den Strand von Miami. Abends essen Sie im Joe's Stone Crab Restaurant *(siehe S. 77)*, bevor Sie im LIV (www.livnightclub.com) ins Nachtleben eintauchen.

Tag 4

Eine Stunde Fahrt bringt Sie in den weitläufigen Everglades National Park *(siehe S. 292–297)*. Dort gehen Sie den ganzen Tag über auf Entdeckungstour. Entweder Sie holen sich Infos im Besucherzentrum, oder Sie ziehen auf eigene Faust los – über die erhöhten Fußwege, mit dem Rad oder einem Kajak. Im nahen Everglades City übernachten Sie,

1 *Palmen in Miami* ↑

2 *Cocktail im Muse at the Ringling in Sarasota*

3 *Im Everglades National Park*

4 *Moderne Kunst im Pérez Art Museum Miami*

5 *Seltene Pflanzen, Vizcaya Gardens*

Camellia Street Grill (202 Camellia St E) eignet sich für ein Seafood-Menü am Fluss.

Tag 5

Nach dem Frühstück fahren Sie zweieinhalb Stunden bis Sarasota *(siehe S. 276f)* an der Golfküste. Mit der Erkundung des Ringling-Komplexes kann man spielend einen ganzen Tag verbringen. Das Gelände ist ein Vermächtnis der berühmten Zirkusfamilie. Beginnen Sie im Museum Cà' d'Zan *(siehe S. 274f)*, einer Villa mit 56 Zimmern an der Bucht – das Anwesen selbst ist schon ein Kunstwerk. Essen Sie im Mable's Coffee and Tea (McKay Visitor's Pavilion, 5401 Bay Shore Rd) und gehen dann ins Ringling Museum of Art *(siehe S. 272f)*. Essen Sie in einem der vielen Restaurants an Main Street in der Innenstadt zu Abend und spazieren Sie danach durch den Bayfront Park.

Tag 6

Laufen Sie vom First Watch (www.firstwatch.com) Sarasotas schöne Main Street entlang. Bewundern Sie in den Marie Selby Botanical Gardens mit Blick auf die Bucht seltene Orchideenarten. Genießen Sie ein köstliches Mittagessen in O'Leary's Tiki Bar & Grill (www.olearystikibar.com), bevor Sie nach Long Boat Key und zu den Stränden fahren, um einen Nachmittag im weichen Sand zu verbringen. Später sehen Sie sich die Läden am spannenden St. Armands Circle an, wo Sie auch in einem der guten Restaurants zu Abend essen.

Tag 7

Eine Stunde Fahrt – über die hohe Skyway Bridge, durch St. Petersburg und über eine weitere Brücke über die Old Tampa Bay – bringt Sie in das junge, lebhafte Tampa *(siehe S. 266 – 269)*. Genießen Sie ein spätes Frühstück in der Innenstadt, bevor Sie am Nachmittag eine Bootsfahrt auf dem Hillsborough River und rund um die Bucht machen. Dann besichtigen Sie Ybor City, Tampas kubanisches Viertel, und zum Abschluss Ihrer Tour gönnen Sie sich ein Abendessen im Columbia Restaurant (www.columbiarestaurant.com).

Einsame Plätze

Einsame Strände findet man auf St. George Island *(siehe S. 253)*: 35 Kilometer unberührter Strand in Canaveral National Seashore *(siehe S. 202f)* östlich von Orlando – der längste unerschlossene Strand an der Ostküste. Auch an der Golfküste wird man fündig, im Caladesi Island State Park *(siehe S. 282f)*, nur per Boot vom Honeymoon Island State Park erreichbar.

← *Traumhaft: Sonnenaufgang in Canaveral National Seashore*

FLORIDAS STRÄNDE

Florida ist mit weltbekannten fantastischen Stränden gesegnet. Jede Region bietet etwas anderes - vom Partystrand über Wassersport und exotische Tiere bis zur romantischen Bucht. Vom Panhandle bis zu den Keys findet dort jeder seinen Lieblingsplatz - wir zeigen Ihnen, wo.

Sport am Strand

Floridas Strände stellen alle Wassersportler zufrieden. In Fort Lauderdale *(siehe S. 120–123)* können Sie Bananenboote und Paddle Boards mieten oder Volleyball spielen. Sanibel Island *(siehe S. 270f)* und Palm Island bieten Radwege an der Küste und Wellen zum Surfen.

↑ *Viel Platz zum Spielen: der weite ruhige Strand von Fort Lauderdale*

Stadtstrände

Selbst in den größten Städten Floridas herrscht entspannt-maritimes Flair, man ist nie weit weg vom weißen Sandstrand. Miamis South Beach *(siehe S. 78f)* lockt mit Glamour, Art-déco-Architektur und Partys. Sarasota hat zwei familienfreundliche Strände, an denen abends gefeiert wird. Am St. Pete Beach *(siehe S. 265)* vor St. Petersburg steht das Hotel Don CeSar.

←

Miamis South Beach mit Art-déco-Architektur und Hochhäusern

Expertentipp
Strand-Camping

Wollen Sie Floridas Sonne, Meer und Strände voll auskosten, dann campen Sie auf einem der vielen Zeltplätze in Meeresnähe. Überall an der Küste findet man Stellplätze für Wohnmobile und Zelte.

←

Kajakausflug vom Strand ins Hinterland, Fort de Soto Park

Geheimtipps

Ruhige Ecken zum Runterkommen zu finden, ist in Florida kein Problem. Etwas südlich vom St. Pete Beach liegt Pass-a-Grille *(siehe S. 264)*, wo man ausruhen und dann Boutiquen und Eisdielen aufsuchen kann. Im Fort de Soto Park *(siehe S. 284)* noch weiter südlich warten fünf schöne Strände mit Wassersportoptionen und Angelplätzen. Nördlich von Miami und Fort Lauderdale genießt man am Delaray Beach *(siehe S. 128f)* herrliche Ausblicke.

→

Knutts auf Futtersuche am Delray Beach

Spaß für Sportler
Florida hat viele bekannte Mannschaften, und Familien sind überall willkommen. Im Football zählen die Miami Dolphins, Jacksonville Jaguars und Tampa Bay Buccaneers zu den Top-Teams. Miami Heat und Orlando Magic spielen in der obersten Basketball-Liga, die Miami Marlins und Tampa Bay Rays Baseball. Auch Eishockey ist beliebt, bekannt sind Tampa Bay Lightning und Florida Panthers. Der beste Ort, um Tickets für jedes Spiel zu bekommen, sind die Websites der einzelnen Teams.

→

Spektakel: die Miami Dolphins beim Einlaufen zu einem NFL-Spiel in Miami

FLORIDA FÜR FAMILIEN

In einer Weltrangliste der familienfreundlichsten Urlaubsdestinationen stünde Florida sicher ganz weit oben. Orlandos Themenparks sind einzigartig, aber auch unterwegs stößt man auf besondere und begeisternde Attraktionen oder Museen. Ganz zu schweigen von Stränden und Sportmöglichkeiten.

Ob Regen …
Nachmittags regnet es gern mal, dann kann man die kinderfreundlichen Angebote testen. Im Phillip and Patricia Frost Museum of Science *(siehe S. 88)* in Miami etwa das Gulfstream Aquarium und ein spektakuläres Planetarium. Das Orlando Science Center *(siehe S. 188f)* bietet interaktive Exponate, Begegnungen mit Tieren und ein IMAX-Kino. In Orlando findet man familienfreundliche Angebote am International Drive *(siehe S. 198f)* und viele Geschäfte in Disney Springs® *(siehe S. 168)*.

←

Gigantisch: Exponate »schweben« durch das Orlando Science Center

Spaß unterwegs

Auf Autofahrten kann man in Florida eine Menge entdecken. Es lohnt sich, mal eine längere Pause einzulegen. Sehen Sie sich unbedingt eine Show im Weeki Wachee Springs State Park *(siehe S. 279)* an, wenn Sie in die Gegend kommen.

→ *Spektakuläre Unterwassershow im Weeki Wachee Springs State Park*

... oder Sonnenschein

Florida bietet viele familienfreundliche Strände – von Siesta Key *(siehe S. 276)* bis zu den ruhigen Abschnitten von Amelia Island *(siehe S. 219)*. Quellen – wie die von Alexander Springs und Silver Glen Springs im Ocala National Forest *(siehe S. 226f)* – sind fantastisch für ein Bad.

↑ *Kinder spielen im kühlen Wasser von Alexander Springs*

Liveunterhaltung

Wenn Sie nur nach den Fahrgeschäften schauen, verpassen Sie einiges. Erleben Sie Musicals im Broadway-Stil mit mitreißenden Melodien – vor allem in Orlando, wo überall Figuren aus Filmen und Cartoons unterwegs sind. Sowohl Walt Disney World® Resort als auch das Universal Orlando Resort™ erwachen nach Einbruch der Dunkelheit zu neuem Leben, wenn The Nighttime Lights At Hogwarts™ Castle die Zauberwelt von Harry Potter™ erleuchten und bunte Raketen über dem Schloss von Aschenputtel in Disney's Magic Kingdom® aufsteigen.

→

Laut und bunt – tägliche Parade in Disney's Magic Kingdom®

FLORIDAS THEMENPARKS

Sooo viel Vergnügen auf kleinem Raum! Kein Wunder, dass Orlando als Hauptstadt aller Freizeitparks gilt. Es ist nicht einfach, sich zu entscheiden zwischen Walt Disney World® Resort mit seinem Mix aus Märchen und Popkultur, Universal Orlando® Resort oder Legoland® und SeaWorld®.

Wilde Fahrten

Augen zu und durch auf dem The Incredible Hulk Coaster® in Universals Islands of Adventure™ oder bei der endlos scheinenden Abfahrt im The Twilight Zone Tower of Terror™ in Disney's Hollywood Studios®. Am schnellsten saust man mit dem Mako in Orlandos SeaWorld®, aber auch Fahrgeschäfte wie Harry Potter and the Escape from Gringotts™ im Universal Orlando Resort™ garantieren großen Spaß.

← *Mickey Mouse im Party-Outfit auf einem Wagen der Disney-Parade*

Hotels

Wenn Sie in der Nähe von Orlandos Freizeitparks übernachten, nimmt der Spaß kein Ende. Fantasiewelten oder Filmfiguren begleiten Sie von den Parks bis in Ihr Hotelzimmer.

Universal's Cabana Bay Beach Resort
F3 6550 Adventure Way, Orlando
loewshotels.com/cabana-bay-hotel
$$$

Disney's Animal Kingdom Lodge
F3 2901 Osceola Pkwy, Orlando
disneyworld.disney.go.com/resorts
$$$

↑ *Action! Darbietungen in den Universal Studios Florida™*

← *The Incredible Hulk Coaster® auf Marvel Super Hero Island*

Zauberwelt des Films

Blockbuster erwachen zum Leben – in Shows mit Spezialeffekten, bei mitreißenden Vorführungen und in ganzen Filmwelten, die zu entdecken sind. Laufen Sie in Disney's Animal Kingdom® unter den Hallelujah-Bergen von Pandora aus *Avatar*, erkunden Sie Jurassic Park® in Universals Islands of Adventures™, oder fahren Sie mit dem Hogwarts Express™ bis ins magische Dorf Hogsmeade™.

Cracker-Stil

Die ersten Pioniere bauten überwiegend Holzhäuser, die stets gut belüftet waren. Eines der am besten erhaltenen Exemplare ist das McMullen Log House im Pinellas County Heritage Village *(siehe S. 265)*. Der sogenannte Cracker-Stil hatte großen Einfluss auf Floridas Architektur. Leider sind heute nur noch sehr wenige Originalgebäude erhalten.

←

Das McMullen Log House, ein typisches Cracker-Haus in Florida

FLORIDAS ARCHITEKTUR

Häufig wird Floridas Architektur mit Art déco und den grandiosen Fassaden in South Beach assoziiert. Man findet in diesem Staat aber auch andere Stilrichtungen. Oft schräg und auffallend, spiegeln sie die Zuwanderungswellen nach Florida, aber auch das angenehm warme Klima wider.

Boom-Jahre

Mit Beginn der 1920er Jahre entwickelte sich ein völlig neuer Baustil, mit dem man die Romantik exotischer Länder nachahmen wollte – von spanisch inspirierten Häusern in Palm Beach *(siehe S. 112–117)* bis zu berühmten Art-déco-Gebäuden *(siehe S. 68–73)* wie etwa dem Raleigh, dem Delano und dem Carlyle an Miamis South Beach.

Hotels

Ideale Hotels für Fans des Goldenen Zeitalters:

The Breakers
A G5 ⌂ 1 S County Rd, Palm Beach
W thebreakers.com
$$$

The Biltmore Hotel Miami Coral Gables
A G6 ⌂ 1200 Anastasia Ave, Coral Gables
W biltmorehotel.com
$$$

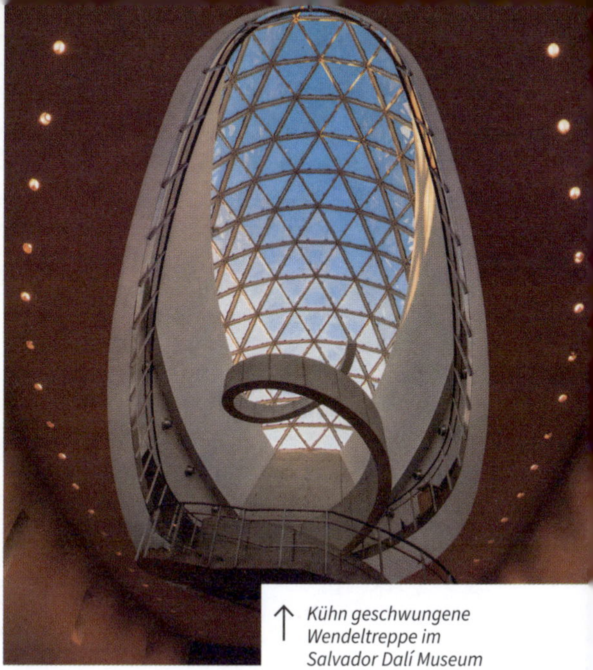

↑ *Kühn geschwungene Wendeltreppe im Salvador Dalí Museum*

↑ *Breakwater Hotel und The Carlyle Hotel* (Detail) *in South Beach – Art déco vom Feinsten*

Zeitgenössische Gebäude

In den vergangenen rund 50 Jahren entstanden einige Großprojekte mit mutigen Designs, darunter Shoppingmalls, öffentliche Gebäude und Sportstadien. Daneben finden sich wunderbare Beispiele richtungsweisender Architektur wie etwa die Glaskonstruktion vor dem Salvador Dalí Museum *(siehe S. 262f)*.

↑ *Unter Palmen strömen die Besucher ins Flagler Museum*

Goldenes Zeitalter

Ende des 19. Jahrhunderts brachten Eisenbahnen mehr und mehr Touristen – und damit Geld und neue Ideen in die Region. Die Entwicklung zum Floralen entsprach dem Zeitgeist, und eine Vorliebe für Mediterranes entstand. Ein Musterbeispiel für das Goldene Zeitalter ist vielleicht das Flagler Museum *(siehe S. 114f)* in Palm Beach, ein herrschaftliches Haus mit 75 Räumen und einem Park.

Imbissstand beim jährlichen Hispanic-Fest in Little Havana ↑

FLORIDA FÜR FOODIES

Im Sunshine State gibt es weit mehr Abwechslung beim Essen, als man denkt. Sehr stark spürt man natürlich den kubanischen Einfluss, vor allem in Vierteln wie Little Havana in Miami. Frischestes Seafood und Klassiker wie die herrliche Key Lime Pie sind aber auch nicht zu verachten.

Frisches Seafood

Dank der sehr langen Küste bekommt man in Florida fast überall fangfrisches Seafood, das breite Spektrum reicht von Krabben über Venusmuscheln, Austern, Zackenbarsch oder Mahi-Mahi bis zur beliebten Felsenkrabbe. Der »Fish Shack« (meist ein einfaches, oft auch schon etwas in die Jahre gekommenes Lokal, das frischen Fisch serviert) ist in ganz Florida eine Institution. Für die frischesten Meeresfrüchte suchen Sie sich eine Fischhütte direkt an der Küste mit Blick aufs Meer aus.

→

Eine Platte mit Steinkrabbenscheren, Austern und anderem frischen Seafood

Lateinamerikanische Küche

In den meisten größeren Städten gibt es karibisches sowie mittel- und südamerikanisches Essen, aber Miami ist das Epizentrum. In und um Little Havana *(siehe S. 84f)* gibt es alles von zwanglosen Sandwich-Läden und Cafés bis zu Imbisswagen und gehobenen Restaurants, die alle klassische kubanische Küche anbieten. Das kann alles sein, von einem Sandwich – Enriqueta's Sandwich Shop (186 NE 29th S, Miami) serviert das beste – bis zu *croquetas* (frittierte Kroketten mit Fleisch- oder Gemüsefüllung).

← *Kubanisches Sandwich mit Schinken, Fleisch, Käse und Dillgurken*

Restaurants

Im Sunshine State findet man unzählige Seafood-Restaurants, manche sind sogar eine Institution. Folgende Lokale sollte man besucht haben.

Hunt's Oyster Bar & Seafood Restaurant
1150 Beck Ave, Panama City
huntsoysterbarpc.com
$

Walt's Fish Market Restaurant
4144 S Tamiami Trail, Sarasota
waltsfishmarketrestaurant.com
$$

Expertentipp
Seafood-Saison

Floridas berühmte Steinkrabbe bekommt man von Oktober bis Mai. Hummer satt gibt es zwischen September und Dezember.

Floridas legendärer und verlockender Key Lime Pie, serviert mit frischer Limette ↑

Regionale Spezialitäten

Der berühmteste Florida-Klassiker ist sicher der Key Lime Pie mit frischem Limettensaft und einer knackigen Baiser-Schicht. Wie der Name schon vermuten lässt, gibt es ihn vor allem auf den Keys – einen der besten bekommt man in der Old Town Bakery (930 Eaton St, Key West). Aber auch Floridas Alligatoren tauchen auf der Speisekarte auf, entweder als Nuggets oder als Gator-Tail. Sehr fein ist auch der Tarpon Springs Greek Salad mit Kartoffeln, Tomaten, Oliven, Feta, Gurken und Peperoncini.

Sumpfland

Florida verbindet man natürlich zuerst mit den Everglades, doch Sümpfe findet man im ganzen Staat, u. a. im Ocala National Forest *(siehe S. 226f)*. Rotluchse und weiße Ibisse sind dort recht leicht zu entdecken, ebenso kleine Anolisechsen und wunderschöne Seerosen. Ein Ausflug in den wilden und wunderschönen Everglades National Park *(siehe S. 292 – 297)* ist ein unvergessliches Erlebnis – egal, ob Sie am Wasser oder auf Wanderwegen unterwegs sind.

→ *Wunderschöne heimische Seerosen, die oft in den Sumpfgebieten Floridas zu finden sind*

FLORIDAS FLORA & FAUNA

Klimatisch gliedert sich Florida in den gemäßigten Norden und den subtropischen Süden. Das Ergebnis ist eine faszinierende Mischung aus Naturräumen – von Küstenlandschaften über Wälder bis zu Sümpfen. Entsprechend vielfältig präsentieren sich in Florida auch Pflanzen- und Tierwelt.

Pinienwälder

Der Myakka River State Park *(siehe S. 286)* ist ein klassisches Beispiel für diesen in Florida weitverbreiteten Landschaftstyp. Etwa die Hälfte des Staates ist von hohen Pinien bedeckt, unter denen Kräuter und Sträucher wachsen. Hin und wieder entdeckt man in den Pinienwäldern mit etwas Glück einen Weißwedelhirsch, Zwergklapperschlangen oder Carolinaspechte.

← *Weißwedelhirsche verstecken sich gern in Pinienwäldern*

↑ *Weißer Ibis mit roten Beinen und rotem Schnabel*

Tief im Wald

Neben den Stränden ist Florida auch von grünen Waldgebieten umgeben. Dort kann man einige skurrile nordamerikanische Tiere beobachten, zum Beispiel wilde Truthähne, Gürteltiere und Opossums. Floridas Staatswälder, wie zum Beispiel der Blackwater River State *(siehe S. 247)*, sind in der Regel gut gepflegt und bieten gut markierte Wanderwege sowie Freizeitaktivitäten.

↑ *Neunbinden-Gürteltier – das am besten erforschte Gürteltier*

Expertentipp
In den Everglades

Am besten besucht man den Everglades National Park in der Trockenzeit zwischen Dezember und April. An mehreren Zugängen bekommen Sie in Besucherzentren umfassende Informationen über Wege und Bootsausflüge.

Küstenbewohner

Floridas Küsten sind gelegentlichen Wetterextremen ausgesetzt, dennoch ist die Landschaft wunderschön und vielfältig. Watvögel sind ein vertrauter Anblick an den Sanddünen und Lagunen, und hoch in der Luft kreisen die Weißkopfseeadler, vor allem über Canaveral National Seashore *(siehe S. 202f)*. Eher selten sieht man dagegen Pfeilschwanzkrebse, die im Frühjahr aus dem Meer kommen, um entlang der Nature Coast of Florida südlich des Panhandle *(siehe S. 231)* zu brüten.

← *Wappenvogel der USA: Weißkopfseeadler auf einem Mangrovenstrauch*

Beeindruckende Kunst
Seinen guten Ruf in der Kunstwelt verdankt Florida zum einen den wunderbaren Museen, u. a. dem großartigen Salvador Dalí Museum *(siehe S. 262f)* und dem Ringling Museum of Art *(siehe S. 272f)*. Daneben gibt es aber noch weit mehr zu entdecken, etwa die Wynwood Walls *(siehe S. 103)* mit beeindruckender Street-Art. Und während der Art Basel in Miami stellen mehr als 300 Galerien aus über 30 Ländern Kunstwerke aus, die jedes Jahr im Dezember mehr als 80 000 Besucher anlocken.

→

Rainbow Man *von Judy Chicago, ausgestellt auf der Art Basel, 2017*

KUNST & KULTUR
IN FLORIDA

Florida - das sind nicht nur die Themenparks, Küsten, Sport und Partys. Auch das Kulturangebot ist vielseitig. Neben zahlreichen Festivals rund um Kunst, Musik, Essen und kulturelles Erbe erwarten Sie auch Angebote von Weltrang: von der Art Basel über Jazzclubs bis zu renommierten Museen.

Faszinierende Museen
In Florida gibt es unzählige Museen zu entdecken – von Hochkultur bis zu witzig und skurril. Das Jewish Museum of Florida *(siehe S. 75)* führt Sie ein in die Geschichte und Kultur der Juden in der Region. Das Pirate and Treasure Museum in St. Augustine *(siehe S. 210 – 217)* wiederum ist lustig und unterhaltsam. Weiter südlich locken das WonderWorks *(siehe S. 199)* und das Orlando Science Center *(siehe S. 188f)* mit spannenden interaktiven Angeboten.

←

Die verblüffende Fassade von WonderWorks in Orlando

Kunstviertel

Miami hat eine starke Kunstszene, zwei seiner Viertel prägen unterschiedliche Kunstrichtungen. Der Miami Design District im Viertel Buena Vista bietet neben Designerboutiquen auch eine Reihe erstklassiger Galerien. Hier ist das Institut für zeitgenössische Kunst *(siehe S. 104)* Schauplatz innovativer Ausstellungen. Das nahe gelegene Wynwood ist ein aufstrebendes Viertel, das vor allem für seine interessante Straßenkunst bekannt geworden ist.

Fesselndes Erbe

Viele historische Stätten erwecken die Kulturgeschichte Floridas zum Leben. Besuchen Sie Little Havana *(siehe S. 84f)*, um den Einfluss der kubanischen Kultur zu erleben. Die Stadt Pensacola *(siehe S. 234–239)* bewahrt Reste der spanischen Kolonialherrschaft. Im Miccosukee Indian Village *(siehe S. 312)* können Sie die Kultur des Miccosukee-Stamms erleben und die Komplexität traditioneller Handwerkskunst bewundern.

←

Im Miccosukee Indian Village wird traditionelles Kunsthandwerk hergestellt

Fantastische Festivals

Floridas mildes Klima ist perfekt, um das ganze Jahr über Festivals abzuhalten *(siehe S. 42f)*. Musikfans sollten zum UCF-Orlando Jazz Festival (Feb/März) oder zu Miamis Winter Music Conference kommen, einer Woche mit elektronischer Musik. Interessant, vor allem für Genießer, ist das große South Beach Food and Wine Festival im Februar. Romantiker lieben die St. Augustine Night of Lights, die von November bis Januar die Stadt verzaubert.

→

Verzauberndes Lichtermeer bei der St. Augustine Night of Lights

Einfach loswandern

Ein großer Teil Floridas ist von Wäldern bedeckt. Da erstaunt es kaum, dass das Wandern dort überaus beliebt ist. Insgesamt stehen in dem Staat mehr als 8000 Kilometer Wanderwege für alle Niveaus zur Verfügung – von leicht bis anspruchsvoll. Wunderschön ist etwa die raue Schönheit des Big Cypress National Preserve *(siehe S. 305)*.

←

Wandern im Big Cypress Swamp National Preserve

FLORIDA FÜR OUTDOOR-AKTIVITÄTEN

Wer möchte bei diesem angenehm milden Klima in Florida schon gern zu Hause bleiben? Ein großer Teil des Lebens spielt sich im Freien ab. Strandaufenthalte sind natürlich äußerst beliebt, doch es gibt auch ungezählte Möglichkeiten, sportlich richtig aktiv zu sein - vom Wassersport über Golfen bis zum Wandern.

Abtauchen

An Floridas langer Küste und in den Gewässern im Binnenland kann man ausgiebig schwimmen oder auch unter Wasser viel Spaß haben. Taucher und Schnorchler erkunden im klaren Wasser Riffe und Wracks, Key Largo *(siehe S. 306f)* gilt als eines der besten Tauchreviere der gesamten USA.

→

Ziel ambitionierter Taucher: das Wrack der Benwood *vor Key Largo*

Expertentipp
Paddeln

Die Mangroven und Strände der Keys eignen sich hervorragend zum Paddeln, etwa in Islamorada und Key Largo und (www.paddlethefloridakeys.com).

Segel setzen

In den meisten Küstenstädten Floridas werden Bootsausflüge angeboten, bei denen Sie von Delfinbeobachtung bis zu kompletter Entspannung auf der Luxusjacht alles erleben. Pensacola *(siehe S. 234–239)* ist eines der wichtigsten Segelzentren des Staats.

→

Segeln in den Sonnenuntergang über dem Golf von Mexiko

Den Schläger schwingen

Florida hat mehr Golfplätze als jeder andere US-Staat, das Klima macht das Spielen dort zu einem ganzjährigen Vergnügen. Viele Clubs sind für Gäste offen, manche bieten herrliche Ausblicke aufs Meer. Besuchen Sie TCP Sawgrass (Ponte Vedra Beach) und World Woods (Brooksville).

←

Abschlag neben Palmen

Fische fangen

Florida ist ein Hotspot für Angler aus aller Welt. Vom spannenden Hochseefischen auf dem Ozean bis zum entspannten Angeln auf einem Pier oder einer Mole. Sehr schön ist Islamorada *(siehe S. 308)*, während man in Key West *(siehe S. 298–303)* und Key Largo *(siehe S. 306f)* Tarpune und Haie fangen kann.

→

Großer Fang: Hochseefischen vor Key West

DAS JAHR IN FLORIDA

Januar

△ **Art Deco Weekend** *(Mitte Jan).* Straßenfest im berühmten Art-déco-Viertel in Miami Beach.

Downtown Venice Craft Festival *(Ende Jan).* Venice schmückt sein Zentrum mit diesem beliebten Handwerkermarkt.

Februar

Florida State Fair *(Anfang Feb).* Volksfest in Tampa mit Paraden und bekannten Unterhaltungskünstlern.

△ **Coconut Grove Arts Festival** *(Mitte Feb).* Eine der größten Avantgarde-Kunstausstellungen des Landes in Miami.

Mai

△ **Jacksonville Jazz Festival** *(Ende Mai).* Drei Tage Jazz aus aller Welt, dazu gibt es einen Kunst- und Handwerkermarkt.

Tampa Bay Margarita Festival *(Ende Mai).* Zu Auftritten vieler berühmter Künstler genießt man jede Menge Margaritas sowie herzhafte Snacks.

Juni

Fiesta of Five Flags *(Anfang Juni).* Zwei Wochen mit bunten Paraden und Rodeos in Pensacola. Sehenswert ist auch die Nachstellung von Tristán de Lunas Ankunft im Jahr 1559.

△ **Watermelon Festival** *(3. Wochenende).* Die Melonenernte feiert Monticello mit Barbecues und anderen Veranstaltungen.

September

△ **St. Augustine's Founding Anniversary** *(1. oder 2. Sa).* Geschichte wird lebendig beim Nachspiel der Landung der Spanier 1565 am mutmaßlichen Originalschauplatz.

Oktober

△ **Chalk Festival** *(Ende Okt).* Die Bürgersteige von Sarasota (und Venice) werden von Straßenkünstlern umgestaltet.

März

△ **Carnaval Miami** *(Anfang März).* Zehntägiges lateinamerikanisches Fest in Miami mit Schönheitswettbewerben, Sport und Konzerten. Legendär ist das Straßenfest in der Calle Ocho.

Miami Film Festival *(Anfang März).* Das Miami Dade College zeigt zehn Tage lang amerikanische und internationale Independent-Filme.

April

△ **Ostern** *(März/Apr).* Mit Kutschenfahrten durch St. Augustine und Andachten im Castillo de San Marcos.

Conch Republic Celebration *(Mitte Apr).* Eine Woche in Key West mit Paraden, vielen Veranstaltungen und Tanz – alles zu Ehren der Gründerväter.

Juli

△ **America's Birthday Bash** *(4. Juli).* Am Tag gibt es Picknicks und viel Spaß für die Familie. Um Mitternacht erhellt in Miami das größte Feuerwerk Süd-Floridas den Nachthimmel.

Hemingway Days *(Mitte Juli).* Eine Woche in Key West mit Lesungen, Prämierung der besten Kurzgeschichten, Theater und einem witzigen Hemingway-Doppelgänger-Wettbewerb.

August

△ **Key West Lobsterfest** *(Anfang Aug).* Fest zum Ende des Sommers mit Livemusik, kühlen Getränken und frischem Hummer sowie einem Sonntags-Brunch.

Boca Festival Days *(ganzer Aug).* Ein Monat voller Spaß in Boca Raton, unter anderem mit einer Kunsthandwerksmesse, Auftritten des Barbershop Quartet und einem Wettbewerb im Sandburgenbauen.

November

Florida Seafood Festival *(1. Wochenende).* Feiern Sie die Fülle des Ozeans mit Austernschälwettbewerben und reichlich Meeresfrüchten in Apalachicola.

△ **Miami Book Fair** *(Mitte Nov).* Verleger, Autoren und Bücherwürmer treffen sich zu diesem kulturellen Highlight.

Dezember

△ **Winterfest Boat Parade** *(Anfang Dez).* Beleuchtete Boote kreuzen in der Nacht auf dem Intracoastal Waterway in Fort Lauderdale und sorgen für magische Bilder.

St. Augustine Colonial Night Watch *(Anfang Dez).*Umzug mit Fackeln durch die Altstadt vom Castillo de San Marcos zum Stadttor.

1

KURZE GESCHICHTE

Hinter Floridas moderner Fassade kommt eine lange und reiche Vergangenheit zum Vorschein, geformt von Menschen verschiedenster Nationen und Kulturen. Seit Mitte des 20. Jahrhunderts treibt der Tourismus die Entwicklung voran, nicht ohne Folgen für die schöne Natur des Sunshine State.

Ureinwohner

Nach Ende der letzten Eiszeit erreichten die ersten Siedler Florida. Rund 11 500 Jahre lang waren sie in kleine Gruppen aufgeteilt – manche blieben nomadische Sammler und Jäger, andere gründeten dagegen an Floridas Flüssen und entlang der Küste Siedlungen.

Spanisches Florida

Nachdem Florida 1513 von den Spaniern gesichtet worden war, kolonisierten sie als erste Europäer die Region. Sie brachten das Christentum sowie Pferde und Vieh mit. Die Brutalität

1 *Ansicht von West Palm Beach im Jahr 1915* ↑

2 *General Andrew Jackson mit Mitgliedern seiner Truppe*

3 *Seminolen im Ersten Seminolenkrieg*

4 Bau des Forts Castillo de San Marcos *von Mort Künstler (1966)*

Chronik

8000–1000 v. Chr.

Horr's Island ist die größte von zahlreichen Ansiedlungen in der archaischen Zeit

500 v. Chr.

Entwicklung von regionalen Stämmen, Vorfahren der Ais, Calusa, Jaega Apalachee, Tequesta, Timucua und anderer indigener Völker

1200–1500

Die Kulturen von Fort Walton und Pensacola – Vorläufer der Apalachee – leben in Panhandle

1513

Ponce de León sichtet als erster Europäer Florida; acht Jahre später versucht er, eine spanische Kolonie zu errichten

1565

Pedro Menéndez de Avilés gründet St. Augustine, die erste dauerhafte Ansiedlung in der »Neuen Welt«

2

3

4

der Eroberer sowie von ihnen eingeschleppte Krankheiten dezimierten die ursprüngliche Bevölkerung. Die Herrschaft über Florida wechselte im 18. Jahrhundert mehrfach zwischen Spaniern und Briten. Am Ende des Amerikanischen Unabhängigkeitskriegs 1783 war Florida wieder unter spanischer Kontrolle.

Seminolenkriege und Bürgerkrieg

Im 19. Jahrhundert kam es zu drei Konflikten mit den Seminolen. 1816 griff General Andrew Jackson sie an, weil sie entflohene Sklaven aufnahmen. In der Folge wurde Florida 1822 Teil der Vereinigten Staaten. Nachdem die Regierung 1830 den Indian Removal Act erlassen hatte, mit dem alle First Nations in Staaten westlich des Mississippi vertrieben werden sollten, kam es zum Zweiten und Dritten Seminolenkrieg.

Mitte des 19. Jahrhunderts machten Sklaven mehr als ein Drittel der Bevölkerung Floridas aus. Die meisten arbeiteten in Baumwollplantagen. Als Abraham Lincoln – erklärter Gegner der Sklaverei – 1860 Präsident wurde, löste sich Florida als Gründerstaat der Konföderation von der Union. Im folgenden Bürgerkrieg siegte die Union, Sklaverei wurde abgeschafft.

↑ *Statue von Pedro Menéndez de Avilés, Gründer von St. Augustine*

1763
Die Spanier übergeben Florida an die Briten, bekommen dafür Kuba

1775–1783
Amerikanischer Unabhängigkeitskrieg; das britische Florida fällt wieder an Spanien

1816–1819
Erster Seminolenkrieg. Zweiter und Dritter Seminolenkrieg folgen 1835–42 und 1855–58

1821
Florida geht an die USA; Andrew Jackson wird erster Gouverneur

1845
Am 4. Juli wird Florida der 27. US-Bundesstaat

Floridas Goldenes Zeitalter

Der Bürgerkrieg hatte Floridas Wirtschaft ruiniert, aber Klima und geringe Bevölkerungsdichte boten ideale Voraussetzungen für Investitionen. Die Eisenbahnbarone Henry Flagler und Henry Plant bauten ab Ende der 1880er Jahre Strecken an der Ost- und Westküste Floridas aus. Luxuriöse Hotels lockten Touristen in die Region, was die Wirtschaft ankurbelte. Eine breite landwirtschaftliche Basis half Florida in der Zeit der Wirtschaftskrise der 1890er Jahre. Parallel dazu nahm die Gewalt des Ku-Klux-Klan zu, Rassentrennung prägte den Alltag.

Boom, Pleite und Aufschwung

In der ersten Hälfte des 20. Jahrhunderts erlebte Florida ein rasches Wachstum, jedoch auch wirtschaftliche Depression. Der Aufschwung lockte Menschen aus dem Norden, aber 1926 ruinierte der Fall der Immobilienpreise viele Einwohner. Weitere finanzielle Desaster folgten während der Weltwirtschaftskrise einige Jahre später. Die Wirtschaft erholte sich aber dank des zunehmenden Tourismus und staatlicher Förderprogramme rascher als in den übrigen Teilen der USA.

1 *Lokomotive der Florida East Coast Railway* ↑

2 *Familie in einem Lager während der Weltwirtschaftskrise*

3 *Apollo XV beim Start vom Kennedy Space Center*

Schon gewusst?

Als größter US-Produzent von Zitrusfrüchten überstand Florida die 1929 einsetzende Große Depression.

Chronik

1886

Flagler beginnt den Bau der Florida East Coast Railway

1926

Einbruch der Landpreise, zwei Banken gehen pleite; ein Hurrikan verwüstet den Südosten und die Everglades sowie Miami

1958

Der erste Erdsatellit, *Explorer 1*, startet, nachdem die NASA Cape Canaveral zum Standort des Satelliten- und Raketenprogramms erklärt hatte

1964

Der Bürgerrechtler Martin Luther King Jr. wird in St. Augustine festgenommen und inhaftiert

3

Ab den 1960er Jahren

Ab 1960 wuchs die Tourismusindustrie wie nie zuvor. Attraktionen wie Walt Disney World®, Universal Studios® und das Kennedy Space Center – mit dem Raumfahrtprogramm der NASA – machten Florida weltweit berühmt und zogen Massen von Besuchern an. Die Bevölkerungszahl stieg durch den Zuzug aus anderen Bundesstaaten und dem Ausland rasant an – vor allem aus Kuba, das viele spanischsprachige Bewohner während des Castro-Regimes (1959 – 2016) verließen.

Florida heute

Der Tourismus boomt nach wie vor, fast jedes Jahr werden neue Rekordzahlen erreicht. Wirtschaftliche Benachteiligungen führten jedoch zu sozialen Problemen, und die Urbanisierung hat ernste negative Auswirkungen auf die Umwelt. Umweltschutz wird zu einem immer wichtigeren Thema, da sich Veränderungen des Klimas auf die wirtschaftlichen Grundfesten des Staats auswirken: Tourismus und Landwirtschaft. Trotzdem steht Florida weiterhin für Strände und Sonne und lockt Gäste aus nah und fern.

Civil Rights Movement

Der Busboykott in Tallahassee 1956 löste die Bürgerrechtsbewegung in Florida aus. Obwohl nach 1965 die Rassentrennung aufgehoben wurde, blieben rassistische Einstellungen bestehen. Als 2013 George Zimmerman vom Vorwurf der Ermordung des Afroamerikaners Trayvon Martin freigesprochen wurde, kam es zu landesweiten Debatten.

1971

Magic Kingdom®, Walt Disneys erstes, 700 Millionen Dollar teures Unternehmen in Florida, eröffnet in Orlando

2000

Florida gerät während der Präsidentschaftswahlen in den Fokus; mehrfach müssen Stimmen gezählt werden

2018

Florida führt strengere Waffenkontrollen ein, nachdem an der Stoneman Douglas High School 17 Menschen getötet wurden

2022

Hurrikan Ian verwüstet die Golfküste Floridas

← *Die Leinwandstars Martin Lawrence und Will Smith in* Bad Boys

FLORIDA IN FILM & TV

In Florida wurden im Lauf der Jahre unzählige Filme und Serien gedreht. Wenn Sie Floridas Städte, Strände oder Kultureinrichtungen besuchen, werden Sie bestimmt an den einen oder anderen Lieblingsfilm erinnert oder bekommen spontan Lust, eine Serie noch mal anzuschauen.

Blauer Himmel, schöne Landschaften und tolle Strände bilden ein liebliches Szenario, das der perfekte Gegensatz zu Floridas filmischem Hauptgeschäft ist: Verbrechen und Action. Falls Sie nicht so wild auf Explosionen sind, kennen Sie Florida möglicherweise aus einem Familienfilm oder einer TV-Sitcom.

Kultur und Landschaften Floridas sind so vielfältig, dass es auch in Filmen wie *Magic Mike* (2012) eine Hauptrolle spielt oder den idealen Hintergrund für Dramen bildet wie etwa für den mit einem Oscar ausgezeichneten Film *Moonlight* (2016).

↑ *Nathan Lane und Robin Williams beim Dreh von* The Birdcage

TV- und Film-Guide

1946
Die Wildnis ruft

1964
Flipper

1983
Scarface

1984–89
Miami Vice

1994
Ace Ventura

1996
The Birdcage

Drehorte bekannter Filme

① *Ace Ventura – Ein tierischer Detektiv;* Marlins Park

② *Moonlight;* Virginia Key Beach

③ *Scarface;* Ocean Drive

④ *Verrückt nach Mary;* Matheson Hammock Park

⑤ *Miami Vice;* South Beach

⑥ *The Birdcage;* Lincoln Road

⑦ *Bad Boys;* The Biltmore, Coral Gables

⑧ *Goldfinger;* Fontainebleau Miami Beach

⑨ *2 Fast 2 Furious;* South Miami Avenue Bridge

Miami Vice

Miami Vice, eine Kult-Fernsehserie um zwei verdeckte Ermittler, war ein Riesenhit. Sie beeinflusste durch ihren coolen Soundtrack, die Outfits und den Drehstil das Fernsehen, aber auch den amerikanischen Alltag. Die Serie wurde größtenteils in Miami gedreht – anders als neuere Produktionen, die in Miami spielen, aber in LA gedreht werden.

1998
Verrückt nach Mary, Wild Things, Große Erwartungen (Ca' d'Zan)

2002–12
CSI: Miami

2003
2 Fast 2 Furious

2008
Marley & Ich

2013
Spring Breakers

2016
Moonlight

2017
The Florida Project

2019
On Becoming a God in Central Florida

MIAMI
ERLEBEN

Ocean Drive am Abend

MIAMI AUF DER KARTE

Für diesen Reiseführer wurde Miami in zwei Bereiche gegliedert: Miami Beach sowie Downtown und Coral Gables. Sehenswürdigkeiten außerhalb des Zentrums finden Sie im Kapitel *Abstecher (S. 98–105).*

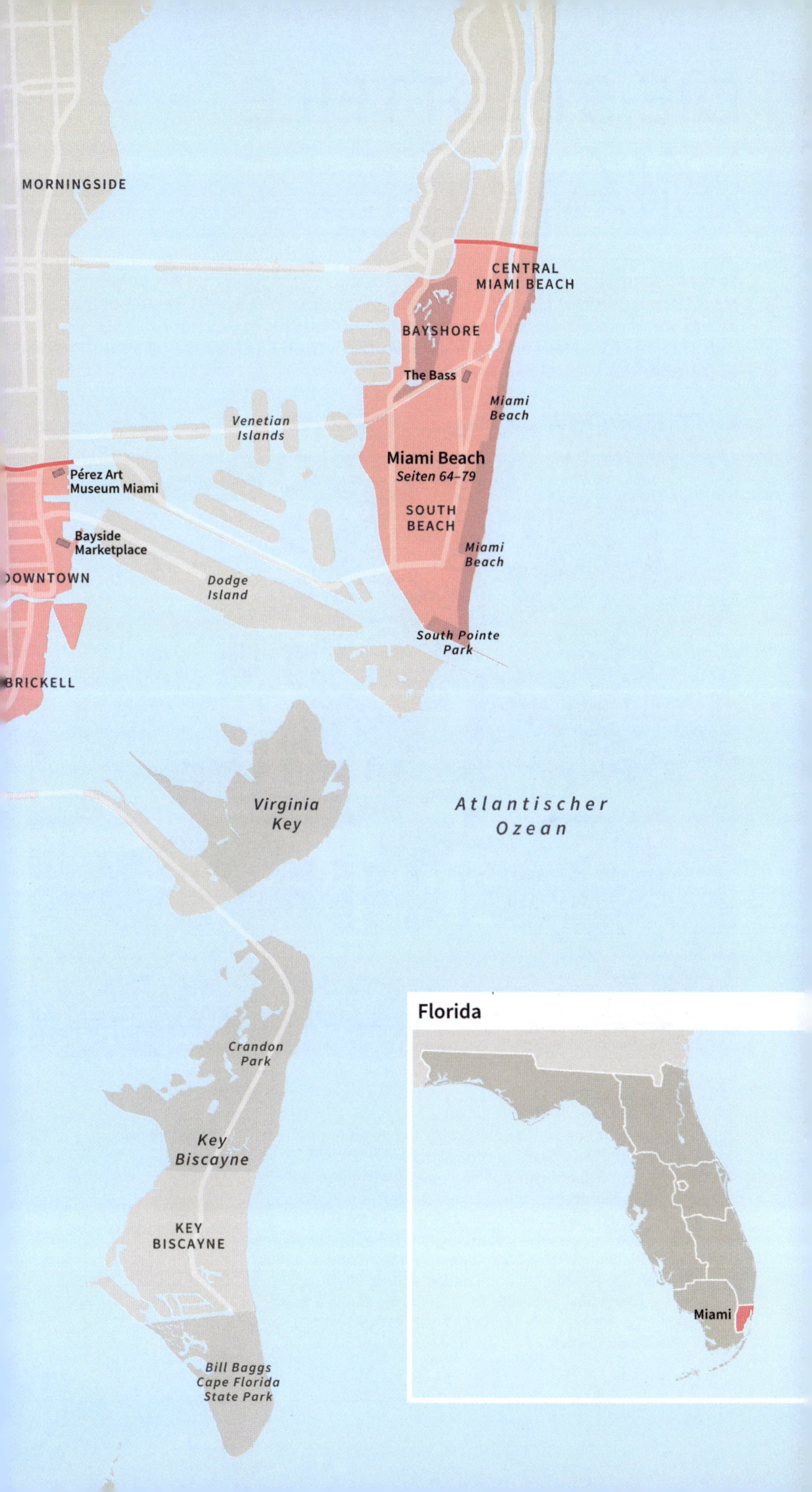

MORNINGSIDE
CENTRAL MIAMI BEACH
BAYSHORE
The Bass
Miami Beach
Venetian Islands
Miami Beach
Seiten 64–79
Pérez Art Museum Miami
SOUTH BEACH
Bayside Marketplace
Miami Beach
DOWNTOWN
Dodge Island
South Pointe Park
BRICKELL
Virginia Key
Atlantischer Ozean
Florida
Crandon Park
Key Biscayne
KEY BISCAYNE
Miami
Bill Baggs Cape Florida State Park

DIE STADTTEILE MIAMIS

Fantastische Strände, pastellfarbene Art-déco-Fassaden und ein pulsierendes Nachtleben machen Miami zu Floridas glamourösester Stadt. Besucher mögen Miami vor allem wegen seiner lebendigen Kulturszene, des überall - vor allem natürlich in Little Havana - spürbaren kubanischen Einflusses und spannender aufstrebender Viertel wie Wynwood.

Seiten 64–79

Miami Beach

Streng genommen ist dieses Highlight im Großraum Miami eine eigene Stadt. Die großartigen Art-déco-Bauten am Ocean Drive sind bunt, die Mentalitäten vielfältig. Hier treffen sich auch die Jungen und Schönen, um zu baden, zu shoppen, zu essen oder das Nachtleben zu genießen. South Beach (SoBe) ist bekannt für seinen Retro-Look, den feinen Sand und erstklassige Boutiquen. Doch neben all dem Spaß gibt es noch eine zweite Seite: Museen, die zum Nachdenken anregen, sowie jährliche Kunstfestivals in verschiedenen Vierteln.

Entdecken
Sonne, Kunst und Art-déco-Architektur

Sehenswert
Ocean Drive

Genießen
Ein Bummel an der Collins Avenue vor einem Abend in einer hippen SoBe-Bar

Seiten 80–97

Downtown und Coral Gables

Hinter dem modernen Miami mit Türmen aus Stahl und Glas sowie bunten Neonlichtern taucht das charmante Little Havana auf. In dem Viertel, das in den 1950er Jahren entstand, spielen kubanische Musik, Speisen und Kultur die Hauptrolle. Coral Gables – eine eigene Stadt, aber ein wichtiger Teil von Miamis Geschichte – ist ein eleganter Mix aus Häusern im mediterranen Stil und hübschen Straßen, die Immobilienentwickler George Merrick in den 1920ern entwarf.

Entdecken
Nachtleben, Kultur und gutes Essen

Sehenswert
Little Havana und Vizcaya Museum and Gardens

Genießen
Lateinamerikanische Livemusik und dazu ein feines kubanisches Sandwich in Little Havana

Seiten 98–105

Abstecher

Es gibt mehr als genug Gründe, auch jenseits der zentralen Viertel Miamis auf Entdeckungsreise zu gehen. Wynwood Arts District ist so ein typisches Beispiel: Die lebhafte Street-Art-Szene bereitete den Boden für die Entstehung vieler großartiger Galerien, Bars und Restaurants. Bal Harbour und die North Beaches sind im Vergleich zu den Gebieten in South Beach relativ ruhig und erholsam. An den North Beaches können Sie auch ein beeindruckendes, rekonstruiertes spanisches Kloster besichtigen.

Entdecken
Herrliche Ausblicke, Historie

Sehenswert
Das Ancient Spanish Monastery

Genießen
Der Blick auf die Skyline von Downtown Miami vom Rickenbacker Causeway auf dem Weg nach Key Biscayne

1

2

3

4

→

1 *Hoch aufragende Palmen und Gebäude in Miami Beach*

2 *Badeaufsicht am South Beach*

3 *Herrlich speisen unter Palmen*

4 *Eine farbenfroh dekorierte kubanische Bar im Herzen der Calle Ocho, Little Havana*

3 TAGE
in Miami

Tag 1

Vormittags Bewundern Sie am Ocean Drive *(siehe S. 68 – 73)* die schönen Art-déco-Bauten. Gehen Sie zur Wolfsonian-Florida International University *(siehe S. 75)* an der Washington Avenue. In dem einstigen Speicherhaus lagerten in den 1920er Jahren die Reichen in den heißen feuchten Sommern ihre Wertgegenstände, ehe sie nach Norden verreisten. Heute ist dort dekorative Kunst zu sehen.

Nachmittags Machen Sie einen Spaziergang am Central Miami Beach *(siehe S. 77)*, beachten Sie die farbenfrohen Rettungsstationen, und genießen Sie den schönen Blick. Nehmen Sie dann ein Sonnenbad, und vielleicht springen Sie auch kurz mal ins Wasser.

Abends Beenden Sie den Tag mit einem Essen mit Meerblick, vielleicht im Ocean Grill im Setai Hotel, ehe Sie noch einmal ganz entspannt am Strand bummeln.

Tag 2

Vormittags Frühstücken Sie in Little Havana *(siehe S. 84f)* im El Rey De Las Fritas in der Calle Ocho und fahren Sie danach nach Westen in die Innenstadt von Miami, wo das HistoryMiami Museum *(siehe S. 88)* einen aufschlussreichen Überblick über die Vergangenheit der Stadt bietet.

Nachmittags Essen Sie im charmanten Financial District im Eurostars Langford Hotel (www.eurostarshotels.com), das Gebäude entstand in den 1920ern für die Miami Bank & Trust. Danach fahren Sie zum Pérez Art Museum Miami *(siehe S. 89)* am Biscayne Boulevard, wo Sie rund 2000 Kunstwerke erwarten, und zum modernen Institute of Contemporary Art *(siehe S. 104)*, Miamis experimentellster Kunstraum.

Abends Zurück in Little Havana genießen Sie typisch kubanisches Nachtleben im Cubaocho Museum & Performing Arts Center *(siehe S. 84f)*, danach ziehen Sie weiter ins Versailles *(siehe S. 85)* für Kokosnuss-Flan oder Guaven-Käsekuchen.

Tag 3

Vormittags Frühstücken Sie im Fontana im Biltmore *(siehe S. 92)*, und sehen Sie sich das Hotel aus der Zeit der Prohibition genauer an. Heute erstrahlt es wieder im Glanz der 1920er Jahre. Fahren Sie dann durch Coral Gables *(siehe S. 96f)*. Sie können dort insgesamt sieben Architekturstile entdecken, darunter aus Ostasien und Südafrika. Halten Sie am Merrick House, und baden Sie im prachtvollen Venetian Pool *(siehe S. 90)*.

Nachmittags Besichtigen Sie an der Coral Gables City Hall *(siehe S. 90)* die Statue von George Merrick, dem Visionär, der dieses Land den Sümpfen abtrotzte. Weiter geht es nach Osten die Miracle Mile *(siehe S. 90)* hinunter zur Villa Vizcaya *(siehe S. 86f)*, Miamis schönstem, schlossartigem Gebäude, in dem einst James Deering, Besitzer der berühmten Firma für Landmaschinen, lebte.

Abends Genießen Sie Ihr Abendessen im Freien auf der herrlichen Terrasse des italienischen Restaurants Bellini im Mr. C Miami Hotel (www.bellinirestaurant.com/coconut-grove). Die Terrasse bietet einen herrlichen Blick auf die Dinner Quay Marina und den Barnacle Historic State Park *(siehe S. 94)*.

→ *Saks Fifth Avenue, Collins Avenue in Bal Harbour*

SHOPPING
IN MIAMI

Miami bietet auszeichnete Shoppingmöglichkeiten. Seine Läden spiegeln den Glamour der Stadt wider. Ihre Bandbreite reicht von eleganten Designern in South Beach bis zu witzigen bunten Boutiquen in Coconut Grove. In Wynwood findet man Ausgefallenes, oder man besucht ganz klassisch eine der Malls.

Klassische Malls

Bekannte Malls sind Aventura Mall (www.aventuramall.com), eine der meistbesuchten des Landes mit mehr als 300 Läden – Designernamen und edle Marken –, Märkten und 40 Restaurants. In der verkehrsberuhigten Lincoln Road Mall *(siehe S. 76)* zwischen 16. und 17. Straße in Miami Beach bieten zehn Blocks jede Menge Läden, Lokale und Unterhaltung. In dieser ältesten Mall der Stadt gibt es alles vom Billigladen bis zur Luxusmarke.

Riesig: Die Dadeland Mall am North Kendall Drive beherbergt etwa 185 Läden ↑

Ultrachic

Miami Beach ist das Zentrum der Luxus-Designerläden. Bal Harbour Shops *(siehe S. 102)* im Norden ist eine dreistöckige Mall, wo Sie Marken wie Neiman Marcus, Prada oder Versace finden. Auch jenseits der Brücke lockt Luxuriöses wie Ramona LaRue by Arianne, ein Schaufenster der Designerin Arianne Brown (www.ramonalarue.com). Der Laden gehört zu Miamis Design District *(siehe S. 39)*, wo sich in jüngster Zeit auch Designer wie Cartier und Louis Vuitton einfanden. Südlich im Coconut Grove Village *(siehe S. 92f)* findet man lässigere Mode, etwa Strandkleidung in Nikkis Beachhouse Boutique (www.nikkisbeachhouse.com). Hier ist auch das Brickell City Centre (www.brickellcitycentre.com) mit Filialen von Hugo Boss und Saks Fifth Avenue.

←
Bal Harbour Shops mit vielen Pflanzen

Läden

Für Souvenirs aus Florida werden Sie bei der großen Auswahl in diesen Läden sicher fündig.

Art Deco Welcome Center
G6 1001 Ocean Drive mdpl.org/welcome-center

Caribbean Life
G6 401 Biscayne Blvd
+1-305-416-9695

Edwin Watts Golf
G6 15999 Biscayne Blvd
worldwidegolfshops.com

El Titan de Bronze
G6 1071 SW 8th St
titandebronze.com

Expertentipp
Achtung am Wochenende

Besuchen Sie Miamis Malls unter der Woche – weniger anstehen, weniger Menschen und mehr Parkplätze. Müssen Sie allerdings am Wochenende dorthin, gehen Sie zeitig los!

Witzige Boutiquen

In den Künstlervierteln gibt es viele hübsche Läden. Wynwood *(siehe S. 103)* hat tolle Orte wie Osme Perfumery (www.osmeperfumery.com) mit Parfüms und Hautpflegeprodukten. Frangipani (www.frangipanimiami.com) bietet handgefertigte Accessoires, während der Wynwood Shop (www.wynwoodshop.com) Geschenke führt. Sweat Records (www.sweatrecordsmiami.com) in Little Haiti bietet angesagtes Vinyl.

↑ *Shopping in einem der skurrilen Läden im Viertel Wynwood*

Clubs

Trotzen Sie den langen Schlangen und den strengen Türstehern und erleben Sie das volle Nachtclub-Erlebnis von Miami. Nicht umsonst gilt die Stadt als Party-Hotspot, die Clubs sind großartig, gastfreundlich und mit modernster Technik ausgestattet. Dass dort weltbekannte DJs auftreten, versteht sich von selbst. Manche Clubs öffnen schon früher: Junge Leute hängen tagsüber gern im Nikki Beach (www.nikki beach.com) ab. Nach Einbruch der Dunkelheit strömen die Menschenmassen in einen der Nachtclubs rund um South Beach, Downtown und Coconut Grove. Zu den beliebtesten gehört LIV, ein »Mega«-Nachtclub im Fontainebleau Hotel (www. livnightclub.com).

→

Auch nachts bietet Miami beste Unterhaltung, etwa in einem der vielen Clubs

MIAMI
AM ABEND

Miamis Nachtleben ist legendär. Aus aller Welt strömen die Besucher hierher, um einen der vielen Clubs zu besuchen. Nach Einbruch der Dunkelheit macht sich überall Partystimmung breit. Neben den Clubs gibt es aber noch weit mehr zu erleben, von der Latino-Liveband bis zum Symphonieorchester.

Darstellende Kunst

In Miami werden das ganze Jahr über großartige Produktionen gezeigt. Das Adrienne Arsht Center for the Performing Arts (www.arshtcenter.org) ist Heimat der Florida Grand Opera. Das Lyric Theatre (www.bahlt.org) beherbergt die Black Archives – ein Versuch, Kunst zu bewahren, die die Erfahrungen der Afroamerikaner im Miami-Dade County widerspiegelt. Für klassische Musik ist das New World Center (www.nws.edu) das Beste, was es gibt.

←

Konzert im von Frank Gehry entworfenen New World Center

Lokale

Unter den vielen coolen Abendlokalen gehören folgende zu den besten. Überall werden Sie eine gute Stimmung erleben und können großartige Drinks genießen.

Bodega Taqueria y Tequila
G6 1220 16th St
bodegataqueria.com

La Sandwicherie
G6 229 14th St
lasandwicherie.com

Lost Weekend
G6 218 Española Way sub-culture.org/lost-weekend-miami

Livemusik

Am Ocean Drive findet man viele Bars mit Livemusik – von Jazz über Reggae bis Latin. Guten Jazz hört man im The Globe (www.theglobecafe.com) in Coral Gables und dem High Note Jazz Club (www.thehighnotejazz.com) im Cuba Ocho. Kubanische Musik spielen sie im Mango's Tropical Cafe (www.mangos.com) in South Beach.

→ *Livemusik im beliebten Mango's Tropical Cafe*

LGBTQ+ in Miami

South Beach bietet ein tolles LGBTQ+ Nachtleben – besuchen Sie Gaythering (www.gaythering.com), Twist (www.twistsobe.com), Palace (www.palacesouthbeach.com) oder Sky Bar (www.axelhotels.com). Beliebt sind auch Azucar NightClub (2301 SW 32nd Ave) und Club Boi (www.clubboi.com).

← *Besucher feiern im Twist, einem der lebhaftesten Schwulenclubs in South Beach*

Neue Perspektiven

Jede Stadt hat berühmte Aussichtspunkte, suchen Sie nach weniger bekannten Orten, um Miami neu zu betrachten. Der Bayside Marketplace *(siehe S. 89)* bietet einen tollen Blick, besonders wenn es nachts ein Feuerwerk gibt. Den besten Blick auf den Sonnenuntergang hat man im Maurice Gibb Memorial Park (18th St & Purdy Avenue), auch der South Pointe Park *(siehe S. 68)* und der Pier sind spektakulär. Die Ansichten vom Venetian Causeway sind immer beeindruckend, ebenso wie die sensationellen Ausblicke vom Hobie Island Beach Park auf Virginia Key.

→

Uferpromenade am Bayside Marketplace, überragt von den Gebäuden der Stadt

MIAMIS GEHEIMNISSE

Natürlich zieht es die Besucher in Miami zuerst zu den Sehenswürdigkeiten. Deshalb sind die Hauptdurchgangsstraßen in South Beach und Downtown auch häufig verstopft. Wenn Sie es aber gern ein bisschen ruhiger haben, besuchen Sie doch diese weniger bekannten Orte.

Abgeschiedene Orte

Verglichen mit anderen amerikanischen Großstädten ist Miami nicht sehr grün, doch wenn man sich etwas bemüht, findet man herrliche Fleckchen. Südlich von Coral Gables liegen die Pinecrest Gardens (www.pinecrestgardens.org), Crandon Park Gardens auf Key Biscayne *(siehe S. 102f)* ist grün und ruhig. Auch Brickell Park und Morningside Park sind sehenswert.

→

Idyllisch und ruhig: der Hammock Pavilion in den Pinecrest Gardens

Bars

Gehen Sie doch einmal in eine unbekanntere Bar – dort können Sie ebenso coole Drinks in weit weniger hektischem Ambiente genießen. Hier sind einige unserer Favoriten:

Rooftop Pool & Sipsip Rum Bar
G6 3000 Florida Ave, Coconut Grove mayfairhousemiami.com

Floyd
G6 34 NE 11th St, Suite B floydmiami.com

Bar Centro at Bazaar Mar by José Andrés
F2 1701 Collins Ave thebazaar.com

← *Eingang zum Bayside Marketplace mit vielen Kiosken*

↑ *Skulptur im Phillip and Patricia Frost Museum of Science*

Kulturelle Schätze

Nicht nur in den größeren Museen sieht man schöne Kunst, es lohnt sich auch, weniger bekannte Einrichtungen zu besuchen. Das Patricia & Phillip Frost Art Museum (www.frost.fiu.edu) zeigt lateinamerikanische und amerikanische Kunst, das Wilzig Erotic Art Museum (www.weammuseum.com) 400 Exponate von Rembrandt bis Mapplethorpe. Das Museum of Art and Design am Miami Dade College (www.moadmdc.org) zeigt hochmoderne visuelle Kunst.

COLONY

Art-déco-Architektur am Ocean Drive (siehe S. 68 – 73)

Miami Beach

Miami Beach, die »Amerikanische Riviera«, war früher ein nur per Boot erreichbarer Sandstreifen. Erst der Bau der Brücke zum Festland veranlasste 1913 Grundstücksspekulanten wie den Millionär Carl Fisher, die Insel zu erschließen. In den 1920er Jahren entstand aus dem Nichts die Infrastruktur für einen mondänen Winterurlaubsort. Der Hurrikan von 1926 und der Börsenkrach 1929 signalisierten das Ende des Booms, doch Miami Beach trotzte dem Untergang in den 1930er Jahren mit dem Bau vieler Art-déco-Gebäude.

Eine groß angelegte Restaurierungskampagne weckte South Beach, den südlichen Teil von Miami Beach, aus dem Dornröschenschlaf. Das Gebiet rühmt sich der weltweit größten Ansammlung von Art-déco-Gebäuden, deren Gestalt und Farbenpracht fasziniert. In SoBe, wie South Beach in Anlehnung an New Yorks In-Viertel SoHo genannt wird, ist alles möglich und erlaubt.

Die Art-déco-Hotels am Ocean Drive sind eine wahre Augenweide, weitere Attraktionen stellen die zahlreichen Boutiquen und Kunstmuseen dar. Das Viertel nördlich von SoBe zieht nur wenige Besucher an, doch beide Gebiete verfügen über einen fantastischen kilometerlangen Sandstrand.

Miami Beach

Highlight

1. Ocean Drive

Sehenswürdigkeiten

2. Española Way
3. The Beach
4. Collins und Washington Avenue
5. Jewish Museum of Florida
6. Wolfsonian-Florida International University
7. Holocaust Memorial
8. Lincoln Road Mall
9. The Bass
10. Central Miami Beach

Restaurants

① Stiltsville Fish Bar
② Joe's Stone Crab
③ Sushi Garage
④ Villa Azur

Hotels

⑤ The Betsy
⑥ Loews Miami Beach Hotel
⑦ The Local House

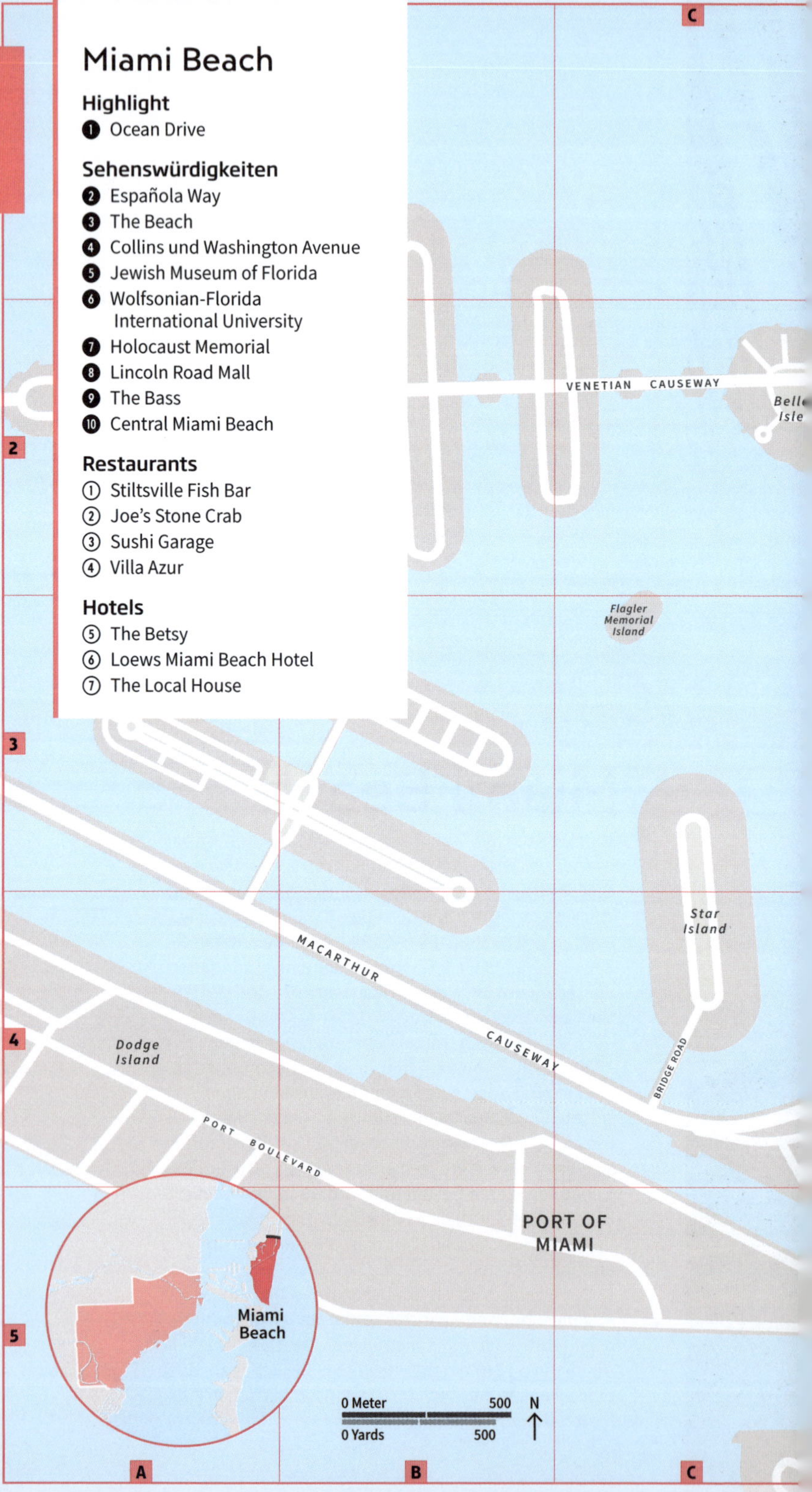

D
E
F
1
2
3
4
5
Central Miami Beach 1,5 km
10
Bayshore Municipal Golf Course
Sunset Drive
North Bay Road
Alton Road
North Meridian Avenue
Prairie Avenue
Pine Tree Drive
23rd St
22nd St
21st St
20th St
19th Street
The Bass
9
Collins Park
Park Ave
Holocaust Memorial
7
Miami Beach Botanical Garden
Michigan Avenue
20th Street
19th St
Purdy Ave
West Ave
Dade Boulevard
Collins Canal
Convention Center Drive
18th Street
18th St
Maurice Gibb Memorial Park
Bay Road
The Fillmore Miami Beach
17th Street
17th St
New World Center
Soundscape Park
Delano Hotel
James Avenue
Collins Avenue
Washington Avenue
Lincoln Court
Lincoln Road Mall
8
Lincoln Theater
Lincoln Road
Colony Theater
Lincoln Road Mall
Lincoln Terrace
16th St
16th Street
15th Ter
15th Street
Lenox Avenue
Jefferson Avenue
Meridian Avenue
Euclid Avenue
Drexel Ave
6
South Beach
5
2
Española Way
Collins Avenue 4
Ocean Drive
3 The Beach
14th Street
Flamingo Park
Washington Avenue 4
Cavalier Hotel
Cardozo Hotel
13th Street
Marlin Hotel
Carlyle Hotel
Leslie Hotel
12th Street
Abel Holtz Stadium
Old City Hall
Lummus Park
11th Street
11th St
Amsterdam Palace
Wolfsonian-Florida International University
6
Clevelander Hotel
10th Street
Beach Patrol Station
9th Street
9th St
Breakwater Hotel
Pennsylvania Avenue
Waldorf Towers
8th Street
8th St
SOUTH BEACH
Colony Hotel
Beacon Hotel
7th Street
7th St
Majestic Hotel
6th Street
6th St
Gabriel Miami South Beach
1 Ocean Drive
MacArthur Causeway
5th Street
South Beach
4th Street
4th St
7
Jewish Museum of Florida
5
Atlantischer Ozean
3rd Street
Ocean Front Park
Terminal Island
2nd Street
2nd St
Miami Beach Marina
1st Street
Pier Park
Commerce Street
2
South Pointe Dr
Inlet Boulevard
South Pointe Park
Government Cut
Fisher Island

1

Ocean Drive

E4 · Art Deco Welcome Center, 1001 Ocean Drive · +1-305-672-2014
mdpl.org

Der Ocean Drive gehört zu den populärsten Boulevards Miamis, hier stehen viele der berühmtesten Art-déco-Gebäude der Stadt. Auf einer Strecke von nur wenigen Häuserblocks finden Sie hier eine große Anzahl grandioser Fotomotive. Vergessen Sie also nicht, Ihre Kamera mitzunehmen.

Am besten genießen Sie die Atmosphäre des Ocean Drive in einer Bar oder einem Café am Ufer und bestaunen dabei zunächst die Parade topmodischer gebräunter Menschen – sogar die Straßenfeger mit Helmen und weißen Uniformen und die Polizisten in engen Hosen auf Mountainbikes sehen »cool« aus. Auch in den Lobbys der Hotels gibt es schöne Beispiele typischen Art-déco-Designs.

An Nummer 1114 steht das 1930 für Alden Freeman erbaute Haus im mediterranen Stil, das heute als Casa Casuarina bekannt ist und das der Designer Gianni Versace 1993 für 3,7 Millionen US-Dollar gekauft hat. Heute ist es ein Boutiquehotel. Die Station der Strandwache hinter dem Art Deco Welcome Center bietet ein klassisches Beispiel der Nautischen Moderne. Typisch sind die Geländer am Dach und die Bullaugen – Elemente, die eher zu einem Ozeandampfer passen würden. Das Gebäude dient immer noch als Basis für die Rettungsschwimmer. Das 1937 fertiggestellte Waldorf Towers Hotel ist ein weiteres ausgezeichnetes Beispiel für diese Art von Architektur.

Typisch sind die Geländer am Dach und die Bullaugen – Elemente, die eher zu einem Ozeandampfer passen würden.

Südlich der 6th Street gibt es eher wenig zu entdecken. Doch der South Pointe Park bietet einen tollen Ausblick auf die Luxusliner, die in den Government Cut einlaufen.

Highlight

Schon gewusst?

Den Ocean Drive säumen die schönsten der rund 800 Gebäude des Art-déco-Viertels.

↑ *Der Ocean Drive mit seinen Art-déco-Bauten und Palmen wird abends prachtvoll illuminiert*

Casa Casuarina

Das stilbildende Anwesen am Ocean Drive ist auch als Versace Mansion bekannt. In ihm lebte der weltberühmte italienische Modedesigner Gianni Versace von 1992 bis zu seinem Tod 1997, als er auf der Treppe seiner Villa erschossen wurde. Das Art-déco-Gebäude ist ein typisches Beispiel des Mittelmeerstils *(siehe S. 72)*. Versace ergänzte es nach dem Kauf um großartige Details (u. a. goldene Fliesen am Pool). Das Anwesen ist seit 2015 ein Hotel mit zehn herrlichen Suiten.

1 *»Augenbrauen« genannte Elemente über den Fenstern des Waldorf Towers Hotel spenden Schatten.*

2 *Die Pflanzgefäße vor der Casa Casuarina tragen Versaces Motiv der Medusa.*

3 *Miami Beach Patrol Headquarters*

Ocean Drive: Art-déco-Stil

Am Ocean Drive, einer fantastischen Flaniermeile, zeigt sich wunderbar die für die Metropole des Sonnenstaats Florida ganz typische Interpretation des Art déco, der die Welt in den 1920er und 1930er Jahren geradezu im Sturm eroberte. Seine besondere Formensprache und die sehr spezielle Motivgebung an den Häuserfassaden sind Kennzeichen dieses einzigartigen Stils. Die besondere Ästhetik macht das Viertel zu einem der beeindruckendsten aller Städte Nordamerikas.

Stilvolle Architektur

Mit der Verwendung kostengünstiger Materialien gelang es den Architekten, eher bescheiden anmutenden Hotels einen ganz besonderen Stil zu verleihen. Sie wurden in vielen Fällen wie Ozeandampfer (Nautische Moderne) oder mit speziell geformten Fassaden (Streamline-Moderne) gestaltet.

Beliebte Motive

Flamingos und Sonnenmotive findet man überall, und die Häuser am Ufer zeigen viele Elemente, die mit Meer und Schifffahrt in Verbindung stehen. Flachreliefs sind ein weiteres oft zu sehendes Motiv.

↑ *Fassaden von Hotels am berühmten Ocean Drive*

Breite Eckfenster sind ein häufiges Bauelement.

Weiß, Blau und Grün, die Farben der Vegetation und des Meeres, waren in den 1930er und 1940er Jahren beliebt.

Kreismotive sind Bullaugen von Schiffen nachempfunden.

Die **Lobby** des Majestic hat Lifttüren aus glänzendem Messing.

Neonfarben setzten besondere Akzente.

Attraktionen

Gabriel Miami South Beach (1937)

Das Hotel entwarf Henry Hohauser. Es hat fein geätzte Fenster.

Imperial (1939)

Die Gestaltung des Imperial, heute Teil des Gabriel Miami, erinnert an das ältere Park Central, das gleich nebenan steht.

Majestic (1940)

Das Hotel stammt von Architekt Albert Anis, der auch die nahe gelegenen Hotels Avalon und Waldorf baute.

Art déco: Von Paris nach Miami

Der Art-déco-Stil entwickelte sich aus der Exposition Internationale des Arts Décoratifs et Industriels Modernes, die 1925 in Paris stattfand. Er kombiniert viele Einflüsse, von Blumenmotiven des Jugendstils über ägyptische Bilder bis zu geometrischen Elementen des Kubismus. Im Amerika der 1930er Jahre reflektieren Art-déco-Bauten mit Elementen des Maschinenzeitalters und Science-Fiction-Dekors den Technikglauben. Der Stil entwickelte sich zur Streamline-Moderne, die am Ocean Drive dominiert. Erst die Mixtur von klassischem Art déco mit Elementen der Streamline-Moderne und tropischen Motiven macht den Charakter der Architektur am Ocean Drive aus.

1 *Fassade des Colony Hotel in den Farben des Meeres*

2 *Farblich akzentuierte Fassade*

3 *Tropische Motive*

4 *Pastellfarbene Häuser hinter hohen Palmen*

Reihen von Fenstern lassen Licht und kühle Brisen in die Zimmer hinein.

Flamingo-Motiv auf den Glastüren zur Lobby des Beacon

Geometrische Elemente zeigen den Einfluss des Kubismus.

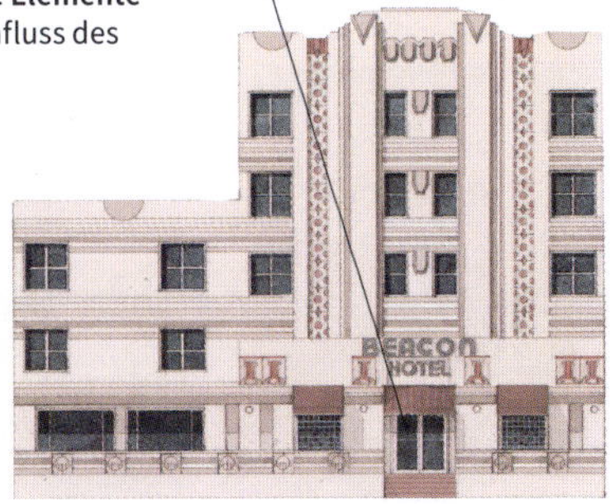

Avalon (1941)

Das Avalon ist ein Beispiel für Streamline-Moderne. Typisch sind fehlende Verzierungen, asymmetrische Gestaltung und Betonung der Horizontalen. Das Avalon umfasst zwei Gebäude an der 7th Street.

Beacon (1936)

Die abstrakte Dekoration oberhalb des Erdgeschosses betont eine zeitgenössische Farbgebung – ein Beispiel für Leonard Horowitz' »Deco Dazzle«. Das Beacon ist das einzige Gebäude Henry O. Nelsons am Ocean Drive.

Vielfalt der Art-déco-Stile

Drei unterschiedliche Stilrichtungen des Art déco sind in South Beach vertreten: traditioneller Art déco, die eher futuristische Streamline-Moderne (»Stromlinien-Moderne«) und der Mittelmeerstil, der sich aus französischer, italienischer und spanischer Architektur entwickelte.

Der Einfluss des Mittelmeerstils kann vor allem zwischen der 9th und 13th Street betrachtet werden. Hier befinden sich auch einige der klassischen Art-déco-Gebäude in South Beach, die man bei einem Spaziergang passiert. Schon bei einem kurzen Bummel entlang des Ocean Drive lernt man die architektonische Vielfalt kennen. Zu den Elementen, an denen man unterschiedliche Stile erkennt, gehören vor allem Schilder, Fenster und Friese.

↑ *Hinter einer Palmenreihe steht das nach nautischen Themen erbaute Hotel Breakwater*

Schon bei einem kurzen Bummel lernt man die architektonische Vielfalt kennen.

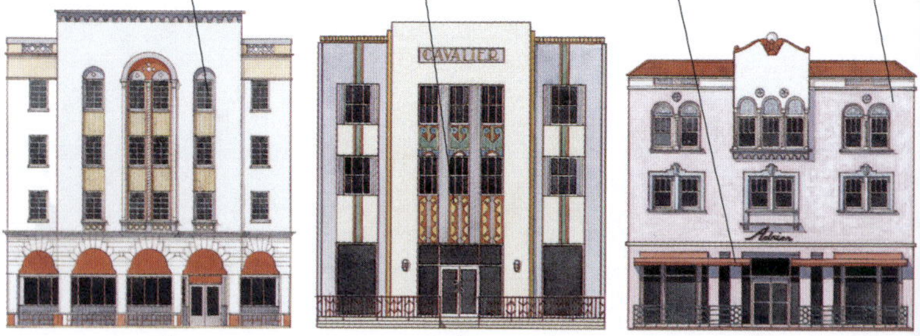

Attraktionen

Edison (1935)

Wie zuvor schon der Architekt des nahe gelegenen Adrian, experimentierte Hohauser *(siehe S. 70)* hier mit dem Mittelmeerstil.

Cavalier (1936)

Mit seinen scharfen Kanten bildet das traditionelle Art-déco-Hotel einen markanten Kontrast zum Cardozo gleich nebenan.

Adrian (1934)

Mit seinen sanften Farben und Reminiszenzen an Mittelmeer-Architektur hebt sich das Adrian von den Nachbargebäuden ab.

Die Bewahrung von South Beach
Barbara Capitman (1920–1990) rief 1976 die Miami Design Preservation League zur Erhaltung der Art-déco-Architektur in South Beach ins Leben. Damals drohten Hochhäuser einen Großteil davon zu verdrängen. Drei Jahre später wurden 2,5 Quadratkilometer in South Beach (als erstes Viertel des 20. Jh.) in das National Register of Historic Places aufgenommen. Im Kampf gegen die Spekulanten wurden in den 1980er und 1990er Jahren auch Nachtwachen vor gefährdeten Gebäuden eingesetzt.

Schon gewusst?

Der Stilbegriff Art déco umfasst neben Architektur auch Bereiche wie Möbel oder Schmuck.

Die typischen Flachdächer werden häufig durch Türme oder vertikale Einbauten aufgelockert.

Der zentrale Turm erinnert sowohl an den Schornstein eines Schiffs als auch an einen Totempfahl.

»Stromlinien« erzeugen den Eindruck von schneller Bewegung.

Geländer am Dachrand imitieren eine Schiffsreling.

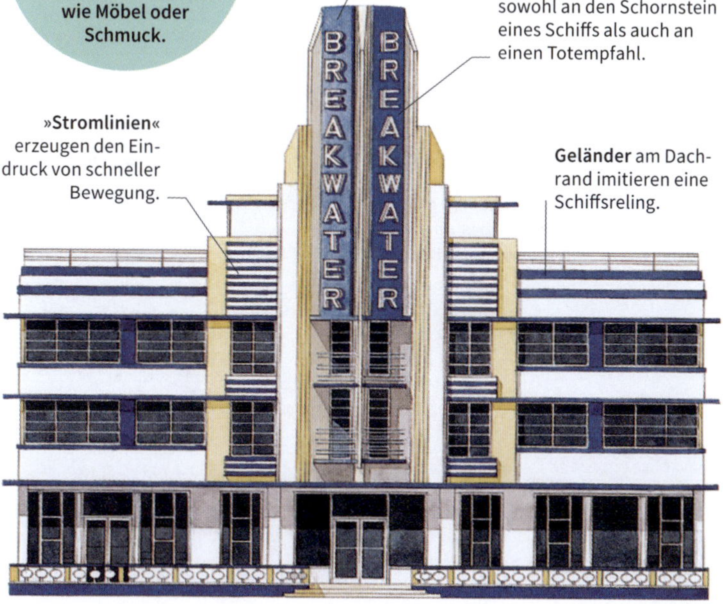

Breakwater (1939)

Das Hotel des in Kroatien geborenen Architekten Anton Skislewicz ist mit seinen Rennstreifen und dem Turm ein klassisches Streamline-Moderne-Hotel. Es verfügt über eine Ziggurat-Brüstungsdachlinie, Stuckwände und Terrazzo-Böden. Nach der Renovierung 2011 erstrahlte das Hotel wieder in seinem ursprünglichen Glanz.

SEHENSWÜRDIGKEITEN

2 Española Way

E2 visitespanolaway.com

Zwischen Washington und Drexel Avenue verläuft der Española Way, eine baumbestandene Enklave im neomediterranen Stil. Die Gebäude aus den 1920er Jahren mit Rundbogen, Kapitellen, Balkonen und lachsfarbenen Stuckfassaden sollen den Addison Mizner bei der Gestaltung der Worth Avenue in Palm Beach *(siehe S. 112–117)* inspiriert haben.

Española Way sollte Künstlerkolonie sein, entwickelte sich aber zum berüchtigten Rotlichtbezirk. In den vergangenen Jahrzehnten näherte er sich mit vielen Boutiquen und extravaganten Kunstgalerien seiner ursprünglichen Bestimmung.

Schon gewusst?

Der Española Way wurde 2017 für mehreren Millionen Dollar renoviert.

3 The Beach

F1–5 miamiandbeaches.com

Ein Großteil des Sands wurde vor zwei Jahrzehnten nach Miami Beach importiert. Um der Küstenerosion zu begegnen, wird ständig neu aufgeschüttet. Der weite Sandstrand ist in der Hauptsaison stets überfüllt.

Bis auf Höhe der 5th Street tummeln sich die Surfer. Den Strand von SoBe dahinter füllen die farbenfrohen Häuser der Wasserwacht und Sonnenhungrige. Im Lummus Park scheint die Zeit stehen geblieben zu sein: Hier hört man noch Jiddisch, die Sprache der alten jüdischen Bevölkerung. Rund um die 12th Street ist die LGBTQ+ Szene zu finden.

Farbwechsel in South Beach

Art-déco-Bauten waren ursprünglich einfarbig, meist weiß mit bunten Zierleisten. In den 1980er Jahren schuf der Designer Leonard Horowitz das »Deco Dazzle« (Dekorbetonung) und tauchte 150 Gebäude in Farbe. Puristen kritisierten die Neuerfindung des Art déco, Anhänger sahen darin eine Betonung der Dekorelemente.

4 Collins und Washington Avenue

E3 u. F3 1920 Meridian Avenue (Miami Beach Visitor Center) miamibeachchamber.com

Die beiden Straßen mit zahlreichen Klamottenläden und Tattoo-Studios sind weniger elegant als der Ocean Drive, doch befinden sich hier eini-

←
Surfer gehen am South Beach ihrer Leidenschaft nach, im Hintergrund ragt die Skyline von Miami Beach auf

ge der besten Clubs von Miami Beach. Darüber hinaus sind viele der hier stehenden Art-déco-Gebäude wahrlich einen zweiten Blick wert.

Das Marlin Hotel in der Collins Avenue 1200 ist sicher eines der eindrucksvollsten Häuser der Streamline-Moderne. Es gehörte Christopher Blackwell, dem Gründer von Island Records. 2009 wurde es umfassend renoviert.

Das Postamt von Miami Beach ist in einem Art-déco-Gebäude in der Washington Avenue (Nr. 1300) untergebracht. Drei Wandgemälde im Inneren zeigen frühe spanische und amerikanische Begegnungen mit den indigenen Völkern Floridas.

Jenseits der Lincoln Road weiter nördlich sind die Gebäude von herber Schönheit. Hohe Hotels aus den 1940er Jahren wie das Delano und das Ritz-Carlton weisen Spuren von Art déco auf, ihre Türme sind von Comics wie *Buck Rogers* oder *Flash Gordon* inspiriert. Die Innenausstattung des luxuriösen Delano Beach Club am South Beach mit weißen Draperien und Originalen von Gaudí, Dalí und Man Ray sollten Sie nicht versäumen.

5 Jewish Museum of Florida

E4 · 301 Washington Ave · +1-305-672-5044 · Mi–So 10–16 · jüdische und nationale Feiertage · jmof.fiu.edu

Das 1995 eröffnete Museum hat in der ersten Synagoge von Miami Beach, erbaut 1936, seine Ausstellungsräume. Mit seinen Art-déco-Elementen ist das Gebäude ebenso sehenswert wie seine Ausstellungen.

6 Wolfsonian-Florida International University

E3 · 1001 Washington Ave · siehe Website · wolfsonian.org

Das Museum befindet sich in einem Gebäude aus den 1920er Jahren, in dem früher die Washington Storage Company untergebracht war, bei der wohlhabende Bürger ihre Wertsachen aufbewahrten, wenn sie in den Norden reisten.

Heute zeigt es eine bemerkenswerte Sammlung dekorativer und bildender Kunst von 1850 bis 1950, darunter Bücher, Plakate, Möbel und Skulpturen. Sie konzentriert sich auf die ästhetische, politische und soziale Bedeutung von Design um die Jahrhundertwende.

↑ *Besucher einer Ausstellung in der Wolfsonian-Florida International University*

Hotels

The Betsy
Das Betsy ist mit seinen Kolonnaden ein herausragendes Beispiel des Art déco. Mit Ausstellungen und Lesungen setzt es auch kulturelle Akzente.

F2 · 1440 Ocean Drive · thebetsyhotel.com

$$$

Loews Miami Beach Hotel
Das nur wenige Gehminuten vom Ocean Drive entfernte Hotel verfügt über ein Seafood-Restaurant, das auch für seine reiche Auswahl an Whiskey bekannt ist.

F2 · 1601 Collins Ave · loewshotels.com

$$$

The Local House
Boutiquehotel mit 18 Zimmern und Pool auf dem Dach.

E4 · 400 Ocean Drive · localhouse.com

$$

7
Holocaust Memorial

E1 1933–1945 Meridian Ave +1-305-538-1663 tägl. 10 bis Sonnenuntergang holocaustmemorialmiamibeach.org

Da in Miami Beach die weltweit größte Gemeinde Überlebender des Holocaust wohnt, hat das Denkmal (1990) von Kenneth Treister hohe Bedeutung. Herzstück ist ein riesiger Arm aus Bronze, der sich Hilfe suchend gen Himmel reckt und den Todeskampf eines Menschen darstellt.

Den Arm mit einer eingemeißelten Häftlingsnummer aus Auschwitz umgeben ungefähr 100 Bronzefiguren, Männer, Frauen und Kinder, in Trauer gebeugt. Um diesen Platz führt ein Tunnel mit den Namen der Konzentrationslager, einer illustrierten Historie des Holocaust und einer Granitwand, auf der die Namen Tausender Opfer zu lesen sind.

Eindrucksvoll ragt der rund 13 Meter hohe Bronzearm des Holocaust Memorial auf

8
Lincoln Road Mall

E2 +1-305-538-7887 tägl. 10–23 1. Jan, Thanksgiving, 25. Dez lincolnroadmall.com

Nach wechselvoller Historie hat sich die Lincoln Road Mall kulturell und gesellschaftlich gemausert. Carl Fisher sah in ihr in den 1920er Jahren die »Fifth Avenue des Südens«, und tatsächlich gehörten ihre Läden zur modischen Crème de la Crème. Vier Jahrzehnte später verwandelte Morris Lapidus, der das Fontainebleau Hotel entwarf, die Straße in eine der ersten Fußgängerzonen, doch auch das verhinderte den Abstieg der Lincoln Road in den 1970er Jahren nicht. Die von Lapidus konzipierten hässlichen Betonpavillons trugen auch dazu bei.

Der Wiederaufstieg begann 1984 mit Einrichtung des ArtCenter South Florida. Zwischen Lincoln und Meridian Avenue entstanden drei Ausstellungsareale sowie Ateliers und Galerien. Die gezeigte Kunst hat experimentellen Charakter. Die Galerien sind meist am Abend geöffnet. Dann erwacht die Straße zum Leben, und Theaterbesucher strömen zu den restaurierten Art-déco-Bühnen Lincoln Theatre und Colony Theatre.

Wer eine Alternative zum Ocean Drive sucht, kann in den Restaurants und Cafés entspannen, etwa im Van Dyke (Nr. 846) – Lincoln Roads Antwort auf das News Café. Nachts fasziniert das im Stil der Streamline-Moderne erbaute Sterling Building (Nr. 927), wenn die Glasbausteine blau schimmern.

9
The Bass

F1 2100 Collins Ave +1-305-673-7530 Mi–So 12–17 thebass.org

Das Art-déco-Gebäude im Stil der Maya dient seit 1964 als Museum. Basis ist die Sammlung von John und Johanna Bass: europäische Gemälde und Skulpturen.

Modefotografie in Miami Beach

Dank der Kombination von Art-déco-Architektur, Palmen, Strand und warmem Klima ist South Beach einer der begehrtesten Orte für Modefotografen weltweit. Die Saison dauert von Oktober bis März, wenn es in Europa und in weiten Teilen der USA zu kalt für Außenaufnahmen ist. Wenn Sie in SoBe frühmorgens spazieren gehen, können Sie die Teams mit Regisseuren, Fotografen, Make-up-Spezialisten und Models kaum übersehen.

The Haas Brothers: Ferngully – Wechselausstellung im The Bass

Dauerausstellungen präsentieren über 2800 Exponate aus Bildhauerei, Grafik und Fotografie. Zu den Highlights zählen Werke der Renaissance, Gemälde nordeuropäischer Schulen und flämische Gobelins (16. Jh.).

10

Central Miami Beach

F1 miamiandbeaches.com

Der Bereich nördlich der 23rd Street ist auch als Central Miami Beach bekannt. Von der 23rd bis zur 46th Street verläuft eine Promenade. Auffälligste Sehenswürdigkeit hier ist das Fontainebleau Hotel (auch »Fountainblue«) von 1954. Entworfen wurde es von Morris Lapidus für den Hotelier Ben Novack. Die Grandezza ist beeindruckend (v. a. die Lobby mit Fliesen und der Pool mit Wasserfall). Das Hotel war in den 1960er Jahren Drehort des James-Bond-Films *Goldfinger*.

Das Fontainebleau beherbergte Größen wie Frank Sinatra, Elvis Presley, Bob Hope, Sammy Davis Jr. und die Obamas.

Geschwungene Fassade des 1954 fertiggestellten Hotel Fontainebleau

Restaurants

Stiltsville Fish Bar

Das Seafood-Restaurant ist auch für seine wunderbaren Cocktails bekannt. Von der Bar hat man einen grandiosen Blick auf den Sonnenuntergang.

D2 1787 Purdy Ave stiltsvillefishbar.com

$$$

Joe's Stone Crab

Markenzeichen des 1913 eröffneten Lokals sind elegant gekleidete Kellner und Kronleuchter. Probieren Sie eines der Krabbengerichte.

E5 11 Washington Ave Okt – Mai joesstonecrab.com

$$$

Sushi Garage

Das Restaurant in einer ehemaligen Autowerkstatt nahe dem Maurice Gibb Memorial Park bietet japanisch-südamerikanische Fusionsküche. Von der Decke hängen bunte Fischfiguren.

D2 1784 West Ave abends sushigarage.com

$$$

Villa Azur

Genießen Sie in diesem eleganten Restaurant unter freiem Himmel französisch-mediterrane Köstlichkeiten wie Chateaubriand – am besten bei der Dinnerparty am Donnerstag.

F1 309 23rd St villaazurmiamibeach.com

$$$

Spaziergang durch South Beach

Länge 2 km **Dauer** 25 Min.

Das Art-déco-Viertel South Beach erstreckt sich von der 6th bis zur 23rd Street zwischen der Lenox Avenue und dem Ocean Drive. Seit den 1980er Jahren lockt es immer mehr Besucher an, unter anderem auch, weil Stars wie Gloria Estefan und Jennifer Lopez den Bezirk in einen der In-Plätze der USA verwandelten. Vielen Besuchern erscheinen die Art-déco-Gebäude wie die Kulisse eines hedonistischen Spielplatzes, auf dem die Tage mit Schlafen, am Strand oder im Fitnesscenter und die Nächte in den Diskotheken verbracht werden. Doch egal, ob Sie eher an Unterhaltung oder an Architektur interessiert sind, die vorgeschlagene Route ist sowohl tagsüber als auch im Neonlicht der Nacht zu empfehlen.

↑ *Die Old City Hall ist das Wahrzeichen von South Beach*

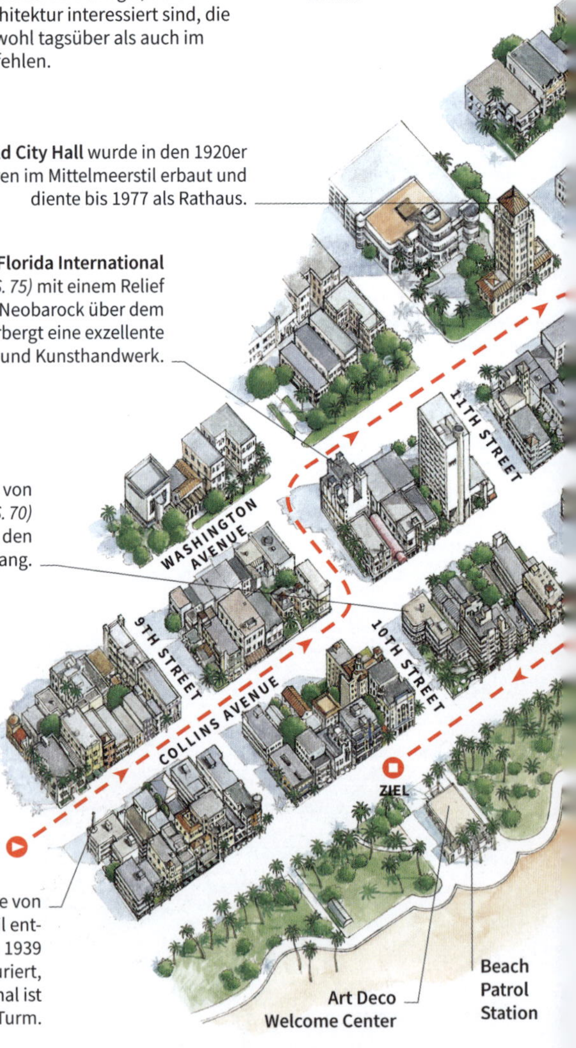

Zur Orientierung
Siehe Stadtteilkarte S. 66f

In South Beach sollte man unbedingt ein paar der angesagten Bars und Clubs, wie etwa das **Marlin Hotel** in der Collins Avenue *(siehe S. 74f)*, aufsuchen.

Das **Cardozo Hotel**, eines der schönsten Art-déco-Gebäude am Ocean Drive, gehört Gloria und Emilio Estefan. Seine Neueröffnung 1982 leitete eine neue Sanierungsphase in South Beach ein.

Das **Edgewater Hotel** (1935) mit seinem farbenfrohen Stuck steht am ruhigen Ende des Ocean Drive. Heute ist hier der Marriott Vacation Club.

Der **Ocean Drive** *(siehe S. 68 – 73)* mit seinen eleganten Hotels ist die Hauptattraktion von South Beach.

Lummus Park

Im Amsterdam Palace (**Casa Casuarina**; *siehe S. 69*) residierte früher der Modedesigner Gianni Versace, heute ist hier ein Luxushotel.

Am 16 Kilometer langen **Sandstrand** kann man je nach Belieben Ruhe und Unterhaltung suchen – Letztere am lebhaften Abschnitt in South Beach.

↑ *Farbenspiele am bei Dunkelheit illuminierten Ocean Drive*

Wolkenkratzer in Miamis Downtown

Downtown und Coral Gables

Ende des 19. Jahrhunderts erstreckte sich die Stadt am Miami River auf einer Fläche von rund 2,5 Quadratkilometern. Bis nach dem Zweiten Weltkrieg war sie allerdings wenig mehr als ein Ferienort. Erst die Einwanderer, die ab 1959 aus Kuba hierherkamen, verwandelten Miami in eine Metropole. Der kubanische Einfluss ist am besten in Little Havana zu erkennen.

In Downtown schlägt heute das Herz von Miamis Finanzviertel – Brickell. Die futuristischen Wolkenkratzer, die jede Nacht in Neon getaucht werden, verdeutlichen den Status der Stadt als bedeutendes Finanz- und Handelszentrum. Etwas weiter nördlich besteht die Innenstadt aus hoch aufragenden Eigentumswohnungen.

Coral Gables, eine der reichsten Kommunen der USA, ist eine eigene Gemeinde in Greater Miami. In der »City Beautiful« stehen elegante Häuser an Alleen mit Eichen und Banyanbäumen. Viele Grundstücke grenzen an Kanäle, die Besitzer haben eigene Boote. Alle Gebäude müssen Vorgaben entsprechen, die Architekt George Merrick formulierte, als er Coral Gables in den 1920er Jahren plante.

G
H
J
Downtown und Coral Gables
NW 42ND AVENUE
NW 7TH AVENUE
NW 7TH AVENUE
NW 27TH AVENUE
WEST FLAGLER STREET
WEST
SW 8TH STREET
SW 8TH STREET
SW 8TH STREET
1
2
GRANADA BOULEVARD
CORTEZ STREET
SEGOVIA STREET
LE JEUNE ROAD
PONCE DE LEON BLVD
DOUGLAS ROAD
Woodlawn Cemetery
SW 32ND AVENUE
SW 11TH STREET
SW 13TH STREET
SW 15TH STREET
SW 16TH STREET
SW 18TH STREET
SW 19TH STREET
SW 20TH STREET
ALHAMBRA CIRCLE
Granada Golf Course
Coral Gables Museum
ALHAMBRA CIRCLE
Coral Gables Merrick House
11
Coral Gables City Hall
5
13
4
9
Miracle Mile
10
CORAL WAY
CORAL WAY / SW 22ND STREET
SW 23RD STREET
SW 23RD STREET
SW 27TH AVENUE
3
SEVILLA AVENUE
DESOTO BLVD
8
Venetian Pool
SW 42ND AVE /
PALERMO AVENUE
SW 37TH AVENUE /
SW 24TH STREET
SW 25TH STREET
SW 26TH STREET
SW 27TH STREET
SW 24T
The Biltmore
3
12
Coral Gables Biltmore Golf Course
ANASTASIA AVENUE
RIVIERA DRIVE
CORAL GABLES
UNIVERSITY DRIVE
French Normandy Village
BOULEVARD
Coconut Grove
M
SW 28TH STREET
SW 2
SOUT
GRANADA BLVD
UNIVERSITY DRIVE
SW 40TH STREET / BIRD ROAD
DRIVE
ROAD
LEON
SW 40TH STREET / BIRD ROAD
SOUTH DIXIE HIGHWAY
Colonial Village
UNIVERSITY DRIVE
Coral Gables Canal
ALTARA AVENUE
BOULEVARD
RIVIERA
LE JEUNE
PONCE DE
Douglas Road
M
SHIPPING AVENUE
DAY AVENUE
TIGERTAIL
MCDONALD STREET
4
Riviera Country Club
PONCE DE LEON BOULEVARD
FROW AVENUE
GRAND AVENUE
Farmer's Market
CocoWalk
9
Mayfair House Hotel and Garden
8
Mia City
17
Dinner Key
BLUE ROAD
Coconut Grove Village
16
CAMPO SANO AVENUE
GRANADA
SW 37TH AVENUE / DOUGLAS ROAD
COCONUT GROVE
15
The Barnacle
University of Miami
Chinese Village
Plymouth Congregational Church
SOUTH DIXIE HIGHWAY
14
Lowe Art Museum
Lake Osceola
MILLER ROAD
POINCIANA AVENUE
MAIN HIGHWAY
GRANADA BOULEVARD
RIVIERA DRIVE
LUENGA AVE
SW 42ND AVENUE
University
M
SOUTH DIXIE HIGHWAY
MAYNADA ST
AVENUE
MARIPOSA
MARMORE AVENUE
Kampong Botanical Garden
5
HARDEE RD
French City Village
French Country Village
HARDEE RD
INGRAHAM HIGHWAY
0 Kilometer 1
0 Meilen 1
N
G
H
J

Downtown und Coral Gables

Highlights

1. Little Havana
2. Vizcaya Museum and Gardens

Sehenswürdigkeiten

3. Phillip and Patricia Frost Museum of Science
4. Miami-Dade Cultural Plaza
5. Brickell Avenue
6. Bayside Marketplace
7. Pérez Art Museum Miami
8. Venetian Pool
9. Miracle Mile
10. Coral Gables City Hall
11. Coral Gables Merrick House
12. The Biltmore
13. Coral Gables Museum
14. Lowe Art Museum
15. The Barnacle
16. Coconut Grove Village
17. Dinner Key
18. Ermita de la Caridad

Restaurants

① Versailles
② El Rey De Las Fritas
③ Cascade
④ Caffe Abbracci
⑤ Graziano's

Bars

⑥ Lost Boy
⑦ E11EVEN MIAMI

Hotels

⑧ The Mutiny Hotel
⑨ Mayfair House Hotel & Garden

Fotomotiv
Latin Walk of Fame

Halten Sie Ihre Kamera in der Calle Ocho zwischen 12th und 17th Street bereit. In Little Havanas Version von Hollywoods Walk of Fame werden Berühmtheiten lateinamerikanischer Abstammung wie etwa Gloria Estefan mit Sternen im Gehsteig geehrt.

1

Little Havana

L2

Obwohl Kubaner in ganz Miami leben, gilt Little Havana als ihre Heimatgemeinde, seit sie in den 1960er Jahren von Kuba flüchteten. Das spannende Viertel zeigt sich am lebendigsten in seinen pulsierenden Straßen. Aus jedem Laden dringt Salsa-Musik, Plakate künden vom früheren Kampf gegen Fidel Castro. *Bodegas* bieten eine Auswahl kubanischer Spezialitäten wie *moros y cristianos*, und alte Männer genießen in aller Ruhe ihren *café cubano*.

Calle Ocho

Die wichtigste Straße und das sentimentale Herz von Little Havana ist die Southwest 8th Street, besser bekannt als Calle Ocho. Der belebteste Abschnitt zwischen der 11. und 17. Avenue lässt sich am besten zu Fuß erkunden, andere Sehenswürdigkeiten leichter mit dem Auto.

Das kompakte **Little Havana Welcome Center** bietet Infos über Sehenswürdigkeiten und Veranstaltungen in der Nachbarschaft, während das **Little Havana Visitor Center** eher ein Souvenirladen mit einer kleinen Kaffeebar und einem Raum mit Coca-Cola-Erinnerungsstücken ist.

El Titan de Bronze in der Calle Ocho erinnert an die Zigarrenfabriken in Havanna und ist in Familienbesitz. Besucher sind herzlich eingeladen, den wenigen Zigarrendrehern bei der Arbeit zuzusehen. Die Blätter werden in Nicaragua angebaut – angeblich aus kubanischen Tabaksamen. Ein paar Blocks westlich der Zigarrenfabrik finden Sie das **Cubaocho Museum & Performing Arts Center** – ein

Wandgemälde an einer Fassade der Calle Ocho in Little Havana

Highlight

Restaurants

Versailles
Dieser Treffpunkt der kubanischen Community in Miami ist der vielleicht beste Ort für klassische kubanische Küche außerhalb des Landes. Spezialität: Sandwiches.

H2 3555 Southwest 8th St versailles restaurant.com

$$$

El Rey De Las Fritas
Das beliebte Restaurant ist für seine *fritas* (kubanische Hamburger) und *caballos* (*fritas* mit Käse und Spiegelei) bekannt.

H3 1821 SW 8th St elreydelasfritas.com

$$$

Museum, eine Bar und ein Gemeindezentrum. Es feiert die kubanische Kultur mit Ausstellungen und Veranstaltungen. Es bietet auch Rentnern die Möglichkeit, sich zu treffen, Zigarren zu rauchen und Domino zu spielen. In der 8th Street gibt es außerdem mehrere Läden, die sich der Ausübung der afrokubanischen Religion Santería widmen.

Nördlich der Calle Ocho, an der West Flagler Street und der Southwest 17th Avenue, ist auf der Plaza de la Cubanidad eine Bronzekarte Kubas mit José Martís Worten »Palmen sind wartende Geliebte«. Dahinter kennzeichnen Flaggen das Hauptquartier von Alpha 66, Miamis fanatischster Gruppe ehemaliger kubanischer Castro-Gegner.

Little Havana Welcome Center
1442 SW 8th St +1-305-643-5500
Zeiten variieren

Little Havana Visitor Center
K2 1600 SW 8th St tägl. 10–18

El Titan de Bronze
1071 W 8th St +1-305-860-1412
Mo–Sa 9–15

Cubaocho Museum & Performing Arts Center
1465 SW 8th St Mo–Fr 11–24, Sa, So 11–3 cubaocho.com

Cuban Memorial Boulevard
Die Southwest 13th Avenue ist auch als Cuban Memorial Boulevard bekannt. Die ewige Flamme am Denkmal für die Brigade 2506 erinnert an die Kubaner, die 1961 bei der von den USA unterstützten Invasion starben.

Little Havanas Memorial Boulevard mit der ewigen Flamme

2

Vizcaya Museum and Gardens

L3 3251 S Miami Ave Vizcaya Mi–Mo 9:30–16:30 (vorab buchen) Thanksgiving, 25. Dez vizcaya.org

In dieser opulent ausgestatteten früheren Privatresidenz erleben Besucher unterschiedliche Architekturstile und eine Fülle interessanter Objekte sowie eine der beeindruckendsten Parkanlagen der Stadt.

Floridas prächtigstes Wohnhaus wurde 1916 als Winterresidenz für den millionenschweren Industriellen James Deering erbaut. Er wollte einen italienischen Landsitz aus dem 16. Jahrhundert nachbilden, der sich im Lauf der Generationen verändert hatte. Das Vizcaya zeigt Stilrichtungen von Renaissance bis Neoklassizismus. Im Park sind Elemente italienischer und französischer Gartenkunst mit Floridas tropischer Vegetation kombiniert. 1952 kaufte das Miami-Dade County das Anwesen und machte es öffentlich zugänglich.

→

Darstellung der prachtvollen einstigen Privatresidenz Vizcaya

Highlight

Östliche Fassade des Anwesens und Rokoko-Musikzimmer mit Klavier und Harfe (Detail)

Schon gewusst?

Die Möbel für das Anwesen fand James Deering bei seinen Reisen nach Europa.

SEHENSWÜRDIGKEITEN

3 Phillip and Patricia Frost Museum of Science

M1 · 1101 Biscayne Blvd · College/Bayside · tägl. 10–18 · frostscience.org

Das auch architektonisch bemerkenswerte Museum steht in dem als Museum Park bezeichneten Areal am Wasser. Auf spannende Art vermittelt es Phänomene aus der Wissenschaft. Zu den Highlights gehören interaktive Exponate zum menschlichen Körper und zur Technik sowie ein Planetarium und ein weitläufiges Aquarium.

4 Miami-Dade Cultural Plaza

M1 · 101 West Flagler St · Government Center · tägl. 10–16 (So ab 12) · historymiami.org

Das 1982 vom berühmten US-Architekten Philip Johnson entworfene Miami-Dade Cultural Plaza beherbergt ein prächtiges Geschichtsmuseum und eine Bibliothek mit vier Millionen Büchern.

HistoryMiami konzentriert sich auf Miami vor 1945. Es gibt informative Ausstellungen über die spanische Kolonisierung und die Kultur der Seminolen, aber es sind die alten Fotos, die Miamis Geschichte wirklich zum Leben erwecken. Diese Fotografien thematisieren die Strapazen der frühen Pioniere, aber auch den Spaß der Roaring Twenties.

5 Brickell Avenue

M2 · Brickell, Government Center · mehrere Stationen · 701 Brickell Ave, Suite 2700; +1-305-539-3000 · miamiandbeaches.com

Anfang des 20. Jahrhunderts hieß die Brickell Avenue wegen ihrer palastähnlichen Villen »Millionaires' Row«. Heute ist ihr nördlicher Abschnitt Miamis Entsprechung zu New Yorks Wall Street –

Bootstouren in der Biscayne Bay

»Estates of the Rich and Famous«-Bootstouren bieten einen Blick auf die Biscayne Bay zwischen Downtown und Miami Beach. Sie starten am geschäftigsten Kreuzfahrthafen der Welt auf den Inseln Dodge und Lummus. Am östlichen Ende des MacArthur Causeway passieren sie Fisher Island, ein exklusives Wohngebiet, wo Häuser einen durchschnittlichen Listenpreis von 5,8 Millionen US-Dollar haben. Die Tour geht weiter nach Norden um Star Island, Palm Island und Hibiscus Island herum. Hinter dichtem Grün verstecken sich Villen in allen möglichen Architekturstilen, darunter die ehemaligen Häuser von Frank Sinatra und Al Capone sowie die Wohnsitze von Berühmtheiten wie Matt Damon und Julio Iglesias.

←
Interessante Perspektive im Aquarium des Frost Museum of Science

internationale Banken residieren in imposanten Gebäuden, deren Glas Häuser und Sonne widerspiegelt. Einige Wohnhäuser weiter südlich, jenseits der Southwest 15th Road, sah man im Vorspann von *Miami Vice*. Sie wurden Anfang der 1980er Jahre von dem avantgardistischen Architekturbüro Arquitectonica entworfen. Auch wenn sie mittlerweile nicht mehr ganz zeitgemäß wirken, beeindrucken sie noch immer.

Überaus auffällig ist das Atlantis (Nr. 2025): Die Fassade hat ein quadratisches Loch mit Palme und Whirlpool. Sein Gegenstück, ein Kubus gleicher Größe, steht davor. Arquitectonica entwarf auch Palace (Nr. 1541) und Imperial (Nr. 1627). Die Paläste der »Architektur für 55 Meilen pro Stunde« (sie sind am besten vom Auto aus zu sehen) sind so entworfen, dass man sie aus der Entfernung bewundern kann.

6

Bayside Marketplace

M1 401 Biscayne Blvd College/Bayside Mo – Sa 10 – 22 (Fr, Sa bis 23), So 11 – 21 Thanksgiving, 25. Dez baysidemarketplace.com

Der Bayside Marketplace ist nicht nur der beste Parkplatz, sondern vor allem die populärste Besucherattraktion in Downtown. Der Komplex erstreckt sich um die Miamarina, wo unzählige Jachten vor Anker liegen und diverse Bootstouren um die Biscayne Bay starten.

Mit ihren vielen Bars und Restaurants eignet sich die Bayside hervorragend zum Ausgehen und Shoppen. Man kann im Freien essen und den Musikgruppen, die am Ufer spielen, zuhören.

7

Pérez Art Museum Miami

M1 1075 Biscayne Blvd College/Bayside Mi, Fr – Mo 11 – 18 (Do bis 21) Thanksgiving, 25. Dez pamm.org

Das nach dem Mäzen Jorge Pérez benannte Pérez Art Museum Miami (PAMM) präsentiert eine Sammlung internationaler Kunst des 20. und 21. Jahrhunderts. Die stilvollen Galerien zeigen Ausstellungen zeitgenössischer Werke verschiedener Genres wie Fotografie und Bildhauerei.

Die Schweizer Architekten Herzog & de Meuron gestalteten das von einem Garten umrahmte Gebäude.

Schon gewusst?

Im Pérez Art Museum Miami werden häufig Filmabende und Konzerte präsentiert.

Bars

Lost Box

Hier werden in einem luftigen Innenraum mit Backsteinwänden und Barhockern im Saloon-Stil klassische Cocktails, gutes Bier vom Fass und eine Auswahl an Wurstwaren, Sandwiches und Pasteten serviert.

M1 157 E Flagler St tägl. 12 – 3 (So bis 1) lostboydrygoods.com

E11EVEN Miami

Diese Location ist teils Kabarettbühne, teils Club und verfügt über eine Lounge auf dem Dach und ein Restaurant. Das Preisniveau ist gehoben, trotzdem ist dies eine Institution.

M1 29 NE 11th St Do – So 24 Std. 11miami.com

↑ *Treppe zum Eingangsbereich des Pérez Art Museum Miami*

Hotels

The Mutiny Hotel
Das Hotel ist berühmt als Hauptquartier der Mafia im Film *Scarface*. Im Restaurant am Pool werden lateinamerikanische Gerichte modern interpretiert.

J4 2951 S Bayshore Dr providentresorts.com/the-mutiny-hotel-miami

$$$

Mayfair House Hotel & Garden
Das Mayfair bietet viele Annehmlichkeiten wie Regenduschen in einigen Zimmern. Es gibt auch einen Außenpool mit Cabanas.

J4 3000 Florida Ave mayfairhousemiami.com

$$$

8 Venetian Pool

G3 2701 De Soto Blvd +1-305-460-5306 Douglas Rd, Vizcaya siehe Website coralgables.com/venetianpool

Das Venetian Pool ist wohl eines der schönsten Schwimmbäder der Welt und wurde 1923 vom Künstler Denman Fink und vom Architekten Phineas Paist aus einem Korallensteinbruch gebaut. Dekorative Elemente, darunter rosa Stucktürme und Loggien, venezianische Säulen, eine Kopfsteinpflasterbrücke, Höhlen und Wasserfälle, umgeben das klare, von Quellen gespeiste Wasser. Es gibt auch zwei Aussichtstürme. Der Pool war ursprünglich einer der angesagtesten geselligen Orte in Coral Gables: Sehen Sie sich in der Lobby die Fotos aus den 1920er Jahren an.

9 Miracle Mile

H3 Coral Way zwischen Douglas Rd und Le Jeune Rd Douglas Rd, Vizcaya experiencecoralgables.com

Ein Investor taufte 1940 Coral Gables' wichtigste Einkaufsstraße Miracle Mile. Bunte Baldachine schmücken Läden, die so elegant sind wie ihre Kundschaft.

George Merrick baute das Colonnade Building (Nr. 169) 1926 als Verkaufszentrum seiner Immobilienfirma. Die elegante Rundhalle ist heute die Lobby des Colonnade Hotel. Im Caffe Abbracci mit italienischen Spezialitäten verkehren VIPs.

Im alten Polizei- und Feuerwehrgebäude, Ecke Salzedo Street und Aragon Avenue, ist heute das Coral Gables Museum untergebracht *(siehe S. 93)*.

←

Ein idyllischer Ort: Palmen umrahmen den schönen Venetian Pool

⑩ ♿ Coral Gables City Hall

H3 · 405 Biltmore Way · +1-305-446-6800 · Douglas Rd · Mo–Fr 8–17 · Feiertage · coralgables.com

Coral Gables' Rathaus wurde im Jahr 1928 in dem von Merrick und seinen Kollegen bevorzugten Stil der spanischen Renaissance erbaut. Sogar die halbrunde Fassade schmücken Wappen im spanischen Stil, die Merricks Onkel Denman Fink entwarf. Er schuf auch das Wandgemälde mit den vier Jahreszeiten in der Kuppel des Glockenturms.

Über der Treppe zeigt das Wandgemälde *Meilensteine der Zwanzigerjahre* aus den 1950er Jahren von John St. John, die Frühzeit von Coral Gables. Er blies Zigarettenrauch auf die trocknende Farbe, um das Bild künstlich altern zu lassen.

⑪ ♿ Coral Gables Merrick House

G3 · 907 Coral Way · nur Führungen: Sa, So 13, 4, 15 · coralgables.com/coral-gables-merrick-house

Als Reverend Solomon Merrick seine Familie 1899 aus Neuengland nach Florida brachte, ließen sie sich in einer Holzhütte südlich der wachsenden Stadt Miami nieder. Später fügten sie einen viel größeren Anbau hinzu und nannten das Haus Coral Gables, da sie den Kalkstein für den Bau irrtümlicherweise aufgrund der darin gefundenen Fossilien für Korallen hielten.

Die Stadt Coral Gables erhielt ihren Namen von diesem Haus. Es wurde in ein Museum umgewandelt, wobei die Familie im Mittelpunkt steht – insbesondere Salomons berühmter Sohn, George Merrick, ein Immobilienentwickler. Einige der ausgestellten Möbel gehörten den Merricks, und es sind Familienporträts und Gemälde von Georges Mutter und seinem Onkel zu sehen. Das Gelände wurde verkleinert, aber der kleine Garten ist voller tropischer Bäume und Pflanzen. Es gibt auch einen schönen Seerosenteich.

Der Besuch des Familienhauses gibt die Möglichkeit, den vergleichsweise bescheidenen Hintergrund des ehrgeizigen und einfallsreichen Schöpfers von Coral Gables kennenzulernen.

George Merricks Traumstadt

Mit Denman Fink als künstlerischem Berater, Frank Button als Landschaftsarchitekten und Phineas Paist als Chefarchitekten beschwor George Merrick ein ästhetisches Wunderland herauf. Aus dem Traum entstand das größte Immobilienunternehmen der 1920er. Wegen des Hurrikans von 1926 und des Börsenkrachs wurde die Stadt zwar nicht vollendet, ist aber ein Zeugnis seiner schöpferischen Kraft.

→

Coral Gables Merrick House, früherer Wohnsitz von George Merrick

12 The Biltmore

G3 1200 Anastasia Ave
Douglas Rd
biltmorehotel.com

Coral Gables' spektakulärstes Gebäude wurde 1926 fertiggestellt. Hier schliefen schon Berühmtheiten wie Al Capone (der hier eine »Flüsterkneipe« hatte), Judy Garland sowie der Herzog und die Herzogin von Windsor. Die Gäste gingen in den Anlagen (heute ein Golfplatz) auf Fuchsjagd und ließen sich in Gondeln die Kanäle hinaufstaken. Da das Biltmore im Zweiten Weltkrieg als Lazarett diente, wurde auf seinen Marmorböden Linoleum ausgelegt. Bis 1968 war es ein Veteranenhospital. 1986 wurde es renoviert und nach einem Konkursverfahren 1992 erneut eröffnet.

Eine Replik des Turms der Kathedrale in Sevilla, die auch als Vorbild für Miamis Freedom Tower diente, reckt sich an der Fassade 96 Meter hoch. Innen gliedern mächtige Herkulessäulen die Lobby. Von der hinteren Terrasse kann man den größten Swimmingpool der USA bewundern, an dem Johnny Weissmuller, Star in *Tarzan*-Filmen, Schwimmlehrer war und in dem er in den 1930er Jahren seinen Weltrekord aufstellte.

Miami: Dichtung und Wahrheit

In den 1980er Jahren galt Miami als Drogen- und Gangsterhauptstadt der USA. Ironischerweise basierte die TV-Serie *Miami Vice* *(siehe S. 49)* auf diesem Ruf und verherrlichte Stadt und Gewalt. Die besten zeitgenössischen Romane über Miami beschreiben die schäbige Seite der Stadt. Die bekanntesten Autoren sind Edna Buchanan, die für ihre Reportagen im *Miami Herald* den Pulitzerpreis erhielt, und Carl Hiaasen, Kolumnist derselben Zeitung. Wie abstrus seine Storys scheinen mögen (Bauinspektoren, die Voodoo betreiben; Talkgäste, die sich live Schönheitsoperationen unterziehen) – er betont immer, seine Ideen aus den Nachrichtenseiten des *Herald* zu bekommen. *Striptease* war sein erster Roman, der verfilmt wurde.

Schon gewusst?

The Biltmore in Coral Gables wurde 1996 zur National Historic Landmark ernannt.

13 Coral Gables Museum

H3 · 285 Aragon Ave · Douglas Rd · Di–Fr, So 11–17, Sa 10–18 · coralgablesmuseum.org

Das Museum ist hauptsächlich im alten Polizei- und Feuerwehrgebäude untergebracht und bietet eine große Auswahl an Ausstellungen über Coral Gables und die Umgebung.

Neben dem Hauptgebäude umfasst der Museumskomplex wunderschöne Außenbereiche und die Fewell Gallery. Zu den Dauerausstellungen gehören eine mit großformatigen Bildern des Fotografen Clyde Butcher, die sich auf die natürliche Schönheit des Tamiami Trail konzentrieren, sowie eine separate Ausstellung zur Geschichte des Trails, die sich nicht scheut, dessen verheerenden Auswirkungen auf die Everglades zu beschreiben.

Der Gründer und Entwickler von Coral Gables, George Merrick *(siehe S. 91)*, steht im Mittelpunkt einer weiteren Ausstellung und zeigt, wie er dazu inspiriert wurde, einen Ort zu bauen, an dem »Schlösser in Spanien Wirklichkeit werden«.

Das Museum ist auch das offizielle Besucherzentrum der Stadt Coral Gables und ein toller Ausgangspunkt für eine Vielzahl von Touren.

14 Lowe Art Museum

G5 · 1301 Stanford Dr · +1-305-284-3535 · University · Mi–Sa 10–16 · Feiertage · lowe.miami.edu

Das Museum befindet sich mitten auf dem Campus der University of Miami in Coral Gables und wurde 1950 dank einer Spende der Philanthropen Joe und Emily Lowe gegründet. Zuerst hieß es Lowe Art Gallery, im Jahr 1968 wurde es dann in Lowe Art Museum umbenannt.

Die Sammlung des Museums umfasst über 19 000 Objekte, die viele der weltweit wichtigsten künstlerischen Traditionen aus über 5000 Jahren Menschheitsgeschichte präsentieren. Besucher finden beeindruckende Renaissance- und Barockwerke sowie hervorragende indigene Kunst. Es gibt auch eine ägyptische Sammlung, einige schöne Werke aus dem 17. Jahrhundert sowie zeitgenössische europäische und amerikanische Sammlungen, afrokubanische Überlieferungen, Fotografien aus dem 20. Jahrhunderts und historische Erinnerungsstücke. Auch antike Kunst aus Lateinamerika und Asien ist in dem Museum gut vertreten.

↑ *Skulptur der Sammlung indigener Kunst im Lowe Art Museum*

← *Monumentale Fassade des Hotels The Biltmore*

Restaurants

Cascade

Das Freiluftrestaurant Cascade im The Biltmore bietet Blick auf den berühmten Swimmingpool des Hotels.

G3 · 1200 Anastasia Ave · biltmorehotel.com

$$$

Caffe Abbracci

Das beliebte italienische Restaurant serviert Klassiker wie schwarzen Hummer und Risotto.

H3 · 318 Aragon Ave · caffeabbracci.com

$$$

Graziano's

Modernes argentinisches Restaurant mit Feuerstelle und zwei großen Grills. Hier gibt es klassische Steaks.

H3 · 394 Giralda Ave · grazianosgroup.com

$$$

↑ *The Barnacle wurde im späten 19. Jahrhundert erbaut und ist das älteste Haus im Dade County*

15 The Barnacle

J4 3485 Main Hwy, Coconut Grove +1-305-442-6866 Fr–Mi 9–17 1. Jan, 25. Dez floridastateparks.org

Hinter tropischen Hölzern versteckt liegt The Barnacle, das älteste Haus in Dade County. Ralph Munroe entwarf und bewohnte es. Er lebte von Bootsbau und Wrackbergung, war Botaniker, Fotograf sowie engagierter Umweltschützer und glaubte fest an wirtschaftliche Unabhängigkeit.

Das Gebäude ist wegen der Form seines Daches nach dem englischen Begriff für »Seepocken«, einer zu den Krebsen gehörenden Tierart, benannt.

1891 baute Munroe das Haus als Bungalow. Das erforderliche Holz stammte von Wracks und wurde so verlegt, dass die Luft zirkulieren konnte (in Zeiten vor Erfindung der Klimaanlagen ein nicht unbedeutender Aspekt). 1908 stockte er das Haus auf und erweiterte das Erdgeschoss, um für seine wachsende Familie Platz zu schaffen.

In dem Gebäude kann man die Zimmer mit alten Familienerbstücken und späteren Anschaffungen wie einem alten Kühlschrank besichtigen. Bei der einstündigen Führung sieht man auch Munroes schindelgedecktes Bootshaus voller Werkzeuge und Arbeitsbänke sowie die Bahnschiene, mit der Munroe Boote aus der Bay hievte.

The Barnacle ist auch ein guter Ort zur Vogelbeobachtung. Der Wald bietet u. a. Spechten, Pelikanen und Kormoranen Lebensraum.

16 Coconut Grove Village

J4 Coconut Grove, Douglas Rd coconutgrove.com

Der Hippie-Treffpunkt der 1960er Jahre präsentiert sich mittlerweile recht gesetzt. Im Zentrum von Coconut Grove genießen gestylte junge Paare, die typische Klientel ihres »Village«, unter altmodischen Straßenlaternen Wein und Essen. Nur der Schlangenbeschwörer und der Nackenmasseur sowie ein paar New-Age-Läden dokumentieren noch den alternativen Lebensstil. Am besten entdecken Sie das Viertel abends oder am Wochenende.

Das Herz des Village ist die Kreuzung Grand Avenue, McFarlane Avenue und Main Highway mit Johnny Rockets, einer wunderschönen Hamburger-Bar im Stil der 1950er Jahre, sowie CocoWalk. Das Freiluft-Shoppingcenter ist Coconut Groves geschäftigster Ort. Im Innenhof sind Cafés und Souvenirläden, in den oberen Etagen wird häufig Livemusik gespielt. Hier gibt es Familienrestaurants, ein Kino und einen Club.

Östlich lohnt das Shoppingcenter Mayfair in the Grove einen Besuch – nicht nur wegen seiner Ausstattung mit spanischen Fliesen, Wasserfällen und tropischen Pflanzen, sondern auch wegen der hier ansässigen Läden. Die lockere Café-Szene ist am besten in den Seitenstraßen der Commodore Plaza und Fuller Street zu erkunden.

The Barnacle ist auch ein guter Ort zur Vogelbeobachtung. Der Wald bietet u. a. Spechten, Pelikanen und Kormoranen Lebensraum.

Ganz anders ist die Atmosphäre samstags auf dem Farmer's Market (10–19 Uhr) in der Margaret Street und Grand Avenue.

Etwas weiter entfernt stehen an der Grand Avenue die einfacheren Häuser der Community der Bahamas-Insulaner. Das Viertel erwacht vor allem zum Goombay Festival, das hier alljährlich im Juli stattfindet, zum Leben.

Ein kurzer Spaziergang auf dem Main Highway Richtung Süden führt durch ein wohlhabendes Viertel mit Palmen, Bougainvilleen und Hibiskus vor schindelgedeckten Villen. In der Devon Road Nr. 3400 steht die pittoreske, normalerweise geschlossene Plymouth Congregational Church mit efeubedeckter Fassade. Sie wurde 1916 erbaut, sieht aber noch viel älter aus.

17

Dinner Key

J4 3400 Pan American Dr M Coconut Grove

In den 1930er Jahren machte Pan American Airways Dinner Key zu einem der lebhaftesten Wasserflughäfen der Vereinigten Staaten. Hier startete Amelia Earhart 1937 ihren verhängnisvollen Flug um die Welt.

In dem glänzenden, im Stil der Streamline-Moderne gehaltenen Abfluggebäude der Fluggesellschaft ist die Miami City Hall beheimatet. Die Hangars der Wasserflugzeuge beherbergen heute Boote. Beim Spaziergang durch Miamis renommiertesten Hafen gerät man ins Träumen.

Der Name Dinner Key stammt wohl aus der Zeit, als frühe Siedler sich hier zu Picknicks niederließen.

Expertentipp
Coconut Grove Arts Festival

Auf dem dreitägigen Coconut Grove Arts Festival (www.cgaf.com) Mitte Februar zeigen Hunderte von Künstlern ihre Arbeiten. Das gastronomische Angebot ist riesig.

18

Ermita de la Caridad

L3 3609 S Miami Ave +1-305-854-2404 M Vizcaya tägl. 7–21 (So bis 19)

Die von einem Kegel gekrönte Kirche von 1966 ist Miamis Exilkubanern heilig, da sie ihrer Patronin, der heiligen Jungfrau der Wohltätigkeit, gewidmet ist. Ein Wandgemälde über dem Richtung Kuba ausgerichteten Altar zeigt die Geschichte der katholischen Kirche in Kuba und die Jungfrau und ihren Schrein auf der Insel. Zur Kirche kommt man, indem man nördlich vom Mercy Hospital abbiegt.

Ermita de la Caridad mit kegelförmigem Dach und Bild (Detail) *von Teok Carrasco über dem Altar*

Country Club Prado Entrance mit seinen verzierten Pfeilern ist das eleganteste der Stadttore.

Granada Entrance ist die Nachbildung eines Stadttors des spanischen Granada.

Coral Gables Merrick House *(siehe S. 90f)* ist heute ein Museum. Hier wohnte einst George Merrick.

Miracle Mile *(siehe S. 90)*, die wichtigste Shoppingmeile der Gegend

Coral Gables City Hall *(siehe S. 90)* zieren Wandgemälde.

Den **Alhambra Water Tower** schuf Denman Fink *(siehe S. 90)*.

Häuser im spanischen Stil säumen **Coral Way**, eine der schönsten Straßen von Coral Gables.

Venetian Pool *(siehe S. 90)* ist ein mit Bauten im venezianischen Stil verziertes öffentliches Bad.

Coral Gables Congregational Church hat einen prächtigen Glockenturm.

Das Hotel **The Biltmore** *(siehe S. 92)* ist eines der beeindruckendsten des Landes.

Das **Lowe Art Museum** *(siehe S. 93)* zeigt exzellente Sammlungen europäischer und indigener amerikanischer Kunst.

French City Village gehört zu den sieben internationalen Dörfern, die mediterranes Flair schaffen sollten.

Tour durch Coral Gables

Länge 14 Meilen (23 km) **Start** Optional, idealerweise fährt man entgegen dem Uhrzeigersinn **Rasten** Miracle Mile

Zur Orientierung
Siehe Karte S. 82f

Die Radtour führt durch die ruhigen Straßen von Coral Gables zu den wichtigsten Attraktionen der von George Merrick in den 1920er Jahren geplanten Stadt *(siehe S. 86f)*, zu bewunderten Gebäuden wie dem Hotel The Biltmore, zu zwei der früher vier Stadttore und sechs der von Merrick entworfenen »internationalen Dörfer«.

Die Sehenswürdigkeiten kann man an einem Tag besuchen, doch nehmen Sie sich genügend Zeit, denn die Straßenführung ist etwas verwirrend. Die Straßennamen sind oft schwer zu finden, da sie auf weißen Steinblöcken im Gras versteckt sind. In Coral Gables gibt es keinen Radverleih, aber Suncycling (www.suncycling.com) in Downtown Miami liefert und holt Räder gegen Gebühr ab. Busse nehmen auch Räder mit.

Schon gewusst?

Merrick vermarktete Coral Gables als »spanische Stadt« mit Namen aus einem Märchenbuch.

Der Venetian Pool mit türkisfarbenem Wasser wird von dichter Vegetation umrahmt ↑

Abstecher

Gegen Ende des 19. Jahrhunderts war das Gebiet um den Miami River weitgehend unbebaut. Die Geschäftsfrau Julia Tuttle ermutigte 1896 Henry Flagler, die Florida East Coast Railroad bis in diese Region zu führen. In den folgenden Jahrzehnten expandierte die Gegend um Miami, viele Investoren kamen mit der Aussicht auf Profit. Die Weltwirtschaftskrise verlangsamte das Wachstum zeitweilig, doch nach dem Zweiten Weltkrieg setzte es wieder ein.

Der Großraum Miami ist weniger berühmt als das Zentrum der Stadt und Miami Beach. Dennoch gibt es einige interessante Sehenswürdigkeiten, bemerkenswerte Kunstszenen und großartige Strände.

Highlight

1. Ancient Spanish Monastery

Sehenswürdigkeiten

2. North Beaches
3. Fairchild Tropical Botanic Garden
4. Key Biscayne
5. Wynwood Arts District
6. Little Haiti
7. Coral Castle
8. Institute of Contemporary Art
9. Gold Coast Railroad Museum
10. Wings Over Miami
11. Charles Deering Estate

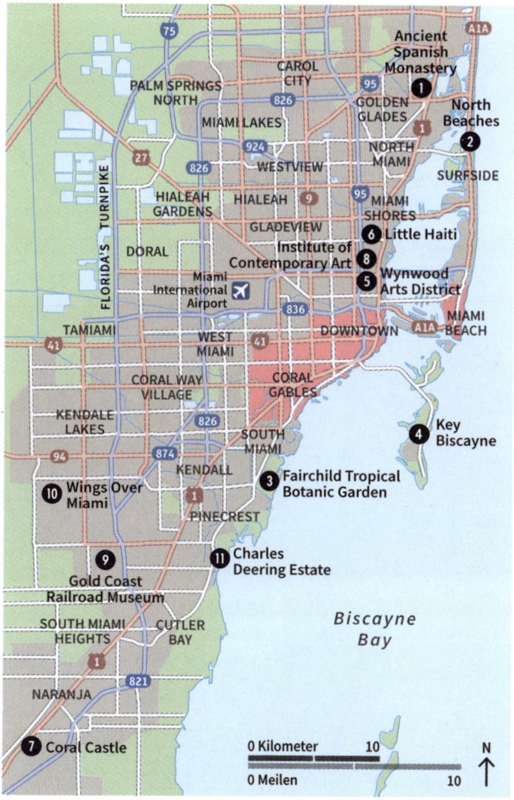

1

Ancient Spanish Monastery

16711 W Dixie Hwy, N Miami Beach +1-305-945-1461 3, 93
siehe Website Feiertage, einige Wochenenden (siehe Website)
spanishmonastery.com

Das im 12. Jahrhundert in Spanien errichtete Anwesen wurde nach dem Transport über den Atlantik in North Miami Beach sorgfältig wiederaufgebaut. Die hier angelegten idyllischen Gärten sind eine wahre Oase.

Der heute als Kirche dienende Klosterkreuzgang hat eine ungewöhnliche Geschichte. Er wurde 1133–41 in Spanien erbaut und Mitte des 19. Jahrhunderts als Getreidespeicher genutzt. 1925 erwarb ihn der Zeitungszar William Randolph Hearst. Die einzelnen Steine kamen in 35 000 Kisten nach Florida. Wegen einer grassierenden Maul- und Klauenseuche wurden diese geöffnet, um das Stroh darin zu prüfen, und die Steine falsch zurückgepackt. In New York lagerten sie dann, bis man 1952 beschloss, »das größte und teuerste Puzzle der Welt« in Florida als Attraktion zusammenzusetzen. Der Kreuzgang ähnelt inzwischen dem Original, obwohl man einige der Steine noch immer nicht zuordnen kann.

→ *Ancient Spanish Monastery mit Gärten*

← *Aus Originalsteinen des 12. Jahrhunderts errichteter Bogen*

Statue von Alfonso VII (1105–1157), ab 1135 Kaiser von Spanien →

SEHENSWÜRDIGKEITEN

2

North Beaches

Collins Ave E (105), G (107), H (108), S (119), 120 Beach MAX miamiandbeaches.com

Auf den Barriere-Inseln nördlich von Miami Beach dominieren exklusive Wohngebiete, an der Collins Avenue hingegen sind reizlose Ferienanlagen für Pauschalurlauber aneinandergereiht.

Ein Sandstreifen trennt North Beach zwischen der 79th und der 87th Street von Surfside. Die Gemeinde ist bei Besuchern aus dem frankofonen Kanada beliebt. An der 96th Street geht sie in Bal Harbour über, eine elegante Enklave, die wegen ihrer teuren Hotels und eines edlen Shoppingcenters bekannt ist. Nördlich davon liegt der Haulover Park mit Jachthafen und Sanddünen.

Schon gewusst?

In vielen Lokalen in Little Haiti kann man karibische Küche probieren.

3

Fairchild Tropical Botanic Garden

10901 Old Cutler Rd 57, 136 (dann weiter zu Fuß) tägl. 10–17 fairchildgarden.org

Der schön gestaltete botanische Garten wurde 1938 gegründet und dient auch als bedeutendes botanisches Forschungsinstitut. Um eine Reihe künstlich angelegter Seen wächst eine der weltweit größten und interessantesten Palmensammlungen.

Bei einer 40-minütigen Führung per Bus erfährt man, wie Pflanzen bei der Herstellung von Medikamenten oder Parfüms (z. B. Ylang-Ylang-Blüten in Chanel No. 5) eingesetzt werden. Sie sollten sich weitere zwei Stunden Zeit nehmen, um den Garten auf eigene Faust zu erkunden.

Direkt daneben liegt der **Matheson Hammock Park**. Einige Wander- und Radwege führen durch Mangrovensümpfe, Hauptattraktion ist der Atoll Pool, ein von Sand und Palmen umgebenes Salzwasserbecken an der Biscayne Bay. Hier gibt es auch einen Hafen mit einer Segelschule und ein exzellentes Restaurant am Strand.

Mattheson Hammock Park

9610 Old Cutler Rd, Coral Gables +1-305-665-5475 tägl. Sonnenauf- bis -untergang

4

Key Biscayne

Rickenbacker Causeway Hwy 913 B (102)

Key Biscayne hat einige der besten Strände der Stadt. Am beeindruckendsten ist der fünf Kilometer lange, sehr breite Strand im **Crandon Park** in der oberen Hälfte der Insel. Hier kann man unter Palmen picknicken.

Am südlichen Ende der Insel verbinden Wege durch die Dünen die Picknickzonen des **Bill Baggs Cape Florida State Park** mit einem etwas kürzeren Strand. Der Leuchtturm aus dem Jahr 1825 ist das älteste Gebäude im Süden Floridas und wurde restauriert.

Crandon Park

6747 Crandon Blvd tägl. miamidade.gov

Bill Baggs Cape Florida State Park

1200 Crandon Blvd tägl. floridastateparks.org

→

Farbintensive Street-Art an einer Hauswand im Wynwood Arts District

5 Wynwood Arts District

3 Meilen (4 km) nördl. von Downtown, östl. der I-95 2
wynwoodmiami.com

Wynwood, ein pulsierendes Kunstviertel in einem früheren Industriegebiet von Greater Miami, ist bekannt für seine Kunstszene. Die vorher grauen Fassaden zieren nun farbenprächtige Wandgemälde und Graffiti. Die Zusammenkunft brillanter Künstler förderte wiederum die Eröffnung von Galerien und Räumen für darstellende Künste. Es folgten Restaurants und Cafés.

Heute ist Wynwood einer der Top-Standorte für angesagte Kultur mit kulinarischen Touren, Kunstspaziergängen, Läden, Designfirmen, Büroräumen und vielem mehr. Im Mittelpunkt steht das Projekt, mit dem alles begann – The Wynwood Walls. Der kreative Fokus des verstorbenen Tony Goldman richtete sich auf Street-Art und veränderte die Gemeinde.

6 Little Haiti

46th bis 79th Street, östl. der I-95 2, 202 Little Haiti Connection

Seit den 1980er Jahren haben sich hier viele haitianische Flüchtlinge niedergelassen. Der **Little Haiti Cultural Complex** ist das Herz der Gemeinschaft. Hauptgebäude ist der Caribbean Marketplace mit Schmiedearbeiten, die dem Eisenmarkt in Port-au-Prince in Haiti nachempfunden sind. Jedes Wochenende (Fr 5–22, Sa, So 9–18) findet hier ein karibischer Markt statt.

Die Buchhandlung **Libreri Mapou** verkauft haitianische Literatur und Souvenirs. Die Toussaint Louverture Memorial Statue steht an der North Miami Avenue, das **Haitian Heritage Museum** liegt etwas weiter südlich im Design District. Überall ertönt aus den Läden haitianische Musik.

Little Haiti Cultural Complex
212–260 NE 59th Terrace siehe Website
miamigov.com/LHCC

←

Leuchtturm an der Spitze des Bill Baggs Cape Florida State Park

Libreri Mapou
5919 NE 2nd Ave
mapoubooks.com

Haitian Heritage Museum
4141 NE 2 Ave
Di–Fr 10–17
haitianheritage museum.org

Restaurants

Phuc Yea
Das Cajun-vietnamesische Restaurant fasziniert auch mit seinem Dekor.

7100 Biscayne Blvd nur abends Mo, Di
phucyea.com
$$$

Surf Club Restaurant
Exquisites Essen von Chefkoch Thomas Keller mit einer Auswahl an kontinentalen Weinen sowie Austern, Kaviar und Fettuccine.

9011 Collins Ave, Surfside surfclub restaurant.com
$$$

↑ *Skulpturen aus Korallen von Edward Leedskalnin in Coral Castle*

7

Coral Castle

28655 S Dixie Hwy, Homestead +1-305-248-6345 M Dadeland South, dann Bus Busway Max 38, 70 Do–So 9–18 25. Dez coralcastle.com

Das Coral Castle ist zwar kein Schloss, aber dennoch eine der spannendsten Attraktionen in Miami. Von 1923 bis 1951 meißelte der Lette Edward Leedskalnin die schlossartigen Skulpturen aus Korallen ohne fremde Hilfe – mit Werkzeugen aus Autoteilen. Die meisten schuf er im 16 Kilometer entfernten Florida City und brachte sie hierher zurück.

Einige Werke reflektieren seine Leidenschaft für Astronomie. Ein herzförmiger Tisch erinnert an Leedskalnins Verlobte, die am Tag vor der Hochzeit entschied, ihn nicht zu heiraten.

8

Institute of Contemporary Art

61 NE 41st St 9 +1-305-901-5272 Mi–So 11–18 icamiami.org

Das Institute of Contemporary Art ist seit 2017 an seinem derzeitigen Standort im Design District untergebracht. Das metallverkleidete Gebäude mit geometrischer Struktur bietet große Ausstellungsflächen. Durch die von den spanischen Architekten Aranguren und Gallegos geschaffene Glaswand hat man einen Blick auf den bezaubernden Skulpturengarten.

Das von den in Miami ansässigen Milliardären Norman und Irma Braman gegründete Kunstzentrum widmet sich zeitgenössischer Kunst auf experimentelle Art. Es präsentiert eine Dauerausstellung mit Werken europäischer und amerikanischer Künstler (von Tracey Emin und Louise Bourgeois über Chris Ofili und Julian Schnabel bis zu einheimischen Künstlern wie Hernan Bas und Mark Handforth). Die temporären Ausstellungen zielen oft auf provokante Vergleiche ab, in denen Werke weltbekannter Künstler wie Picasso und Lichtenstein denen weniger bekannter Talente aus Miami gegenübergestellt werden.

Der Eintritt ist frei. Besucher sollten Tickets jedoch im Voraus buchen, um zum gewünschten Zeitpunkt sicher Zutritt zu haben.

> Expertentipp
> **First Fridays**
> Jeweils am ersten Freitag im Monat bietet das Institute of Contemporary Art kostenlose Events *(siehe Website)*, bei denen noch wenig bekannte Künstler aus der Umgebung ihre Werke präsentieren.

Das von den in Miami ansässigen Milliardären Norman und Irma Braman gegründete Kunstzentrum widmet sich zeitgenössischer Kunst auf experimentelle Art.

9 Gold Coast Railroad Museum

12450 SW 152nd St +1-305-253-0063 Dadeland North, dann Zoo-Bus 252 Mo, Mi, Fr 10–16, Sa, So 11–16 goldcoast railroadmuseum.org

Das Museum neben dem Zoo Miami ist ein Muss für Eisenbahnfans. Zu den Highlights gehören der Präsidentenwaggon »Ferdinand Magellan«, zwei kalifornische Zephyr-Waggons und drei alte Dampflokomotiven von der Ostküste. Am Wochenende ist auch eine Kindereisenbahn in Betrieb.

10 Wings Over Miami

14710 SW 128th St +1-305-233-5197 136, 137 Mi–So 10–17 wingsovermiami.com

Das Museum widmet sich der Erhaltung alter Flugzeuge. In seinem Hangar befindet sich eine ausgezeichnete Sammlung mit Maschinen wie einer amerikanischen F-86 Sabre, einer russischen MiG 15, einem texanischen AT6D-Oldtimer von 1943, einer Douglas B-23 Dragon sowie anderen Exponaten, etwa einem Maschinengewehrturm. Am Wochenende des Memorial Day erheben sich die Flugzeuge in die Luft. Bei den »Wings of Freedom«-Feierlichkeiten begleiten sie B-17- und B-24-Bomber.

11 Charles Deering Estate

16701 SW 72nd Ave +1-305-235-1668 tägl. 10–17 Thanksgiving, 25. Dez deeringestate.org

Während sein Bruder James den Luxus in Vizcaya genoss *(siehe S. 86f)*, zog sich der Geschäftsmann Charles Deering zwischen 1916 und 1927 regelmäßig in sein elegantes Winterdomizil an der Biscayne Bay zurück. Ein 180 Hektar großes Anwesen, das 1985 vom Staat erworben wurde, umrahmt eine Villa im neomediterranen Stil.

Das Haupthaus und das Richmond Cottage stammen aus dem 19. Jahrhundert. Letzteres war ein Gästehaus, das bei Eröffnung das südlichste Hotel der USA war.

Das riesige Grundstück ist ein weiterer Anziehungspunkt. Hier sieht man Mangroven- und Kiefernwälder, Salzmarschen, den wohl größten intakten Hartholzwald auf dem Festland der USA und eine weitläufige Lagerstätte von Fossilien. Am Wochenende werden verschiedene Programme und Kanutouren veranstaltet.

AT6D-Flugzeug – eine Attraktion im Hangar des Museums Wings Over Miami

Charles Deering Estate – luxuriöses Anwesen im neomediterranen Stil

Bars

Broken Shaker at Freehand Miami
Das Freehand Miami ist ein angesagtes Hostel mit einem Pool im Garten, sehr speziellem Dekor und der preisgekrönten Bar Broken Shaker, in der mit die besten Cocktails in Miami gemixt werden.
2727 Indian Creek Dr
brokenshaker.com

Brick
Craftbeer und Whiskeys gibt es hier in großer Auswahl. Das Brick ist auch eine der angesagtesten Locations in Miami für DJ-Sound bis tief in die Nacht.
187 NW 28th St
brickmia.com

Enriqueta's Sandwich Shop
Kleines kubanisches Restaurant, das einen perfekten *cafecito* (süßen Kaffee) und ein sensationelles Sandwich bietet.
186 NE 29th St

FLORIDA
ERLEBEN

Unterwegs an den Silver Springs

BEACH WARNING FLAGS
High Hazard
Medium Hazard
Low Hazard
Dangerous Marine Life
7

An einem Strand von Fort Lauderdale (siehe S. 120–123)

Gold und Treasure Coast

Die nach der wertvollen Fracht hier gestrandeter spanischer Galeonen benannten Gebiete Gold Coast und Treasure Coast (Schatzküste) zählen heute zu den wohlhabendsten des Bundesstaates Florida. Früher zog die Wärme nur die Reichen hierher, heute kommen Millionen von Urlaubern. Die meisten Urlaubsorte liegen auf den äußerst schmalen, vorgelagerten Barriere-Inseln zwischen herrlichen Sandstränden und dem Intracoastal Waterway.

Die Treasure Coast von Sebastian Inlet bis Jupiter Inlet ist noch recht ursprünglich und zeichnet sich durch große Weiten, Sandstrände und wohlhabende, jedoch unspektakuläre Orte aus.

Die Gold Coast zwischen Atlantik und Everglades erstreckt sich nördlich von West Palm Beach nach Süden bis Miami. Vor der Erschließung durch Flaglers East Coast Railroad Ende des 19. Jahrhunderts lebten hier First Nations und einige weiße Siedler. Seither gibt es in der Region eine rege Bautätigkeit. Die vielen Parks und Golfplätze sind grüne Oasen.

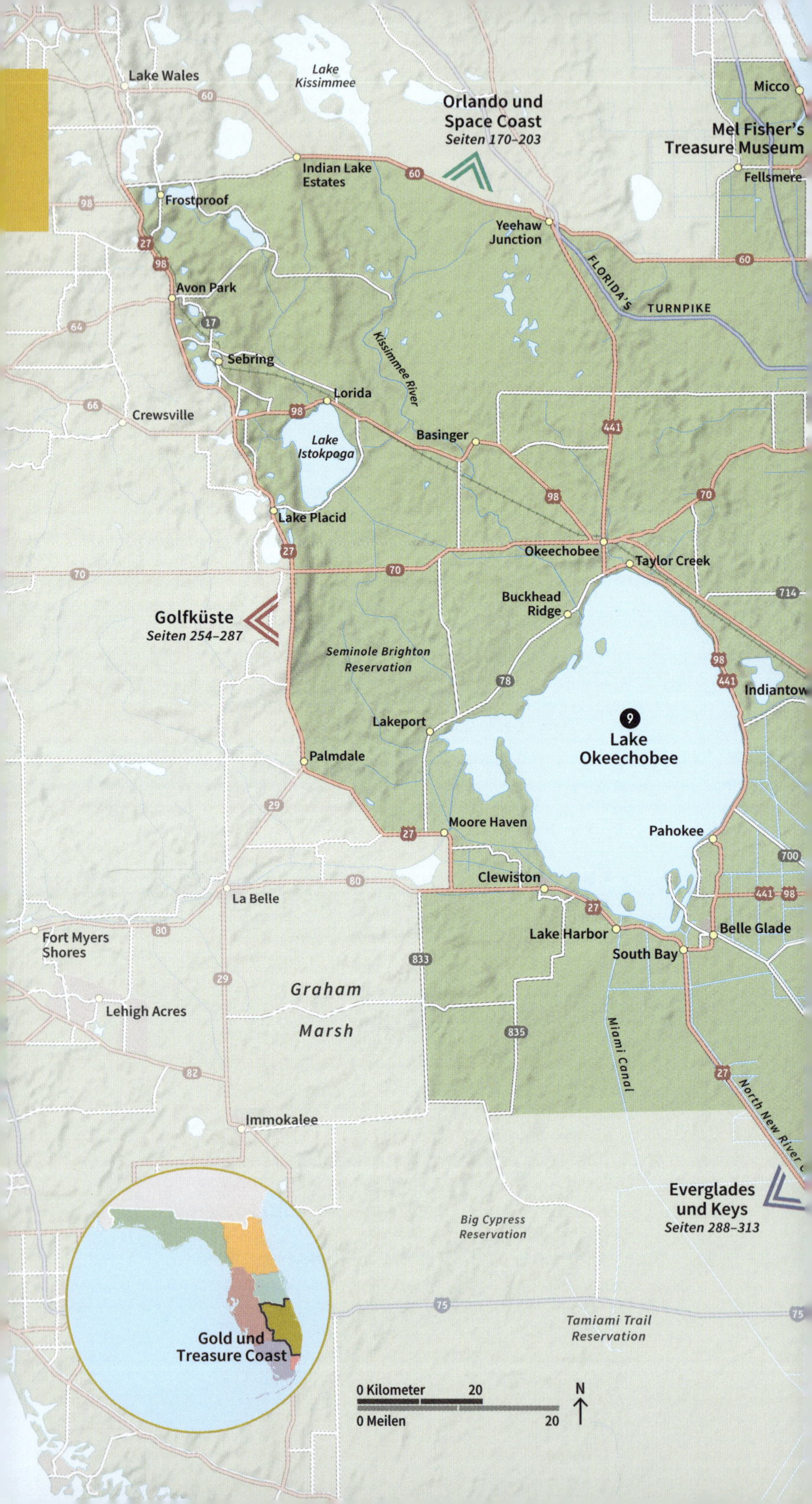
Lake Wales
Lake Kissimmee
Orlando und Space Coast
Seiten 170–203
Micco
Mel Fisher's Treasure Museum
Fellsmere
Indian Lake Estates
Frostproof
Yeehaw Junction
Avon Park
Florida's Turnpike
Sebring
Kissimmee River
Lorida
Crewsville
Basinger
Lake Istokpoga
Lake Placid
Okeechobee
Taylor Creek
Buckhead Ridge
Golfküste
Seiten 254–287
Seminole Brighton Reservation
Indiantow
Lakeport
Lake Okeechobee
Palmdale
Moore Haven
Pahokee
Clewiston
La Belle
Fort Myers Shores
Lake Harbor
Belle Glade
South Bay
Graham Marsh
Lehigh Acres
Miami Canal
North New River
Immokalee
Everglades und Keys
Seiten 288–313
Big Cypress Reservation
Tamiami Trail Reservation
Gold und Treasure Coast
0 Kilometer 20
0 Meilen 20
N

Gold und Treasure Coast

Highlights

1 Palm Beach
2 Boca Raton
3 Fort Lauderdale

Sehenswürdigkeiten

4 Sebastian Inlet
5 Mel Fisher's Treasure Museum
6 Fort Pierce
7 West Palm Beach
8 Lake Worth Beach
9 Lake Okeechobee
10 Delray Beach
11 Butterfly World
12 Stuart
13 Jupiter
14 Hutchinson Island
15 Jupiter Island
16 Hollywood
17 Flamingo Gardens
18 Dania Beach
19 Seminole Casinos
20 Arthur R. Marshall Loxahatchee National Wildlife Refuge
21 Vero Beach
22 Davie
23 Juno Beach

❶

Palm Beach

G5 9200 1751 Palm Beach Lakes Boulevard; +1-561-515-4400 thepalmbeaches.com

Palm Beach ist seit schon seit langer Zeit ein Mekka der Reichen Amerikas. Der Pionier Henry Flagler *(siehe S. 114)* gründete diesen Tummelplatz für den Jetset Ende des 19. Jahrhunderts. Heute wird Palm Beach ganzjährig besucht, ist aber immer noch vor allem ein Winterferienort.

①

Worth Avenue

Die Worth Avenue bietet einen guten Einblick in den Lebensstil von Palm Beach. Die sich über vier Blocks vom Lake Worth Beach zum Atlantik erstreckende Straße ist die bekannteste Durchgangsstraße der Stadt. Mit dem exklusiven Everglades Club (1918) kamen auch Worth Avenue und die Architektur Addison Mizners in Mode. Der Club war das Ergebnis einer Zusammenarbeit zwischen Mizner und Paris Singer, Erbe des Nähmaschinen-Imperiums, der den Architekten nach Florida eingeladen hatte. Ursprünglich war der Club als Krankenhaus für Offiziere aus dem Ersten Weltkrieg geplant, wurde aber stattdessen gesellschaftlicher Mittelpunkt der Stadt. Auch heute noch bilden die Loggien und Innenhöfe im spanischen Stil eine den Mitgliedern vorbehaltene Enklave.

Gegenüber liegen die Via Mizner und die Via Parigi mit Läden und Restaurants. Die verkehrsberuhigten Seitenstraßen entwarf Mizner in den 1920er Jahren, sie sind ästhetische Höhepunkte der Worth Avenue. Inspiriert von spanischen Dörfern, haben sie Bogen, überdachte Treppen, Brunnen und Innenhöfe, überragt vom Büroturm und der Villa, die Mizner für sich selbst entwarf.

Eine Passage bildet den Eingang zur Einkaufszone der Via Mizner. Die moderneren Vias jenseits der Worth Avenue faszinieren durch die Fensterauslagen.

Schon gewusst?

Im Winter beträgt die mittlere Temperatur in Palm Beach 23 °C.

Mizners spanische Fantasie

Addison Mizner (1872–1933) kam 1918 von New York nach Palm Beach. Der Architekt entwarf schon bald Häuser, die das Gesicht von Florida und vor allem von Palm Beach verändern sollten. Indem er den Stil von alten spanischen Gebäuden der jeweiligen Lokalität anpasste, kreierte er einen neuen Architekturstil. Der Zusammenbruch von Floridas Bauboom Ende der 1920er Jahre traf ihn schwer und ließ ihn mittellos werden.

← *Palmengesäumter Abschnitt der Worth Avenue*

②

Society of the Four Arts

2 Four Arts Plaza
+1-561-655-7226 siehe Website fourarts.org

Die 1936 gegründete Gesellschaft umfasst Bibliotheken, Ausstellungsflächen und ein Auditorium für Vorlesungen, Konzerte und Filme.

Imposant ist die Four Arts Library, die Maurice Fatio im italienischen Stil schuf. Im Park stehen Skulpturen.

③

The Breakers

1 South County Rd
+1-561-655-6611
thebreakers.com

Das Gebäude im italienischen Renaissance-Stil am ältesten Golfplatz Floridas ist bereits das dritte Hotel an diesem Ort. Das Haus war schon immer ein zentraler Treffpunkt für das gesellschaftliche Leben.

Südlich des Hotels befinden sich drei Holzvillen aus dem 19. Jahrhundert, die ursprünglich an die wohlhabenderen Wintergäste vermietet wurden.

④

Palm Beachs Vororte

Die High Society von Palm Beach versteckt sich hinter hohen Hecken in millionenschweren Häusern. Einige bauten Addison Mizner und seine Nachahmer in den 1920er Jahren, doch seither entstanden Hunderte anderer in allen möglichen Stilrichtungen, vom Neoklassizismus bis Art déco.

Sehr gut zu sehen sind die Residenzen an der »Mansion Row«, einem Kamm entlang des South Ocean Boulevard. Das großartigste Anwesen von Palm Beach ist Mar-a-Lago (Nr. 1100) acht Blocks weiter mit 58 Schlafzimmern und drei Bunkern. Joseph Urban und Marion Wyeth bauten es 1927, 1985 richtete der spätere US-Präsident Donald Trump hier einen teuren Privatclub ein.

Etwas abgelegener sind die Häuser der nördlichen Vororte. Die Nr. 1095 am North Ocean Boulevard war bis 1995 die Winterresidenz der Kennedys.

Die Mindestgeschwindigkeit von 40 Kilometern pro Stunde unterbindet Versuche, einen Blick auf die Villen zu erhaschen.

Shopping

Die Worth Avenue ist Inbegriff für luxuriöses Shopping in Palm Beach. Viele Juweliere sind auf hochwertige Imitationen spezialisiert. Besucher finden zudem ausgefallene Souvenirläden, Designerboutiquen und Luxuskaufhäuser.

Saks Fifth Avenue
172 Worth Ave
saksfifthavenue.com

Tiffany & Co.
259 Worth Ave
tiffany.com

Giorgio's of Palm Beach
211 Worth Ave
giorgiosof palmbeach.com

Richter's of Palm Beach
224 Worth Ave
worth-avenue.com/business/richters-of-palm-beach

⑤

Flagler Museum

Cocoanut Row u. Whitehall Way +1-561-655-2833 Di–Sa 10–17, So 12–17 1. Jan, Thanksgiving, 25. Dez flaglermuseum.us

Das Museum wurde im ehemaligen Wohnsitz der Familie Flagler eingerichtet, die die Eisenbahn nach Florida brachte. Das Gebäude zählt zu den imposantesten von Palm Beach. Besucher des Anwesens können noch heute den luxuriösen Lebensstil der Flaglers nachempfinden.

Die als Whitehall bekannte Villa baute Henry Flagler, Erdölmagnat und Besitzer einer Eisenbahngesellschaft, im Jahr 1902. Flagler schenkte die Vier-Millionen-Dollar-Winterresidenz seiner dritten Ehefrau, Mary Lily Kenan, zur Hochzeit. Jedes Jahr fuhren die Flaglers in einem ihrer Privatwaggons hierher. Der Eisenbahnwaggon Nr. 91 ist jetzt im Flagler Kenan Pavilion im südlichen Teil des Anwesens zu sehen. Der Pavillon ähnelt einem Eisenbahnpalast des Goldenen Zeitalters. 1925, zwölf Jahre nach Flaglers Tod, baute man auf der Rückseite einen zehnstöckigen Turm an – aus Whitehall wurde ein Hotel. 1959 kaufte Jean Flagler Matthews das Gebäude ihres Großvaters und machte daraus ein Museum.

Flaglers Vermächtnis

Flagler und andere Tycoons bauten einen Großteil ihrer Imperien durch Sträflingsverpachtung auf – eine Praxis, die in erster Linie die afroamerikanische Gemeinschaft betraf. Die Florida East Coast Railway stellt er mittels der »Schuldbefreiung« fertig, bei der Sträflinge, die ihre Strafen verbüßt hatten, zur Schuldentilgung weiter arbeiteten.

Highlight

↑ *Die nach Plänen von John Carrere und Thomas Hastings gestaltete Fassade*

Der beeindruckendste aller Bälle im prächtigen **Ballsaal** war der Bal Poudré von 1903.

Die **Grand Hall** aus Marmor zieren ein Deckengemälde sowie vergoldete Stühle und Bilder, darunter ein Porträt von Jean Flagler Matthews.

Anfang des 20. Jahrhunderts gingen die Gäste in Whitehall ein und aus. Reiche und Berühmte schliefen im **Colonial Chamber**.

Das im Louis-XVI-Stil gehaltene **Musikzimmer**, in dem oft Klavierabende stattfanden, ziert ein Deckengemälde.

Den **Ostportikus** tragen mächtige kannelierte Säulen. Auf den Stufen stehen übergroße Urnen.

Haupteingang

Die **große Treppe** in der Marmorhalle besteht aus unterschiedlichem Marmor und ist mit einem Bronzegeländer geschmückt.

↑ *Darstellung des prachtvollen Flagler Museum*

Schon gewusst?

Laut der Zeitung *New York Herald* war Whitehall »schöner als jeder europäische Palast«.

Tour durch Palm Beach

Länge 4 Meilen (7 km) **Start** Fahren Sie am besten im Uhrzeigersinn, da die Worth Avenue eine Einbahnstraße ist **Rasten** Green's Pharmacy

Zur Orientierung
Siehe Karte S. 110f

Diese Tour deckt den Bereich zwischen South County Road und Cocoanut Row ab und somit alle wichtigen Sehenswürdigkeiten im Zentrum von Palm Beach, einschließlich Whitehall, der Residenz Henry Flaglers.

Der Abschnitt entlang des Lake Drive South ist Teil eines malerischen Radwegs durch Palm Beach, der am Lake Worth Beach vorbei in die Vororte der Stadt führt *(siehe S. 113)*. Man kann Teile der Tour (oder sogar die ganze Strecke) auch zu Fuß oder mit Inlineskates zurücklegen. Der Palm Beach Bicycle Trail Shop (www.palmbeachbicycle.com) ist ein guter Ausgangspunkt, wenn Sie ein Fahrrad, Tandem oder Inlineskates ausleihen möchten.

Schon gewusst?

Palm Beach wurde nach einem Schiffbruch 1878 benannt, bei dem Kokosnüsse angeschwemmt wurden.

Lichtdurchflutete Ausstellungshalle im auch unter dem Namen Whitehall bekannten Flagler Museum ↑

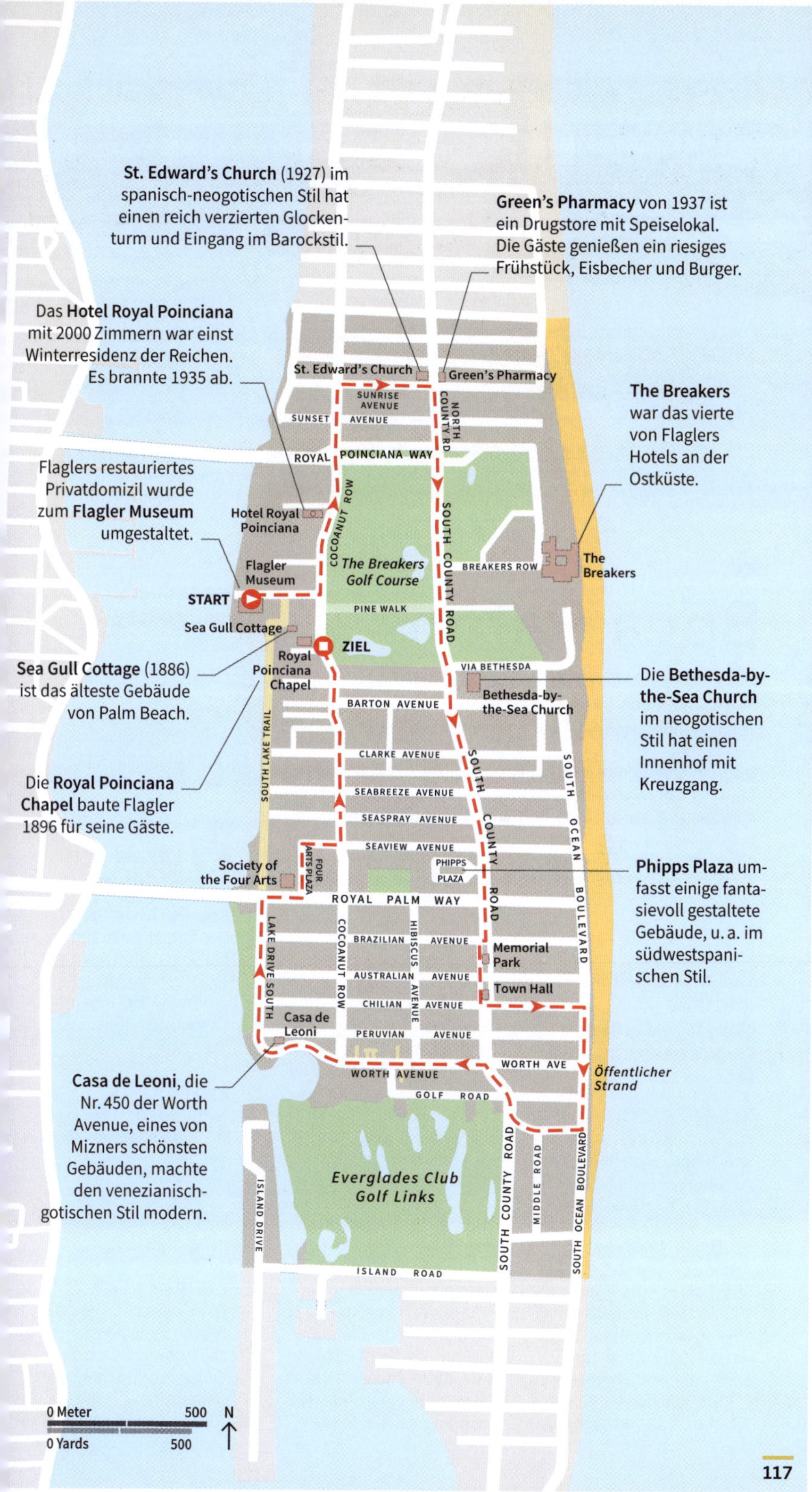
St. Edward's Church (1927) im spanisch-neogotischen Stil hat einen reich verzierten Glockenturm und Eingang im Barockstil.
Green's Pharmacy von 1937 ist ein Drugstore mit Speiselokal. Die Gäste genießen ein riesiges Frühstück, Eisbecher und Burger.
Das Hotel Royal Poinciana mit 2000 Zimmern war einst Winterresidenz der Reichen. Es brannte 1935 ab.
The Breakers war das vierte von Flaglers Hotels an der Ostküste.
Flaglers restauriertes Privatdomizil wurde zum Flagler Museum umgestaltet.
Sea Gull Cottage (1886) ist das älteste Gebäude von Palm Beach.
Die Bethesda-by-the-Sea Church im neogotischen Stil hat einen Innenhof mit Kreuzgang.
Die Royal Poinciana Chapel baute Flagler 1896 für seine Gäste.
Phipps Plaza umfasst einige fantasievoll gestaltete Gebäude, u. a. im südwestspanischen Stil.
Casa de Leoni, die Nr. 450 der Worth Avenue, eines von Mizners schönsten Gebäuden, machte den venezianisch-gotischen Stil modern.
St. Edward's Church
Green's Pharmacy
Sunrise Avenue
Sunset Avenue
North County Rd
Royal Poinciana Way
Hotel Royal Poinciana
Cocoanut Row
The Breakers Golf Course
South County Road
Breakers Row
The Breakers
Flagler Museum
START
Pine Walk
Sea Gull Cottage
ZIEL
Royal Poinciana Chapel
Via Bethesda
Bethesda-by-the-Sea Church
Barton Avenue
Clarke Avenue
South Lake Trail
Seabreeze Avenue
Seaspray Avenue
Seaview Avenue
Phipps Plaza
Society of the Four Arts
Four Arts Plaza
Royal Palm Way
South Ocean Boulevard
Lake Drive South
Brazilian Avenue
Hibiscus Avenue
Memorial Park
Australian Avenue
Town Hall
Chilian Avenue
Casa de Leoni
Peruvian Avenue
Worth Avenue
Worth Ave
Öffentlicher Strand
Golf Road
Everglades Club Golf Links
Island Drive
Middle Road
Island Road
0 Meter 500
0 Yards 500
N

↑ *Blick über Boca Raton Resort and Club in traumhafter Küstenlage*

2

Boca Raton

G5 · 95 800 · 1555 Palm Beach Lakes Blvd; +1-561-233-3000 · Meet Me Downtown (März); Boca Festival (Aug); Holiday Boat Parade (Dez) · myboca.us

Die vom Architekten Addison Mizner *(siehe S. 112)* konzipierte Stadt wurde zwar nicht zu dessen Lebzeiten vollendet, ist aber heute einer der mondänsten Orte Floridas. Viele Hightechfirmen sind hier ansässig. Anziehungspunkte sind vor allem die Country Clubs, die Shoppingmalls und herrlichen Strandparks sowie die von Mizner inspirierten Wohnhäuser.

①

Boca Raton Resort and Club

501 E Camino Real
+1-561-447-3000
bocaresort.com

Nachdem Addison Mizner die Erschließung von Palm Beach begonnen hatte, konzentrierte er sich auf eine Gemeinde im Süden. Anstelle seines angestrebten städtebaulichen Meisterwerks waren nur wenige Gebäude fertig, als Floridas Bauboom 1926 endete. Bis Ende der 1940er Jahre war Boca, wie der Ort heute oft genannt wird, nur ein kleiner Weiler.

Kern von Mizners Vision war die Luxusherberge Cloister Inn im spanischen Stil, die 1926 fertig wurde. Das Hotel am östlichen Ende der geplanten Hauptstraße, des Camino Real, gehört jetzt zum exklusiven Boca Raton Resort and Club, den Besucher nur bei einer Tour besichtigen können, die die Historische Gesellschaft in Boca Raton wöchentlich veranstaltet. Sie hat ihren Sitz in der Town Hall an der Palmetto Park Road, in der eine kleine Ausstellung die Geschichte der Stadt dokumentiert.

Gegenüber liegt der im Stil Mizners gestaltete Mizner Park, die vielleicht imposanteste, dem Lebensstil Bocas am ehesten entsprechende Shoppingmall der Stadt.

②

Lynn University Conservatory of Music

3601 N Military Trail
lynn.edu/academics/colleges/conservatory

Am Konservatorium für Musik der Lynn-Universität

TOP 3 Lokale Strände

Spanish River Park
Der attraktive Strand hat angenehmen schattige Picknickplätze. Der schönste Platz ist eine Lagune am Intracoastal Waterway.

Red Reef Park
Bummeln Sie hier auf der Promenade entlang der Spitze der Dünen oder über die Sandstrände, und schnorcheln Sie an einem vorgelagerten Riff.

Deerfield Beach
Dank seiner Anlegestelle und des feinen Sands ist Deerfield Beach der einladendste Strand der Gegend.

wird nur eine streng ausgewählte Anzahl von Musikstudenten aus der ganzen Welt zugelassen. Sie erhalten hier eine erstklassige Ausbildung als Solisten, Kammer- und Orchestermusiker und werden später meist weltberühmt.

Das Konservatorium zieht mit seinen renommierten Studenten-, Fakultäts- und Gastauftritten jedes Jahr Tausende von Musikliebhabern an.

③

Boca Raton Museum of Art

501 Plaza Real, Mizner Park +1-561-392-2500 Mi–So 11–19 Feiertage bocamuseum.org

Das Museum hat eine spektakuläre Lage im Mizner Park. Es zeigt auf 4000 Quadratmetern Ausstellungen von Weltniveau sowie eine eindrucksvolle Sammlung zeitgenössischer Kunst.

④

Sports Immortals Museum

6830 N Federal Hwy Mo–Fr 10–18, Sa, So 11–17 1. Jan, 25. Dez sportsimmortals.com

Das renommierte Museum ist ein Muss für Sportfans, da es die weltweit größte und vielfältigste Sammlung sportlicher Erinnerungsstücke präsentiert. Zu den rund 10 000 Exponaten zählen etwa Babe Ruths Baseballschläger und Boxmäntel von Muhammad Ali. Teuerstes Sammlungsstück ist ein Zigarettenbild im Wert von einer Million Dollar: Es wurde zurückgezogen, da der abgebildete Baseballspieler jegliche Verbindung zum Tabak von sich wies.

↑ *Ausstellung mit Bildern von Andy Warhol im Boca Raton Museum of Art*

⑤

Gumbo Limbo Nature Center

1801 North Ocean Blvd Mo–Sa 9–16, So 12–16 gumbolimbo.org

Dieses erstklassige informative Zentrum befindet sich neben dem Intracoastal Waterway im Red Reef Park. Besucher haben die Wahl zwischen mehreren Wanderwegen. Ein Naturpfad windet sich durch Mangrovenwälder und einen tropischen Hammock zu einem Turm, der einen tollen Ausblick bietet.

Ein weiteres Highlight ist das Programm zur Rehabilitation von Meeresschildkröten. Es konzentriert sich auf die Rettung von kranken oder verletzten Schildkröten in einem Umkreis von acht Kilometern.

Weitere Attraktionen für Tierfreunde sind ein Schmetterlingsgarten und ein Aquarium mit Tausenden von tropischen Fischen.

3

Fort Lauderdale

G5 181 700 101 NE Third Avenue, Suite 100; +1-954-765-4466 Winterfest Boat Parade (Dez) visitlauderdale.gom

Fort Lauderdale bestand im Zweiten Seminolenkrieg ***(siehe S. 45)*** **aus kaum mehr als drei Forts. 1900 war es ein Handelsplatz am New River, der sich durch die jetzige Metropole windet. Heute ist Greater Fort Lauderdale Wirtschafts- und Kulturzentrum, beliebter Ferienort und riesiger Jachthafen. Den Charakter prägen immer noch die vielen Wasserwege.**

①

History Fort Lauderdale

219 SW 2nd Ave +1-964-463-4431 tägl. 10–16 1. Jan, 4. Juli, 25. Dez historyfortlauderdale.org

Das 1905 aus Beton errichtete New River Inn in Old Fort Lauderdale beherbergt ein Museum, das die Geschichte der Region und das Wachstum der Stadt bis in die 1940er Jahre beschreibt. Ein Kino zeigt Stummfilme, die in der Blütezeit der Filmindustrie im Süden Floridas entstanden. Im Angebot sind auch Workshops.

②

NSU Art Museum

1 E Las Olas Blvd +1-964-525-5500 Di–So 11–17 (So ab 12) Feiertage nsuartmuseum.org

Das Museum hat seinen Sitz in einem imposanten postmodernen Gebäude. Es besitzt eine große CoBrA-Sammlung. »CoBrA« leitet sich von den Anfangsbuchstaben von Kopenhagen, Brüssel und Amsterdam ab, den Hauptstädten der Heimatländer einer Gruppe von Expressionisten. Zu sehen sind Werke von Künstlern wie Karel Appel, Pierre Alechinsky und Asger Jorn, den führenden Repräsentanten der Bewegung. Der neue William-Glackens-Flügel enthält Werke dieses amerikanischen Impressionisten.

③

Museum of Discovery and Science

401 SW 2nd St +1-964-467-6637 tägl. 10–17 (So ab 12) mods.org

Das Museum ist eines der größten seiner Art in Florida. Hier leben viele Tiere, darunter Alligatoren und Schlangen, in nachgebildeten »Ökoräumen«. Im AutoNation® IMAX® werden Filme auf eine riesige große Leinwand projiziert, die größte Kinoleinwand in Südflorida und die einzige, die Laserprojektion bietet. Zu den Dauerausstellungen gehören »Otters at Play«, ein zweistöckiger Le-

Schon gewusst?

Die Flugzeuge, die den Mythos des Bermuda-Dreiecks auslösten, starteten 1945 in dieser Stadt.

←

Blick auf die Skyline und über einige Wasserwege von Fort Lauderdale

bensraum für Flussotter im Innen- und Außenbereich, und »Peanuts in Space«, basierend auf der Zeichentrickfigur.

④

Stranahan House

335 SE 6th Ave
+1-954-524-4736
nur zu Führungen (tägl. 13, 14, 15) Feiertage
stranahanhouse.org

Das hübsche, von Frank Stranahan 1901 aus Holz errichtete Gebäude ist das älteste der Stadt. Es wurde im Lauf der Zeit für verschiedene Zwecke genutzt. Als Handelsposten, Versammlungsraum, Post und Bank war es das Zentrum von Fort Lauderdale. Mobiliar und Fotos, die Stranahan beim Handel mit den Seminolen zeigen, lassen die Vergangenheit aufleben. Die Seminolen schafften Waren wie Alligatorhäute, Otterpelze und Reiherfedern, die damals sehr begehrt waren, von den Everglades in ihren Einbaumkanus hierher.

⑤

Las Olas Boulevard

Der Abschnitt des Las Olas Boulevard zwischen 6th und 11th Avenue ist trotz des starken Verkehrs die hübscheste Straße von Fort Lauderdale. Hier hat sich eine Mischung aus konventionellen, trendigen sowie eleganten Boutiquen und Lokalen angesiedelt. In den Läden findet man alles, vom Pelz bis zu Haiti-Kunst. Abends ist in den Bars und Restaurants viel los.

Auf dem Weg zum Strand führt der Boulevard über einige Inseln, die einen guten Einblick in das luxuriösere Fort Lauderdale erlauben.

TOP 3 Transport zu Wasser

Jungle Queen Riverboat
junglequeen.com
Das altmodische Flussboot bringt Besucher auf einem aufregenden Halbtagesausflug den New River hinauf.

Carrie B Riverboat
carriebcruises.com
Eine 90-minütige Fahrt mit einem Dampfer startet am Riverwalk und durchquert den Hafen.

Wassertaxis
watertaxi.com
Wassertaxis, vergleichbar mit Sammeltaxis an Land, fahren den New River nach Downtown und Richtung Norden zum Oakland Park Boulevard entlang.

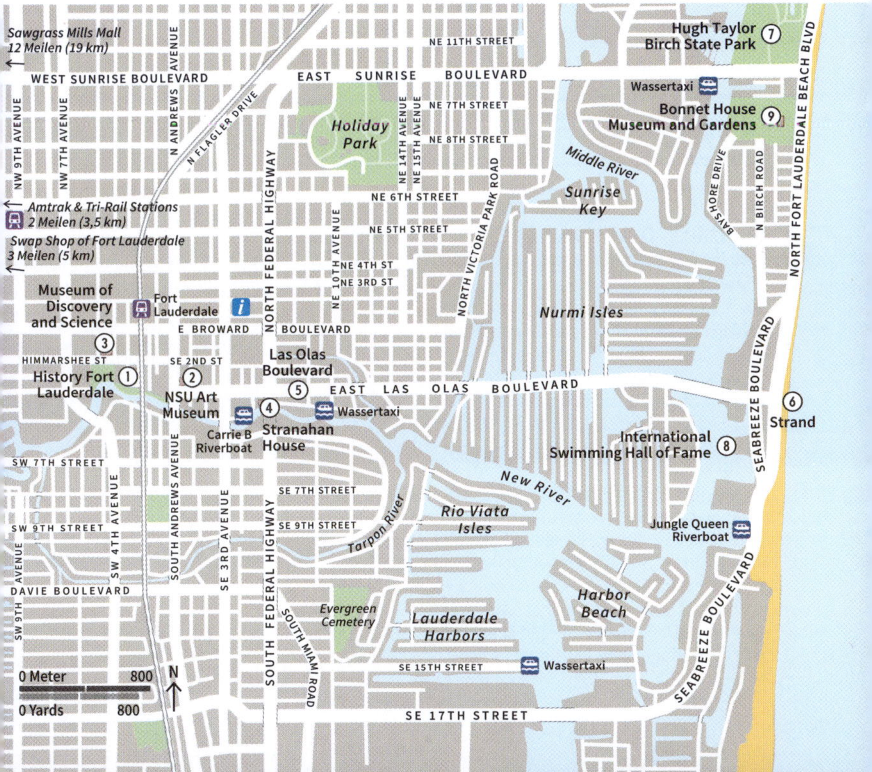

↑ *Am Strand und an der Promenade spenden Palmen ein wenig Schatten*

⑥
Strand

Tausende von Studenten kamen alljährlich in den Frühjahrsferien nach Fort Lauderdale, bis die Behörden sie Mitte der 1980er vergraulten. Auch heute noch ist der Strand der belebteste an der Gold Coast – vor allem am Ende des Las Olas Boulevard, wo Inline-Skater ihre Runden ziehen und Spaziergänger die Strandpromenade genießen. Fort Lauderdale bietet am Strand auch viele Aktivitäten für Familien.

⑦
Hugh Taylor Birch State Park

3109 E Sunrise Blvd
+1-954-564-4521 tägl. 8 bis Sonnenuntergang

Der Anwalt Hugh Taylor Birch kaufte 1894 auf einer fünf Kilometer langen Barriere-Insel das 70 Hektar große Grundstück. Es ist eine der wenigen unbebauten grünen Oasen an der Gold Coast. Besucher kommen hierher, um Kanus auf der Süßwasserlagune zu mieten, auf einem Pfad zu wandern und vor allem, um ihre tägliche Bewegung auf einem malerischen Rundweg zu absolvieren.

⑧
International Swimming Hall of Fame

1 Hall of Fame Dr
+1-954-462-6536
Mo – Fr 9 –17
ishof.org/museum

Das Themenspektrum des Museums reicht von der Geschichte des Wassersports im Oman bis zur Entwicklung der Tauchsportarten. Es zeigt eine faszinierende Sammlung aquatischer Erinnerungsstücke, darunter alte Badeanzüge aus Wolle, Schaufensterpuppen von Stars wie Johnny »Tarzan« Weissmuller, Inhaber von 57 Weltrekorden im Schwimmen, und eine Sammlung von über 20 olympischen Medaillen.

Überblick: Downtown Fort Lauderdale

Downtown Fort Lauderdale ist mit seinen modernen schlanken Bürohochhäusern das Geschäftszentrum der Stadt. Der Riverwalk am Nordufer des New River verbindet die meisten historischen Wahrzeichen und kulturellen Einrichtungen. Er beginnt beim Stranahan House *(siehe S. 121)*, das an der Stelle des ersten Handelspostens der Stadt entstand, und führt durch eine Parklandschaft zum Broward Center for the Performing Arts.

In Old Fort Lauderdale an der Southwest 2nd Avenue werden eine Reihe hübscher Gebäude aus dem frühen 20. Jahrhundert von der Historical Society verwaltet, deren Sitz das Fort Lauderdale History Center ist. Das 1907 am Südufer des Flusses errichtete King-Cromartie House wurde 1971 mit einem Lastkahn zum jetzigen Standort transportiert. Die Einrichtung verdeutlicht das einfache Leben der ersten Siedler. Hinter dem Haus steht eine Rekonstruktion der ersten Schule der Stadt, die im Jahr 1899 eingeweiht wurde.

Highlight

Im tropischen Garten wuchs früher die Hauben-(»Bonnet«-)Seerose - daher stammt der Name der Anlage. Heute gedeiht hier eine riesige Orchideensammlung.

9

Bonnet House Museum and Gardens

900 N Birch Rd **+1-954-563-5393** **Di – So 11–16** **Feiertage** **bonnethouse.org**

Das ungewöhnlich eingerichtete Haus ist mit Abstand das schönste Stück des alten Fort Lauderdale. Es liegt inmitten eines idyllischen tropischen Geländes, auf dem einst die Haubenseerose wuchs, nach der das Haus benannt ist. Das heutige Haus wurde ursprünglich 1895 vom Anwalt Hugh Taylor Birch gekauft und Anfang der 1920er Jahre erbaut.

Der Künstler Frederic Bartlett, der mit Birchs Tochter Helen verheiratet war, baute das gemütliche Winterhaus im Plantagenstil 1920 selbst, Beispiele seiner Arbeiten, insbesondere Wandgemälde, sind überall zu finden.

Schwäne und Affen leben auf dem Gelände, das auch eine der größten Orchideensammlungen im Südosten der USA beherbergt. Es werden Führungen angeboten, das ganze Jahr finden Konzerte und Kurse statt. Außerdem gibt es jedes Jahr ein Orchideenfest mit Ausstellungen statt.

Terrasse des Bonnet House und von Wasserlilien bedeckter Teich ↓ (Detail)

Shopping

Sawgrass Mills Mall

In Floridas zweitgrößter Shoppingmall gibt es über 350 Läden. In den Colonnade Outlets bekommt man in 70 Boutiquen Designermode zu günstigen Preisen.

12801 W Sunrise Blvd **simon.com/mall/sawgrass-mills**

Swap Shop of Fort Lauderdale

In der amerikanischen Version eines Basars werden in vielen Reihen Schmuck und Sonnenbrillen verkauft. Besucher werden auch von den frischen Produkten und der hübschen Gärtnerei angelockt.

3291 W Sunrise Blvd **tägl. 9 –17 (Do, Sa, So ab 8)** **floridaswapshop.com**

SEHENSWÜRDIGKEITEN

4

Sebastian Inlet

G4 Sebastian
700 Main St, Sebastian; +1-772-589-5969 sitd.us

Bei Sebastian Inlet vermischt sich der Atlantik mit dem Brackwasser des Indian River am Intracoastal Waterway, einem Teil des **Sebastian Inlet State Park**, der mit seinen fünf Kilometer langen Stränden zu Floridas beliebtesten Nationalparks gehört.

Eine ruhige Bucht an der Nordspitze der Halbinsel eignet sich gut zum Schwimmen, denn hier fehlen die Wellen, die den südlichen Küstenabschnitt (auf Orchid Island) zu den besten Surfstränden der Ostküste Floridas machen. An Wochenenden finden hier oftmals Wettkämpfe statt. Der Park ist für seine reichen Fischgründe bekannt, in der Mündung der Halbinsel wimmelt es von Fischerbooten. Angler gehen auch zu den beiden in den Atlantik reichenden Hafendämmen und zum klaren Indian River.

Schon gewusst?

In den Gewässern rund um den Sebastian Inlet State Park leben zahlreiche Tümmler.

An der Südspitze des Parks erzählt das **McLarty Treasure Museum** die Geschichte des Untergangs einer spanischen Schatzflotte. Am 1. Juli 1715 strandeten elf Galeonen bei Orkan auf den Riffen vor der seichten Küste zwischen Sebastian Inlet und Fort Pierce. Sie waren auf dem Rückweg von Havanna nach Spanien und fuhren, beladen mit Beute aus den Kolonien, auf dem warmen Golfstrom. Ein Drittel der 2100 Seefahrer starb. Die Überlebenden errichteten am Standort des McLarty Treasure Museum ein Lager.

Mithilfe der ansässigen indigenen Ais retteten sie etwa 80 Prozent der Ladung. Bis zur Wiederentdeckung eines der Wracks 1928 lag die Flotte hier unbehelligt. Seit erneuter Bergung zu Beginn der 1960er Jahre wurden wertvolle Schätze gehoben. Zu den Objekten gehören Gold- und Silbermünzen, Ringe, Knöpfe und Besteck.

Sebastian Inlet State Park
9700 S Hwy A1A, Melbourne Beach tägl. 24 Std. floridastateparks.com

McLarty Treasure Museum
13180 N Hwy A1A +1-772-589-2147 tägl. 10–16

5

Mel Fisher's Treasure Museum

G4 1322 US Hwy 1, Sebastian +1-772-589-9875 Sebastian Mo–Sa 10–17, So 12–17 1. Jan, Ostern, Sep, Thanksgiving, 25. Dez melfisher.com/Sebastian

Das Museum illustriert die Verwirklichung des amerikanischen Traums. Mel Fisher,

→

Der Anglerpier im Sebastian Inlet State Park ragt in den Atlantik hinaus

↑ *Fassade des National Navy SEAL Museum nördlich von Fort Pierce*

der »größte Schatzsucher aller Zeiten«, starb 1998, sein Team aus Schatzsuchern (»Golden Crew«) arbeitet noch immer.

Gezeigt werden Schätze aus Wracks, darunter eine Flotte aus dem Jahr 1715 und die *Atocha*. Zu sehen gibt es Juwelen, einen Goldbarren und Alltagsgegenstände. Im Bounty Room kann man spanische *reales* und Kopien von alten Schmuckstücken kaufen. Auch das Mel Fisher Maritime Museum *(siehe S. 300)* in Key West lohnt einen Besuch.

6

Fort Pierce

G4 48 000
482 N Indian River Dr
visitstlucie.com

Hauptattraktion der Stadt sind die vorgelagerten Inseln, die man über zwei den Intracoastal Waterway überspannende Brücken erreicht.

Der North Beach Causeway führt nach North Hutchinson Island, an dessen Südspitze der **Fort Pierce Inlet State Park** liegt. Nördlich davon steht das **National Navy SEAL Museum**. Von 1943 bis 1946 trainierten hier 3000 Froschmänner der Underwater Demolition Teams der US-Marine. In den 1960er Jahren wurde die als SEALs (Sea, Air, Land) bekannte Elite-Kampftruppe ausgebildet. Das Museum erläutert die Rolle der Froschmänner in den Kriegen und bis heute.

Einen Kilometer entfernt liegt die Halbinsel Jack Island. In dem mit Mangroven bedeckten Naturschutzgebiet mit Aussichtsturm leben viele Vogelarten. Auf dem südlichen Damm, der Fort Pierce mit Hutchinson Island verbindet, befindet sich das **St. Lucie County Regional History Center**. Zu den interessanten Ausstellungsstücken gehören Funde aus den Wracks von 1715 im Galleon Room und Rekonstruktionen eines Seminolenlagers. Besucher können auch das angrenzende Haus im Cracker-Stil erkunden *(siehe S. 32)*.

Zurück auf dem Festland können Literaturliebhaber dem **Zora Neale Hurston Dust Tracks Heritage Trail** folgen, der den letzten Lebensjahren der Schriftstellerin gewidmet ist.

Zitrusindustrie am Indian River

Die Spanier brachten im 16. Jahrhundert Zitrusfrüchte nach Florida. Die Bedingungen dort waren ideal, vor allem am Indian River zwischen Daytona und West Palm Beach. Hier werden rund ein Drittel der Zitronenernte Floridas und 75 Prozent der Grapefruiternte produziert. Aus den Orangen wird meist Saft gewonnen. Wegen des warmen Klimas, des guten Bodens und des Regens sind die Orangen hier besonders süß und saftig.

Fort Pierce Inlet State Park
905 Shorewinds Dr, N Hutchinson Island
tägl. 8–Sonnenuntergang
floridastateparks.org

National Navy SEAL Museum
3300 N Hwy A1A
Di–Sa 10–16, So 12–16
navysealmuseum.org

St. Lucie County Regional History Center
414 Seaway Dr
Di–Sa 10–15
Feiertage
stlucieco.gov

Zora Neale Hurston Dust Tracks Heritage Trail
Garden of Heavenly Rest Cemetery, Avenue S u. 17th St **cityoffortpierce.com**

7 West Palm Beach

G5 · 117 300 · 2195 Southern Blvd · thepalmbeaches.com

Ende des 19. Jahrhunderts beschloss Henry Flagler *(siehe S. 114)*, die Häuser der Arbeiter und Dienstboten aufs Festland umzusiedeln. So entstand West Palm Beach, heute das Wirtschaftszentrum von Palm Beach County.

In Downtown ist vor allem in der Clematis Street und am Lake Worth Beach immer viel los. Dort gibt es das ganze Jahr über Veranstaltungen. Auch Northwood Village lohnt einen Besuch, hier findet man Restaurants, Antiquitätenläden und Läden.

Das **Cox Science Center and Aquarium** spricht vor allem Kinder an. Es gibt interaktive Exponate, um Besuchern Themen wie Licht, Ton, Farbe und Wetter nahezubringen. Sie können selbst Wolken erschaffen und sogar einen Mini-Tornado spüren.

Das **Norton Museum of Art** wurde 1941 gegründet, mit etwa 100 Bildern aus dem Besitz des Stahlmagnaten Ralph Norton, der sich zwei Jahre zuvor in West Palm Beach niedergelassen hatte.

Vertreten sind französische Impressionisten und Postimpressionisten, etwa Cézanne, Picasso, Matisse, Braque und Gauguin, dessen ergreifendes Bild *Christus am Ölberg* das berühmteste Gemälde des Museums ist. Ein weiteres beachtliches Werk aus Nortons Sammlung des 20. Jahrhunderts ist *Night Mist* (1945) von Jackson Pollock. Daneben sieht man Werke von Winslow Homer, Georgia O'Keeffe, Edward Hopper und Andy Warhol.

Ein weiterer Schwerpunkt sind Artefakte aus China, darunter Keramikfiguren aus der Tang-Dynastie (4.–11. Jh.). Zudem sind Skulpturen von Brancusi, Degas und Rodin zu bewundern.

Nördlich der Innenstadt befindet sich das **Richard and Pat Johnson Palm Beach County History Museum** im neoklassizistischen Gerichtsgebäude von 1916, das restauriert wurde, bevor es 2008 als Museum wiedereröffnete. Dauerausstellungen dokumentieren die Geschichte von Palm Beach mit Karten und informieren über die Stadtgründer wie Addison Mizner. In der Courtroom Gallery finden Wechselausstellungen statt.

Auf der anderen Seite der Bucht liegen Singer Island und Palm Beach Shores, entspannte Gemeinden mit einem herrlichen breiten Strand. Bootfahren und Angeln sind hier beliebte Aktivitäten, und es gibt viele Möglichkeiten für diejenigen, die Sportfischerboote chartern oder eine Kreuzfahrt buchen möchten, um die Wasserstraßen zu erkunden.

Im **John D. MacArthur Beach State Park** an der Nordspitze von Singer Island schlängelt sich eine Brücke über eine Bucht des Lake Worth Beach zu einem hübschen Strand. Im Sommer hat man bei Nachtführungen die Gelegenheit, Meeresschildkröten zu beobachten.

↓ *Norton Museum of Art: Fassade und Saal mit zeitgenössischen Skulpturen* (Detail)

↑ *Von tropischen Pflanzen gesäumter Plankenweg auf Singer Island*

Eine Alternative bietet die Shoppingmall The Gardens drei Kilometer landeinwärts in Palm Beach Gardens. Glasaufzüge verbinden die etwa 200 Läden.

Cox Science Center and Aquarium
4801 Dreher Trail N Mo – Fr 9 –17, Sa, So 10 –18 coxscience center.org

Norton Museum of Art
1450 South Dixie Hwy tägl. 10 –17 (Fr bis 22, So ab 11) norton.org

Richard and Pat Johnson Palm Beach County History Museum
300 North Dixie Hwy Mo – Sa 10 –16 pbchistory.org

John D. MacArthur Beach State Park
A1A, 2 Meilen (3 km) nördl. von Riviera Bridge tägl. 8 bis Sonnenuntergang macarthurbeach.org

8

Lake Worth

G5 474 Lake Ave; +1-561-582-4401 cpbchamber.com

Lake Worth ist ein Ferienort mit öffentlichem Strand. Die Gemeinde hat viel getan, um das Flair des alten Florida zu erhalten und übermäßige Neubebauung zu begrenzen. Hier prägen etwa ein Dutzend Antiquitätenläden an Lake und Lucerne Avenue, dem Zentrum der Innenstadt, das Bild. Ein ehemaliges Art-déco-Kino ist nun ein Ort für Kunstausstellungen. Zudem findet man Kunstgalerien, Clubs mit Livemusik, ein Amphitheater, Parks, Restaurants und Cafés.

Hotels

The Colony Hotel
Hotel im Kolonialstil mit Pool.

G5 155 Hammon Ave, Palm Beach thecolony palmbeach.com

$$$

The Brazilian Court Hotel
Suiten mit Whirlpool und Innenhof.

G5 301 Australian Ave, Palm Beach thebraziliancourt. com

$$$

Palm Beach Historic Inn
Das Boutiquehotel (1923) bietet Komfort zu vernünftigen Preisen.

G5 365 S County Rd, Palm Beach palmbeach historicinn.com

$$$

↑ *Fischer auf dem wegen seiner Größe auch »Big O« genannten Lake Okeechobee*

9

Lake Okeechobee

F5 Palm Trans Bus nach Pahokee 115 E Main St, Pahokee; +1-561-924-5579 okeechobee.uslakes.info

Der Okeechobee, das »Große Wasser« in der Sprache der Seminolen, ist der größte See in Florida. Der auch als »Big O« bekannte See ist vor allem für seinen beachtlichen Fischreichtum berühmt.

Roland Martin Marina und andere Marinas verleihen Boote, Führer, Angelausrüstung und Picknickzubehör. Mit drei Jachthäfen und einigen Hotels versorgt Clewiston Besucher am besten.

Für Nicht-Angler hingegen ist der See weniger interessant. Das Ufer bietet zwar eine große Vogelvielfalt, doch schon wegen seiner Größe ist der See nicht sehr malerisch und außerdem aufgrund eines Damms, der das Land vor Überflutungen schützt, von der Straße aus nicht zu sehen. Von Pahokee ist das Gewässer gut zu erreichen. Hier kann man die schönsten Sonnenuntergänge sehen und eine mehrstündige Bootstour mit Captain JP Boat Cruises unternehmen.

Das Wohlergehen der eher düsteren Arbeiterorte am Südufer hängt vom Zucker ab. Die Hälfte des Zuckerrohrs in den Vereinigten Staaten wird in den Ebenen um Belle Glade und Clewiston (»die süßeste Stadt Amerikas«) angebaut, wo der nährstoffreiche Boden dunkler als Schokolade ist.

Frühere Pläne der Regierung, die Zuckerrohrfelder südlich des Lake Okeechobee zu kaufen und wieder in Sumpfland zu verwandeln, damit die Everglades sauberes Wasser erhalten, wurden verworfen.

Schon gewusst?

Der Lake Okeechobee hat eine Fläche von 1942 Quadratkilometern.

Roland Martin Marina
920 E Del Monte Ave, Clewiston tägl. 5:30–17 rolandmartinmarina.com

10

Delray Beach

G5 66 600 2 South Ocean Blvd; +1-561-278-0424 downtowndelraybeach.com

Das durchaus noble, jedoch erfreulicherweise nicht versnobte Delray Beach ist der urlauberfreundlichste Ort zwischen Palm Beach und Boca Raton.

An vielen Stellen weisen Nationalflaggen auf die Auszeichnung für besondere Bürgernähe hin. Der lange, sehr ruhige Strandabschnitt mit direktem Zugang ist hervorragend und eignet sich für einen Tagesausflug. Von November bis April bietet **Delray Yacht Cruises** täglich Ruderbootfahrten auf dem Intracoastal Waterway an. Drift Fishing Boats organisiert ebenfalls Fahrten.

Delrays Zentrum ist die palmengesäumte Atlantic Avenue mit Cafés, Antiquitätenläden und Galerien, die Laternen abends in sanftes Licht tauchen. Am Old School Square stehen einige hübsche Gebäude aus den 1920er Jahren. In der Nähe beherbergt die **Delray Beach Historical Society** drei historische Cottages, die in Ausstellungshallen zur lokalen Geschichte umgewandelt wurden.

Das **Morikami Museum and Japanese Gardens** ist eines der wenigen Museen in den USA, die sich ausschließlich japanischer Kultur widmen. Es befindet sich auf einem Grundstück, das der Farmer George Morikami zur Verfügung stellte, einer der japanischen Pioniere, die 1905 die Yamato-Kolonie (bezeichnet nach dem Ur-Japan) an der Nordspitze von Boca Raton *(siehe S. 118f)* gründeten. Mit dem Geld eines Bauunternehmens von Henry Flagler *(siehe S. 114)* wollten sie Reis, Tee und Seide anbauen. Das Projekt wurde nicht realisiert, und die Kolonie verschwand.

Die Yamato-kan-Villa auf einer kleinen Insel in einem See erzählt die Geschichte der Siedler und der japanischen Kultur anhand von Nachbildungen eines Badezimmers, eines japanischen Schüler-Schlafzimmers und Restaurants inmitten sechs historischer Gärten und Kiefernwälder.

In einem Gebäude auf der anderen Seeseite sind Ausstellungen über Japan, ein Café mit japanischer Küche und ein traditionelles Teehaus, in dem einmal im Monat klassische Teezeremonien abgehalten werden, untergebracht. Das Museum organisiert Veranstaltungen – von Handwerks- und Kochworkshops bis zu Filmreihen und Vorträgen. Highlights sind jedoch die traditionellen Festivals wie etwa Hinamatsuri.

Delray Yacht Cruises
801 East Atlantic Ave
delraybeachcruises.com

Delray Beach Historical Society
3 NE 1st St
Di–Sa 11–15
delraybeachhistory.org

Morikami Museum and Japanese Gardens
4000 Morikami Park Rd **Di–So 10–17**
morikami.org

↑ *Schmetterlinge in der Butterfly World*

11

Butterfly World

G5 **3600 W Sample Rd, Coconut Creek** **Deerfield Beach (Amtrak u. Tri-Rail)** **Pompano Beach**
Mo–Sa 9–17, So 11–17
Ostern, Thanksgiving, 25. Dez **butterflyworld.com**

In riesigen begehbaren Volieren voll tropischer Blumen schwirren Tausende von Schmetterlingen aus der ganzen Welt umher.

Da sie Sonnenenergie tanken, sind sie an warmen, sonnigen Tagen besonders aktiv. Entsprechend sollten Sie Ihren Besuch planen.

Es werden aber auch zahlreiche verpuppte Raupen und Insekten in Schaukästen ausgestellt, darunter etwa die bemerkenswerten Morphofalter mit ihren metallisch blauen Flügeln sowie Käfer und Grashüpfer von der Größe einer Erwachsenenhand. Draußen kann man in den Gärten spazieren gehen.

← *Morikami Museum and Japanese Gardens: Blick über die Außenanlagen*

12 Stuart

G4 17 500 101 SW Flagler Ave, Stuart, Martin County; +1-772-287-1088 discovermartin.com

Von Hutchinson Island führt ein Damm über den inselreichen Indian River zum Hauptort von Martin County. Die Stadt inmitten luxuriöser Küstenorte und Golfanlagen hat ein bezaubernd saniertes Stadtzentrum, das die verkehrsreichen Küstenstraßen umfahren. Entlang Flagler Avenue und Osceola Street südlich der Roosevelt Bridge gibt es einen kurzen Promenadenweg, eine Reihe hübscher Backstein- und Stuckgebäude aus den 1920er Jahren und zahlreiche Kunstgalerien. Am Abend dringt Livemusik aus den gut besuchten und stilvoll dekorierten Restaurants und Bars.

13 Jupiter

G5 60 800 2195 Southern Blvd, West Palm Beach jupiter.fl.us

Die Kleinstadt ist bekannt für ihre Strände und das Frühjahrstraining der Miami Marlins und St. Louis Cardinals.

Das Jupiter Inlet Lighthouse ragt aus einem Wäldchen auf ↑

Der Strand des John D. MacArthur State Park auf Singer Island zählt zu den schönsten Floridas *(siehe S. 126f)*.

Umgebung: Auf der Südseite von Jupiter Inlet zieht der Jupiter Beach Park Angler und Pelikane an und bietet als Attraktionen einen goldenen beaufsichtigten Sandstrand, Picknickareale, Spielplätze, Ruheräume, eine Mole für Angler und Blick auf das **Jupiter Inlet Lighthouse** (1860). Wer diesen ältesten Leuchtturm des Bezirks hinaufsteigt, wird mit einer grandiosen Aussicht belohnt. Am Fuß des Turms, in einem alten Ölhaus, ist ein Museum untergebracht. Auf der anderen Seite des Inlet ist das 1898 erbaute **DuBois Pioneer Home** ein schönes Beispiel für ein Pionierhaus. In der Nähe gibt es im riesigen **Carlin Park** Spielfelder, Picknickplätze, Tennisplätze und einen bewachten Strand.

Jupiter Inlet Lighthouse
500 Captain Armour's Way Di–So 10–16 jupiterlighthouse.org

DuBois Pioneer Home
19075 DuBois Rd nur Führungen: Di–Do 10–13

Carlin Park
400 South State Rd A1A +1-561-966-6600 tägl. Sonnenauf- bis -untergang (der Strand ist von 9–17:20 bewacht)

Floridas Meeresschildkröten

Von Mai bis September kriechen die weiblichen Schildkröten nachts auf den Strand und legen Eier in den Sand. Zwei Monate später schlüpfen die Jungtiere und laufen nachts zum Meer. Die Schildkröten sind auch deshalb bedroht, weil die Jungen wegen der Gebäudelichter die Orientierung verlieren. Infos zu Führungen erhalten Sie bei der örtlichen Chamber of Commerce, z. B. in Juno Beach.

14 Hutchinson Island

G4 5000 1912 NE Jensen Beach Blvd, Jensen Beach jensenbeachflorida.info

Die 32 Kilometer lange Insel besticht durch ihre atemberaubenden Strände. Im

→

Die langen Strände von Jupiter Island sind auch bei Familien sehr beliebt

Süden strömen Sonnenanbeter zum Sea Turtle Beach und zum benachbarten Jensen Beach Park nahe der Kreuzung von 707 und A1A. Stuart Beach am Damm über den Indian River nach Stuart ist auch sehr beliebt.

In der Nähe dieses Strands präsentiert das im Jahr 1961 zu Ehren des Tüftlers Sterling Elliott errichtete **Elliott Museum** einige seiner seltsamen Erfindungen. Seit der Umgestaltung des Gebäudes vor einigen Jahren zeigt das Museum vielfältige Exponate aus den Bereichen Kunst, Geschichte und Technik.

1,5 Kilometer südlich steht das **House of Refuge Museum at Gilbert's Bar** (1875), eine von zehn Rettungsstationen der Ostküste, die der Lifesaving Service (Vorgänger der amerikanischen Küstenwache) zur Bergung von Schiffbrüchigen errichtete. Die ausgesprochen spartanisch eingerichteten Räume in dem pittoresken Holzhaus zeigen, wie schwer es die ersten Rettungsleute hatten.

Draußen ist die Kopie eines bei Rettungsaktionen eingesetzten »Surfboots« von 1840 zu sehen. Gegenüber liegt der Bathtub Beach. Ein vorgelagertes Sandsteinriff schafft hier ein schönes Naturbecken.

Elliott Museum
825 NE Ocean Blvd tägl. 10–17 Feiertage hsmc-fl.com

House of Refuge Museum at Gilbert's Bar
301 SE MacArthur Blvd Mo–Sa 10–16, So 13–16 Feiertage hsmcfl.com/house-of-refuge

15

Jupiter Island

G5 600 2195 Southern Blvd, West Palm Beach townofjupiterisland.com

Die lange schmale Insel ist eine Wohnsiedlung für Wohlhabende mit Stränden.

Im **Hobe Sound National Wildlife Refuge** am Nordende der Insel locken ein fünf Kilometer langer Strand, Mangroven und Dünen. Die andere Hälfte des Reservats, ein mit Sandkiefern bestandener Abschnitt am Intracoastal Waterway, ist ein Paradies für Vögel. An der Kreuzung US 1 und A1A gibt es ein Naturzentrum.

Das Blowing Rocks Preserve weiter südlich bietet einen Sandstrand. Bei heftigen Stürmen sprüht das Wasser durch Löcher in den Kalksteinsteilhängen gen Himmel – daher der Name.

Hobe Sound National Wildlife Refuge
13640 SE Federal Hwy +1-772-546-6141 Naturzentrum: Mo–Sa 9–17 fws.gov/refuge/hobe_sound

Restaurant

Jetty's Waterfront Restaurant

Genießen Sie frische Meeresfrüchte auf einer Terrasse mit Blick auf das Jupiter Inlet Lighthouse. Zu den Highlights zählen Jetty's Krabbenfrikadellen und Muschelkrapfen.

G5 1075 Hwy A1A, Jupiter jettysjupiter.com

$$$

Hutchinson Island – Insel mit schönen Stränden (siehe S. 130f)

Restaurants & Bars

Le Tub Saloon
Legendäre Biere, Burger und köstlicher Limettenkuchen in einer umgebauten Tankstelle.
G6 1100 N Ocean Dr, Hollywood theletub.com
$

Jaxson's
Gutes Mittagessen, Highlight ist aber die köstliche Eiscreme.
G5 128 S Federal Hwy, Dania Beach jaxsonsicecream.com
$

Las Vegas Cuban Cuisine
Filiale einer lokalen Kette, die kubanische Spezialitäten anbietet.
G6 2810 Stirling Rd, Hollywood lasvegascubancuisine.com
$$

16

Hollywood

G6 152 000
330 N Federal Hwy; +1-954-923-4000
hollywoodchamber.org

1920 kam der Kalifornier Joseph Young in den Süden Floridas, um dort eine Stadt zu bauen. Seine Vision wurde in Hollywood Wirklichkeit, und trotz großer Schäden durch einen Hurrikan 1926 ist Hollywood heute bei Urlaubern sehr beliebt – vor allem bei Menschen, die es im Winter hierherzieht, um der Kälte in der Heimat zu entfliehen.

Ein bedeutender kultureller Anziehungspunkt im historischen Kunstviertel um den Young Circle ist das **Art and Culture Center of Hollywood**, das für seine Ausstellungen sowie Theater-, Musik- und Tanzdarbietungen bekannt ist.

Versäumen Sie auf keinen Fall den Hollywood Beach Broadwalk, einen vier Kilometer langen Rad- und Wanderweg, der am Strand entlangführt, mit jeder Menge Livemusik und einigen familienfreundlichen Restaurants. Auch der Strand ist bei Familien beliebt.

Zum **Anne Kolb Nature Center** gehören ein fünfstöckiger Aussichtspier, zwei Wanderwege, ein Amphitheater sowie ein Ausstellungssaal.

Der **Topeekeegee Yugnee Park** umfasst neben Picknickplätzen und Spielplätzen auch einen Wasserpark sowie Basketball- und Tennisplätze.

Art and Culture Center of Hollywood
1650 Harrison St
Di – Fr 10 – 17, Sa, So 12 – 16 artandculturecenter.org

Anne Kolb Nature Center
751 Sheridan St tägl. 8 – 18 broward.org/Parks

Topeekeegee Yugnee Park
3300 N Park Rd tägl. 8 – 18 Thanksgiving
broward.org

17

Flamingo Gardens

G5 3750 S Flamingo Rd, Davie +1-954-473-2955 Fort Lauderdale tägl. 9:30 – 17
Thanksgiving, 25. Dez
flamingogardens.org

Ursprünglich entstanden diese Gärten 1927 als Wochenendrefugium für die Wrays, eine Familie von Zitrusfarmern. Das Haus, ein-

Foodtruck am Hollywood Beach

gerichtet im Stil der 1930er Jahre, lohnt einen Besuch, vor allem aber die ungewöhnlichen Gärten. Ein Aufenthalt hier ist ein ideales Kontrastprogramm zu einer Stadtbesichtigung.

Eine Tram fährt durch Zitronen-, Kumquat-, Eichen- und Banyanhaine. In den Gärten leben viele Vögel Floridas wie die seltenen Weißkopfseeadler sowie die namensgebenden Flamingos. Enten-, Möwen-, Tauben- und Reiherarten, u. a. Rosalöffler, bewohnen eine begehbare Voliere, die in mehrere Lebensräume, z. B. Zypressenwald oder Mangrovensumpf, unterteilt ist. Nachmittags gibt es Wildlife Encounter Shows.

Schon gewusst?

In den Flamingo Gardens leben 90 verschiedene Tierarten.

18

Dania Beach

G5 · 31 400
101 NE 3rd Ave, Fort Lauderdale · daniabeachfl.gov

Dania geht nahtlos in das Ballungszentrum an der Küste über. Viele Menschen kommen nur hierher, um ein Jai-Alai-Spiel zu sehen. Die andere Hauptattraktion ist der **Dr. Von D. Mizell-Eula Johnson State Park**. Im Süden lädt einer der schönsten piniengesäumten Strände der Gold Coast (3 km) zum Baden ein. Sie können mit Kanus den malerischen mangrovengesäumten Fluss durch den Park entlangfahren. Der **Dania Beach Pier** wird Besucher ansprechen, die gern am Meer spazieren oder im Meer angeln. Der herrliche Blick auf die Küste vom Pier aus ist die kleine Eintrittsgebühr wert.

Dr. Von D. Mizell-Eula Johnson State Park
6503 N Ocean Dr
+1-954-923-2833
tägl. 8–18

Flamingos an einem Teich in den nach ihnen benannten Flamingo Gardens

Ein fröhlicher Sport: Jai Alai

Jai Alai (»Fröhliches Fest«) ist eine Fortentwicklung des vor ungefähr 300 Jahren im Baskenland entstandenen Pelota-Spiels und kam Anfang des Jahrhunderts über Kuba in die USA. In Florida – vor allem im Süden – liegen einige *frontons* (Arenen). Ein Jai-Alai-Spiel ist eine wunderbare Abendunterhaltung. Zuschauer jubeln lauthals, wenn Punkte gemacht werden, da oft hoch auf das Ergebnis gewettet wird.

Dania Beach Pier
300 N Beach Rd
tägl. 6–24

19

Seminole Casinos

G6

An der Kreuzung von State Road 7/441 und Route 848/Stirling Road am westlichen Rand von Hollywood liegt die Seminole Tribe of Florida Hollywood Reservation, eines von sechs Reservaten des Stamms.

Glücksspiel ist in den Reservaten legal, und hier bietet das **Seminole Classic Casino** Poker, Bingo und andere klassische Glücksspiele an. Hauptattraktion ist jedoch das **Seminole Hard Rock Hotel and Casino**, das auch über einen tropischen Poolbereich und Hard Rock Live verfügt.

Seminole Classic Casino
4150 N State Rd 7
tägl. 24 Std. · seminoleclassiccasino.com

Seminole Hard Rock Hotel and Casino
1 Seminole Way
tägl. 24 Std. · seminolehardrockhollywood.com

Wanderweg im vogelreichen Loxahatchee National Wildlife Refuge und ein Falke (Detail) ↑

20 Arthur R. Marshall Loxahatchee National Wildlife Refuge

G5 Boynton Beach Delray Beach
10216 Lee Rd, Boynton Beach; +1-561-732-3684
tägl. 5–22 Thanksgiving, 25. Dez
fws.gov/loxahatchee

Das 572 Quadratkilometer große Reservat an der Nordspitze der Everglades zeichnet sich insbesondere durch eine eindrucksvolle, vielfältige Fauna aus. Am besten kommt man im Winter und besucht das Gelände frühmorgens oder spätabends, wenn zahlreiche Zugvögel aus dem Norden hier rasten.

Das Besucherzentrum an der 441 im Osten des Reservats, 16 Kilometer westlich von Delray Beach, bietet Informationen über das Ökosystem der Everglades. Hier beginnen auch zwei interessante Wanderwege. Der Cypress Swamp Boardwalk führt auf einer Strecke von 800 Metern in eine traumhaft schöne Naturlandschaft mit Guaven- und Wachsmyrtenbäumen sowie Epiphyten. Der längere Marsh Trail passiert Sumpfland, dessen Wasserstand geregelt wird, um Wat- und Wasservögeln die bestmögliche Umgebung zu sichern. An einem Winternachmittag bietet sich dem Beobachter ein buntes Schauspiel mit Reihern, Seetauchern, Ibissen, Schlangenhals- und anderen Vögeln sowie Schildkröten und Alligatoren.

Mit einem eigenen Kanu können Sie eine Tour unternehmen (9 km). Darüber hinaus werden zahlreiche naturkundliche Führungen angeboten.

> **An einem Winternachmittag bietet sich dem Beobachter ein buntes Schauspiel mit Reihern, Seetauchern, Ibissen, Schlangenhals- und anderen Vögeln.**

21 Vero Beach

G4 16 700
1216 21st St, Indian River County visitindianriver county.com

Der Hauptort von Indian River County, Vero Beach, und vor allem seine Ferienkolonie auf Orchid Island (North Hutchinson Island) sind ein wunderschöner Ort. Alte Eichen säumen die Straßen, und die Gebäudehöhe ist auf vier Stockwerke beschränkt. In den Holzhäusern am Ocean Drive befinden sich Galerien, Mode- und Antiquitätenläden.

Das **Vero Beach Museum of Art** im Riverside Park auf Orchid Island präsentiert Kunstausstellungen und veranstaltet u. a. Seminare, Workshops und Performances. Schön gestaltet ist der Skulpturengarten. Bekannt

ist die Stadt jedoch vor allem wegen ihrer Strände und der beiden Hotels. Das Driftwood Resort auf der Seeseite von Vero Beach entstand 1935 als Strandhaus. Ein exzentrischer Einheimischer errichtete es aus Treibholz und versah es mit Unmengen von Nippes.

Elf Kilometer nördlich am mit Muscheln übersäten Wabasso Beach, einem der besten Sandstrände von Orchid Island, befindet sich das Vero Beach Resort, das erste außerhalb von Orlando errichtete Disney-Hotel.

Das **Indian River Citrus Museum** auf dem Festland ist der Zitrusindustrie gewidmet und zeigt alte Fotos und viele Objekte zum Anbau von Zitrusfrüchten, darunter beispielsweise Erntegeräte und Warenzeichen.

Vero Beach Museum of Art
3001 Riverside Park Dr · Mo–Sa 10–16:30, So 13–16
vbmuseum.org

Indian River Citrus Museum
2140 14th Ave
Di–Fr 10–16
veroheritage.com

Expertentipp
Ein Hauch von Wildem Westen

Tauchen Sie ein in die Welt der Cowboys: Grif's Western Wear in Davie (6211 Orange Drive) verkauft das passende Zubehör wie etwa Sättel, Cowboyhüte und -stiefel.

22

Davie

G5 · 104 900
Chamber of Commerce, 4217 SW 64th Ave
davie-coopercity.org

Davie liegt an Orange Drive und Davie Road, ist von Weiden und Ställen umgeben. Es spiegelt die Cowboy-Tradition Floridas wider, die älter ist als die Kaliforniens. Vor den Holzhütten des Rathauses wachsen Kakteen.

Die wahre Atmosphäre der Stadt spüren Sie bei einem Rodeo in den **Bergeron Rodeo Grounds**. Was auch immer Sie von Rodeo halten, die Arena ist interessant und bietet viele Veranstaltungen, darunter Konzerte sowie Auto-, Monstertruck-, Pferde- und sogar Airboat-Shows.

Bergeron Rodeo Grounds
4271 Davie Rd
davie-fl.gov

23

Juno Beach

G5 · 3800 · 2195 Southern Blvd, West Palm Beach; +1-561-471-3995
thepalmbeaches.com

Der Strand von Juno Beach, einem kleinen Ort, der sich nördlich bis zum Jupiter Inlet erstreckt, ist einer der weltweit besten Nistplätze für Unechte Karettschildkröten. Im Loggerhead Park zwischen US 1 und A1A liegt das **Loggerhead Marinelife Center** mit Naturlehrpfad. Schildkröten, die von Schiffspropellern oder Angelschnüren verletzt wurden, erholen sich hier in Aquarien.

Ein Weg führt durch Dünen zu dem Strand, an dem die Schildkröten im Sommer ihre Eier ablegen. Er kann nur nach Voranmeldung besichtigt werden.

Loggerhead Marinelife Center
14200 US 1 · tägl. 10–17 · marinelife.org

↑ *Abendstimmung am weit ins Meer reichenden Pier in Juno Beach*

Feuerwerk über dem Cinderella Castle (siehe S. 152)

Walt Disney World® Resort

Seit seiner Eröffnung im Jahr 1971 hat sich das Walt Disney World® Resort aus einem einfachen Themenpark zu einem Reiseziel entwickelt, das jährlich rund 60 Millionen Besucher willkommen heißt. Trotz seiner gewaltigen Größe ist es dem Resort gelungen, seinen nostalgischen Charme zu bewahren und gleichzeitig Jahr für Jahr neue innovative Erlebnisse und Attraktionen zu ergänzen.

Herzstück der Anlage ist nach wie vor Magic Kingdom® mit seinem märchenhaften Flair und dem 58 Meter hohen Cinderella Castle. Doch auch abseits dieses berühmten Parks gibt es jede Menge zu entdecken und erleben. Viele Besucher entscheiden sich für einen längeren Aufenthalt, um auch die drei anderen Themenparks zu erkunden – Epcot®, Disney's Animal Kingdom® und Disney's Hollywood Studios®. Für jede dieser Welten sollte man mindestens einen ganzen Tag einplanen. So bleibt genügend Zeit für alle Highlights – von einer Safari bis zu den vielen aufregenden Fahrgeschäften.

Weitere Attraktionen auf dem Gelände sind zwei Wasserparks, vier Golfplätze sowie Disney Springs® mit Themenrestaurants, Disney-Souvenirläden und jeder Menge Entertainment.

Lake Reams
Huckleberry Lake
SEIDEL ROAD
REAMS ROAD
Magic Kingdom®
1
Bay Lake
Reedy Lake
Seven Seas Lagoon
Disney's Grand Floridian Resort
Disney's Contempo
Resort
Disney's Polynesian Village
Disney's Wilderness Lodge
429
WESTERN BELTWAY
AVALON ROAD
FLORIDIAN WAY
MONORAIL
BEAR ISLAND ROAD
WESTERN WAY
WESTERN WAY
429
Disney's Coronado Springs Resort
4
Disney's Animal Kingdom®
Disney's Animal Kingdom Lodge
Raccoon Lake
Disney's Blizzard Beach Water Park
6
OSCEOLA PARKWAY
192
BRONSON HIGHWAY
192
BRONSON HIGHWAY
Disney's All-Star Sports Resort
Disney's All-Star Music Resort
Disney's All-Star Movies Resort
Lake Wilson
192
429
0 Kilometer 1
0 Meilen 1
N

Walt Disney World® Resort
Highlights
1 Magic Kingdom®
2 Disney's Hollywood Studios®
3 Epcot®
4 Disney's Animal Kingdom®
Sehenswürdigkeiten
5 Disney Springs®
6 Disney's Blizzard Beach Water Park
7 Disney's Typhoon Lagoon Water Park
Lake Mabel
Winter Garden Vineland Road
535
isney's
ort Wilderness
Four Seasons Resort
Vista Boulevard
Garden
Buena Vista Drive
Vineland Road
Bonnet Creek Pkwy
Disney's Port Orleans Resort
Palm Pkwy
4
Hyatt Regency Grand Cypress
Epcot Center Drive
Disney's Saratoga Springs Resort
Disney's Old Key West Resort
Disney Springs®
Cirque du Soleil®
Disney's Beach Club Resort
Epcot®
World Showcase
Disney's BoardWalk
Buena Vista Drive
Disney's Typhoon Lagoon Water Park
Apopka Vineland Road
Lake Bryan
Epcot Center Drive
Disney's Riviera Resort
Fantasia Gardens Miniature Golf
Disney's Caribbean Beach Resort
536
Disney's Hollywood Studios®
Waldorf Astoria
Disney's Pop Century Resort
International Drive
417
Disney's Art of Animation Resort
Osceola Parkway
Osceola Parkway
ESPN Wide World of Sports
Irlo Bronson Memorial Hwy
192
417
Walt Disney World® Resort

1

3

7 TAGE

im Walt Disney World® Resort

Disney-Ferien kann man auf ganz unterschiedliche Weise machen. Unser Vorschlag für eine unvergessliche Woche ist die zauberhafte Mischung aus Attraktionen, die man sehen muss, extravaganten Shows und Begegnungen.

Tag 1

Kommen Sie früh ins Magic Kingdom® *(siehe S. 148–153)*, um langes Anstehen zu vermeiden. Starten Sie mit beliebten Attraktionen wie dem Seven Dwarfs Mine Train und Peter Pan's Flight. Bestellen Sie Ihr Mittagessen im Voraus, um Wartezeiten zu umgehen, und bestaunen Sie die prächtige Disney Festival of Fantasy Parade. In der Mittagshitze sehen Sie innen Shows wie Mickey's PhilharMagic. Nach dem Essen im Be Our Guest Restaurant *(siehe S. 152)* bleiben Sie noch bis zum tollen Feuerwerk Happily Ever After.

Tag 2

Gehen Sie in die Hollywood Studios® *(siehe S. 154–159)* und das überlebensgroße Toy Story Land *(siehe S. 159)*. Nach Slinky Dog Dash und Toy Story Mania!® stärken Sie sich bei Woody's Lunch Box. Testen Sie Fahrgeschäfte wie The Twilight Zone Tower of Terror™ und den Rock 'n' Roller Coaster® Starring Aerosmith, ehe Sie im Sci-Fi Dine-In Theater Restaurant zu Mittag essen. Bei Indiana Jones™ Epic Stunt Spectacular und einer Fahrt mit Mickey & Minnie's Runaway Railway geht es weiter, ehe Sie im 50's Prime Time Café zu Abend essen und später die großartige Show Fantasmic! genießen.

Tag 3

Frühstücken Sie mit Ihren Lieblingsfiguren im 1900 Park Fare in Disney's Grand Floridian Resort & Spa. Nehmen Sie die Monorail nach Epcot® *(siehe S. 160–163)*, und fahren Sie Soarin' Around The World™ und Test

1 *Parade im Magic Kingdom®* ↑
2 *Slinky Dog Dash*
3 *Bibbidi Bobbidi Boutique in Disney Springs®*
4 *Mickey-Brezel*
5 *Tree of Life im Animal Kingdom®*

Track®. Nachmittags in der Future World sehen Sie die interaktive Show »Turtle Talk with Crush« mit Figuren aus dem Film *Findet Nemo*. In der World Showcase – mit Pavillons verschiedener Länder – können Sie shoppen und essen. Versäumen Sie nicht das großartige Feuerwerk am Schluss.

Tag 4

Je früher Sie in Disney's Animal Kingdom® *(siehe S. 164–167)* ankommen, desto besser: Der Avatar Flight of Passage ist ein Besuchermagnet. Nach einer kurzen Stärkung im Harambe Market locken die aufregenden Kilimanjaro Safaris®, denn nachmittags sind die Tiere munterer. Nach dem Essen im Yak & Yeti™ fahren Sie die Expedition Everest – Legend of the Forbidden Mountain™ und bewundern dann die abendlichen Projektionen auf den Tree of Life®.

Tag 5

Heute ist Erholung angesagt – entweder im Hotel oder in einem der zwei Wasserparks in Walt Disney World® *(siehe S. 168f)*. Am späteren Nachmittag schlendern Sie mit einem Snack durch Disney Springs® *(siehe S. 168)* und lassen sich in der Bibbidi Bobbidi Boutique aufhübschen. Buchen Sie Tickets für die Hoop-Dee-Doo Musical Revue am Abend, eine wilde Liveshow mit feinem Essen.

Tag 6

Der Tag gehört Star Wars: Galaxy's Edge *(siehe S. 157)* in den Hollywood Studios®. Die 2019 eröffnete Attraktion lockt viele Besucher an, rechnen Sie also mit Warteschlangen. Zurück in Disney Springs® sollten Sie unbedingt in eines der tollen Restaurants gehen, etwa ins Morimoto Asia.

Tag 7

Den letzten Tag verbringen Sie wieder im Magic Kingdom® *(siehe S. 148–153)*. Genießen Sie dort ein Frühstück im Crystal Palace. Danach probieren Sie die Fahrgeschäfte aus, die Sie beim ersten Mal ausgelassen haben, vielleicht die Pirates of the Caribbean®. In der Liberty Tree Tavern essen Sie wie zu Thanksgiving, und statt des Feuerwerks gönnen Sie sich noch eine Fahrt mit der Big Thunder Mountain Railroad.

Fantastische Vorführungen

Die Kleinen lieben die fröhlichen Vorführungen, bei denen Disney-Figuren die Hauptrolle spielen. Bei den prächtigen Bühnenshows im Walt Disney World® Resort sind auch brandneue Songs zu hören wie etwa bei Finding Nemo: The Big Blue… and Beyond!, für das die Komponisten von *Frozen (Die Eiskönigin)* Songs schrieben. Beeindruckend sind auch For The First Time In Forever: A Frozen Sing-Along Celebration und Turtle Talk with Crush, eine interaktive Show mit Figuren aus *Findet Nemo* und *Findet Dorie*. Und natürlich muss man mindestens eine der Paraden gesehen haben – diese mitreißenden Darbietungen zaubern jedem Besucher ein Lächeln ins Gesicht.

→ *Mickey und Minnie Mouse auf einem Festwagen auf der Main Street, U.S.A.®*

WALT DISNEY WORLD® RESORT FÜR FAMILIEN

Das Walt Disney World® Resort ist einfach perfekt für Familien und garantiert Erlebnisse, die man nicht vergisst. Besonders schön sind die Momente, wenn die Lieblingsfiguren aus Film und Fernsehen plötzlich leibhaftig vor einem stehen. Viele großartige Shows rauben einem den Atem.

Heiß geliebte Figuren

Ein Treffen mit den Disney-Figuren ist ein zauberhaftes und einzigartiges Erlebnis. Gelegenheiten, ihnen die Hand zu schütteln, bieten sich an fast jeder Ecke. In den Parks werden Treffen etwa mit Prinzessinnen, Figuren aus *Star Wars* und natürlich mit Mickey und Minnie angeboten.

Goofy, Donald Duck, Mickey und Minnie im Magic Kingdom® ↑

TOP 5 Treffen mit Figuren

Mickey Mouse
Im Magic Kingdom® Town Square Theater.

Anna und Elsa
Im Epcot® Norway Pavilion.

Donald Duck
Im Epcot® Mexico Pavilion.

Mickey und Minnie Mouse und Goofy
Im Epcot® Character Spot.

Disney-Prinzessinnen
In der Fairy Tale Hall des Magic Kingdom.

Disney für Genießer …

Brezeln und Eis in Mickey-Mouse-Form locken den Besucher an jeder Ecke. Essen Sie mit Prinzessinnen in Aschenputtels Schloss, dem Norwegen-Pavillon in Epcot® oder mittags mit Winnie The Pooh, Minnie Mouse oder Chip 'n' Dale. Im Restaurant Be Our Guest *(siehe S. 152)* in Disney's Magic Kingdom® kocht man französisch.

← *Kühl und saftig: Minnie Mouse am Stiel*

… und Abenteurer

Spannend sind in diesem Resort nicht nur die Achterbahnen: An jeder Ecke wartet ein neues aufregendes Erlebnis, etwa eine Safari in Disney's Animal Kingdom ® oder ein Flug rund um die Welt in Epcot®. Fantasyland® *(siehe S. 152)* im Magic Kingdom® ist vor allem für Familien geeignet. Dort warten viele Fahrgeschäfte auf die Kleinen.

↑ *Rasante Fahrt mit der Big Thunder Mountain Railroad*

Wunderschön gedeckt: Speisesaal in einem der Restaurants

Edel speisen

In Disney Springs® *(siehe S. 168)* kochen die bekannten Köche José Andrés und Masaharu Morimoto. Stilvoll isst man auch im Tiffins im Disney's Animal Kingdom® *(siehe S. 166)* und dem Victoria & Albert's im Walt Disney World® Resort. Süßes bekommt man in Amorette's Patisserie.

WALT DISNEY WORLD® RESORT FÜR ERWACHSENE

Walt Disney World® Resort gilt als großartiges Ziel für Familien, aber auch ohne Kinder kann man dort viel Spaß haben. Die Restaurants sind fantastisch, die Angebote für das Nachtleben unglaublich. Auch wer sich verwöhnen lassen will, kommt hier auf seine Kosten.

Nachtleben mal anders

Die thematische Ausstattung bei Disney zieht sich durch bis in Hotelbars und Lokale wie die AbracadaBar, die Wasserstelle eines Zauberers, wo Cocktails mit magischen Zutaten serviert werden, oder Trader Sam's Grog Grotto. Jede Menge Erlebnisse erwarten Erwachsene in Disney Springs® *(siehe S. 168)*, von Burlesque-inspirierter Unterhaltung im The Edison's bis zu großartigen DJs im STK. Livemusik hören Sie im Raglan Road oder dem House of Blues, mitreißende Klaviermusik im Jellyrolls im Disney's Boardwalk.

Jock Lindsey's Hangar Bar in Disney Springs® mit »Indiana Jones«-Deko

Eine Auszeit nehmen

Auch wenn zahlreiche Familien dort unterwegs sind, findet man sein erholsames Plätzchen zum Entspannen. Buchen Sie einen Termin im Grand Floridian Spa in Disney's Grand Floridian Resort. Oder nutzen Sie eines der besonderen Angebote, etwa eine Fahrt in der Pferdekutsche in Disney's Port Orleans Resort – Riverside, bei der Sie eine neue Perspektive erleben.

→

Entspannung im Grand Floridian Spa in Disney's Grand Floridian Resort

Attraktionen und Events

Fahrgeschäfte wie der Rock 'n' Roller Coaster® Starring Aerosmith sind sehr gefragt. Das World Showcase in Epcot® *(siehe S. 162f)* serviert in seinen elf Pavillons Cocktails und Speisen – und das in herrlicher Lage am Wasser. Und Disney After Hours in Magic Kingdom®, Disney's Animal Kingdom® und Disney's Hollywood Studios® kann man spätabends mit Extraticket besuchen.

←

Vor dem Eingang zum Rock 'n' Roller Coaster® Starring Aerosmith

Epcot®

Hier finden jedes Jahr vier große Festivals statt. Das Unterhaltungsangebot, die Menüs mit passendem Wein und das Schaukochen sind Weltklasse. Epcot® International Festival of the Arts geht meist von Mitte Januar bis Mitte Februar; Epcot® International Flower & Garden Festival von März bis Anfang Juli; Epcot® International Food & Wine Festival von Ende Juli bis November; Epcot® International Festival of the Holidays von Mitte November bis Jahresende.

Magic Kingdom®

A6 1180 Seven Seas Dr, Lake Buena Vista +1-407-939-7679 siehe Website disneyworld.disney.go.com

Alle sechs Themenbereiche in diesem Vorzeigepark des Walt Disney World® Resort sind voller Attraktionen, die bekannte Märchen und Filme zum Leben erwecken. Zwischen Cinderella Castle und dem nächtlichen Feuerwerk begeben sich Besucher in zauberhafte Traumwelten und werden Zeugen außergewöhnlicher Magie.

① Main Street, U.S.A.®

Die Main Street nimmt Besucher mit auf eine nostalgische Zeitreise und verkörpert Disneys Traum eines viktorianischen Amerika, das es so nie gab. Gleich am Eingang zu diesem Bereich startet die dampfbetriebene Walt Disney World® Railroad, die sich durch das Parkgelände schlängelt. Im Town Square Theater können Sie Mickey Mouse treffen oder Souvenirs kaufen.

Schon vor der offiziellen Öffnungszeit kann man sich in Main Street, U.S.A.® aufhalten, bei Starbucks® (in der Main Street Bakery) eine Tasse Kaffee trinken oder sich in der Main Street Confectionery verwöhnen lassen und sich somit die Zeit bis zum morgendlichen Start der Attraktionen vertreiben. Bei Dunkelheit wirkt das von Tausenden Lichtern illuminierte Areal geradezu magisch.

← *Denkmal für Walt Disney und Mickey Mouse an der Main Street*

② Liberty Square

Der Liberty Square – kleinster aller Themenbereiche – versetzt Besucher ins postkoloniale Amerika. Genießen Sie in der Liberty Tree Tavern ein Thanksgiving-Essen, oder unternehmen Sie mit der *Liberty Belle*, einem dampfbetriebenen Boot, eine Fahrt um Tom Sawyer Island in Frontierland®.

In der Hall of Presidents widmet sich eine Multimedia-Show von Audio-Animatronics® allen Präsidenten der USA. Die Halle ist der Independence Hall in Philadelphia nachempfunden. Die Show beginnt mit einem Film über die Geschichte der USA und endet mit der Amtsvereidigung des amtierenden Präsidenten.

Am Ende des Liberty Square erreicht man das leicht gruselige The Haunted Mansion®. Die Fahrt verläuft durch ein Spukhaus voller Nervenkitzel, das für Kinder jedoch nicht allzu unheimlich ist.

↑ *Die Attraktionen in Main Street, U.S.A.® lassen Märchenträume wahr werden*

Feiern im Magic Kingdom®

Von August bis Oktober steht der Park an manchen Abenden ganz im Zeichen von Halloween. Highlight der Mickey's Not-So-Scary Halloween Party, für die man ein spezielles Ticket benötigt, ist eine wundervolle Parade. Ab November ist ein 20 Meter hoher Christbaum der perfekte Rahmen für die kostenpflichtige Mickey's Very Merry Christmas Party, die festliche Leckereien in den Park bringt.

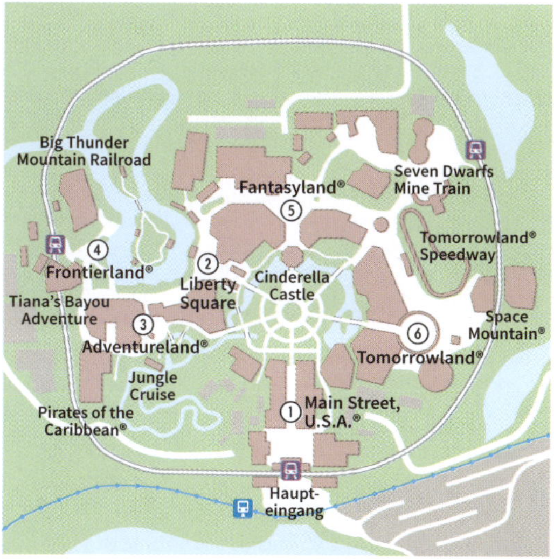

③ Adventureland®

Adventureland® bietet spannende globale Abenteuer. Am besten lernt man das Gebiet bei einer Jungle Cruise kennen, bei der die Gäste im Boot zu verschiedenen animierten Landschaften aus Afrika, Asien und Südamerika gebracht werden. Diese »Kreuzfahrten« sind besonders beliebt – hauptsächlich wegen des großen Unterhaltungswerts des »Kapitäns«. Ein Restaurant, die Jungle Navigation Co. LTD Skipper Canteen, serviert Gerichte aus einigen der »angefahrenen« Gegenden – beispielsweise *shu mai* (chinesische Teigtaschen) und *cachapas* (venezolanische Pfannkuchen).

Pirates of the Caribbean® ist eine unterhaltsame und äußerst detailgetreue Reise, in der Sie an schon ziemlich verfallenen, unterirdischen Gefängnissen und an heftig umkämpften Galeonen aus dem 16. Jahrhundert vorbeifahren und wilde Kampfszenen aus dieser Zeit bestaunen können. Beim Ausgang befindet sich ein Souvenirladen mit vielen Piraten-Accessoires – von Schwertern über Halstücher und Enterhaken aus Plastik bis zu Schätzen.

Für viele Besucher von Adventureland® zählt The Magic Carpets of Aladdin zu den absoluten Höhepunkten – nicht nur wegen der fantastischen Aussicht über das gesamte Areal. Und wenn Sie das Glück haben, in der ersten Reihe zu fahren, können Sie sogar die Höhe Ihres fliegenden Teppichs steuern.

Abseits der großen Menschenmengen wartet der Themenbereich mit einem weiteren Spektakel auf: Der Enchanted Tiki Room ist eine amüsante und hervorragend animierte Attraktion, in der man auch der Hitze entfliehen kann. Besucher können viele Songs mitsingen, darunter *The Tiki, Tiki, Tiki Room* von den Sherman-Brüdern, die auch für zahlreiche Filme von *Mary Poppins* bis *Dschungelbuch* Musik beisteuerten.

↑ *Bunte Attraktionen an einer Straße im Adventureland® und Captain Jack Sparrow* (Detail)

Expertentipp
Eiskalte Köstlichkeiten

Für Naschkatzen hält Adventureland® zwei ganz besondere Spezialitäten bereit: Dole Whip (Ananas-Softeis) und Orange Swirl (Vanille-Orangen-Softeis). Lassen Sie sich diesen kühlen Genuss nicht entgehen!

Am besten lernt man das Gebiet bei einer Jungle Cruise kennen, bei der man im Boot zu verschiedenen animierten Landschaften aus Afrika, Asien und Südamerika gebracht wird.

Erkundung des Parks

Zu Fuß kommt man im Magic Kingdom® am besten vorwärts – besonders wenn man einen engen Zeitplan hat. Wenn Sie aber nicht in Eile sind, gibt es noch ein paar andere Möglichkeiten. Mit einer Pferdekutsche geht es die Main Street entlang, am Liberty Square starten Boote für eine Tour rund um Tom Sawyer Island. Sehr stimmungsvoll ist eine Fahrt mit dem Dampfzug, der auch Main Street, U.S.A.®, Fantasyland® und Frontierland® anfährt.

④ Frontierland®

Diese idealisierte Version des Wilden Westens präsentiert einige besonders abenteuerliche Attraktionen. Ein Klassiker im Magic Kingdom® ist die Big Thunder Mountain Railroad, die ihre Passagiere auf eine Reise durch den Wilden Westen mitnimmt. In dieser Achterbahn fährt ein etwas außer Kontrolle geratener Zug durch Minenschächte und Felslandschaften und vorbei an einem Dinosaurierskelett. Dieses Abenteuer birgt viele Überraschungen, machen Sie sich auf einiges gefasst. Besonders wild ist die Fahrt in den hinteren Wagen.

Bis Ende 2024 wird Splash Mountain® als brandneues Tiana's Bayou Adventure®, basierend auf Disneys *Küss den Frosch* (2009), wiedereröffnet. Stars aus dem Film wie Anika Noni Rose haben an der neuen Wildwasserbahn mitgewirkt (in der auch der jazzbegeisterte Alligator Louis zu sehen sein wird). Die Fahrt spielt ein Jahr nach den Ereignissen des Films auf einem Salzstock in New Orleans und wird nass.

Entsprechend seinem nostalgischen Flair bietet Frontierland® auch einige altmodisch anmutende Vergnügungen. Interessanterweise zählen genau diese vor allem bei Kindern zu den beliebtesten. Dazu gehören auch Country Bear Jamboree, eine Tiershow mit animierten Bären, und Tom Sawyer Island. Diese aufregende Insel ist nur mit dem Floß erreichbar und dient mit Festung, Brücken und Tunneln als traumhafter Abenteuerspielplatz.

Felsenlandschaft auf der Strecke der Big Thunder Mountain Railroad ↑

⑤ Fantasyland®

Das idyllische Wunderland aus Märchenschlössern und magischen Abenteuern bietet die höchste Dichte an Fahrgeschäften, von denen die meisten vor allem für kleinere Kinder geeignet sind. Mit dem Service Disney Genie+ vermeidet man lange Wartezeiten bei den gefragtesten Attraktionen. Dazu gehören die bei Familien beliebte Achterbahn Seven Dwarfs Mine Train und eine Fahrt mit einem magischen Piratenschiff bei Peter Pan's Flight.

Fantasyland® ist zweifellos Herz und Seele des Magic Kingdom®. Sein Wahrzeichen ist Cinderella Castle, das mit seinen Türmen alles überragt und sich als Orientierungspunkt eignet. Vor dem Schloss wird auf einer Bühne den ganzen Tag über die Mickey's Royal Friendship Faire Show aufgeführt. Am Abend wird Cinderella Castle zur Kulisse für Happily Ever After, ein überaus spektakuläres Multimedia-Feuerwerk.

Neben der Fassade des Schlosses beeindruckt auch sein Inneres, auf bunten Fenstern werden Szenen des Märchens *Cinderella* dargestellt. In der Bibbidi Bobbidi Boutique können sich Kinder schminken lassen. Wenn Sie im Voraus buchen, können Sie im Cinderella's Royal Table essen. Vielleicht läuft Ihnen hier eine Märchenprinzessin über den Weg.

Bei einer Erweiterung von Fantasyland® entstanden zwei neue, kleinere Schlösser: eines ist vom Märchen *Little Mermaid*, das andere von *Beauty and the Beast* inspiriert.

Weitere Highlights sind die Bootsfahrt »it's a small world®« durch eine bezaubernde Utopiewelt, Mickey's PhilharMagic 3D-Movie, Princess Fairytale Hall und Dumbo the Flying Elephant.

Restaurant

Be Our Guest Restaurant
Um in diesem französischen Restaurant einen Platz zu ergattern, sollten Sie mindestens ein halbes Jahr im Voraus reservieren. Das Interieur ist Beast's Castle aus *Beauty and the Beast* nachempfunden.

⌂ Fantasyland®

$$$

← *Besucher vor dem Märchenschloss Cinderella Castle* (Detail) *in Fantasyland®*

⑥ Tomorrowland®

Bei einem Rundgang durch Tomorrowland® erlebt man einen Mix aus Retro-Flair und futuristischem Ambiente. So mögen amerikanische Filmemacher sich in den 1950er Jahren die Zukunft vorgestellt haben.

Dieser Themenbereich mit der Atmosphäre einer Mini-Metropole strotzt nur so vor Attraktionen wie dem Astro Orbiter und der Achterbahn TRON Lightcycle/Run, die einem Fahrgeschäft im Disney Resort in Shanghai nachempfunden ist.

Schnellste Attraktion in Tomorrowland® ist Space Mountain®, bei der Sie in einer Rakete von einer Startrampe in den Weltraum geschossen werden. Im All ist es, abgesehen von blinkenden Sternen, tiefschwarz, weshalb eine Kollision mit Asteroiden unvermeidbar scheint. Eine Fahrt ist eine absolutes Muss für Erwachsene und größere Kinder.

Auch andere Spektakel bieten Spaß für die ganze Familie. Wagen Sie sich an den Buzz Lightyear's Space Ranger Spin. Die Zweisitzer sind mit Steuerelementen ausgestattet, mit denen man den Fahrspaß steigern kann. Das Herumballern mit den Laserkanonen ist auch bei Erwachsenen derart beliebt, dass dies eine der wenigen Attraktionen darstellt, von der Kinder ihre Eltern wegziehen müssen.

Beim Abenteuer Monsters, Inc. Laugh Floor werden Sie mit Mike Wazowski, dem einäugigen Helden aus dem Film *Monster AG*, und seinen Comedy-Freunden herzhaft lachen und singen.

Eine weitere Attraktion ist das Walt Disney's Carousel of Progress. Diese 20-minütige Show illustriert die Entwicklung der Technologie in den USA des 20. und 21. Jahrhunderts, gibt einen Einblick in vergangene Epochen und präsentiert mit There's a Great Big Beautiful Tomorrow einen weiteren Hit der Sherman-Brüder.

Viele Besucher verpassen den Tomorrowland® Transit Authority PeopleMover – diese gemütliche, aber dennoch spannende zehnminütige Fahrt bietet einige der besten Aussichten im Park und die Möglichkeit, sich nach einem langen Rundgang zu entspannen. Steigen Sie in der Nähe des Astro Orbiter in den PeopleMover, um eine Reise zu unternehmen und einen Blick auf einige andere Attraktionen zu werfen.

↑ *Von der Central Plaza gelangt man über eine Brücke nach Tomorrowland®*

Schon gewusst?

Fantasyland® soll Walt Disneys Lieblingsbereich im ganzen Resort gewesen sein.

← *Auch in Fantasyland® reihen sich viele bunte Attraktionen aneinander*

Fotomotiv
Purple Wall

Diese in Violetttönen gehaltene Wand auf dem Weg zwischen der Tomorrowland Terrace und dem Haupteingang wurde durch Instagram weltberühmt. Machen auch Sie hier ein paar Fotos.

2

Disney's Hollywood Studios®

A7 351 S Studio Dr, Lake Buena Vista +1-407-939-7679
siehe Website disneyworld.disney.go.com

Mit farbenprächtigen Erlebniswelten wie dem immens beliebten Toy Story Land und dem intergalaktischen Spektakel Star Wars: Galaxy's Edge ist dieser Themenpark ein Besuchermagnet, der sich ständig weiterentwickelt. Neben den neuesten Attraktionen faszinieren auch die bewährten jeden Gast. Erstklassige Shows und Fahrgeschäfte auf Basis der Filme und TV-Shows von Disney runden das Angebot ab. Erwachsene wie Kinder können hier nicht nur viel Spaß haben, sondern auch jede Menge lernen.

① Hollywood Boulevard

Helle Gebäude im Art-déco-Stil und ein Nachbau von Grauman's Chinese Theater präsentieren ein Hollywood, das es so eigentlich nie gab. Hier können Sie sich fotografieren lassen, einige Mitarbeiter verfolgen als Reporter oder Polizisten verkleidet berühmte Persönlichkeiten. An der Stelle von The Great Movie Ride eröffnete Anfang 2020 mit Mickey & Minnie's Runaway Railway das erste nach den Figuren benannte Fahrgeschäft. Teilnehmer werden zum Star ihres eigenen Mickey-Mouse-Cartoons.

Die Wonderful World of Animation, eine im Jahr 2019 eröffnete filmische Projektionsshow mit modernster Technologie, entführt die Besucher auf eine geradezu magische Reise durch fast ein Jahrhundert Disney-Animation.

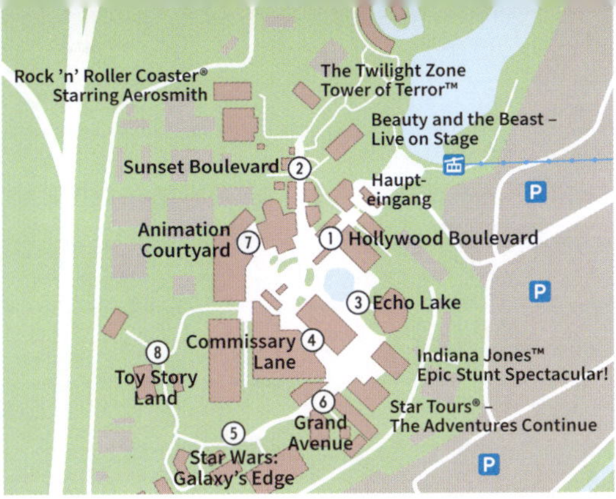

Highlight

② Sunset Boulevard

Am Ende der Straße stehen zwei höchst spannende Fahrgeschäfte. Auf der linken Seite erwartet Sie Rock 'n' Roller Coaster® Starring Aerosmith, eine atemberaubende Indoor-Fahrt, bei der schon nach wenigen Sekunden auf 100 km/h beschleunigt wird. In der ersten Spirale wird das Fünffache der Erdanziehung erreicht, spätestens dort hört man die im Hintergrund laufenden Hits der berühmten Band Aerosmith nicht mehr.

Von hier biegen Sie rechts ab in das vom Blitz zerstörte, heruntergekommene Hollywood Tower Hotel, Schauplatz der unheimlichsten Attraktion Orlandos: The Twilight Zone Tower of Terror™. Hier begeben Sie sich, eingesperrt in einen Lastenaufzug, auf eine Reise, die von der Fernsehserie *The Twilight Zone* aus den 1950er Jahren inspiriert wurde.

Entspannung vom rasanten Fahrvergnügen bietet die Show *Beauty and the Beast – Live on Stage*, eine im Stil der Broadway-Theater dargebotene Aufführung des berühmten Märchens. Große und kleine Autofans faszinieren die Lightning McQueen's Racing Academy mit den großen Stars der animierten Filmreihe *Cars*.

← *The Twilight Zone Tower of Terror™ am Sunset Boulevard; Figur von Mickey Mouse* (Detail)

Restaurants

Ob Sie sich für ein elegantes Restaurant, das einer Hollywood-Institution nachempfunden ist, entscheiden, ein Drive-in-Lokal oder ein nachgebautes Diner aus den 1950er Jahren bevorzugen – es lohnt sich auf jeden Fall, für die Restaurants in den Disney's Hollywood Studios® schon frühzeitig zu reservieren. Buchen Sie telefonisch (+1-407-939-3463) oder online (www.disneyworld.disney.go.com).

50's Prime Time Café
Echo Lake
$$$

The Hollywood Brown Derby
Hollywood Boulevard
$$$

Sci-Fi Dine-In Theater Restaurant
Commissary Lane
$$$

Mama Melrose's Ristorante Italiano
Grand Avenue
$$$

Hollywood & Vine
Echo Lake
$$$

↑ *Jede Menge Action bei der Show Indiana Jones™ Epic Stunt Spectacular!*

③ Echo Lake

Das von einer zentralen, dem Echo Park Lake in Los Angeles nachempfundenen Lagune geprägte Gelände fasziniert schon von Weitem mit seinem großen Dinosaurier. Zu den Highlights gehört die Musikshow First Time in Forever: A Frozen Sing-Along Celebration.

Bei Indiana Jones™ Epic Stunt Spectacular! werden bekannte Szenen aus den Indiana-Jones-Filmen nachgestellt. Wagemutige Kämpfe und Special Effects fesseln jeden Zuschauer.

Der Bewegungssimulator Star Tours® – The Adventures Continue imitiert galaktische Schlachten und Schauplätze mit Charakteren, die man aus diversen Kinofilmen kennt. Weil hier gleich mehrere Szenarien durchgespielt werden können, kommen Besucher immer wieder gern hierher.

Wenn Sie nach all der Aufregung Appetit bekommen – im entzückenden 50's Prime Time Café *(siehe S. 155)* oder im stilvollen Hollywood & Vine *(siehe S. 155)* können Sie sich eine Pause gönnen.

Bei Indiana Jones™ Epic Stunt Spectacular! werden Szenen aus den Filmen nachgestellt.

---

④ Commissary Lane

TOP 4 Treffen mit Figuren

Die Unglaublichen
Begrüßen Sie die Familie und Edna Mode am Pixar Place.

Chewbacca
Treffpunkt: Star Wars Launch Bay.

Mickey & Minnie
Treffen Sie das Duo an der Commissary Lane.

BB-8
Die Figur wartet an der Star Wars Launch Bay.

Dieser relativ kleine Bereich ist der perfekte Ort für Entspannung und gutes Essen – vor allem im berühmten Sci-Fi Dine-In Theater Restaurant *(siehe S. 155)*. Hier sitzen die Gäste in provisorischen Autos und schauen auf Figuren aus alten Science-Fiction-Filmen. Wenn kein Tisch frei ist, gehen Sie ins ABC Commissary Restaurant, das einer Cafeteria im Stil eines Filmstudios nachempfunden ist. Probieren Sie unbedingt die Carnitas-Tacos aus Schweinefleisch, den California-Burger auf pflanzlicher Basis, die Milchshakes und die Desserts. Es gibt viele Sitzgelegenheiten draußen und drinnen. Und wenn Sie keine Zeit für das Sci-Fi-Dine-In-Theater haben, können Sie sich die vor dem Lokal geparkten Retro-Autos ansehen.

Ein Highlight der Commissary Lane ist Mickey and Minnie Starring in Red Carpet Dreams am Ende der Straße nahe Sci-Fi Dine-In. Bewundern Sie Minnie im Film *Hollywood Dreams* in einem eleganten rosafarbenen Kleid auf dem roten Teppich. In seiner Rolle als Zauberlehrling aus dem Film *Fantastia* kann man Mickey sehen. Halten Sie Ihre Kamera bereit, und machen Sie Selfies mit den Figuren.

⑤ Star Wars: Galaxy's Edge

In einem Außenposten des fiktiven Planeten Batuu bietet Star Wars: Galaxy's Edge eine Fülle von Erlebnissen, die die Filmreihe *Star Wars* zum Leben erwecken. Bei dieser Show erlebt man eine Vielzahl von bekannten und weniger bekannten Charakteren – darunter natürlich jede Menge Außerirdische –, um eine Welt zu kreieren, die den legendären Filmen so nahe wie möglich kommt. Halten Sie Ausschau nach Rey und Chewbacca.

Fans von *Thrawn: Alliances (Star Wars)* kennen den Planeten Batuu bereits. Auf die Weiterentwicklung dieses Bereichs dürfen Besucher gespannt sein. Dabei werden architektonische und kulturelle Inspirationen aus dem Orient – u. a. aus Istanbul und Städten aus Marokko – aufgegriffen.

Das Gelände bietet einzigartige Einkaufserlebnisse, Souvenirs und Themenrestaurants mit bekannten Leckereien wie Blue Milk zum Probieren und Veranstaltungsorten wie Oga's Cantina zum Besuchen. Es gibt auch zwei hyperrealistische Attraktionen. Millennium Falcon: Smugglers Run lässt Passagiere in einem Simulator Han Solos Raumschiff steuern und im Rahmen einer Geheimmission Feinde mit Laserkanonen bekämpfen. Bei Star Wars: Rise of the Resistance, dem zweiten Highlight, werden die Gäste Teil eines Kampfs zwischen den Rebellen und der Ersten Ordnung.

Expertentipp
Disneybounding

Kinder dürfen sich wie Disney-Figuren kleiden, Gäste über 14 Jahre aber keine Kostüme tragen. »Disneybounding« ist eine beliebte Alternative: Man trägt einfach sein Alltagsoutfit, das in Style und Farbe von einem bestimmten Disney-Charakter inspiriert ist.

Auch nach dem Ende des Kicks dieser Spektakel können Besucher weiter in der Welt von Star Wars bleiben und sich mit einer speziellen App auf dem Planeten Batuu bewegen.

Natürlich begegnet man auch in Galaxy's Edge vielen berühmten Figuren, zu den Höhepunkten zählen Treffen mit Chewbacca und BB-8. Weitere beliebte Fotomotive – auch für Selfies – sind die Sturmtruppen der Ersten Ordnung.

← *Kämpfer der Sturmtruppen in typischer weißer Kampfmontur*

↑ *Darth Vader und AT-AT-Walker – Faszination wie im Kinosaal*

⑥ Grand Avenue

Das von Los Angeles Downtown inspirierte Viertel war als Muppets Courtyard bekannt. Seinen besonderen Charme bewahrt es durch einen Souvenirladen, das Restaurant PizzeRizzo sowie die 3-D-Theaterattraktion Muppet*Vision. In diesem überaus unterhaltsamen Slapstick-3-D-Film mit den Muppets springen Objekte wie Posaunen, Autos und Steine optisch aus der Leinwand – so realitätsnah, dass Kinder nach den Gegenständen greifen. Danach kann man sich eine Pause gönnen.

Mama Melrose's Ristorante Italiano bietet italienische Küche, BaseLine Tap House offeriert über ein Dutzend kalifornische Biere vom Fass, Weine und Snacks. Über die Grand Avenue erreicht man auch Star Wars: Galaxy's Edge *(siehe S. 157)*, entsprechend groß ist der Andrang.

BaseLine Tap House offeriert über ein Dutzend kalifornische Biere vom Fass, Weine und Snacks.

⑦ Animation Courtyard

Im Themenbereich Animation Courtyard können die Besucher nicht nur einen Einblick in die Geschichte und den Prozess der Trickfilm-Animation gewinnen, sondern auch bei der Entstehung animierter Disney-Filme zusehen.

Walt Disney Presents beherbergt ein kleines Museum zur Geschichte der Disney World und dient zudem als Treffpunkt mit bekannten Figuren. Mike Wazowski und James P. »Sulley« Sullivan – Stars in *Monster AG* – waren schon oft hier. Am Pixar Place ließen sich auch Mitglieder der Familie *Die Unglaublichen* fotografieren.

Im Animation Courtyard gibt es auch die Star Wars Launch Bay, wo Sie Charaktere aus den *Star-Wars*-Filmen treffen und Ausstellungen von Kostümen, Modellen und Filmrequisiten sehen können, während Disney Junior Play and Dance! Musik und Tanz mit Figuren aus Serien wie *Vampirina* und *Die Garde der Löwen* verbindet. Doc McStuffins, Vampirina und Roadster Mickey bieten auch Einzelinteraktionen und Fotomöglichkeiten.

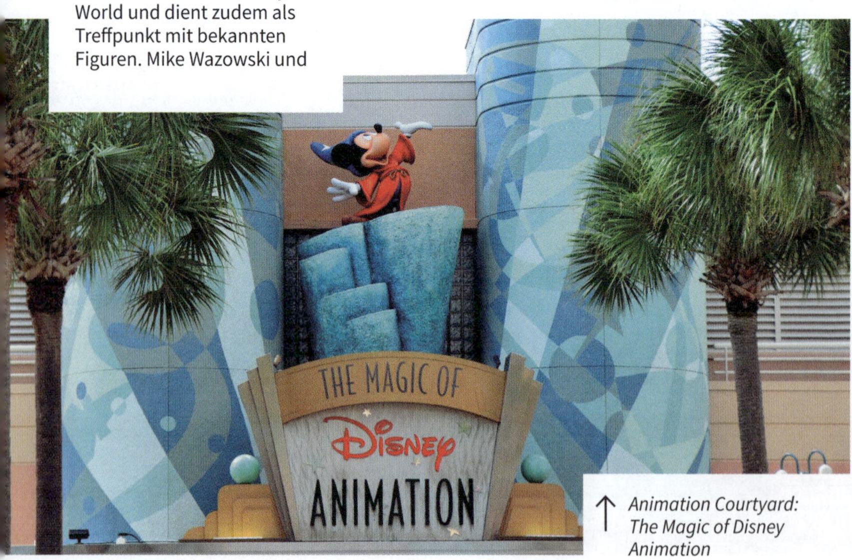

↑ *Animation Courtyard: The Magic of Disney Animation*

> **Expertentipp**
> **Play Disney Parks App**
> Die digitale App, die mit der Eröffnung von Toy Story Land eingeführt wurde, bietet interaktive Abenteuer und Spiele sowie ein Quiz, sodass das Warten in einer Schlange vor der Attraktion zur reinen Spielzeit wird.

←
*Brunnen mit Muppets-Figuren vor der 3-D-Attraktion Muppet*Vision*

⑧ Toy Story Land

In diesem großen Gelände voller überdimensionaler Spielsteine und Alltagsgegenstände haben Besucher das Gefühl, nur so klein wie eine Spielzeugfigur zu sein. Schon kurz nach der Eröffnung 2018 hat sich Toy Story Land vor allem unter Familien eine große Fangemeinde aufgebaut. Hier genießt man neben den Fahrgeschäften auch die einmalig fotogene Kulisse.

Nehmen Sie Platz in einem Wagen der spaßigen, aber nicht furchterregenden Achterbahn Slinky Dog Dash, und rauschen Sie vorbei an Spielzeug aus Andys Kinderzimmer. Danach geht es mit Alien Swirling Saucers ähnlich flott weiter. Während einer Fahrt mit The Toy Story Mania! 4D durch verschiedene Minispiele ist Treffsicherheit gefragt. Man wirft mit Ringen, Bällen oder Eiern auf unterschiedliche Ziele.

Halten Sie zwischendurch Ausschau nach dem Green Army Drum Corps, einer Gruppe von in grünen Uniformen gekleideten Trommlern, die durch die Straßen ziehen und bekannte Rhythmen spielen. Sicher laufen Ihnen auch berühmte Figuren der *Toy-Story*-Reihe wie Woody, Jessie und Buzz Lightyear über den Weg.

Für eine Pause bietet sich Woody's Lunch Box an. Das familienfreundliche Lokal ist zu Frühstück, Mittag- und Abendessen geöffnet und bietet köstliche Snacks, darunter auch eine Auswahl an Sandwiches, an.

Schon gewusst?
Zu den Effekten der Spiele bei Toy Story Mania! 4D gehören auch Wasserfontänen.

←
Woody am farbenprächtigen Eingang zu Toy Story Land

Mickey Mouse mit Freunden am Eingang von Epcot® beim jährlichen Gartenfest

3

Epcot®

A6 200 Epcot Center Dr +1-407-939-7679
siehe Website disneyworld.disney.go.com

Epcot® steht für *Experimental Prototype Community of Tomorrow* (Prototyp einer Stadt von morgen) und verkörpert Walt Disneys Traum von einer hochtechnologischen und doch lebenswerten Stadt. Das Areal sollte eine utopische Vision darstellen, doch schon vor der Eröffnung 1982 wurden verschiedene Änderungen vorgenommen, sodass Epcot® schließlich als Informations- und Messezentrum eröffnet wurde. Der rund 100 Hektar große Park ist seit 2022 in vier Bereiche unterteilt: World Showcase, das die Kultur und Küche von Ländern rund um den Globus repräsentiert, sowie World Discovery, World Celebration und World Nature, bisher Teile von Future World.

① World Discovery und World Celebration

Dieser Bereich von Epcot® bietet Nervenkitzel pur. Test Track® präsentiert modernste Fahrzeugtechnik. Bauen Sie das Konzeptauto von morgen auf Test Track®, und treten Sie mit Ihrem Prototyp in Straßentests gegen andere Passagiere an.

Mission: SPACE® nimmt Sie mit auf eine Reise durch das Weltall, an deren Ende eine Marslandung steht. Angeboten werden hier zwei Varianten: Die grüne ist zahmer, bei der orangefarbenen werden die bei einem Raketenstart auftretenden Kräfte simuliert.

World Celebration wird vom Raumschiff Erde verankert, das eine reizvolle Reise durch die Geschichte der Kommunikation ermöglicht, während World Discovery einige der größten Attraktionen von Disney World beherbergt. Einen Besuch wert sind Space 220, ein Restaurant im Stil einer Raumstation, und Guardians of the Galaxy: Cosmic Rewind, eine Achterbahn im Marvel-Stil.

Rasante: Test Track® in World Discovery und World Celebration

② World Nature

Wenn Sie sich im Pavillon The Land aufhalten, sollten Sie in Soarin' Around The World™ keinesfalls einen Simulatorflug über die Chinesische Mauer oder den Eiffelturm verpassen – eine der schönsten Attraktionen von Walt Disney World®. Die Kreuzfahrt Living with the Land sensibilisiert für Themen wie Umweltschutz und Nachhaltigkeit und informiert über entsprechende Ansätze in Restaurants auf dem Gelände. Den Fahrspaß ergänzt ein Aufenthalt im Garden Grill Restaurant.

Bei The Seas with Nemo & Friends begeben Sie sich mit »clamobiles« auf Tour durchs Meer. Unterwegs treffen Sie Figuren aus dem Film *Findet Nemo*, darunter Marlin und Dory, die auf der Suche nach Nemo sind. Die angrenzende Sea Base zeigt Clownfische, Haie und mehr in einem riesigen Salzwasseraquarium. Beobachten können Sie sie von der Sea Base selbst oder vom Speisesaal des Coral Reef Restaurants. Im Turtle Talk with Crush kann man mit berühmten Zeichentrick-Meeresbewohnern – Charakteren aus *Findet Nemo* von Disney•Pixar – interagieren, ein besonderer Spaß für Kinder. Auch für kleine Kinder lohnt sich in diesem Teil von Epcot® die langsame Journey Into Imagination With Figment. Diese farbenfrohe Attraktion führt Besucher durch eine Reihe von Laboren, die die Fantasie und alle fünf Sinne anregen. Ein besonderes Highlight ist der interaktive Spielbereich, in dem die Besucher die Möglichkeit haben, sinnliche Aktivitäten zu erkunden.

Neueste Attraktion ist Journey of Water – Inspired by Moana, eine Entdeckerpfad durch eine wunderschöne Landschaft.

↑ *Soarin' Around The World™: Flug über die Chinesische Mauer*

11 324

Dreiecke aus Aluminium und Kunststofflegierung bedecken das Raumschiff Erde.

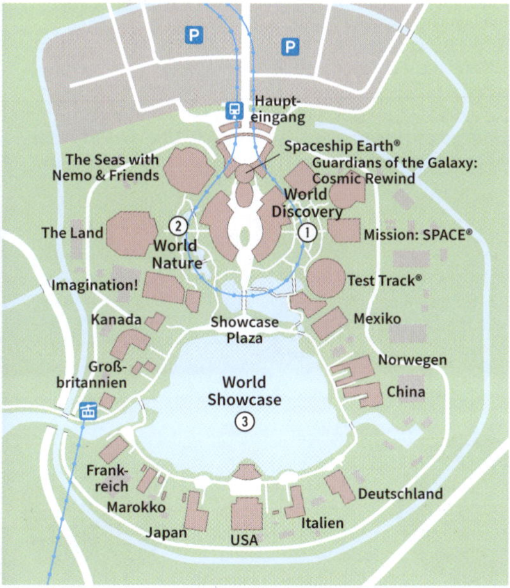

Mickey Mouse

Mickey Mouse ist nicht nur im Themenpark Epcot®, sondern überall im Walt Disney World® Resort präsent. Wenn man genau hinsieht, erkennt man das ikonische Konterfei der von Walt Disney erfundenen Maus auch auf Fliesenmustern von Wegen und Restaurants sowie in Hotels etwa auf den Fußböden und sogar an Duschvorhängen.

③ World Showcase

Die Tempel, Kirchen, Rathäuser und Schlösser dieser elf Pavillons oder Länder sind Kopien echter Gebäude oder im Landesstil gestaltet. Will man sich alle ansehen, sollte man sich dafür mindestens einen halben Tag Zeit nehmen.

Das Highlight im World Showcase bleibt jedoch das Essen. Restaurants wie das Le Cellier Steakhouse in Kanada und das französische Monsieur Paul bieten einige der besten gehobenen Speisen im Walt Disney World®, während zahlreiche Bars ihre Gäste dazu ermutigen, Avocado-Margaritas in Mexiko oder ein Black & Tan im Vereinigten Königreich zu schlürfen. Zu den besten Snacks gehören Karamellbonbons in der deutschen Karamell-Küche, Eiscreme in Italien und Hummus mit Pfefferminztee in Marokko.

Die Läden verkaufen auch hochwertige lokale Produkte. Bei Mitsukoshi – einem Ableger des beliebten japanischen Kaufhauses – finden Sie etwa Sake und lustiges Spielzeug, im deutschen Pavillon wiederum schöne Weihnachtsdekorationen. Das Unterhaltungsprogramm im All 11 Norseman bietet täglich Auftritte, während

Expertentipp
Erkundung

Epcot® ist rund doppelt so groß wie Magic Kingdom®. Für einen Besuch sind ungefähr zwei Tage einzuplanen. Übrigens: Am späteren Nachmittag ist der Andrang an den Lokalen weniger stark.

Pavillons

Norwegen

▽ Für Fans von *Frozen* ein absolutes Muss. Im Restaurant Akershus erwarten Sie Disney-Prinzessinnen

Deutschland

▽ Der Biergarten ist der wohl beste Ort auf dem Gelände, wenn man gemütlich ein Bier trinken möchte

Mexiko

△ Dieser Pavillon – der einzige ohne Außenbereich – ist wie ein mexikanischer Marktplatz gestaltet

China

△ Neben Liveentertainment erwartet Besucher hier tolle Akrobatik und der 360-Grad-Film *Wondrous China*

Highlight

Shopping

The Fjording
Hier bekommen Sie traditionelles norwegisches Spielzeug, Parfüm und Wikingerhelme.
Norwegen

Trading Post
Suchen Sie nach süßem kanadischem Ahornsirup, Holzfällerkleidung und offiziellen NHL-Artikeln.
Kanada

House of Good Fortune
Ein Ort für einzigartige Gegenstände, darunter chinesische Laternen und Teekannen.
China

↑ *Norwegischer Pavillon im Bereich World Showcase von Epcot®*

Disney-Figuren rund um die Hafenschleife für Fotos posieren. Seit der Neuerfindung von *Frozen* veranstaltet der Norwegen-Pavillon ein Treffen mit Anna und Elsa in ihrem königlichen Sommerhaus. Besucher können auch eine Bootsfahrt machen. Bei der Gran Fiesta Tour in Mexiko sind die Three Caballeros auf Tour. 2021 wurde eine der unterhaltsamsten Attraktionen eröffnet – Remy's Ratatouille Adventure, basierend auf dem gleichnamigen Film. Auch die jährlichen saisonalen Festivals sind ein großer Anziehungspunkt. Das Epcot International Flower & Garden Festival im Frühling und das Epcot® International Food & Wine Festival im Herbst sind große Hits mit Essens- und Getränkeständen, prominenten Musikern und Pop-up-Erlebnissen, während das Epcot International Festival of the Arts bildende und darstellende Kunst aus der ganzen Welt feiert und immer mehr an Bedeutung gewinnt.

Die Läden verkaufen auch hochwertige lokale Produkte. Bei Mitsukoshi – einem Ableger des beliebten japanischen Kaufhauses – finden Sie etwa Sake und lustiges Spielzeug.

Japan

△ Matsuriza, eine Gruppe traditioneller Taiko-Trommler, begeistert in der Pagode täglich mit bester Unterhaltung

Marokko

▽ Der von marokkanischen Handwerkern gestaltete Pavillon bietet einen Einblick in das Leben im Orient

Frankreich

△ Ein Mekka für Naschkatzen: Hier gibt es süße Snacks von Crêpes über Croissants bis zu Macarons

Großbritannien

▽ Die vielen Gebäude – von Schlössern über Wohnhäuser bis zu klassischen Pubs – dokumentieren architektonische Vielfalt im Lauf der Zeit

4

Disney's Animal Kingdom®

A7 2901 Osceola Pkwy
+1-407-939-7679 siehe Website
disneyworld.disney.go.com

Das ausgedehnte Areal – teils Themenpark, teils Tierschutzgebiet – ist in mehrere geografische Gebiete mit jeweils eigener Tier- und Pflanzenwelt gegliedert.

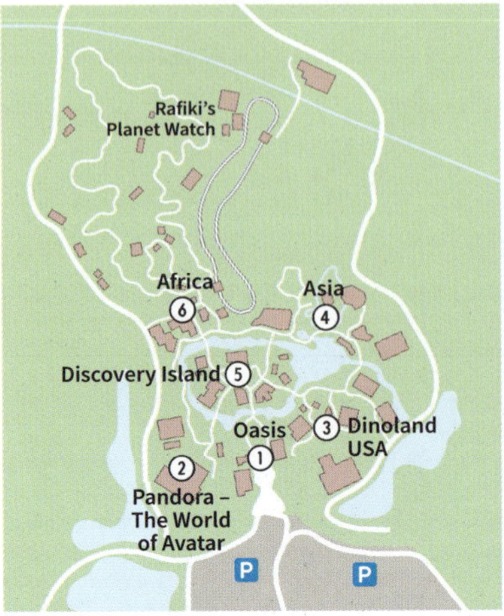

① Oasis

Der größte und in seiner Art einzigartige Disney-Park ist anders aufgebaut als die anderen Parks. Man erreicht ihn über eine der beiden kurvenreichen Straßen, die zum Haupteingang führen. Nach Passieren des Eingangs betreten Sie den Bereich Oasis. Er bietet jede Menge Überraschungen, die man aber nur allzu leicht übersieht, wenn man zu den größeren Attraktionen hetzt. Neben Wallabys, Ameisenbären, Hirschen und anderen Säugetieren birgt Oasis auch eine artenreiche Vogelwelt, darunter Störche und Kolibris. Mit malerischen Wasserfällen, diversen Hängebrücken, einer atemberaubenden Flora und ruhig dahinfließenden Bächen ist dieser Bereich perfekt, um Natur auf sich wirken zu lassen.

Animal Kingdom® am Abend

Viele Stationen bleiben auch nach Sonnenuntergang geöffnet. Kilimanjaro Safaris® bietet abendliche Expeditionen und aufregende Erlebnisse mit beliebten Fahrten wie Kali River Rapids®. Entdecken Sie auch The Tree of Life, wo der Lebensbaum durch Projektionen zum Leben erweckt wird.

Im Disney's Animal Kingdom® spenden viele Bäume Schatten ↑

Schwebende Berge in Pandora – The World of Avatar ↑

② Pandora – The World of Avatar

Der Bereich steht ganz im Zeichen des mythischen Lands Pandora aus dem preisgekrönten Film *Avatar* von James Cameron. Die Kulisse des Kassenschlagers mit schwebenden Bergen und dichtem Dschungel, biolumineszenten Bäumen und Flugwesen wird Kinogängern bekannt vorkommen. Das Tal von Mo'ara ist tagsüber wunderschön und nach Einbruch der Dunkelheit geradezu magisch.

Zu den größten Attraktionen von Pandora – The World of Avatar gehört zweifellos Flight of Passage *(siehe rechts)*: Bei diesem Flugsimulator hat man das Gefühl, auf dem Rücken eines Banshee über die fantastischen Landschaften von Pandora zu schweben. Ein angegliederter Souvenirladen verkauft Banshee-Puppen, die zu den Bestsellern zählen.

Bei der Na'vi River Journey, einer kurzen Bootsfahrt, gelangt man zum Dschungel, in dem Tiere und Pflanzen in den prächtigsten Farben erstrahlen. Die Satu'li Canteen bietet Körnerschalen mit Protein-Toppings an.

Expertentipp
Avatar Flight of Passage

Disney Genie+ ist für diese Fahrt nicht verfügbar. Kaufen Sie einen Individual-Lightning-Lane-Pass, kommen Sie 90 Minuten vor Parköffnung oder probieren Sie es vor dem Abendessen.

③ Dinoland USA

Ein Traum für Dinofans: In diesem märchenhaften Land begeben sich Besucher auf eine Reise weit in die Vergangenheit, um Dinosaurier zu erleben.

Zu den wenigen Fahrgeschäften in Disney's Animal Kingdom® gehört DINOSAUR. Im beliebten Bewegungssimulator wird Besuchern der Eindruck vermittelt, sie müssten einen fleischfressenden Dinosaurier einfangen und dabei seinen Angriffen entgehen. Diese wilde Fahrt in fast völliger Dunkelheit eignet sich eher für größere Kinder. Für jüngere ist aber dennoch genügend geboten. Sie graben in The Boneyard® nach Knochen von Dinosauriern oder genießen im Dino-Rama, einem Minipark, rauschende Fahrten wie TriceraTop Spin und Primeval Whirl®.

→ *Witzige Figur am Eingang von Dinoland USA*

④ Asia

In diesem eindrucksvollen Bereich können Sie u. a. seltene Vögel und Menschenaffen in den nachgebauten Ruinen einer indischen Siedlung sehen. Tapire, Komodowarane und Fledermäuse finden Sie auf dem Maharajah Jungle Trek®, dessen Highlight die Sumatra-Tiger sind, die durch die Relikte eines Palasts streifen. Durch Glaswände können Sie diese faszinierenden Tiere aus nächster Nähe beobachten.

Expedition Everest – Legend of the Forbidden Mountain™ ist eine Hochgeschwindigkeitszugfahrt durch das zerklüftete Terrain und die vergletscherten Hänge des Himalaya. Höhepunkt ist eine unerwartete Begegnung mit einem mythischen Tier – eine der beliebtesten Attraktionen.

Bei der Floßfahrt Kali River Rapids® werden Sie in der Regel völlig durchnässt – ideal an heißen Tagen –, während Feathered Friends in Flight! einen Blick hinter die Kulissen der frei fliegenden Vögel im Park bietet.

↑ *Expedition Everest – Legend of the Forbidden Mountain™*

Restaurant

Tiffins

Für einen Besuch dieses etwas versteckt gelegenen Restaurants für Feinschmecker, einem der besten im Resort, sollte man vorher reservieren. Neben köstlichen Menüs mit einer großen Auswahl an Gerichten aus verschiedenen Küchen steht auch die Nomad Lounge mit kreativen Snacks zur Verfügung.

Discovery Island

$$$

Highlight

⑤ Discovery Island

←

Eine Welt zum Staunen: Tree of Life® und seine grüne Umgebung

Im Zentrum von Animal Kingdom® ragt der Tree of Life® auf. Dieser 44 Meter hohe künstliche Baum gilt als Wahrzeichen dieses Parks. Er thront erhaben über bunten Läden und einer Vielzahl von Becken und Gärten, in denen zahlreiche Tiere leben. Unter den Zweigen des Baums verlaufen die Brücken zu den anderen Bereichen. Direkt am Baumstamm wird die Show It's Tough to Be a Bug® gezeigt. Dieser 3-D-Film ist nicht nur wegen seiner Spezialeffekte überaus spannend.

Die Discovery Island Trails mit vielen Spazierwegen und Fußgängerbrücken führen durch interessante Landschaften mit artenreichen Tierwelten – von Kängurus bis zu Papageien.

TOP 3 **Fotostopps**

Behind Tree of Life®
Von dieser Straße zwischen den Bereichen Africa und Asia hat man einen tollen Blick über die Landschaft.

Walkway in Asia
Dieser Weg zur Expedition Everest bietet eine Sicht auf die Berge mit dem Discovery River im Vordergrund.

Avatar Flight of Passage Line
Machen Sie das Beste aus der Wartezeit und machen Sie perfekte die Aufnahme des Tals.

⑥ Africa

Dieser Themenbereich, den man durch das Dorf Harambe betritt, ist der größte im Park. Besucher können an Bord eines Transporters von Kilimanjaro Safaris® durch eine Nachahmung einer ostafrikanischen Landschaft fahren. Dies ist die beliebteste Attraktion des Parks, auch wenn es am Nachmittag ruhiger zugeht. Während der rund 20-minütigen Fahrt durch Schlammlöcher und über wackelige Brücken können Sie viele afrikanische Tiere erleben, die sich hier frei und vollkommen ungestört bewegen, darunter Nilpferde, Rhinozerosse, Giraffen und Elefanten. Es kann sogar durchaus passieren, dass sich ein Tier in die Nähe der Fahrzeuge traut, um daran herumzuschnuppern!

Am Gorilla Falls Exploration Trail, in einer Welt aus Flüssen und Wasserfällen, können Sie Gorillas aus der Nähe betrachten. Von einigen Aussichtspunkten sieht man, wie sich die Tiere von Baum zu Baum hangeln.

↑ *Truck von Kilimanjaro Safaris® auf dem Weg durch eine an Ostafrika erinnernde Savannenlandschaft*

Das Festival of the Lion King im klimatisierten Auditorium ist eine Produktion mit extravaganten und farbenfrohen Kostümen und unglaublichen Akrobaten.

SEHENSWÜRDIGKEITEN

5 Disney Springs®

B6 1486 Buena Vista Dr, Orlando So – Do 10 – 23 (Fr, Sa bis 23:30) disneysprings.com

Shoppen, gut essen sowie Shows und Konzerte besuchen: All das kann man in Disney Springs®, wenn die anderen Parks ihre Pforten bereits geschlossen haben.

Besucher können kostenlose Musikdarbietungen, eine Bowlingbahn, VR-Erlebnisse, ein Kino und Konzerte im House of Blues® Orlando genießen. Sobald der Park geschlossen ist, können über 18-Jährige eine Nacht in der Stadt verbringen. Am Wochenende sind die Bars bis 23:30 Uhr geöffnet (manchmal bis 2 Uhr morgens).

Auch World of Disney, der größte Shop im Walt Disney World® Resort, befindet sich in Disney Springs®. Hier können Sie sich nach Herzenslust mit Souvenirs und Mitbringseln eindecken.

6 Disney's Blizzard Beach Water Park

A7 1534 Blizzard Beach Dr, Orlando tägl. 10 – 17 disneyworld.disney.go.com

Bei den Attraktionen in diesem Wasserpark geht es zur Sache. Die Wildwasser-Floßfahrt Teamboat Springs verläuft durch unruhiges Wasser. Auf der Rutschbahn Summit Plummet rauschen mutige Besucher mit knapp 100 Kilometern pro Stunde hinab. Daneben gibt es die Snow-Stormers-Kanäle und Downhill-Double-Dipper-Rutschen. Bei Letzteren können zwei Rutschende gegeneinander antreten. Oder Sie fahren den Cross Country Creek hinab oder rutschen die gefahrlosen Cool Runners hinunter.

Wer Entspannung sucht, ist im Poolbereich Melt-Away Bay bestens aufgehoben. Für kleine Kinder eignen sich die

↑ *World of Disney – Shop mit Riesenauswahl an Artikeln rund um Disneys Figuren und Märchen*

Blick über den futuristisch wirkenden Komplex Disney Springs®

vielfältigen Attraktionen im Bereich Tike's Peak.

Im Winter schließen Blizzard Beach und Typhoon Lagoon im Wechsel jeweils für ein paar Monate, ein Wasserpark ist aber immer geöffnet.

Typhoon Lagoon bietet viele Fahrten und in der Mitte ein riesiges Wellenbad.

7 Disney's Typhoon Lagoon Water Park

B6 1145 East Buena Vista Dr, Orlando tägl. 10–17 disneyworld.disney.go.com

Im Mittelpunkt des Wasserparks steht das Schiffswrack »Miss Tilly« auf dem Mount Mayday, einem Geysir, der den ganzen Tag über Wasser ausstößt.

In der Mitte von Typhoon Lagoon ist ein riesiges Wellenbad. Mehrere Röhrenrutschen bieten Spaß für jedes Nervenkitzelniveau, aber nur Wagemutige sollten sich an den fast vertikalen, fünfstöckigen Abgrund von Humunga Kowabunga versuchen. Gangplank Falls, die Floßfahrt Miss Adventure Falls und die Wasserachterbahn Crush 'n' Gusher werden diejenigen begeistern, die extreme Stürze nicht mögen, während sich die ganze Familie am Typhoon Lagoon Surf Pool mit seinem sanft abfallenden Ende und hohen Wellen vergnügen kann.

Restaurants

In Disney Springs® gibt es einige Restaurants, die von Spitzenköchen betrieben werden. Hier eine kleine Auswahl:

Wolfgang Puck Bar & Grill
Zentrum
wolfgangpuck.com
$$$

Morimoto Asia
The Landing
morimotoasia.com
$$$

Jaleo by José Andrés
West Side
jaleo.com
$$$

Erin McKenna's Bakery NYC
The Landing
erinmckennasbakery.com
$$$

Frontera Cocina
Zentrum
fronteracocina.com
$$$

Typhoon Lagoon: In einem Kanal gleitet man durch dichten Tropenwald

Saturn-V-Rakete im Kennedy Space Center (siehe S. 190–195)

Orlando und Space Coast

Orlando war während der Seminolenkriege lediglich ein Außenposten. Es entwickelte sich eine Stadt, doch noch in der ersten Hälfte des 20. Jahrhunderts waren Orlando und Nachbarstädte wie Kissimmee nur kleine, verschlafene Orte, deren Bewohner von Viehzucht und Zitrusanbau lebten.

Das sollte sich jedoch in den 1960er Jahren ändern. Zunächst schuf das Weltraumprogramm am Cape Canaveral Arbeitsplätze. Später nahm Walt Disney World® Formen an: Der erste Themenpark wurde 1971 eröffnet. Dieser Erfolg hat eine boomende Unterhaltungsindustrie in Greater Orlando hervorgebracht. Immer mehr Attraktionen, Themen- und Freizeitparks entstanden. Die Gegend um Orlando hat sich damit zu einem grandiosen Urlaubsziel für Familien entwickelt.

Landschaftlich wird die Region von zahlreichen Seen mit teils bewaldeten Uferregionen sowie Agrarland geprägt. Auf den Barriere-Inseln gegenüber dem breiten Indian River gibt es jedoch endlos lange Sandstrände (116 km insgesamt) und zwei große Naturreservate mit einer reichen Vogelwelt.

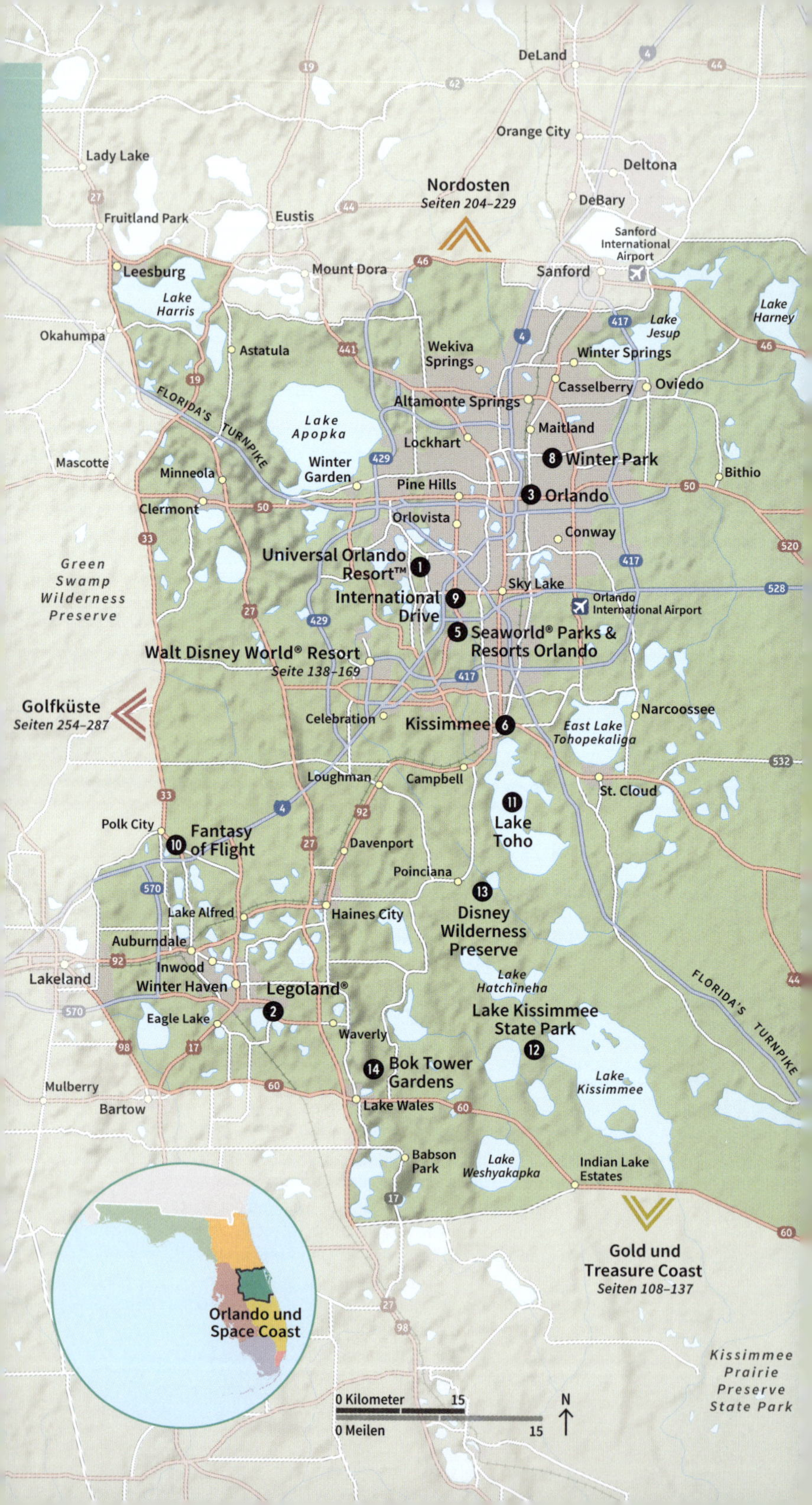

DeLand
Orange City
Deltona
Lady Lake
Nordosten
Seiten 204–229
DeBary
Fruitland Park
Eustis
Sanford International Airport
Leesburg
Mount Dora
Sanford
Lake Harris
Lake Jesup
Lake Harney
Okahumpa
Astatula
Wekiva Springs
Winter Springs
Casselberry
Oviedo
FLORIDA'S TURNPIKE
Altamonte Springs
Lake Apopka
Maitland
Lockhart
Mascotte
Winter Garden
8 Winter Park
Minneola
Bithio
Pine Hills
3 Orlando
Clermont
Orlovista
Conway
Green Swamp Wilderness Preserve
Universal Orlando Resort™ 1
Sky Lake
International Drive 9
Orlando International Airport
5 Seaworld® Parks & Resorts Orlando
Walt Disney World® Resort
Seite 138–169
Golfküste
Seiten 254–287
Narcoossee
Celebration
Kissimmee 6
East Lake Tohopekaliga
Loughman
Campbell
St. Cloud
11 Lake Toho
Polk City
10 Fantasy of Flight
Davenport
Poinciana
13 Disney Wilderness Preserve
Lake Alfred
Haines City
Auburndale
Inwood
Lakeland
Winter Haven
Legoland®
Lake Hatchineha
2
Lake Kissimmee State Park 12
Eagle Lake
Waverly
14 Bok Tower Gardens
Lake Kissimmee
FLORIDA'S TURNPIKE
Mulberry
Bartow
Lake Wales
Babson Park
Lake Weshyakapka
Indian Lake Estates
Gold und Treasure Coast
Seiten 108–137
Orlando und Space Coast
Kissimmee Prairie Preserve State Park
0 Kilometer 15
0 Meilen 15
N

Orlando und Space Coast

Highlights

1. Universal Orlando Resort™
2. Legoland®
3. Orlando
4. Kennedy Space Center

Sehenswürdigkeiten

5. SeaWorld® Parks & Resorts Orlando
6. Kissimmee
7. American Police Hall of Fame
8. Winter Park
9. International Drive
10. Fantasy of Flight
11. Lake Toho
12. Lake Kissimmee State Park
13. Disney Wilderness Preserve
14. Bok Tower Gardens
15. Valiant Air Command Warbird Air Museum
16. Canaveral National Seashore und Merritt Island
17. Cocoa Beach
18. Cocoa

←

1 *Trubel im Universal Orlando Resort™*

2 *Stärkung im Restaurant The Leaky Cauldron™ in den Universal Studios Florida™*

3 *Saturn-V-Rakete im Kennedy Space Center*

4 *Ausstellung im Rollins Museum of Art im Rollins College*

5 TAGE

Orlando und Space Coast

Tag 1

Vormittags Frühstücken Sie möglichst früh, damit Sie noch vor dem großen Andrang im beliebten Universal Orlando Resort™ *(siehe S. 178–185)* sind.
Nachmittags Nach jeder Menge Attraktionen und anschließendem Essen erholen Sie sich in Volcano Bay™ *(siehe S. 184)* mit Spaß im Wasser rund ums Thema Hawaii.
Abends CityWalk™ *(siehe S. 185)* hat lange geöffnet. Es erwarten Sie Restaurants, Clubs und Shows. Das alles zusammen bekommen Sie dort im weltgrößten Hard Rock Cafe.

Tag 2

Vormittags Wieder sollten Sie früh aufbrechen, um in der Wizarding World of Harry Potter™ *(siehe S. 180f)*, die sich über zwei der Parks im Universal Orlando Resort™ erstreckt, nicht lange anstehen zu müssen.
Nachmittags Sie bleiben beim Thema, wenn Sie im Leaky Cauldron™ in der Diagon Alley™ essen. Danach geben Sie sich Hightech satt in Marvel Super Hero Island® und Jurassic Park River Adventure™.
Abends Die fantastische Welt begleitet Sie beim Essen in den höhlenartigen Räumen des Mythos Restaurant™ in Universal Islands of Adventure.

Tag 3

Vormittags Heute können Sie ausgiebig frühstücken. Danach erkunden Sie das moderne Orlando Science Center *(siehe S. 188f)*.
Nachmittags Nach dem Essen im gemütlichen White Wolf Cafe (www.whitewolfcafe.com) bummeln Sie durch die fantastischen Harry P. Leu Gardens *(siehe S. 188)*.
Abends Outlet-Freunde nutzen die langen Öffnungszeiten an Orlandos University Drive. Feiern Sie die Einkäufe mit einem italienischen Abendessen bei Vincenzo Cucina Italiana (www.vincenzosorlando.com).

Tag 4

Vormittags Frühstücken Sie im Another Broken Egg Cafe (www.anotherbrokenegg.com) und spazieren Sie danach durch die kunstaffine Stadt Winter Park *(siehe S. 197)*.
Nachmittags Nach einem Mittagessen mit Burgern bei BurgerFi (www.burgerfi.com) machen Sie einen Spaziergang durch den Campus des Rollins College mit dem Rollins Museum of Art *(siehe S. 197)*.
Abends Verwöhnen Sie sich mit einem exzellenten Essen im BoVine Steakhouse (www.bovinesteakhouse.com) und einer Übernachtung im luxuriösen Alfond Inn at Rollins College (www.thealfondinn.com).

Tag 5

Vormittags Etwas über eine Stunde fahren Sie zum Kennedy Space Center *(siehe S. 190–195)*. Die Tickets beinhalten eine zweieinhalbstündige Busrundfahrt, aber sicher wollen Sie danach auf eigene Faust noch mehr der großartigen Exponate sehen.
Nachmittags Vermutlich brauchen Sie nach dem Besichtigungsprogramm eine Pause. Fahren Sie zum Cocoa Beach *(siehe S. 203)*, und entspannen Sie sich in aller Ruhe.
Abends Großartiges Seafood bekommen Sie im Fat Snook (www.thefatsnook.com) am Wasser. Und zur Übernachtung lädt das Inn at Cocoa Beach ein, ein sehr angenehmes Motel (www.theinnatcocoabeach.com).

Beeindruckend: Lichtspiele jenseits des Eola Lake ↑

ORLANDO JENSEITS DER PARKS

Viele Gäste besuchen Orlando nur wegen der Themenparks. Doch auch die Stadt selbst will entdeckt werden. Downtown ist energiegeladen und bunt, bietet aber auch genügend wunderbare Möglichkeiten, sich von den anstrengenden Touren durch die Themenparks zu erholen.

Kultur in Orlando

Kultur bedeutet in Florida weit mehr als Filmfiguren und Fahrgeschäfte in den Themenparks. Das Amway Center – Heimat der Basketballmannschaft Orlando Magic – präsentiert eine ganze Reihe Musical- und Theateraufführungen. Das Orlando Museum of Art *(siehe S. 189)* beherbergt eine erstklassige Auswahl an Kunst aus den alten Kulturen Amerikas, und auch die Galerie CityArts (39 S Magnolia Ave) ist einen Besuch wert. Darüber hinaus locken zwei große Festivals viele Fans an: das UCF-Orlando Jazz Festival im Frühjahr und das Mount Dora Arts Festival im Februar.

→

Amway Center für Sport- und Kultur-Events in Zentrum von Orlando

Typisches Orlando

Downtown Orlando ist authentischer, als man glaubt. Alle Touristenattraktionen konzentrieren sich rund um die Themenparks, sodass das Stadtzentrum seinen typischen Florida-Charme bewahrt hat. Dort ist abends viel los, aber es gibt auch gute Gelegenheiten, sich zu entspannen. Zum Beispiel im Thornton Park mit seiner künstlerisch-lässigen Atmosphäre, witzigen Boutiquen und den mit Louisianamoos bewachsenen Eichen oder im ruhigen Lake Eola Park mit vielen Springbrunnen und Schwanenbooten. Dort findet jeden Sonntag der Orlando Farmer's Market statt –perfekt, um für ein Picknick vor Ort einzukaufen. Oder Sie fahren ein Stück nach Norden zum Wekiwa Springs State Park. Dort erwartet Sie ein ausgedehntes grünes Areal mit einigen schönen Wanderwegen.

Tipps für Foodies in Orlando

Frühstücken Sie bei Se7en Bites (www.se7enbites.com) und genießen Sie Südstaatenklassiker. Ein amerikanisches Mittagessen gibt es im Stubborn Mule (www.thestubbornmuleorlando.com), Craftbeer bei Persimmon Hollow Brewing (www.persimmonhollowbrewing.com). Zu Abend essen Sie im Artisan's Table (www.artisanstableorlando.com), einen Absacker gibt es in der The Hen House Bar (11 Wall St).

Überdachter Übergang an der Church Street Station ↑

Essen im Schatten der Bäume und Markisen in trendigen Restaurants ↑

Essen und trinken

Beim Besuch in Orlandos Themenparks isst man meist viel (zu viel) Fast Food – in Downtown dagegen locken hübsche Viertel mit köstlichen Alternativen. Die trendigsten Restaurants findet man im Milk District, wo künstlerisch ausgestaltete Cafés sorgfältig zusammengestellte Menüs anbieten, von südlich angehaucht über kreative Sandwiches bis zu veganen Speisen. Die Church Street im Herzen von Downtown Orlando lockt mit Gastropubs und sehr feinen Lokalen. Vielleicht fällt Ihr Besuch ja in die Zeit eines Food-Festivals – umso besser. Die größten sind das Downtown Food and Wine Fest (Februar) und das Central Florida Soul Fest (März.)

1

Universal Orlando Resort™

B5–6 | 6000 Universal Blvd | 21, 37, 40 von Orlando | +1-407-363-8000
siehe Website | universalorlando.com

Das Universal Orlando Resort™ ist die Heimat von Universal's Islands of Adventure™ und den Universal Studios Florida™. Ab 2025 wird es auch Epic Universal geben, einen riesigen neuen Themenpark. In diesen Parks werden Zeichentrickfiguren und Actionfilme durch fortschrittliche Fahrsysteme zum Leben erweckt. Auch die Zauberwelt von Harry Potter™ ist ein absolutes Muss.

Nippen Sie in Moes Taverne an einem Duff Beer, treffen Sie SpongeBob Schwammkopf, und kämpfen Sie mit der außerirdischen Figur Optimus Prime – hier werden virtuelle Erlebnisse scheinbar Realität. Das Angebot an Fahrgeschäften umfasst diverse Achterbahnen für alle Stufen von Nervenkitzel und richtet sich an jüngere wie ältere Besucher.

Mit etwas Glück erleben Sie auch Filmaufnahmen. Von September bis Dezember können Sie sogar im Publikum sitzen, wenn eine Fernsehsendung aufgezeichnet wird. Tickets für den jeweiligen Tag bekommt man im Studio Audience Center.

Highlight

TOP 4 Action und Spektakel

Krakatau™ Volcano
Im Vier-Personen-Kanu rauscht man einen glitzernden Wasserfall hinunter.

The Incredible Hulk Coaster®
Die Mutigsten sitzen bei dieser rasanten Achterbahnfahrt in der ersten Reihe.

Hollywood Rip Ride Rockit™
Bei dieser Fahrt sorgen die Teilnehmer für den Soundtrack – einfach Songs auswählen.

Jurassic Park River Adventure™
In der gigantischen Welt der Dinosaurier stürzt man 26 Meter tief in eine Lagune.

← *Bummel durch eine von Palmen gesäumte Straße im Universal Orland Resort™*

Sommer

Bei den Feierlichkeiten am 4. Juli (Unabhängigkeitstag) wird fantastische Unterhaltung geboten. Bis tief in die Nacht genießt man Musik aus Filmklassikern. Bestes Essen und ein spektakuläres Feuerwerk runden das Angebot ab

Winter

▽ In der Weihnachtszeit ist The Wizarding World of Harry Potter™ festlich geschmückt. In der Welt des Zauberlehrlings fließt Butterbier in Strömen. Ein weiteres Event ist die farbenfrohe Universal's Holiday Parade

Saisonale Events

Frühling

△ Mardi Gras wird zwischen Februar und Anfang April auf dem gesamten Gelände mit Straßenkünstlern, Festivitäten im New-Orleans-Stil und Konzerten von Superstars gefeiert

Herbst

Die gruseligen Halloween Horror Nights™ bringen an machen Abenden von September bis Anfang November die Universal Studios Florida™ zum Spuken. Dazu werden Horrorfilme gezeigt

① The Wizarding World of Harry Potter™

TOP 4 Butterbier-Varianten

Soft Serve
Die Mischung aus Butterbier und Eiscreme probiert man am besten bei Florean Fortescue in der Diagon Alley™ oder bei Three Broomsticks™ in Hogsmeade™.

Frozen
Die gefrorene Variante eignet sich für heiße Tage. Tipps: Hog's Head Pub™ in Hogsmeade™ und Leaky Cauldron™ in der Diagon Alley™.

Potted Cream
Die cremige Version mit einem Sahneklecks als Topping schmeckt besonders gut bei Three Broomsticks in Hogsmeade™.

Hot
Warm wird Butterbier nur in der kalten Jahreszeit angeboten – beispielsweise bei Leaky Cauldron in der Diagon Alley™.

Ein Muss für Fans der erfolgreichen Fantasy-Reihe ist der Besuch des Bereichs The Wizarding World of Harry Potter™, dessen Gelände sich über beide Themenparks erstreckt. Steigen Sie in den Hogwarts™ Express, und los geht's. Die Strecke verbindet die Bahnhöfe Hogsmeade™ im Themenpark Islands of Adventure™ und King's Cross mit dem Gleis 9¾™ in den Universal Studios Florida™. Allein schon die Fahrt ist ein aufregendes Erlebnis.

Wenn Sie die Zauberwelt durch den etwas versteckt gelegen Eingang The Wizarding World of Harry Potter™ – Diagon Alley™ betreten, fühlen Sie sich sofort wie in der originalen Filmkulisse mit einer Vielzahl vertrauter Lokale und Läden wie etwa Leaky Cauldron™ und Weasleys' Wizard Wheezes.

Die Achterbahn Harry Potter and the Escape from Gringotts™ zählt zu den Hauptattraktionen, die Züge fahren an realen Kulissen und großformatigen Projektionsflächen vorbei. Auch eine Begegnung mit Lord Voldemort ist unvermeidlich.

Der feuerspeiende Drache auf der Zaubererbank Gringotts™ zieht die Blicke auf sich. Lassen Sie sich dadurch aber nicht von einem Besuch in der Eisdiele Florean Fortescue abhalten.

In Hogsmeade™ befinden sich u. a. das Restaurant Three Broomsticks™, das Pub Hog's Head™, der Süßwarenladen Honeydukes™ und andere Orte, die man aus den Büchern oder den

Hogwarts™ Express verbindet die Bahnhöfe Hogsmeade™ im Themenpark Islands of Adventure™ und King's Cross mit dem Gleis 9¾™ in den Universal Studios Florida™.

↑ *The Wizarding World of Harry Potter™ – ein Muss für Fans des Roman- und Filmhelden*

Schon gewusst?

Um die ganze Welt von Harry Potter zu erleben, benötigt man ein Ticket für beide Parks.

↑ *Hogwarts™ Castle – Highlight der Harry-Potter-Welt in exponierter Lage*

Filmen kennt. Ein Besuchermagnet ist die Lightshow am Abend.

Auf dem kurvigen Weg zu Hogwarts™ Castle begegnen Sie Dementoren und anderen grausamen Gestalten. Eine Fahrt mit der Achterbahn Harry Potter and the Forbidden Journey™ treibt den Adrenalinspiegel weiter hoch, weniger rasant ist der Flight of the Hippogriff™ vorbei an Hagrids Hütte. Der Halbriese und Lehrer Harry Potters ist Hauptfigur der 2019 eröffneten Achterbahn Hagrid's Magical Creatures Motorbike Adventure™.

Die Magie von The Wizarding World of Harry Potter™ reicht bis zu den Souvenirs. Besonders gefragt sind Zauberstäbe mit überraschenden Spezialeffekten.

Versäumen Sie nicht die interaktive Show im Zauberstabladen Ollivanders™, und erleben Sie, wie sich der Zauberstab seinen Besitzer aussucht. Gäste können gekaufte Zauberstäbe gleich ausprobieren.

Das bei Schülerinnen und Schülern von Hogwarts™ beliebte süße (und alkoholfreie) Butterbier wird an vielen Ständen verkauft.

Expertentipp
Essen im Park

Um The Wizarding World of Harry Potter™ authentisch zu halten, werden dort keine anderen Markenprodukte (auch keine Limonade oder Wasser) angeboten. Für den Verkauf im Themenpark werden eigene Getränke (sogar Bier), Eiscremesorten und Süßigkeiten kreiert. Einzige Ausnahme sind britische Snacks, die im Bahnhof King's Cross verkauft werden, und ausgewählte Fassbiere.

→ *Statue vor Gringotts™ Bank, Diagon Alley™*

↑ *Eingangsbereich von Seuss Landing™; The Incredible Hulk Coaster®* (Detail)

② Islands of Adventure™

In acht Themenbereichen rund um eine zentrale Lagune drehen sich die meisten Erlebnisse hier um Figuren und Szenen aus Comics, Büchern und Blockbustern wie *Jurassic Park* und *King Kong*. Im Park gibt es außer den kleinen Booten, die über den See fahren, keine Transportmittel. Ein Tag reicht aus, um alle Attraktionen zu erleben.

Im Uhrzeigersinn gelangen Sie zuerst zu Marvel Super Hero Island®, wo sich alles um die Stars aus den Marvel-Comics dreht. Viel Spaß bieten Fahrgeschäfte wie The Amazing Adventures of Spider-Man® und vor allem The Incredible Hulk Coaster®. Diese Achterbahn katapultiert ihre Passagiere in 45 Meter Höhe und jagt in rasendem Tempo (über 100 km/h) durch insgesamt sieben Loopings. Für viele Besucher ist dies die spektakulärste Achterbahn in Florida.

Auf Skull Island geht es etwas weniger waghalsig zu. Jurassic Park River Adventure® bietet einen 26 Meter langen Sturz ins Wasser, während Skull Island die Rückkehr des legendären Affen in den Park ankündigt, während Besucher eine Fahrt durch einen Tempel und einige Höhlen unternehmen, bevor sie sich dem kolossalen Kong stellen. Die neue Achterbahn Jurassic World VelociCoaster mit vier Loopings ist nur für Mutige.

An heißeren Tagen locken die beiden Wasserattraktionen von Toon Lagoon. Hier werden Sie durchnässt, aber erfrischt. Die Pteranodon Flyers, Raptor Encounter und Seuss Landing™ von Camp Jurassic® sind ebenfalls farbenfrohe Fahrgeschäfte mit kunstvoller Architektur, die für einen visuellen Leckerbissen sorgen.

Auf Skull Island fahren Besucher u. a. durch dichten Dschungel, einen antiken Tempel und einige Höhlen.

TOP 4 Fahrgeschäfte

Revenge of The Mummy™
Indoor-Achterbahn, die durch eine Welt der Finsternis führt.

The Amazing Adventures of Spider-Man®
3-D-Abenteuer mit raffinierten Spezialeffekten.

Transformers: The Ride-3D
Besucher werden Zeuge spektakulärer Kampfszenen.

Harry Potter and the Forbidden Journey™
Bei dieser rasanten Fahrt scheint man über Hogwarts™ zu fliegen.

Highlight

③ Universal Studios Florida™

In dem Filmpark können Sie Hello Kitty treffen, Duke und Gidget von *The Secret Life of Pets* auf Paradewagen vorbeiziehen sehen und Attraktionen rund um *Ich – Einfach unverbesserlich*, *Shrek*, *Fast & Furious*, *Transformers* und *The Tonight Show Starring Jimmy Fallon* erleben. Ein Highlight für Filmliebhaber ist die abendliche Cinematic Celebration™.

Auch jede Menge Fahrspaß ist geboten. Men in Black™ – Alien Attack™ zählt genauso zu den Favoriten wie Revenge of The Mummy™, wo die Besucher versuchen, dem Zorn von Imhotep aus dem Horrorfilm *Die Mumie* zu entkommen.

Auch E.T. Adventure®, basierend auf dem Klassiker von 1982, sollte man sich nicht entgehen lassen, wenn man mit E.T. das berühmte fliegende Fahrrad besteigt und in den Himmel fliegt.

Mit farbenfrohen Details angelehnt an den Kult-Cartoon ist Springfield, auch bekannt als Simpsons Land, ein wahres Highlight. Gäste können den Kwik-E-Mart erkunden, die Duff Brewery besuchen und sogar Krusty den Clown oder den gesamten Simpsons-Clan treffen, bevor sie sich auf den The Simpsons Ride™ begeben, der sie direkt in den Zeichentrickfilm Springfield führt.

Das Bourne Stuntacular ist eine weitere Attraktion, eine atemberaubende Stuntshow, die Jason Bourne (die Titelfigur der beliebten *Bourne*-Filmreihe) durch Faustkämpfe, Schießereien und eine Vielzahl anderer Gefahren über Dächer nebst Verfolgungsjagden mit Motorrädern begleitet, während der Titelheld versucht, seinen Feinden zu entkommen.

Die Woody Woodpecker's Kid Zone wurde im Jahr 2023 geschlossen, wird aber 2024 voraussichtlich durch einen ebenso kinderfreundlichen Spielbereich und neue Themenfahrgeschäfte ersetzt.

Hotels

Für längere Aufenthalte im Universal Orlando Resort™ stehen mehrere Hotels zur Auswahl. Somit können Sie die Attraktionen bis spät in den Abend in vollen Zügen genießen.

Hard Rock Hotel®
5800 Universal Blvd
$$$

Universal's Aventura Hotel
6725 Adventure Way
$$

Universal's Endless Summer Resort - Surfside Inn and Suites
6200 International Dr
$

Lisa, Bart, Marge und Homer begrüßen Besucher bei The Simpsons Ride™ ↑

④ Volcano Bay™

Mit langen Wasserrutschen und Wildwasserflüssen punkten viele Wasserparks in Florida. Volcano Bay™ verfügt über ein Alleinstellungsmerkmal – den 60 Meter hohen »Vulkan« Krakatau™ im Zentrum. Mit diesem Markenzeichen und der nachgebildeten, an polynesische Inselwelten erinnernden tropischen Landschaft ist dies der eindrucksvollste Wasserpark in Orlando.

Neben landschaftlichem Zauber und Wasserspaß bietet er auch einige beliebte Fahrgeschäfte, die es durchaus in sich haben. Beachten Sie, dass Sie für Volcano Bay™ ein eigenes Ticket benötigen, das nicht für die anderen Themenparks in Orlando gültig ist.

Volcano Bay™ ist technologisch auf dem allerneuesten Stand – nicht nur bei den hochmodernen Attraktionen, sondern auch, was die Abläufe angeht. Lange Warteschlangen gibt es hier dank der kostenlosen TapuTapu™-Armbänder *(siehe Kasten)* nicht.

Zu den spektakulärsten Fahrvergnügen zählen Honu ika Moana™ und Ko'okiri Body Plunge™, am populärsten ist aber der Krakatau™ Aqua Coaster. Diese auch durch den »Vulkan« verlaufende aufregende Fahrt bietet einen wahren Adrenalinschub.

Kinder können in drei Lagunen planschen, während Erwachsene sich auf dem Kopiko Wai Winding River™ gemütlich treiben lassen oder durch das Innere des Vulkans spazieren können, um die malerische Aussicht zu genießen. Zum entspannten Baden eignet sich vor allem der Waturi Beach an einer tropischen Lagune.

Expertentipp
TapuTapu™

Mit diesem Armband können Gäste bei Fahrgeschäften einchecken und ihren Platz in einer virtuellen Schlange behalten. Halten Sie es an ein Fahr-Totem und es signalisiert, wann Sie zurückkehren müssen.

↑ *Tipp für Naschkatzen: Toothsome Chocolate Emporium & Savory Feast Kitchen™*

⑤ CityWalk™

Der Abschnitt zwischen dem Parkhaus des Universal Orlando Resort und dem Eingang zu Universal Islands of Adventure™ und Universal Studios Florida™ ist voller Einkaufsmöglichkeiten, Restaurants, Cafés und Clubs. Hier können Besucher ihr Universal-Erlebnis auch lange nach der Schließung der Parks fortsetzen.

Beliebte Kettenrestaurants wie Bubba Gump Shrimp Co.™ und Jimmy Buffet's Margaritaville® sind hier vertreten, aber Familien lieben das originelle Sushi- und Burger-Menü im The Cowfish™ und das jamaikanische Essen im Bob Marley – A Tribute to Freedom. Das Toothsome Chocolate Emporium & Savory Feast Kitchen® ist ein Highlight, das Sie sich nicht entgehen lassen sollten. Allerdings kann man in diesem Steampunk-inspirierten Paradies für Schokoladenliebhaber nicht reservieren. Warten Sie also auf einen Tisch oder holen Sie sich einen Milchshake zum Mitnehmen.

Die beste Wahl für Paare sind VIVO Italian Kitchen™ oder Antojitos Authentic Mexican Food™, die aufregende Speisen und umfangreiche Getränkekarten bieten. Für Unterhaltung außerhalb der Geschäftszeiten verfügt der Komplex über ein großes Universal™ Cinemark-Kino und einen Musikveranstaltungsort im Hard Rock Live® Orlando. Ein Genuss ist die Piano-Livemusik im Pat O'Brien's®, die Clubstimmung im Groove™ und im Red Coconut Club™ sowie die süßen Köstlichkeiten von Voodoo Doughnut.

Schon gewusst?

Am Stand Hot Dog Hall of Fame® finden Sie alle nur denkbaren Varianten von Hotdogs.

←
Entspannung mit Blick auf den Vulkan Krakatau™; Wasserspaß (Detail)

Highlight

Restaurants

Die meisten der besten Restaurants im Universal Orlando Resort™ befinden sich im Komplex CityWalk™.

Antojitos Authentic Mexican Food
Farbenfrohes Restaurant mit mexikanischen Klassikern.
CityWalk™
**$$**$

Bob Marley- A Tribute to Freedom℠
Inspiriert vom Haus des King of Reggae in Kingston, werden hier Klassiker wie Jerk Chicken serviert.
CityWalk™
**$$**$

The Cowfish® Sushi Burger Bar
Gehobene Burger und Burgushi®-Bento-Boxen mit Burgern und Sushi.
CityWalk™
**$$**$

VIVO Italian Kitchen™
Moderne italienisch-amerikanische Küche mit Meeresfrüchten, Fleischbällchen und Pizza.
CityWalk™
$$$

Voodoo Doughnut
Filiale des Kult-Donut-Ladens in Portland mit all seinen berühmten Geschmacksrichtungen.
CityWalk™
**$**$$

2

Legoland®

F4 1 Legoland Way, Winter Haven +1-877-350-5346
siehe Website legoland.com/florida

Dieser familienfreundliche Themen- und Wasserpark begeistert mit bekannten Figuren und Nachbildungen von Bauwerken aus Legosteinen. Shows und Fahrgeschäfte runden das Erlebnis ab.

Nervenkitzel pur versprechen Achterbahnen wie Flying School, The Dragon Roller Coaster und The Great LEGO® Race mit spannenden VR-Elementen. Bei Kindern sehr beliebt ist auch LEGO® NINJAGO® The Ride, ein interaktives Spiel, bei dem man sich in einer kleinen Gruppe mit Feuerbällen und Blitzen gegen Bösewichte wehrt und dabei Punkte sammelt.

Die LEGO® Movie™ World bietet Läden, Restaurants und neue Fahrgeschäfte. An Bord einer Triple Decker Flying Couch erleben Sie eine Reise durch Filmszenen, Bauchkribbeln erzeugt auch ein Fahrt mit Unikitty Disco Drop. Für eine kleine Stärkung nach all der Aufregung eignet sich das Restaurant Taco Everyday. An den Wochenenden wird beim PirateFest der gesamte Park von den Piraten von Brickbeard übernommen, und es werden Junior-Piraten für Spiel und Spaß rekrutiert.

Im hinteren Bereich erstreckt sich der Legoland® Water Park, für den separat Eintritt erhoben wird. Zu den Attraktionen gehören Wellenbecken, Wasserrutschen, Planschbecken und ein Fluss zum Raften. Ein wundervolles Stück Natur in Legoland® ist der erholsame botanische Garten.

Fotomotiv
Figuren der Legowelt

Der rote Dinosaurier direkt hinter dem Eingang von Legoland® ist ein Publikumsliebling, aber auch Bauwerke wie die vor Pepper & Roni's Pizza Stop sind fantastisch. Halten Sie Ausschau nach Figuren, die auf Ikonen der Popkultur verweisen, und nach einem LEGO®-Klempner, der eine Lego-Toilette trägt.

↑ *Nachbildung der Skyline der Metropole New York aus Legosteinen*

Highlight

Hotels

Legoland® Hotel
Ein LEGO®-Schloss, Disco-Tanzpartys im Aufzug und eine Ziegelgrube verleihen dem kinderfreundlichen Hotel einen Vorteil gegenüber anderen Unterkünften.
$$$

Pirate Island Hotel
Kinderfreundliche Option mit abendlicher Piratenunterhaltung, Schatzsuche im Zimmer und Etagenbetten in Familienzimmern.
$$$

Beach Retreat
LEGO®-Bungalows, ein Pool und Strandatmosphäre zeichnen das Motel-ähnliche Hotel aus. Es gibt Etagenbetten für drei Personen und zahlreiche Spielbereiche im Freien.
$$$

1

2

3

1 *Im Park trifft man viele gute Bekannte, darunter Wyldstyle, President Business und Emmet aus* The LEGO® Movie™.

2 *Ein Aufenthalt im kunterbunten LEGOLAND® Hotel rundet den Besuch des Parks ab.*

3 *Spaß an einem heißen Tag im Wasserpark*

Downtown Orlando erstreckt sich um den Lake Eola ↑

3

Orlando

F3 · 309 100 · 8723 International Drive; +1-407-363-5872 · visitorlando.com

Bis in die 1950er Jahre war Orlando eine verschlafene Provinzstadt. Doch dies änderte sich durch die Errichtung des Kennedy Space Center und der Themenparks. Das Geschäftsviertel in Downtown Orlando ist nur am Abend wirklich einladend, wenn Einheimische wie Besucher die Bars und Restaurants an der Orange Avenue bevölkern. Tagsüber kann man im Park am Lake Eola spazieren. Hier bekommt man einen Eindruck von Orlandos frühester Geschichte.

①

Harry P. Leu Gardens

1920 N Forest Ave · +1-407-246-2620 · tägl. 9–17 · 25. Dez · leugardens.org

Die Harry P. Leu Gardens, die 1961 von Leu und seiner Frau der Stadt gespendet wurden, bieten 20 Hektar wunderschöner Gärten. Floridas größter Rosengarten ist formal gestaltet, während anderswo der Natur freie Hand gelassen wurde und man alte Wälder mit spektakulären Eichen und Zypressen finden kann, die mit spanischem Moos geschmückt sind. Halten Sie im Winter Ausschau nach den atemberaubenden Kamelien.

②

Maitland Art Center

231 W Packwood Ave · +1-407-539-2181 · Art Center: Mi–So 11–16; Gelände: tägl. · Feiertage · artandhistory.org

Das in den 1930er Jahren von André Smith für Künstlerfreunde gestaltete Kunstzentrum im grünen Vorort Maitland birgt Ateliers und Wohnräume. Die um Gärten und Innenhöfe herum angeordneten Gebäude sind wunderschön und weisen Maya- und Aztekenmotive auf. Die Ateliers werden immer noch genutzt und es gibt Ausstellungen zeitgenössischer amerikanischer Kunst.

③

Orlando Science Center

777 East Princeton St · +1-407-514-2000 · tägl. 10–17 · osc.org

Ziel des Centers ist es, eine stimulierende Umgebung für wissenschaftliches Lernen zu kreieren. Zu diesem Zweck organisiert es interaktive Ausstellungen. Attraktionen sind Dr. Phillips CineDome, in dem man nicht nur beeindruckende Bilder und Filme,

Hotel

Grand Bohemian Hotel Orlando
Das luxuriöseste Hotel in Downtown bietet seinen Gästen elegante Annehmlichkeiten wie eine Piano-Lounge und ein Spa. Ein Highlight ist auch die hoteleigene Galerie für zeitgenössische Kunst.

325 S Orange Ave · marriott.com

$$$

> **Im Loch Haven Park finden Festivals statt, besonders populär ist das Orlando Fringe Festival im Frühling.**

sondern auch den Sternenhimmel bewundern kann. Die »DinoDigs«-Ausstellung mit Dinosaurierfossilien ist vor allem bei Kindern sehr beliebt, dies gilt ebenso für die Orange Packing Plant, in der man Plastikorangen pflücken und verpacken kann.

Das ursprüngliche Museum wurde 1960 im Loch Haven Park eröffnet und hieß Central Florida Museum, bevor es 1984 umbenannt wurde. Das heutige Gebäude, sechsmal größer als der Vorgängerbau, wurde im Februar 1997 eröffnet.

④ ♿

Loch Haven Park

⌂ N Mills Ave an Rollins St

In dem Park drei Kilometer nördlich von Downtown gibt es drei Museen. Das **Orlando Museum of Art** zeigt neben Wechsel- auch vier Dauerausstellungen: präkolumbische Artefakte mit Figurinen aus Nazca, afrikanische Kunst, zeitgenössische Kunst und amerikanische Gemälde aus dem 19. und 20. Jahrhundert.

↑ *Sandfarbene Fassade des Orlando Science Center, eines wichtigen Ausstellungszentrums*

Im Park befindet sich das Orlando Shakes Theater. Hier finden Festivals statt, besonders populär ist das Orlando Fringe Festival im Frühling.

Orlando Museum of Art
🎟 🕒 Di – Fr 10 –16, Sa, So 12 –16 W omart.org

⑤ ♿

Orange County Regional History Center

⌂ 65 E Central Blvd
☎ +1-407-836-8500
🕒 Mo – Sa 10 –17, So 10 –17
W thehistorycenter.org

Die in einem 1927 errichteten Gebäude untergebrachte Sammlung dokumentiert auf drei Etagen die Geschichte Floridas. Die Objekte decken einen Zeitraum von rund 12 000 Jahren ab.

4

Kennedy Space Center

F3 Brevard County 1-855-433-4210 tägl. ab 10 Uhr (Schließzeiten variieren nach Jahreszeit) kennedyspacecenter.com

Die NASA (National Aeronautics and Space Administration) ist seit Ende der 1960er Jahren in Florida präsent. In dem beeindruckenden Besucherzentrum erlebt jeder sein eigenes Weltraumabenteuer.

Das von Orlando nur eine Autostunde entfernte Kennedy Space Center ist weltberühmt. Mit dem Start von *Apollo 11* im Juli 1969 begann Präsident J. F. Kennedys Traum von der Landung auf dem Mond wahr zu werden. Die Space Shuttles (bemannte Raumfähren; *siehe S. 194*) der NASA starteten von 1981 bis 2011 von einer der Rampen. Heute lockt der Visitor Complex mit vielen Attraktionen, Veranstaltungen und interaktiven Programmen, die informieren und unterhalten.

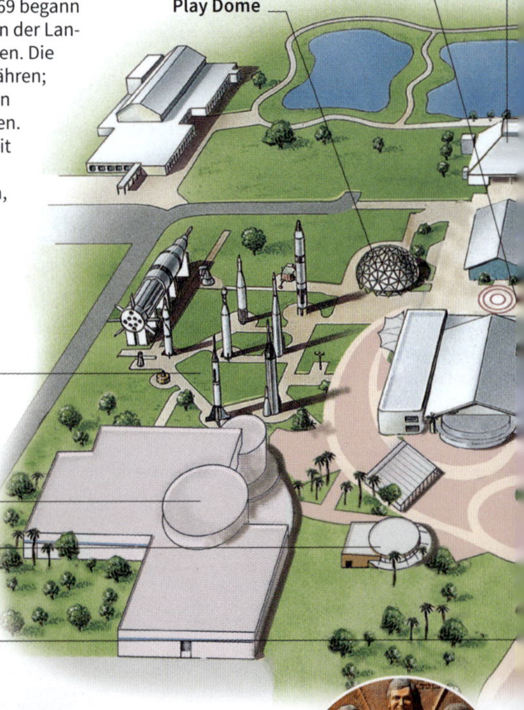

Chronik

1958
Der erste US-Satellit, *Explorer 1*, startet (31. Jan)

1961
◁ Alan Shephard: erster Amerikaner im All (5. Mai)

1965
Edward White: erster Amerikaner auf Weltraumspaziergang (3. Juni)

1969
◁ Neil Armstrong und Buzz Aldrin *(Apollo 11)* betreten den Mond (21. Juli)

1981
Columbia ist das erste Shuttle im All (12. Apr)

1986
△ Explosion der *Challenger*, die Mannschaft stirbt (28. Jan)

↑ *Im Rocket Garden sind Raketen diverser Generationen ausgestellt*

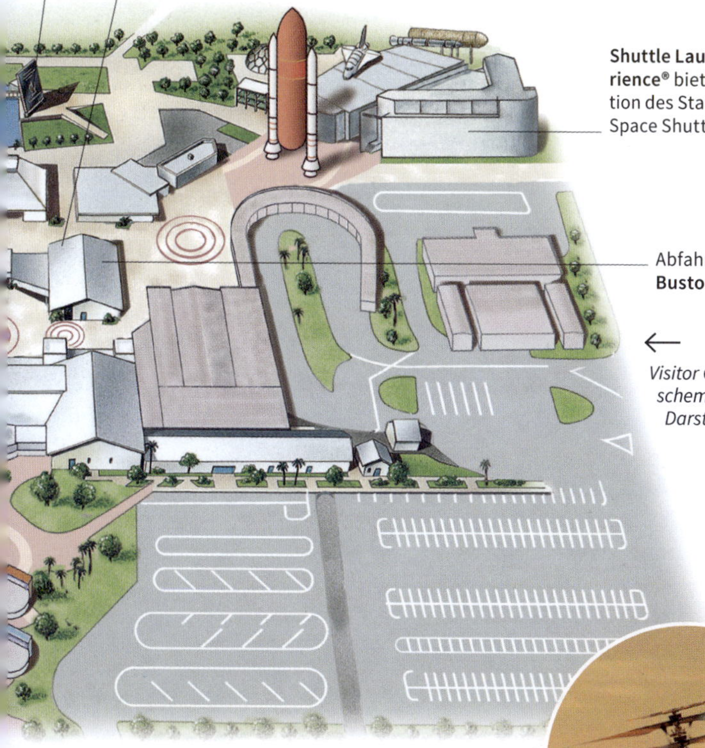

Astronaut Memorial

Space Shop

Shuttle Launch Experience® bietet Simulation des Starts eines Space Shuttle.

Abfahrt für **Bustouren**

← *Visitor Complex: schematische Darstellung*

1988

Erster Start der *Discovery* nach der *Challenger*-Katastrophe (29. Sep)

1990

Start des Hubble-Teleskops (24. Apr)

2001

▽ Dennis Tito ist der erste Weltraumtourist

2003

Columbia explodiert, die sieben Astronauten sterben (1. Feb)

2008

▷ Die Raumsonde *Phoenix* sendet Bilder vom Mars

2021

Der Perseverance Rover landet auf dem Mars

2022

Der Artemis-I-Testflug ebnet den Weg für erneute Mondlandungen

Visitor Complex

Das Kennedy Space Center wurde 1967 für Astronauten und deren Familien erbaut. Heute wird der gewaltige Visitor Complex jedes Jahr von fast zwei Millionen Menschen besucht. Die etwa 340 Quadratkilometer große Anlage bietet Informationen über den Weltraum sowie exzellente IMAX®-Filme, Live-action-Shows, Treffen mit Astronauten und das Apollo/Saturn V Center – der Höhepunkt der Bustour mit Videoerklärungen. Mit dem All-inclusive-Ticket kann man die KSC-Tour, die IMAX®-Weltraumfilme, die US Astronauts Hall of Fame und alle Ausstellungen besuchen.

Die meisten Besucher strömen hier zuerst zu Shuttle: A Ship Like No Other. Von einer Aussichtsrampe hat man einen guten Blick auf das Shuttle *Atlantis*. Ein weiteres Highlight ist Shuttle Launch Experience®, Simulation des Starts eines Space Shuttle. Bei dem Erlebnis wird man auch in den Zustand der Schwerelosigkeit versetzt. Besuchen Sie anschließend das IMAX®-Theater im Nasa Now and Next.

Zu den Attraktionen zählt *Asteroid Hunters*, ein von Daisy Ridley erzählter IMAX-3-D-Film, der einen Blick auf Asteroiden, ihren Ursprung und die potenzielle Bedrohung, die sie für die Erde darstellen, bietet. Forscher erklären, wie sie Asteroiden erkennen und verfolgen, und skizzieren die Technologie, die zum Schutz des Planeten eingesetzt werden könnte. Ein weiterer Film ist *Journey to Space*. Eindrucksvolles Bildmaterial erläutert die Pläne der NASA, weiter in den Weltraum vorzudringen. Astronaut Encounter im Universe Theatre bietet Besuchern die Möglichkeit, jemanden zu treffen, der bereits im Weltraum war.

Die US Astronaut Hall of Fame® erinnert an Astronauten mehrerer Weltraumprogramme. Der »Space Mirror« verfolgt den Lauf der Sonne und reflektiert das Sonnenlicht auf die Namen, die im Astronaut Memorial eingraviert sind. Hier wird der 20 Astronauten gedacht, die auf den Weltraummissionen ihr Leben ließen.

Schöne Aussicht
Raketenstart

Der Kennedy Space Center Visitor Complex ist nur wenige Kilometer von den Startrampen entfernt und der beste Ort, um das Abheben von Raumfahrzeugen zu beobachten. Tickets erhält man online.

Ein Highlight ist Shuttle Launch Experience®, Simulation des Starts eines Space Shuttle. Bei dem Erlebnis wird man auch in den Zustand der Schwerelosigkeit versetzt.

Raketen werden im Visitor Complex sehr eindrucksvoll in Szene gesetzt ↑

Highlight

Bustour im KSC

↑ *Junge Besucher bei einer Ausstellung im Apollo/Saturn V Center*

KSC-Tourbusse fahren alle paar Minuten vom Visitor Complex ab und bieten einen Überblick über die wichtigsten Einrichtungen des Raumfahrtzentrums. Die Tour beinhaltet das Apollo/Saturn V Center und führt Gäste in gesicherte Bereiche, wo Guides das Innenleben der einzelnen Einrichtungen erklären. Besucher können sich so viel Zeit lassen, wie sie möchten, um alles zu sehen.

Die Bustour beginnt mit der 40-minütigen Fahrt durch das NASA-Gelände in Cape Canaveral. Normalerweise umfasst sie das monumentale Vehicle Assembly Building, den Launch Complex 39 und alle dazwischen liegenden Einrichtungen (Änderungen der Tourrouten sind aufgrund des laufenden Betriebs möglich).

Die Tour endet am Apollo/Saturn V Center, wo eine echte Saturn-V-Mondrakete steht. Besucher sehen im Firing Room Theater den historischen Start von Apollo 8, der ersten bemannten Mission zum Mond, gefolgt von einem Film im Lunar Theater, der Aufnahmen der Mondlandung zeigt.

Die Treasures Gallery enthält alles von Alan Shepards mit Mondstaub bedecktem Raumanzug bis zum Kommandomodul von Apollo 14 sowie seltene Ausrüstungsgegenstände und andere Raumanzüge von den Mondmissionen.

Weitere Touren & Extras

Gegen eine zusätzliche Gebühr gibt es weitere Sonderführungen. Bei der KSC Explore Tour können Sie aus dem Bus aussteigen und Fotos machen (z. B. am Vehicle Assembly Building und am Launch Complex 39). Fly With an Astronaut bietet eine Führung durch den ganzen Komplex mit einem NASA-Astronauten.

Außerdem gibt es Astronaut Training Experience® und Mars Base 1. Im vier- bis fünfstündige Astronautentrainingsprogramm Astronaut Training Experience® übt man das Andocken von Raumschiffen, das Navigieren auf dem Mars und erlebt einen Weltraumspaziergang in der Schwerelosigkeit. Das fünf- bis siebenstündige Programm Mars Base 1 führt Gäste virtuell zum Mars, um dort zu leben und zu arbeiten. Zu den Aufgaben gehören die Pflege von Gemüse im Botaniklabor und die Programmierung von Robotern.

Kürzer (30 Min.) sind die ATX® Training Stages, ein Liveaction-Erlebnis, bei dem Spieler für die Schwerelosigkeit trainieren, im Weltraum spazieren gehen und auf dem Mars landen, laufen und fahren können. Chat With An Astronaut bietet die Möglichkeit, mit einem echten Astronauten zusammenzusitzen (die allgemeinen Präsentationen von Astronauten sind bereits im Eintritt enthalten).

Da diese Touren sehr schnell ausverkauft sind, sollten man sie im Voraus reservieren. Wer alle Erlebnisse mitmachen will – was sich durchaus lohnt – sollte sie auf mehrere Tage verteilen, da dabei ein weites Feld sehr detailliert abgedeckt wird.

→ *Die Apollo-14-Kapsel wird in der Apollo Treasures Gallery gezeigt*

Space Shuttle

Ende der 1970er Jahre waren die Kosten für die Entsendung von Astronauten ins All nicht mehr tragbar. Die Apollo-Missionen verschlangen Milliarden Dollar. Wiederverwendbare Raumfahrzeuge waren nötig, die mehrere Jahre benutzt werden konnten. Die Antwort war das Space Shuttle *Columbia*, das am 12. April 1981 ins All startete. Es konnte verschiedenste Satelliten und Sonden ins Weltall transportieren. Außerdem beförderte es Material zur International Space Station (ISS). Das Space-Shuttle-Programm endete 2011.

Zukunft der US-Raumfahrt

Nach dem Ende der Space-Shuttle-Ära suchte die NASA in der Privatindustrie Partner für die Entwicklung von Raumkapseln zur Versorgung der ISS. Unternehmen wie SpaceX und Blue Origin übernahmen Aufgaben wie etwa die Konstruktion von Shuttle-Nachfolgern, wofür ihnen von der Weltraumbehörde finanzielle Mittel und Einrichtungen des Kennedy Space Center zur Verfügung gestellt wurden. So starten hier die von privaten Raumfahrtunternehmen entwickelten Raketen.

Das von Amazon-Gründer Jeff Bezos im Jahr 2000 gestartete Raumfahrtunternehmen Blue Origin entwickelt Raumfahrzeuge wie *New Shepard* für suborbitale Flüge. Für die nähere Zukunft sieht Blue Origin im Transport von »Weltraumtouristen« ein Geschäftsfeld.

Allerdings ist nicht die gesamte Weltraumforschung in den privaten Sektor übergegangen. Zu den aktuellen NASA-Missionen gehören bemannte Artemis-Flüge zum Mond 2025, die ihre Orion-Besatzungsmodulsysteme auch für den Beginn menschlicher Reisen zu Asteroiden und zum Mars nutzen werden. Besucher erfahren im Kennedy Space Center mehr über diese Missionen, künftige Artemis-Starts und das Lunar Gateway – eine Raumstation in der Mondumlaufbahn.

↑ *Start von* Delta II, *Cape Canaveral Air Force Station*

TOP 5 Aussichtspunkte

Titusville
Direkt hinter der Lagune

Marina Park
501 Marina Rd

Sand Point Park
101 N Washington Ave (US 1)

Space View Park
8 Broad St

Manzo Park
3335 S Washington Ave (US 1)

→ *Startrampe im Kennedy Space Center*

Schon gewusst?

Das Artemis-Programm der NASA will bis 2025 einen Menschen auf den Mond bringen.

Die Shuttle-Starts

Dem Jungfernflug des ersten Shuttle im April 1981 folgten die Missionen der *Columbia*, *Challenger*, *Discovery*, *Atlantis* und *Endeavour*. Die Explosion der *Challenger* beim Start 1986 beeinträchtigte das Programm, doch fanden weitere Starts statt, bis 2003 die *Columbia* beim Wiedereintritt auseinanderbrach. Als Reaktion auf das Unglück wurde das Shuttle überarbeitet, 2005 flog mit der *Discovery* wieder ein Shuttle zur Internationalen Raumstation ISS. Insgesamt wurden 135 Flüge durchgeführt. Mit der Landung des Shuttle *Atlantis*, das man jetzt im Kennedy Space Center besichtigen kann, ging im Juli 2011 die Ära dieser US-Fähren zu Ende.

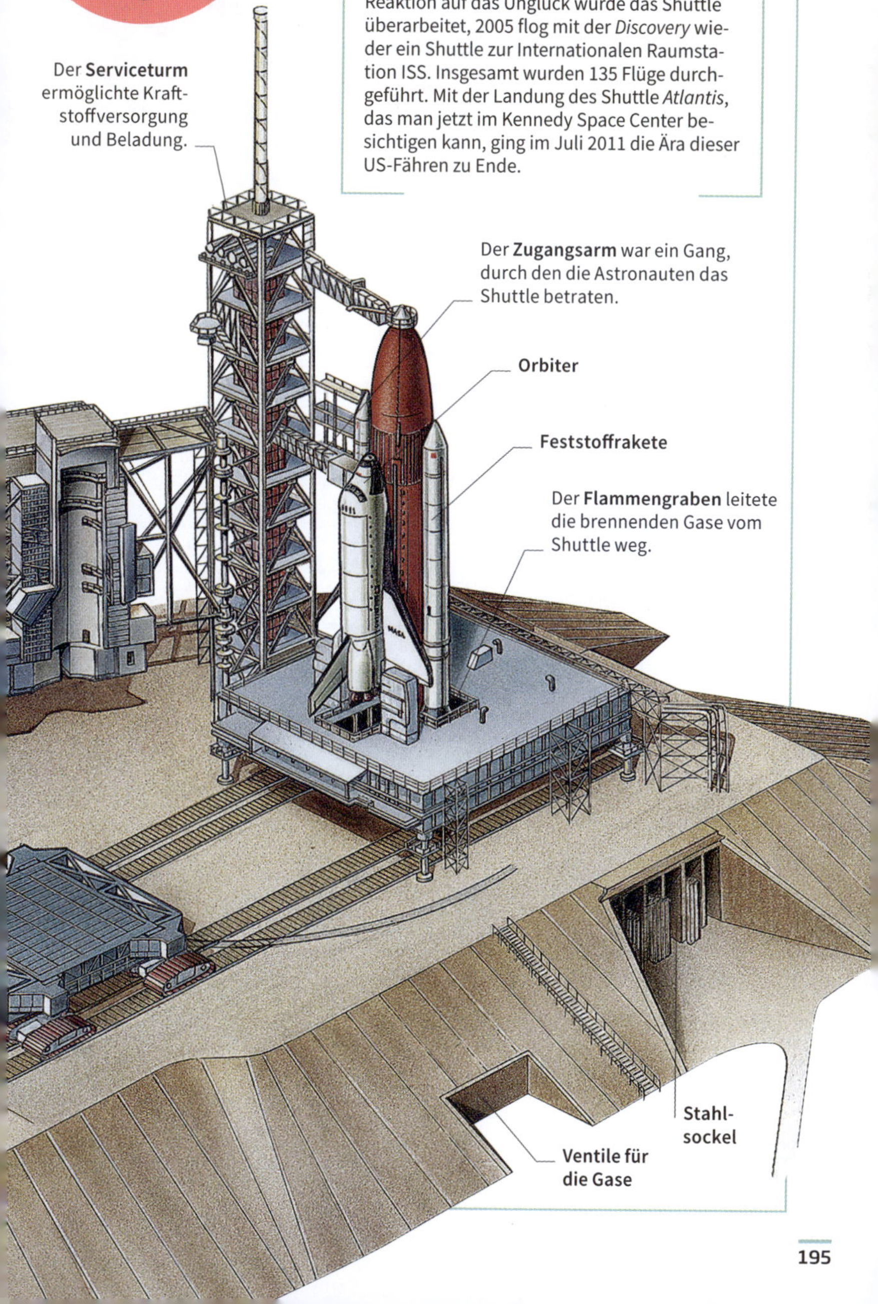

↑ *Bei Wildwasserfahrten in SeaWorld® Orlando sind Spaß und Nervenkitzel garantiert*

SEHENSWÜRDIGKEITEN

5 SeaWorld® Parks & Resorts Orlando

B6 · 7007 SeaWorld Dr · +1-407-545-5550 · siehe Website · seaworld.com

Der Entertainment-Komplex umfasst drei unterschiedlich konzipierte Parks, die jede Menge Unterhaltung bieten.

SeaWorld® Orlando ist der bekannteste Bereich. Zu den Hauptattraktionen zählen die Achterbahnen Kraken® und Mako sowie der neue Pipeline: Surf Coaster, der 2023 eröffnet wurde, eine Stand-up-Achterbahn, die einem das Gefühl gibt, auf Wellen zu surfen. Das SeaWorld Rescue Center beherbergt gerettete Schildkröten, die zu verletzt sind, um allein in freier Wildbahn zu überleben. Andere Tiere sieht man in begehbaren Ausstellungen oder in Shows im Stadion. Bei der sechsminütigen Fahrt auf den 122 Meter hohen Sky Tower gewinnt man einen Überblick über den Park.

SeaWorld® Orlando unterhält auch ein Rehabilitationszentrum für gestrandete und verletzte Meerestiere. Dort werden die Tiere gepflegt, nach ihrer Genesung kehren sie in die Natur zurück.

Auf der gegenüberliegenden Straßenseite bietet der Discovery Cove Park einige unvergessliche Erlebnisse, zum Beispiel die Möglichkeit, wunderschöne Weißbüschelaffen zu beobachten oder einen Unterwasser-Spaziergang rund um das Grand Reef zu unternehmen.

Der dritte Park ist Aquatica, SeaWorld's Waterpark®, ein wahres Wasserparadies mit Lagunen, Wellenbecken, Flüssen und Wasserrutschen.

Kritik an SeaWorld® Orlando

In die Kritik geriet SeaWorld® Orlando nach Erscheinen des Dokumentarfilms *Blackfish* (2013), der ethische Fragen zur Tierhaltung aufwarf und Gefahren, die sich aus der Gefangenschaft von Tieren ergeben, thematisierte. Nach der Veröffentlichung wurde vor allem die Behandlung der Killerwale gerügt, die Besucherzahlen in den Themenparks gingen zurück. SeaWorld® Orlando stellte daraufhin sein Zuchtprogramm für Orcas ein und richtete alle Orca-Auftritte neu aus.

6 Kissimmee

B7 · 79 400 · Osceola County · 4155 W Vine St (Welcome Center) · experiencekissimmee.com

Anfang des 20. Jahrhunderts liefen die Rinder in diesem Zentrum der Viehwirtschaft noch frei herum. Heute kann man sie meist nur noch zweimal im Jahr beim Rodeo in der **Silver Spurs Arena** von Kissimmee sehen. Die meisten Besucher kommen aber wegen der Nähe zu Walt Disney World®. Billige Motels liegen an der US 192. Nach einem Tag im Themenpark fühlen Sie sich vielleicht eher in der Old Town wohl. In dieser Fußgängerzone mit vielen älteren Gebäuden

Entdeckertipp
Wasserschutz

Für einen stressfreien Besuch von SeaWorld® Orlando sollten Sie möglichst eine Plastiktüte zum Schutz Ihrer Kamera mitnehmen. In einigen Shows kann man in den ersten Reihen nass werden.

bieten viele ausgefallene Läden psychologische Literatur, Tattoos, irisches Leinen, Kerzen und mehr an. Außerdem finden Sie ein bescheidenes Geisterhaus und einen kleinen nostalgischen Rummelplatz.

Das **Osceola County Welcome Center and History Museum** verfügt über interaktive Ausstellungen, die die frühe Geschichte der Stadt zum Leben erwecken, während das nahegelegene Pioneer Village eine Reihe historischer Bauwerke aus dem gesamten County bewahrt.

Silver Spurs Arena
Osceola Heritage Park **für Shows** **silverspursrodeo.com**

Osceola County Welcome Center and History Museum
4155 West Vine St **tägl. 10–16** **osceola history. org**

Buntes Nachtleben in der Fußgängern vorbehaltenen Old Town von Kissimmee

7 American Police Hall of Fame

F3 **6350 Horizon Dr** **Titusville** **Di–Sa 10–16** **Thanksgiving, 25. Dez** **aphf.org**

Wohl kaum ein Besucher bleibt ungerührt angesichts der riesigen marmornen Ruhmeshalle der amerikanischen Polizei, in der mehr als 5000 Namen von Polizisten, die im Dienst getötet wurden, eingraviert sind.

Einige der hier präsentierten Ausstellungsstücke sind faszinierend, andere hingegen blutrünstig und geschmacklos. Der weibliche Robocop, Schlagringe und als Lippenstifte oder Regenschirme getarnte Waffen wirken eher langweilig.

8 Winter Park

C4 **29 100** **151 W Lyman Ave** **winterpark.org**

Die feine Gegend entstand um 1880, als sich wohlhabende Nordstaatler hier ihre Winterresidenzen errichten ließen. Aus den überaus exklusiven Läden und Cafés an der Park Avenue strömt der Duft teurer Parfüms und Kaffees. Das **Charles Hosmer Morse Museum of American Art** am Nordende der Straße beherbergt die wohl weltweit schönste Sammlung von Louis Comfort Tiffany. Das nahe gelegene Rollins College beherbergt das **Rollins Museum of Art** mit Gemälden aus der italienischen Renaissance.

Charles Hosmer Morse Museum of American Art
445 Park Ave N **Di–Sa 9:30–16 (Fr bis 20), So 13–16** **morsemuseum.org**

Rollins Museum of Art
1000 Holt Ave **Di–Fr 10–16 (Di bis 19), Sa, So 12–17** **rollins.rollins.edu/rma**

Bars

The Porch
Diese Sportbar besticht durch ihr Industrial-Design. An Spieltagen wird es sehr voll.
C4 **643 N Orange Ave, Winter Park** **theporchwinterpark. com**
$

The Parkview
Die Auswahl an offenen Weinen birgt manche Überraschung.
C4 **136 S Park Ave, Winter Park** **theparkviewwp.com**
$$

The Geek Easy
Die Bar ist bekannt für ihre Quizabende.
C4 **114 S Semoran Blvd #6, Winter Park** **+1-407-332-9636**
$

↑ *Das umgedrehte Gebäude von WonderWorks und eine Ausstellungsbesucherin* (Detail)

9 (Restaurant-Symbol) (Einkaufs-Symbol)

International Drive

B6 · Orange County · Orlando · 8723 International Drive; +1-407-363-5872 · internationaldriveorlando.com

Der International Drive oder »I-Drive« liegt zwischen den Universal Studios Florida™ und SeaWorld® und ist ein fünf Kilometer langes Band aus Restaurants, Hotels, Läden und Theatern.

Die größte Attraktion am »I-Drive« ist der ICON Park, der familienorientierte Unterhaltung bietet. Tickets für die verschiedenen Sehenswürdigkeiten können einzeln gekauft werden, Pakete bieten jedoch Ermäßigungen.

Die beliebteste Attraktion im ICON Park ist **The Wheel at ICON Park™**, ein Riesenrad, das von einer von 30 klimatisierten transparenten Kapseln einen Blick auf Zentralflorida bietet. Kompassmarkierungen an der Decke und ein Kommentar weisen auf Orientierungspunkte hin.

Wachsfiguren von Prominenten aus Musik, Film, Fernsehen, Kunst, Wissenschaft, Geschichte und Sport säumen die Hallen von **Madame Tussauds Orlando**. Machen Sie ein Selfie mit Taylor Swift oder Aquaman, teilen Sie den Tisch mit Audrey Hepburn oder sehen Sie Neil Armstrong in seinem Moonwalk-Anzug an.

Im selben Gebäude wie Madame Tussauds Orlando bietet das **SEA LIFE Aquarium Orlando** in 32 Bereichen, die die verschiedenen Ozeane der Welt widerspiegeln, einen Einblick in das Leben von mehr als 5000 Meerestieren. In einem Raum schwimmen Sardinen in einem silbernen Wirbel über den Köpfen der Besucher, und Haie und Rochen über und unter den Besuchern, die durch einen 360-Grad-Meerestunnel gehen.

Der **7D Dark Ride** bietet spannende Shows in sieben Dimensionen, darunter Wind, Sound und Bewegung.

Ripley's Believe It or Not! ist voller fantastischer Objekte, Illusionen und kurioser Filmaufnahmen. Es gehört zu einer weltweiten Museumskette, die aus dem sogenannten Odditorium der Chicagoer Weltausstellung 1933 hervorgegangen ist.

WonderWorks, ein auf dem Kopf stehendes Haus, bietet interaktiven Familienspaß mit einem simulierten Erdbeben und Lasertag-Spielen. **Titanic: The Artifact Exhibition** ist dem 1912 gesunkenen Schiff gewidmet und zeigt Erinnerungsstücke aus Filmen sowie Nachbildungen der Schiffsräume. Zurück

> **Größter Anziehungspunkt ist ICON Orlando™ Observation Wheel, ein Riesenrad, von dessen 30 transparenten Gondeln man einen wundervollen Blick über Teile Floridas genießt.**

am »I-Drive« liegt **Pointe Orlando**, ein Einkaufszentrum im Freien mit gehobenen Restaurants, Nachtclubs und Läden sowie einem Kino, dem Cuba Libre Restaurant und einem Improv Comedy Club.

Naschkatzen werden die **Chocolate Kingdom – Factory Adventure Tour** lieben, die eine Einführung in die Schokoladenherstellung bietet. Kinder freuen sich über die Gokartbahnen, Autoscooter und Boote, das Karussell und die riesige Spielhalle im **Magical Midway Thrill Park** freuen, während Teenager und Ältere bei **Escape Game Orlando** versuchen, ein Kunstwerk zu finden oder aus dem Gefängnis auszubrechen.

The Wheel at ICON Park™
8401 I-Drive
siehe Website
iconparkorlando.com

Madame Tussauds Orlando
8387 I-Drive
siehe Website
madametussauds.com/orlando

SEA LIFE Aquarium Orlando
849 I-Drive
siehe Website
visitsealife.com/orlando

Expertentipp
I-Ride Trolleys

Mit Bussen kommt man auf dem International Drive am besten (und günstigsten) vorwärts. Sie sind täglich von 8 bis 22:30 Uhr im Einsatz, der Fahrpreis beträgt 2 US-Dollar, für Kinder von drei bis neun Jahre die Hälfte.

7D Dark Ride
8401 I-Drive
tägl. 11–23 (Fr – So bis 24)
inthegame.net/iconpark

Ripley's Believe It or Not!
8201 I-Drive
tägl. 10 – 22 (Fr, Sa bis 23)
ripleys.com/orlando

WonderWorks
9067 I-Drive
tägl. 9 – 24 wonderworksonline.com

Titanic: The Artifact Exhibition
7324 I-Drive
tägl. 10 – 20 (Fr, Sa bis 17)
titanicorlando.com

Pointe Orlando
9101 I-Drive
tägl. 11 – 24 (So bis 20)
pointeorlando.com

Schon gewusst?

The Wheel at ICON Park™ Wheel ist 122 Meter hoch.

Chocolate Kingdom – Factory Adventure Tour
9901 Hawaiian Ct (bei I-Drive)
tägl. 11:30 –17
chocolatekingdom.com

Magical Midway Thrill Park
7001 I-Drive
tägl. 10 – 24
magicalmidway.com

Escape Game Orlando
8145 I-Drive tägl. 8 – 24 theescapegame.com/orlando

→ *Die verglasten Gondeln von The Wheel at ICON Park™ bieten eine wundervolle Aussicht*

10 Fantasy of Flight

E3 Polk County 1400 Broadway Blvd SE, Polk City Winter Haven Mitte Juni – Juli, Mitte Nov – Mitte Apr: Fr – So 11–15 (weitere Zeiten siehe Website) fantasyofflight.com

Fantasy of Flight wurde in den letzten Jahren drastisch verkleinert, sodass das Museum nur noch saisonal geöffnet ist. Das größere ursprüngliche Museum, in dem die meisten alten Flugzeuge ausgestellt waren, ist geschlossen, Gäste können nur noch den ehemaligen Wartungshangar betreten, der eine Auswahl von 20 bis 25 Flugzeugen zeigt. Trotzdem sehen Sie hier noch einige berühmte Flugzeuge, darunter die B-24 J Liberator, einen US-Bomber von 1939, die Brown B-2 Racer, genannt »Miss Los Angeles«, von 1934 und die Supermarine Spitfire Mk 16, die bis in die 1950er im RAF-Dienst war. In der Nähe des Hangars gibt es auch einen Souvenirladen mit einer Auswahl an Mini-Flugzeugen und Flug-Erinnerungsstücken.

Auch wenn die kleinere Ausstellung immer noch ein interessantes Erlebnis darstellt, ist die einzige Möglichkeit, die gesamte Sammlung zu sehen, die Buchung einer Führung (500 Dollar für bis zu fünf Personen, danach 100 Dollar pro Person). Vielleicht wird die ganze Sammlung eines Tages noch einmal ausgestellt. Es handelt sich um die weltweit größte Sammlung antiker Flugzeuge, die jeden Liebhaber begeistert.

↑ *Ein Besucher fährt mit dem Kajak über den Lake Toho, umgeben von ruhigen Wäldern*

11 Lake Toho

F3 Osceola County 3 Meilen (5 km) südl. von Kissimmee Kissimmee Big-Toho-Jachthafen, Lakeshore Blvd, Kissimmee

Der im Quellgebiet der Everglades gelegene Lake Tohopekaliga – von den Einheimischen Toho genannt – ist für seinen gewaltigen Artenreichtum bekannt. Makinson Island in der Seemitte ist ein 55 Hektar großes Naturschutzgebiet, in dem Besucher eine große Vielfalt an Tieren und Pflanzen in ihrer natürlichen Umgebung erleben. Alligatoren, Seeadler, Fischadler, Reiher und viele andere Tierarten kann man bei einer drei Kilometer langen Wanderung von einem Weg beobachten, der um das Reservat führt. Den Transport zur Insel muss man selbst organisieren. Etwa ein Drittel des Sees wird von Maidencane-Gras und Rohrkolben bedeckt.

Angler kommen aus aller Welt zum Lake Toho – einem der besten Orte Floridas, um Barsche zu fangen – und treten bei dreitägigen Wettkämpfen gegeneinander an.

Blaureiher finden am Lake Toho geeigneten Lebensraum →

12 Lake Kissimmee State Park

F4 14248 Camp Mack Rd, Lake Wales florida stateparks.org

Der wundervolle Park mit Eichenwäldern, Prärien und Auen ist einer der besten Orte in Zentralflorida, um einheimische Wildtiere zu beobachten. Rund um den gepflegten Campingplatz und von den Wanderwegen (32 km) aus sieht man oft Wildtruthähne, Weißwedelhirsche, Gopherschildkröten, Eulen, Alligatoren, Falken und Weißkopfseeadler sowie Gürteltiere.

Der Laden Cracker Shack verkauft grundlegende Campingausrüstung und Snacks. Im Cow Camp, einem Viehlager aus dem Jahr 1876, werden Vorführungen zum Leben der Kuhjäger im Florida des 19. Jahrhunderts gezeigt.

Zu den weiteren Aktivitäten im Park zählen Kanu- und Kajakfahren, Angeln, Radfahren und Reiten.

13 Disney Wilderness Preserve

F4 · 2700 Scrub Jay Trail, 12 Meilen (18 km) südwestl. von Kissimmee · Kissimmee · Mi–Fr 9–16:30, Sa, So 9:30–16:30 · nature.org

Das 50 Quadratkilometer große Wildnisschutzgebiet verfügt über Sümpfe und Seen – ein Paradies für einheimische Pflanzen und Tiere. Hier leben mehr als 160 Wildtierarten, darunter Floridahäher, Sandhügelkraniche und Sherman-Fuchshörnchen. Besucher können einem der drei Wanderwege folgen, die zum Ufer des Lake Russell, einem der letzten unbebauten Seen in Florida, führen. Am kürzesten ist der White Harden Trail (800 m), auf dem Sie mehr über die Natur erfahren. Die längeren Wege sind teilweise nicht beschattet, daher sollten Sie in den heißeren Monaten Wasser und Sonnencreme mitbringen.

Der Red Wilderness Trail ist eine vier Kilometer lange Schleife um den Lake Russell und verschiedene Lebensräume, während der längere Yellow Trail (eine 9,7 km lange Schleife) durch Feuchtgebiete und Lebensräume im Hochland Floridas führt.

Bedenken Sie, dass es sich trotz seines Namens nicht um einen Themenpark handelt. Die Alligatoren und Schlangen sind sehr real. Besucher sollten bei der Erkundung dieser Regionen stets wachsam und vorsichtig sein.

Schon gewusst?

Im Disney Wilderness Preserve wurden auch gefährdete Florida-Puma gesichtet.

14 Bok Tower Gardens

F4 · Polk County, 1151 Tower Blvd, Lake Wales · Winter Haven · Lake Wales · tägl. 8–18 · boktowergardens.org

Edward W. Bok kam im Jahr 1870 im Alter von sechs Jahren aus Holland in die USA und wurde hier ein einflussreicher Verleger. Kurz vor seinem Tod 1930 schenkte er den wunderschön bewaldeten Park dem Publikum »als Dank für seinen Erfolg, den er der Öffentlichkeit schuldet«.

Das Gelände erstreckt sich am höchsten Punkt der Halbinsel Florida – 91 Meter über dem Meeresspiegel. In der Mitte befindet sich der Singing Tower mit Boks Grab. Sie können den Turm zwar nicht besteigen, sollten sich aber das 45-minütige Glockenspiel täglich um 15 Uhr anhören.

Alligatoren

Rund eine Million Alligatoren leben in Floridas Süß- und Brackwassergebieten (Seen, Flüssen und sogar Teichen von Golfplätzen). Trotz ihrer großen Anzahl gelten Alligatoren als gefährdet. Tödliche Angriffe auf Menschen sind zwar äußerst selten, kommen aber gelegentlich vor (zuletzt im Jahr 2022).

→ *Der imposante Singing Tower im Zentrum von Bok Tower Gardens*

← *Waldstorch – ein typischer Vertreter der Vogelwelt auf Merritt Island*

⑮

Valiant Air Command Warbird Air Museum

F3 6600 Tico Rd, Titusville, Brevard County
+1-321-268-1941
Titusville tägl. 9–17
Thanksgiving, 25. Dez
valiantaircommand.com

In dem Museum sind in einem riesigen Hangar Militärflugzeuge aus dem Zweiten Weltkrieg und später untergebracht – alle liebevoll restauriert und flugfähig. Der Stolz der Sammlung ist eine Douglas C-47 namens Tico Belle: Das Flugzeug wurde im Zweiten Weltkrieg eingesetzt, bevor es zum offiziellen Flugzeugträger der dänischen Königsfamilie wurde.

Jeden März gibt es eine Flugshow mit simulierten Luftkämpfen. Mehrere der restaurierten Flugzeuge fliegen regelmäßig, darunter eine TBM Avenger der US Navy. Das Flugzeug ist eine Hommage an die fünf Bomber des berüchtigten Flugs 19, der 1945 über dem Bermuda-Dreieck verschwand. Besucher, die sich für die Restaurierung von Flugzeugen interessieren, können den Larkin/Lindsay Restoration Hangar (in Begleitung eines Mitarbeiters) erkunden Ein weiterer Bereich zeigt Erinnerungsstücke aus der Militärluftfahrt, darunter Uniformen, Abzeichen, Ausrüstung, Waffen und Modelle.

⑯

Canaveral National Seashore und Merritt Island

F3 Brevard County
Titusville nps.gov

In den benachbarten Reservaten gibt es dank des Zusammentreffens von gemäßigtem und subtropischem Klima viele Lebensräume, darunter Salzwasserbuchten, Sümpfe, Pinienhaine und Hammocks. Man kann Alligatoren und gefährdete Tierarten wie Seekühe sehen, beherrschend ist jedoch die Vogelwelt.

Zum **Canaveral National Seashore** gehört eine Barriere-Insel mit Floridas größtem naturbelassenem Sandstrand (39 km). Apollo Beach im Norden ist von der A1A, Playalinda Beach im Süden über Route 402 zu erreichen. Dazwischen gibt es keine Straßenverbindung. Hier kann man gut sonnenbaden, schwimmen kann gefährlich sein – es gibt keine Rettungsschwimmer.

Hinter dem Apollo Beach errichteten die Timucua zwischen 800 und 1400 einen zwölf Meter hohen Muschelhügel. Ein Plankenweg führt hinauf, wo man einen herrlichen Blick über die Mosquito Lagoon mit vielen Mangroveninseln hat.

Die Route 402 nach Playalinda Beach bietet ebenfalls eine schöne Aussicht – auf die Abschussrampen des Kennedy Space Center. Diese Straße kreuzt auch das 570 Quadratkilometer große **Merritt Island National Wildlife Refuge**, das größtenteils im Kennedy Space Center liegt und daher unzugänglich ist.

↑ *Ausstellungshalle im Valiant Air Command Warbird Air Museum*

Surfer und Schwimmer genießen den Wellengang vor Cocoa Beach

Die beste Möglichkeit, die Tierwelt zu erleben, bietet der zehn Kilometer lange Black Point Wildlife Drive.

Das östlich an der Route 402 in Richtung Playalinda gelegene Merritt Island Visitor Information Center erläutert die Lebensräume, die Flora und Fauna des Reservats. Etwa 1,5 Kilometer weiter östlich führen auf dem Oak Hammock und dem Palm Hammock Trail Plankenwege durch Sumpfgebiet. Hier kann man Vögel beobachten und fotografieren.

Canaveral National Seashore
Route A1A, 20 Meilen (32 km) nördl. von Titusville tägl. 6–20 (Winter: bis 18) nps.gov

Merritt Island National Wildlife Refuge
Route 406, 4 Meilen (6,5 km) östl. von Titusville tägl. Sonnenauf- bis -untergang fws.gov/refuge/merritt-island

> **Cocoa Village prägen Gebäude, die um 1880 entstanden, Gaslaternen und Kopfsteinpflaster.**

17

Cocoa Beach

G3 11 300 Merritt Island 400 Fortenberry Rd visitcocoabeach.com

Der Ferienort bezeichnet sich als das Surfzentrum der Ostküste. Surfpartys, Bikini- und Bier-Wettkämpfe geben auf dem Pier den Ton an. Motels, Restaurantketten und Kneipen prägen das Bild der Hauptstraße, der **Ron Jon Surf Shop** stellt jedoch alle in den Schatten. Der Neonpalast bietet Surfbretter in rauen Mengen. Vor den blinkenden Türmen stellen Skulpturen Sportler dar.

Ron Jon Surf Shop
4151 N Atlantic Ave tägl. 9–23 ronjonsurfshop.com

18

Cocoa

F3 19 300 400 Fortenberry Rd, Merritt Island; +1-321-459-2200 cocoafl.org

Cocoa ist der attraktivste Ort auf dem Festland an der Space Coast. Wo die Route 520 den Indian River bei Cocoa Beach überquert, liegt der als Cocoa Village bekannte Bezirk mit Gebäuden, die um 1880 entstanden, Gaslaternen und Kopfsteinpflaster.

In der Delannoy Avenue steht das Classical Revival **Porcher House**, 1916 aus Coquina-Stein gebaut. Heute dient es als Veranstaltungsort und ist normalerweise für die Öffentlichkeit geschlossen. Achten Sie auf die in den Säulengang eingravierten Karo-, Herz-, Pik- und Kreuzsymbole: Mrs. Porcher spielte begeistert Bridge.

Porcher House
434 Delannoy Ave +1-321-633-0806 nur Außenanlage

> Expertentipp
> **Vogelwelt der Space Coast**
> Die prächtige artenreiche Vogelwelt der Space Coast kann man am besten in den frühen Morgenstunden oder kurz vor Einbruch der Dunkelheit beobachten. Vor allem zwischen November und März wimmelt es in den Sümpfen und Lagunen nur so von Zugvögeln (Enten und Watvögel).

COLONIAL QUAR
St. Augustine
GIFT SHOPPE & MU
de ESPAÑA
AUTHENTIC FOOD & WINE
FROM SPAIN
COLONIAL QUARTER
Colonial Crew
REVUE
INN
Go Fish
CASTILLO
DE
SAN MARC
FORT

St. George Street in St. Augustine (siehe S. 210 – 217)

Nordosten

In dieser Region erinnern beschauliche Fischerdörfer, überwucherte Plantagen und malerische Städte an das Florida vergangener Zeiten. Floridas geschriebene Geschichte beginnt an der First Coast im Nordosten. Juan Ponce de León landete hier erstmals 1513, und spanische Siedler bauten das noch gut erhaltene St. Augustine, bewacht von dem mächtigen Fort San Marcos.

Mit den Dampfschiffen kamen im 19. Jahrhundert die ersten Urlauber. Damals war Jacksonville das Tor Floridas, und Dampfer befuhren den St. Johns River und seine Nebenflüsse. In den 1880er Jahren erreichte die Eisenbahn die Ostküste, danach strömten reiche Urlauber in die Luxushotels von St. Augustine und Ormond Beach.

Breite Sandstrände säumen den beliebten Ferienort Daytona, ein Synonym für Autorennen, seit Männer wie Henry Ford und Louis Chevrolet in ihrem Winterurlaub am Strand Autorennen veranstalteten.

Ein Stück weiter im Landesinneren erstreckt sich westlich des St. Johns River der Ocala National Forest. Dahinter werden die Wälder allmählich immer lichter und gehen schließlich in das hügelige Weideland der Milliarden Dollar schweren Vollblutpferdezucht des Marion County über. In der Nähe haben charmante Provinzstädte und Dörfer wie Micanopy trotz der umliegenden Bebauung ihren rustikalen Charme bewahrt.

GEORGIA
Folkston
Boulogne
Okefenokee National Wildlife Refuge
Statenville
Tarver
Fargo
Hilliard
Jennings
Cypress Creek Conservation Area
St. Marys River
Callahan
Jasper
Moniac
Pinhook Swamp
Blue Springs
Suwannee River
Taylor
Verdie
Osceola National Forest
White Springs
Baldwin
Live Oak
Macclenny
Sanderson
Panhandle
Seiten 230–253
Wellborn
Maxville
Lake City
Manning
Pine Mount
Highland
Luraville
Lulu
Columbia
Middleburg
Mayo
Lake Butler
Lawtey
Providence
Branford
Kingsley Beach
Fort White
Starke
Mallory Swamp
Wanamake
Brooker
Santa Fe River
High Springs
Keystone Heights
Alachua
Waldo
Putnam Hall
Pumpkin Swamp
Fairbanks
Santa Fe Lake
Wade
Melrose
Newberry
14 Gainesville
Kanapaha Botanical Gardens
Cross City
Trenton
Interlac
Paynes Prairie Preserve State Park
Hawthorne
Archer
Orange Springs
Chiefland
Micanopy 20
16 Marjorie Kinnan Rawlings Historic State Park
Bronson
Williston
Suwannee River
Otter Creek
Anthony
Morriston
Silver Springs State Park
15
Rosewood
Ocala 18
Oklawaha River
Cedar Key
Lebanon
Dunnellon
Rolling Ranches
Belleview
Inglis
Golfküste
Seiten 254–287
Nordosten
Lady L
Wildwood
Inverness
Leesburg
0 Kilometer 20
0 Meilen 20
N
Bushnell

Nordosten

Highlights

1. Jacksonville
2. St. Augustine

Sehenswürdigkeiten

3. Fernandina Beach
4. Fort Caroline National Memorial
5. Kingsley Plantation
6. Talbot Island State Parks
7. Daytona Beach
8. World Golf Hall of Fame
9. Washington Oaks Gardens State Park
10. Bulow Plantation Ruins Historic State Park
11. Daytona International Speedway
12. Ponce de León Inlet Lighthouse
13. Sanford
14. Gainesville
15. Silver Springs State Park
16. Marjorie Kinnan Rawlings Historic State Park
17. Ocala National Forest
18. Ocala
19. Mount Dora
20. Micanopy
21. Ormond Beach
22. Blue Spring State Park

Wolkenkratzer in Downtown spiegeln sich im St. Johns River

❶

Jacksonville

F2 · 955 000 · Duval County · 100 N Laura St · visitjacksonville.com

Jacksonville wurde 1822 gegründet und nach General Andrew Jackson benannt. Die Stadt erlebte Anfang des 19. Jahrhunderts einen Boom als Hafen und Eisenbahn-Endstation. Das Geschäftszentrum mit vielen Restaurants und Läden liegt zu beiden Seiten des St. Johns River.

①

Jacksonvilles Strände

Duval County, St. Johns County · Jacksonville · BH1, BH2, BH3 · jacksonvillebeach.org

Östlich von Downtown erstrecken sich ein halbes Dutzend Strände. Im Süden ist der Ponte Vedra Beach wegen seines Sportangebots (v. a. Golf) bekannt. Jacksonville Beach ist der überlaufenste und lauteste Strand. Adventure Landing bietet hier ganzjährig Unterhaltung. Neptune Beach und Atlantic Beach im Norden sind familienfreundlich. Am schönsten ist der **Kathryn Abbey Hanna Park** mit langem weißem Sandstrand, Wanderwegen, einem Süßwassersee zum Angeln und Baden sowie Campinganlagen. Der Park liegt südlich von Mayport. Hier gibt es eine Krabbenkutterflotte, auch die US Navy ist hier beheimatet.

Kathryn Abbey Hanna Park

500 Wonderwood Dr · +1-904-249-4700 · Apr–Okt: tägl. 8–20 (Nov–März: tägl. 8–18)

②

Cummer Museum of Art and Gardens

829 Riverside Ave · +1-904-356-6857 · Di–So · Feiertage · cummermuseum.org

Das ausgezeichnete Museum in einem herrlichen Park am St. Johns River präsentiert in zwölf Galerien 4000 Kunstwerke, die von klassischen und präkolumbischen Skulpturen und Keramiken über Renaissance-Gemälde bis zur Wark-Sammlung mit frühem Meissener Porzellan reichen.

Des Weiteren sind die *Grablegung Christi* (ca. 1605) von Rubens sowie eine beeindruckende Sammlung japanischer Exponate zu sehen. Auch Werke amerikanischer Impressionisten sowie Bilder von Künstlern des 19. und 20. Jahrhunderts wie John James Audubon sind hier ausgestellt.

Griechische Vase (6. Jh. v. Chr.) im Cummer Museum of Art

③ Museum of Contemporary Art Jacksonville

333 North Laura St
+1-904-366-6911
Di–Sa 11–17, So 12–17
mocajacksonville.org

Das geräumige Museum im Herzen der Stadt zeigt in fünf Galerien die größte Sammlung moderner und zeitgenössischer Kunst im Südosten der USA.

↑ *Die unscheinbare Fassade des Museum of Science and History*

④ Museum of Science and History

1025 Museum Circle
Do–Mo 10–17 (Sa bis 8, So ab 12) themosh.org

Hier wird die 12 000 Jahre alte Kultur der Timucua und deren Vorgänger mit Werkzeugen, Pfeilspitzen und Töpferwaren verdeutlicht. Es gibt Abteilungen zu Ökologie und Geschichte des St. Johns River und der *Maple Leaf*, eines 1864 gesunkenen Dampfschiffs aus dem Bürgerkrieg.

Im Bryan Gooding Planetarium finden freitags und samstags Lasershows statt.

⑤ Jacksonville Zoo and Gardens

870 Zoo Parkway
+1-904-757-4463
tägl. 9–17 25. Dez
jacksonvillezoo.org

Der 1914 eröffnete Zoo liegt nördlich der Stadt an der I-95. Hier leben über 2000 Tiere von Ameisenbären bis Zebras in natürlichen Lebensräumen. Im afrikanischen Buschland streifen Löwen, Elefanten und Kudus umher, Weißwedelhirsche, afrikanische Krokodile und Stachelschweine kann man am Okavango Trail beobachten. Sehenswert sind auch die größte Jaguar-Population der USA und die Magellan-Pinguine. Einen sehr guten Überblick bietet die 15-minütige Fahrt mit einer Miniaturbahn.

Süßwaren

Sweet Pete's Candy Factory

Ein Besuch hier ist ein absolutes Muss für Naschkatzen: Sweet Pete's ist einer der größten unabhängigen Süßwarenhersteller des Landes. Nehmen Sie sich ein wenig Zeit, um einige der vielen handgefertigten Süßigkeiten an der Dessertbar zu kosten und zu kaufen. Hier finden Sie leckere Mitbringsel.

400 N Hogan St
sweetpetescandy.com

2

St. Augustine

F2 14 600 10 Castillo Drive; +1-904-824-0709 Arts & Crafts Spring Festival (Apr) visitstaugustine.com

Amerikas älteste von Europäern besiedelte Stadt gründete Pedro Menéndez de Avilés 1565 am Tag der heiligen Augustina. 1702 brannte die Stadt nieder, wurde jedoch bald wieder aufgebaut. Viele der engen, mit hübschen Steingebäuden gesäumten Gassen stammen aus dieser frühen Zeit. Viele Besucher zieht es an die Strände und an den Jachthafen.

①

Colonial Quarter

14 S Castillo Drive +1-904-342-2857 tägl. 10–17 bei Veranstaltungen colonialquarter.com

Im Altstadtviertel wird das Leben der Menschen dokumentiert, die zwischen dem 16. und 18. Jahrhundert in St. Augustine lebten – von den Kulturen der First Nations über europäische Siedler bis zu afrikanischen Sklaven. Mehrmals täglich finden Führungen statt, interaktive Veranstaltungen wie Musketenübungen in der Stadt aus dem 17. Jahrhundert bieten Spaß für alle Altersgruppen.

Im Colonial Quarter sind Reste des ersten hier errichteten Forts erhalten, Handwerkstraditionen wie Bootsbau und Schmieden werden zum Leben erweckt. Vom Aussichtsturm genießt man einen sehr beeindruckenden Blick auf das Castillo de San Marcos und die Bucht.

②

Oldest Wooden Schoolhouse

14 St. George St So–Do 10–18 (Fr, Sa bis 20) 25. Dez oldestwoodenschoolhouse.com

Das vor 1788 errichtete Gebäude ist angeblich das älteste Schulhaus Amerikas. Holznägel und gusseiserne

← *Vor dem Rathaus erstreckt sich ein hübscher Platz mit Palmen*

Bolzen halten die Wände aus Zypressen- und Zedernholz zusammen. Zudem umgibt das Haus eine massive Kette, die es bei Sturm auf dem Boden halten soll. Innenräume und Garten sind für Besucher zugänglich.

③

Peña-Peck House

143 St. George St
+1-904-829-5064
Mi – Sa 12 –16:30
penapeckhouse.com

Das restaurierte Haus entstand um 1740 für den königlichen Schatzmeister Juan de Peña. 1837 wurde es Wohnhaus von Dr. Seth Peck. Die Pecks lebten hier fast 100 Jahre lang. 1931 wurde es der Stadt übertragen. Das Innere des Hauses ist im Stil der Mitte des 19. Jahrhunderts eingerichtet und Heimat der Woman's Exchange of St. Augustine.

← *Holzfassade des Oldest Wooden Schoolhouse in St. Augustine*

④

Governor's House Cultural Center and Museum

48 King St tägl. 10 –17
staugustine.ufl.edu

Das mit Loggien im spanischen Stil geschmückte Gebäude überblickt die Plaza de la Constitución und beherbergt ein Museum, das von der University of Florida verwaltet wird. Die Ausstellungen konzentrieren sich auf die Geschichte von St. Augustine und Nordflorida.

⑤

Spanish Military Hospital Museum

3 Aviles St tägl. 9 –17
smhmuseum.com

Das Militärkrankenhaus dient gleichzeitig als Museum und bietet einen seltenen Einblick in die Art der Pflege, die Soldaten im späten 17. Jahrhundert zuteilwurde. Zu den Zimmern gehören eine Apotheke und eine Kinderstation. Bei einer kurzen Präsentation erfährt man mehr über die Krankenhausregeln.

Bar

A1A Ale Works Restaurant & Taproom

Das Craftbeer der hauseigenen Brauerei hat viele Fans. Am Wochenende gibt es Livemusik.

1 King St
a1aaleworks.com

6

Prince Murat House

246 St. George St
+1-904-823-9722
tägl. 9–17
thecollectorinn.com

In diesem Gebäude lebte 1824 Fürst Achille Murat, ein Neffe von Napoléon Bonaparte.

Als eines von neun historischen Gebäuden bietet das Prince Murat House Ausstellungen, interaktive Stationen und Objekte, die die historische und kulturelle Entwicklung Floridas dokumentieren.

7

St. Augustine Lighthouse

81 Lighthouse Ave
+1-904-829-0745 tägl. 9–18 staugustinelighthouse.com

Der immer noch betriebene, schon von Weitem sichtbare Leuchtturm bietet eine gute Aussicht über die Stadt. Hier erhält man Informationen über Themen wie Fischerei und Bootsbau sowie über die Veränderung der Küstenlandschaft. Zudem werden diverse Workshops und Aktivitäten für Kinder angeboten.

8

Ximenez-Fatio House Museum

20 Aviles St +1-904-829-3575 Mo–Sa 10–17 Feiertage ximenezfatiohouse.org

Das Haus entstand im Jahr 1797 als Domizil eines spanischen Kaufmanns. Heute ist das von der National Society of Colonial Dames geführte Museum eine Rekonstruktion einer Pension um das Jahr 1830, als Invalide, Stadtplaner und Abenteurer nach Florida kamen, um dem harten Winter im Norden zu entkommen.

Die Innenräume des Gebäudes sind mit vielen Kunstwerken und Möbeln aus früheren Epochen ausgestattet.

→

St. Augustine Lighthouse dient neben seiner ursprünglichen Funktion auch als Kulturzentrum

9

Oldest House Museum

14 St. Francis St +1-904-824-2872 tägl. 10–17 Ostern, Thanksgiving, 25. Dez oldesthouse.org

Die Geschichte des auch als González-Alvarez-Haus bekannten Gebäudes lässt sich über fast 300 Jahre verfolgen. Die Stelle war erstmals um 1600 bebaut, das jetzige Gebäude ist erst durch den englischen Angriff im Jahr 1702 dokumentiert.

Die Coquina-Mauern waren Teil des ursprünglich eingeschossigen Hauses des spanischen Artilleriesoldaten Tomás González, der hier lebte. Unter der englischen Besatzung (1763–83) kam eine zweite Etage hinzu, später gab es noch weitere Ergänzungen.

In dem Gebäude, dessen Interieur Stile mehrerer Epochen widerspiegelt, ist heute ein von der St. Augustine Historical Society betriebenes Museum untergebracht, Führungen finden halbstündlich statt.

10

Fort Mose Historic State Park

15 Fort Mose Trail
+1-904-823-2232
Do–Mo 9–17
floridastateparks.org

Auf diesem Areal wurde 1738 die erste Siedlung geflohener afrikanischer Sklaven gegründet. Besucher können das Gelände besichtigen, auf dem auch ein Museum und ein Informationszentrum eingerichtet wurden.

An jedem ersten Samstag im Monat gibt es Darbietungen mit alten Waffen (u. a. Musketen). Wenn die Teilnehmer Kostüme aus dem 18. Jahrhundert tragen, ist dies eine hervorragende Gelegenheit zum Fotografieren.

⑪

Villa Zorayda

83 King St · +1-904-829-9887 · Mo–Sa 10–16, So 11–16 · Ostern, Thanksgiving · villazorayda.com

Die Villa ist die Kopie eines Teils der Alhambra in Granada im Maßstab 1:10. Sie wurde 1883 erbaut und verfügt über 40 Fenster unterschiedlicher Größe, Form und Farbe. Eine Ausstellung präsentiert wertvolle Kunst und Artefakte aus dem Nahen Osten, darunter einen 2400 Jahre alten Teppich aus den Haaren altägyptischer Katzen. Besucher können sich auf eine selbst geführte Audiotour in englischer oder spanischer Sprache durch die Räume begeben.

⑫

Fort Matanzas National Monument

8635 A1A South · tägl. 9–17.30 · 25. Dez

Die Spanier errichteten die Festung von 1740 bis 1742, um von hier die Küste zu überwachen und sich nähernde feindliche Schiffe frühzeitig zu sichten.

Das Fort hat eine lange und blutige Geschichte. Heute dient die Anlage als architektonisches Dokument der spanischen Kolonialzeit in dieser Region. Regelmäßig – vor allem im Sommer – werden hier wichtige historische Ereignisse nachgestellt.

Das im Küstengebiet gelegene Schutzgebiet umfasst mehrere Naturräume wie Salzmarschen und Buschland – entsprechend vielfältig ist die Tier- und Pflanzenwelt.

Fassade und Rotunde (Detail) *des Ponce de León Hotel, heute Teil des Flagler College* ↑

⑬

Lightner Museum

75 King St · +1-904-824-2874 · tägl. 9–17 · 25. Dez

Das im spanisch-maurischen Stil von Henry Flagler errichtete Alcazar Hotel ist Sitz des Museums für Floridas Goldenes Zeitalter. Den Standort wählte der Chicagoer Verleger Otto C. Lightner, der seine Sammlungen viktorianischer Kunst nach St. Augustine verlegte, ehe er 1948 das Museum eröffnete. Zu bestaunen sind dort neben Glasarbeiten (u. a. von Louis Tiffany) und Möbeln auch Gemälde, Skulpturen und Musikinstrumente.

⑭

Flagler College

King St Ecke Cordova St · +1-904-829-6481 · tägl. · flagler.edu

Ursprünglich war das Gebäude das Ponce de León Hotel von Flagler. Es wurde 1888 eröffnet und galt als »weltweit bestes Hotel«. 1968 wurde es Teil des Flagler College. Bei Führungen sehen Sie die Rotunde mit Tiffany-Glas-Schiebedach, Eichenschnitzereien, Vergoldungen und Wandgemälden des Künstlers George Maynard, das reich verzierte Esszimmer mit weiteren Wandgemälden von Maynard und den stattlichen Grand Parlour (Flagler Room).

Die Villa Zorayda ist die Kopie eines Teils der Alhambra in Granada im Maßstab 1:10. Eine Ausstellung präsentiert wertvolle Kunst und Artefakte aus dem Nahen Osten.

15

Castillo de San Marcos

1 South Castillo Dr, St. Augustine +1-904-829-6506
tägl. 9–17 Thanksgiving, 25. Dez nps.gov/casa

Das beeindruckende Anwesen aus dem späten 17. Jahrhundert bietet Einblick in die Vergangenheit Floridas. Die Nachstellungen historischer Ereignisse umfassen auch Vorführungen alter Waffen.

Obwohl St. Augustine dem Schutz spanischer Flotten auf ihrem Weg zurück nach Europa diente, bestanden seine Vorläufer nur aus Holz. Erst nach mehreren Piratenangriffen und Überfällen wie etwa des englischen Freibeuters Sir Francis Drake errichteten die Spanier 1672 eine Festung aus Stein. Nach 23 Jahren war das Castillo de San Marcos fertiggestellt, das größte und besterhaltene spanische Fort Amerikas. Nach der Übernahme Floridas durch die Amerikaner 1821 hieß es vorübergehend Fort Marion. Im 19. Jahrhundert diente es hauptsächlich als Militärgefängnis und Lager.

Die Festung ist eine historische Sehenswürdigkeit, in der Sie die alten Kasernen erkunden oder einfach den Blick auf den Fluss genießen können.

Die innere **Zugbrücke** und das **Fallgitter** waren die letzte Verteidigung des Forts.

Die **Vorschanze** schützte den Eingang vor feindlichen Angriffen.

↑ *Der Graben um das Fort wurde ursprünglich trocken gehalten*

Highlight

↑ *Blick über Castillo de San Marcos und seine Umgebung*

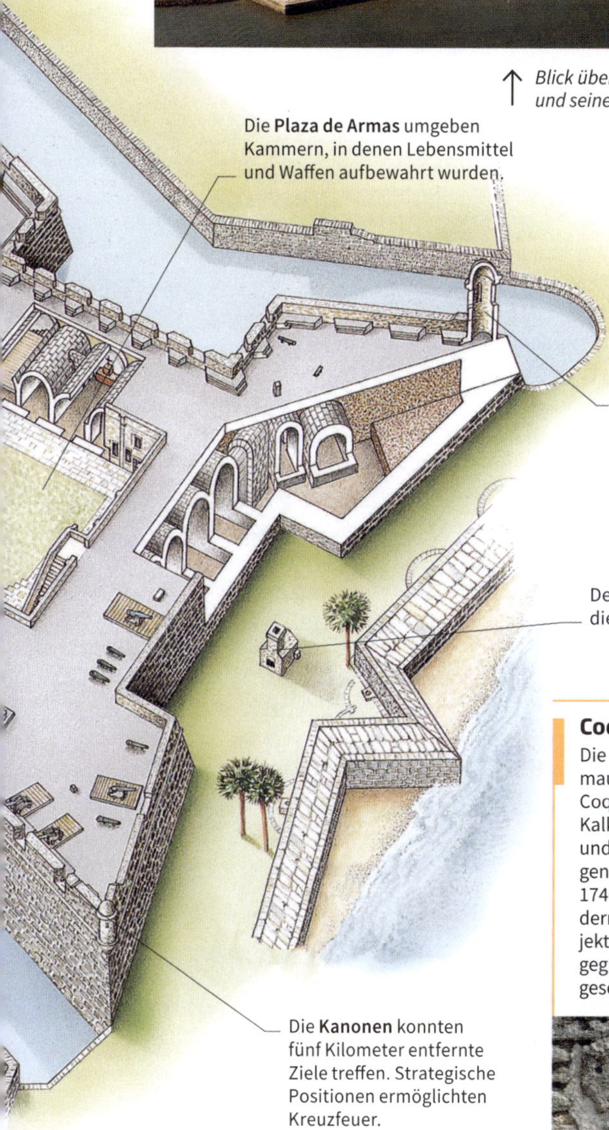

↑ *Illustration des monumentalen Castillo de San Marcos*

Coquina

Die dicken Festungsmauern bestehen aus Coquina, einem harten Kalkstein aus Muscheln und Korallen. Der Legende nach wurden 1740 von den Engländern abgefeuerte Projektile aus den Mauern gegraben und zurückgeschossen.

Spaziergang durch St. Augustine

Länge 2 km **Dauer** 25 Min.

St. Augustines übersichtliches historisches Zentrum ist leicht zu Fuß zu erkunden. So kann man den geschäftigen Hauptstraßen entkommen und in die schattigen Seitenstraßen flüchten, in Innenhöfe spähen und ruhige Ecken entdecken, in denen Katzen ein Sonnenbad nehmen und alte Immergrüne Eichen im graugrünen Schleier von Spanischem Moos harren.

Henry Flagler verbrachte 1883 in St. Augustine seine Flitterwochen und war von dem Ort so angetan, dass er später zurückkam und das Ponce de León Hotel errichtete (heute Flagler College). Schon bald strömten Besucher in Scharen herbei, und noch immer ist St. Augustine bei Urlaubern beliebt.

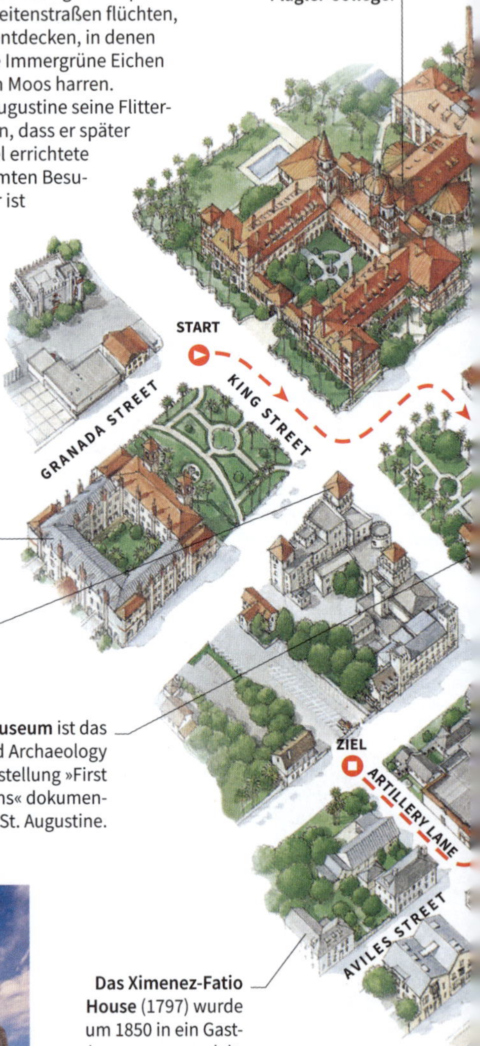

Fliesen und andere spanische Elemente charakterisieren die Architektur des **Flagler College**.

Cleopatra (um 1890) von Romanelli ist eines der Exponate aus dem Goldenen Zeitalter Floridas im **Lightner Museum**.

Die **Casa Monica** war das dritte Hotel Flaglers in der Stadt (1888).

Im **Governor's House Museum** ist das Museum of History and Archaeology untergebracht. Die Ausstellung »First Colony: Our Spanish Origins« dokumentiert die Gründung von St. Augustine.

Das Ximenez-Fatio House (1797) wurde um 1850 in ein Gasthaus umgewandelt.

←
Imposante Marmorstatue an der Bridge of Lions

Highlight

↑ *Stimmungsvoll beleuchteter Platz vor dem Rathaus der Stadt*

Schon gewusst?

Die Treasury Street ist mit nur zwei Meter Breite die schmalste Straße in den USA.

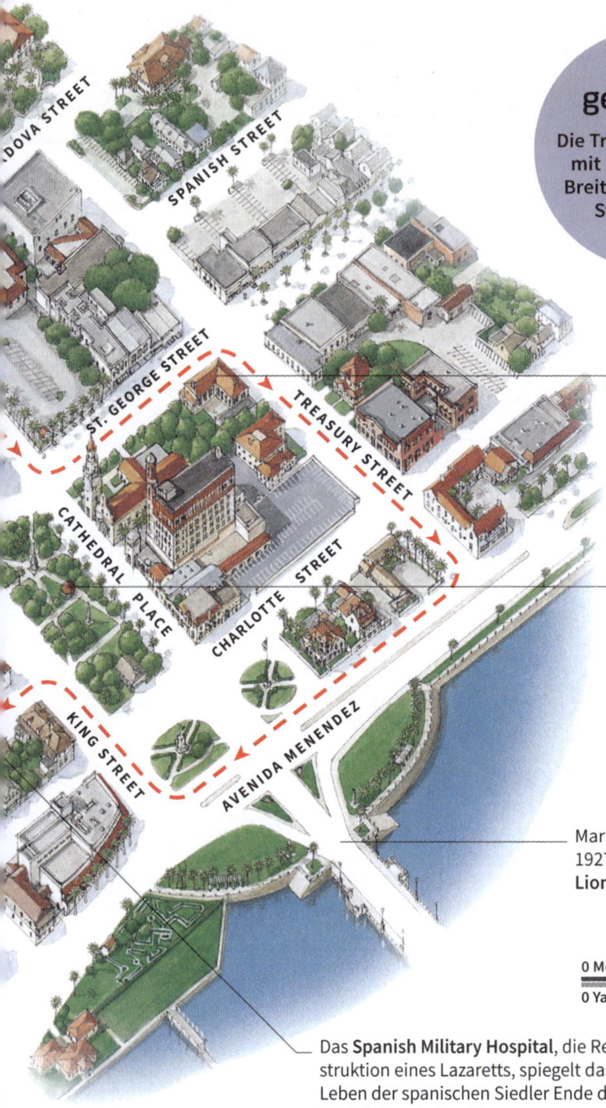

Das **Peña-Peck House** (um 1740) ist das schönste Haus der Stadt aus der ersten spanischen Periode.

Herz der spanischen Niederlassung ist die **Plaza de la Constitución** mit Governor's House Museum und Kathedrale. Gelegentlich finden hier Konzerte statt.

Marmorlöwen bewachen die 1927 eröffnete **Bridge of Lions** über die Matanzas Bay.

Das **Spanish Military Hospital**, die Rekonstruktion eines Lazaretts, spiegelt das karge Leben der spanischen Siedler Ende des 18. Jahrhunderts wider.

SEHENSWÜRDIGKEITEN

3
Fernandina Beach

F1 13 200
961687 Gateway Blvd, Nassau County; +1-904-261-3248 ameliaisland.com

Fernandina Beach auf Amelia Island liegt an der Grenze zu Georgia und war bis Anfang des 19. Jahrhunderts ein Piratennest. Der strategisch günstige Hafen zog viele fremde Armeen und Abenteurer an, deren Nationalitäten Amelia Island den Spitznamen »Insel der acht Flaggen« einbrachte. Heute ist Fernandina Badeort und Floridas wichtigste Quelle für Atlantik-Krabben, von denen jedes Jahr über 900 000 Kilogramm gefangen werden.

Schon gewusst?

Am ersten Wochenende im Mai findet in Fernandina Beach ein Krabbenfestival statt.

Die ursprüngliche spanische Siedlung entstand bei Old Fernandina, einem ruhigen Provinznest nördlich der heutigen Stadt. Um 1850 zog die Stadt Richtung Süden zur östlichen Endstation der Eisenbahn. Der Umzug und aufkommender Fremdenverkehr um 1870 *(siehe S. 46)* lösten einen Bauboom aus, durch den das viel bewunderte Herz des heutigen Fernandina, der 50 Blocks umfassende Historic District, entstand.

Erinnerungen an das Goldene Zeitalter Fernandinas erweckt vor allem der Silk Stocking District, der über die Hälfte des Historic District ausmacht und seinen Namen dem Reichtum der früheren Bewohner verdankt. Kapitäne und Holzbarone bauten ihre Domizile in unterschiedlichen Stilen: Häuser im Queen-Anne-Stil mit Türmchen stehen neben italienischen Niederlassungen und Beispielen von chinesischem Chippendale, etwa dem Beech Street Grill.

Abends laufen die Krabbenkutter in den Hafen ein. Eine Statue am Ende der Centre Street in der Innenstadt, wo einst Läden Schiffsbedarf angeboten haben, ist der Flotte gewidmet. In den Ziegelbauten sind jetzt Antiquitäten- und Souvenirläden untergebracht. An der mit handgeschnitzten Karyatiden verzierten Mahagoni-Theke im Palace Saloon von 1903 wird noch Pirate's Punch serviert. Das Florida House Inn von 1857 an der 3rd Street ist das älteste Ferienhotel Floridas. Das **Amelia Island Museum of History** weiter südlich ist im früheren Gefängnis untergebracht. Die 90-minütigen Führungen erzählen von der Zeit der ersten Bewohner bis ins 20. Jahrhundert. Auch Stadtführungen sind möglich (vorher buchen).

Amelia Island Museum of History
233 S 3rd St
Mo–Sa 10–16, So 13–16
ameliamuseum.org

→
Sonnenuntergang an einem Strand in den Talbot Island State Parks

←

Von Läden gesäumte Straße in Fernandina Beach auf Amelia Island

4

Fort Caroline National Memorial

F1 12713 Fort Caroline Rd, Jacksonville, Duval County Mi–So 9–17 1. Jan, Thanksgiving, 25. Dez nps.gov/timu

Der eigentliche Standort von Fort Caroline wurde um 1880 beim Ausbaggern des St. Johns River weggespült. Das Fort Caroline National Memorial, eine Rekonstruktion der Festung aus dem 16. Jahrhundert, zeigt den Stil der ersten europäischen Forts in der Neuen Welt.

Drei französische Schiffe mit rund 200 Männern segelten 1564 den St. Johns hinauf, bauten etwa acht Kilometer landeinwärts ein Lager und meldeten Anspruch auf Nordamerika an. Die indigenen Timucua halfen, das Holzfort zu bauen, das zu Ehren von König Charles IX von Frankreich La Caroline genannt wurde. Im folgenden Jahr brachte Jean Ribault Verstärkung. Aber die Spanier besetzten das Fort und machten die Ansprüche der Franzosen zunichte.

Im Fort ist das Timucuan Preserve Visitor Center, das Zentrum des Timucuan Ecological and Historic Preserve, das einen Großteil des Gebiets samt Fort George Island umfasst, untergebracht.

5

Kingsley Plantation

F1 11676 Palmetto Ave, Fort George, Duval County Mi–So 9–17 1. Jan, Thanksgiving, 25. Dez nps.gov/timu

Die Kingsley Plantation ist eines der ältesten Plantagenhäuser Floridas und steht am Nordende von Fort George Island. Ursprünglich wurde es 1798 von John McQueen erbaut, heute ist es jedoch nach Zephaniah Kingsley benannt, der 1814 hierherzog. Kingsley besaß knapp 13 000 Hektar Land, das sich vom Lake George in der Nähe des Ocala National Forest nach Norden bis zum St. Marys River erstreckte. Das Gebiet umfasste früher vier große Plantagen. Auf der Kingsley-Plantage arbeiteten bis zu 100 Sklaven im Baumwoll-, Mais- und Zuckerrohranbau.

Die Auseinandersetzung mit der Sklaverei ist heute der Hauptschwerpunkt. Auf Führungen sieht man das Gelände und das Plantagenhaus, das von einer Dachbrüstung gekrönt ist, die einst dazu diente, die Felder zu überblicken. Im Wald stehen 25 Hütten, in denen einst Sklaven untergebracht waren. Diese einfachen Behausungen aus Tabbyholz haben die Jahre überdauert.

6

Talbot Island State Parks

F1 12157 Heckscher Dr, Jacksonville, Duval County tägl. 8 bis Sonnenuntergang floridastateparks.org

Ein Großteil von Amelia Island und der Nachbarinseln Big Talbot, Little Talbot und Fort George im Süden ist unerschlossen und ein Paradies für Tiere. Hier leben u. a. Otter, Sumpfhasen, Winkerkrabben, Reiher und Lachmöwen, in den Wäldern Rotluchse, an den Küsten Seekühe. Im Sommer legen Schildkröten am Strand Eier ab *(siehe S. 130)*, im Herbst bringen Wale vor der Küste ihre Jungen zur Welt.

7

Daytona Beach

F3 74 400

126 E Orange Ave, Volusia County; 1-386-255-0415

daytonabeach.com

Südlich von Ormond Beach erstreckt sich der ausgelassene Ferienort Daytona Beach, in den jedes Jahr – trotz des Widerstandes vor Ort – 200 000 Studenten zum Spring Break einfallen.

Der berühmte Strand (37 km) ist einer der wenigen in Florida, auf dem Autos fahren dürfen, Überbleibsel aus jenen Tagen, als Rennsportfans hier Wettrennen veranstalteten *(siehe S. 223)*.

Daytona ist traditionell ein Mekka für Fans des Motorsports. Massen strömen zur Rennstrecke *(siehe S. 222)*, im Februar zu den Speedweeks und zu den Motorcycle Weeks im März und Oktober.

Jenseits des Halifax River liegt Downtown Daytona, auch »Mainland« genannt. Der meiste Betrieb ist auf der mit Hotelbunkern gesäumten Strandseite. Am Boardwalk, der ein paar seiner Arkaden erhalten hat, wirkt das Flair wie auf dem Rummelplatz. Auch der Daytona Lagoon Waterpark zieht viele an. Am Strand sind Wasserskier, Surfbretter, Buggys und Fahrräder zu leihen.

Im restaurierten Innenstadtbezirk jenseits des Halifax River präsentiert das **Halifax Historical Museum** in einem Bankgebäude von 1910 mit Stützpfeilern und Wandgemälden ein Modell des Boardwalk von ca. 1938 mit Palmen, einem Riesenrad und Miniaturfiguren.

Im **Museum of Arts and Sciences** westlich der Innenstadt ist ein breites Spektrum an Gegenständen zu sehen. Die prähistorische Abteilung über Florida dominiert das vier Meter große Skelett eines Riesenfaultiers. Arts in America zeigt Werke von 1640 bis 1920. Außerdem gibt es kubanische und afrikanische Sammlungen sowie ein Planetarium.

Der für James N. Gamble von Procter & Gamble 1907 erbaute **Gamble Place** wird ebenfalls von dem Museum betrieben. Die Jagdhütte auf einer Klippe über dem Spruce Creek ist von Veranden umgeben und mit antiken Möbeln eingerichtet. Führungen (nach Vereinbarung) zeigen auch eine Kopie des Hauses aus Disneyland, das 1937 für Gambles Urenkel gebaut wurde.

Halifax Historical Museum

252 S Beach St

Di – Fr 10:30 – 16:30, Sa 10 – 16

halifaxhistorical.org

Museum of Arts and Sciences

1040 Museum Blvd

Mo – Sa 10 – 17, So 11 – 17

moas.org

Gamble Place

1795 Taylor Road, Port Orange Mi – So 8 – 17

crackercreek.com

8

World Golf Hall of Fame

F2 1 World Golf Place

tägl. 10 – 18 (So ab 12)

worldgolfhalloffame.org

Das Museum befindet sich im riesigen World Golf Village aus Eigentumswohnungen und Golfplätzen und ist eine Hommage an alles, was mit Golf zu tun hat. Es zeigt die Geschichte des Sports, be-

Schon gewusst?

Alexander Winton stellte 1903 in Daytona Beach mit 109 km/h einen neuen Weltrekord auf.

↑ *Pavillon inmitten dichter Vegetation im Washington Oaks Gardens State Park*

ginnend in Schottland, und behandelt frühe Golfstars wie Tom Morris und Bob Hope. Außerdem gibt es einen Simulator, eine große Sammlung von Golf-Erinnerungsstücken und eine Wall of Fame. Im Restaurant Bill Murray's Caddy Shack kann man eine Kleinigkeit essen.

Der State Park ist der perfekte Ort für einen Spaziergang, ein Picknick am Nachmittag oder um einen Tag am Strand zu verbringen.

9 Washington Oaks Gardens State Park

F2 · 6400 N Ocean Shore Blvd, Flagler County · +1-386-446-6780 · St. Augustine · tägl. 8 bis Sonnenuntergang · floridastateparks.org

Unter dem Blätterdach von Eichen und Palmen entstand auf 162 Hektar früheren Plantagenlands ein herrlicher Park mit Hortensien, Azaleen, üppigem Farn und Rosengarten. Wanderwege verlaufen durch einen Hammock zum Matanzas River. Auf der anderen Seite der A1A führt ein Holzsteg zum Strand mit Coquina-Findlingen *(siehe S. 215)* und Gezeitenbecken.

← *Der Boardwalk in Daytona Beach mit Achterbahn und Riesenrad*

10 Bulow Plantation Ruins Historic State Park

F2 · 3501 Old Kings Rd S, Flagler Beach, 3 Meilen (5 km) südl. der SR 100 · +1-386-517-2084 · Daytona Beach · Do–Mo 9–17 · floridastateparks.org

In der Nähe von Flagler Beach sind die Ruinen dieser Plantage aus dem 19. Jahrhundert im Wald versteckt. Früher wuchs hier Zuckerrohr. Major Charles Bulow kaufte das 1890 Hektar große Gelände am Fluss 1821. Sklaven rodeten es zur Hälfte und pflanzten Reis, Baumwolle und Zuckerrohr an. Nach Angriffen im Seminolenkrieg *(siehe S. 45)* wurde die Plantage aufgegeben.

Im Rahmen von Kanutouren auf dem Bulow Creek kann man das Gelände erkunden. Am Flussufer befinden sich noch die Fundamente des Herrenhauses. Ein zehnminütiger Waldspaziergang führt von hier zu einer Lichtung, auf der die Ruinen der Zuckermühle zu sehen sind. Sie ähneln den mysteriösen Überresten eines südamerikanischen Tempels aus längst vergangenen Zeiten.

Umgebung: Etwa 16 Kilometer nördlich der Bulow Plantation liegt **Flagler Beach**, ein charmantes Städtchen mit Angelsteg, Museum und einigen Restaurants direkt am Wasser.

Flagler Beach
207 S Central Ave, Palm Coast
cityofflaglerbeach.com

Hotels

The Shores Resort & Spa

Die lichtdurchfluteten Zimmer dieses Resorts haben einen besonderen Charme, der durch Himmelbetten und herrlichen Meerblick verstärkt wird. Weitere Pluspunkte sind der Spa-Bereich und die stimmungsvolle Bar.

F3 · 2637 S Atlantic Ave, Daytona Beach · shoresresort.com

$$$

Streamline Hotel

Für Fans des Retro-Looks ist das dreistöckige Art-déco-Gebäude aus den 1940er Jahren die richtige Wahl. Das Hotel zählt zu den ältesten in Daytona Beach und wurde 2017 komplett renoviert. Die Aussicht von der Cocktailbar auf dem Dach ist einfach bezaubernd.

F3 · 140 S Atlantic Ave, Daytona Beach · streamlinehotel.com

$$$

11 Daytona International Speedway

F3 1801 W International Speedway Blvd, Volusia County 9 tägl. 9–17 25. Dez daytonainternationalspeedway.com

Daytonas »World Center of Racing«, der Daytona International Speedway, wurde 1959 eröffnet und zieht Jahr für Jahr an den acht großen Rennwochenenden Scharen von Motorsportfans aus der ganzen Welt an. Die Strecke bietet Platz für 160 000 Zuschauer. Auf dem Speedway in Daytona finden neben Sportwagen-, Motorrad- und sogar Gokartrennen auch NASCAR-Treffen der National Association for Stock Car Auto Racing statt.

Das berühmteste und prestigeträchtigste NASCAR-Rennen, das hier stattfindet, ist das Daytona 500, auch bekannt als »The Great American Race«. Dieses 800 Kilometer lange Rennen, das jährlich Mitte bis Ende Februar stattfindet , ist ein Muss für alle Rennsportfans und lockt die meisten Besucher auf den Speedway.

Hier befindet sich auch die Motorsports Hall of Fame of America mit Ausstellungen zu Ehren von Stock Cars, Motorrädern, Drag Racing, Landgeschwindigkeitsrekorden, Motorbootfahren und Luftfahrt. Es ist auch die Heimat von Sir Malcolm Campbells Bluebird V, dem Auto, mit dem 1935 am nahe gelegenen Ormond Beach ein Geschwindigkeitsrekord aufgestellt wurde.

An Tagen, an denen keine Rennen stattfinden, wird eine halbstündige Trolley-Tour rund um die Strecke des Daytona International Speedway angeboten. Andere lohnenswerte Touren dauern zwischen 30 Minuten und drei Stunden. Eine Fahrt um die Strecke entlang des Infields und der Boxenstraße vermittelt Besuchern einen Eindruck davon, was die Fahrer während eines Rennens durchmachen.

Geschwindigkeitsfanatiker können aus einem der vielen angebotenen Fahrerlebnisse wählen oder sich sogar dafür entscheiden, Beifahrer zu sein, während ein professioneller Fahrer atemberaubende Geschwindigkeiten von bis zu 266 km/h erreicht.

Das berühmteste und prestigeträchtigste der hier veranstalteten Events der NASCAR-Serie ist das Daytona 500 – ein Muss für alle Rennsportfans.

12 Ponce de León Inlet Lighthouse

F3 4931 S Peninsula Dr, Volusia County tägl. 10–18 (Juni–Sep: bis 21) 25. Dez ponceinlet.org

Der 53 Meter hohe Leuchtturm (1887) aus rotem Backstein wacht an der Spitze der Daytona-Halbinsel über den gefährlichen Küstenabschnitt. Das Signal ist 30 Kilometer weit zu sehen. Das windumtoste Aussichtsdeck, das man über 203 Stufen erreicht, bietet einen weiten Ausblick. Eines der Wärtergebäude wurde entsprechend seinem Aussehen um 1890 restauriert, in einem anderen befindet sich Cuban Rafts Exhibit. In einem dritten steht eine fünf Meter hohe Fresnel-Linse.

→ *Ponce de León Inlet Lighthouse und Blick ins Treppenhaus zum Aussichtsdeck* (Detail)

Daytona: Geburtsort der Geschwindigkeit

Die innige Beziehung zwischen Daytona und dem Automobilsport begann 1903 mit den ersten Rennen auf dem Sandstrand von Ormond Beach, dem offiziellen »Geburtsort der Geschwindigkeit«. Die Autorennen waren immer gut besucht und wurden bis 1935, als Malcolm Campbell den letzten Weltrekord am Strand fuhr, fortgesetzt. Im Jahr 1936 fuhren in Ormond Beach die ersten Stockcars, 1937 fand das erste Daytona 200 für Motorräder statt. Wegen Bauarbeiten musste man die Rennstrecke 1948 verlegen. 1959 öffnete der Daytona International Speedway. Danach gab es am Strand keine Rennen mehr.

Rennen am Strand

1902 stellte ein Gast des Ormond Hotel fest, wie leicht sein Auto auf dem harten Sandstrand fuhr. Am Ormond Beach veranstaltete er die ersten Rennen.

Olds' *Pirate* fuhr 1902 als erstes Auto auf dem Ormond Beach. Im ersten Rennen trat 1903 Olds gegen Alexander Winton und Oscar Hedstrom auf dem Motorrad an. Winton gewann in seinem Wagen *Bullet No. 1*.

Mit dem *Bluebird Streamliner* stellte Malcolm Campbell 1935 in Ormond Beach einen neuen Weltrekord auf. Der von einem Rolls-Royce-Motor angetriebene Wagen erreichte sagenhafte 444 Kilometer pro Stunde.

»World Center of Racing«

1953 erkannte Bill France, Teilnehmer am ersten Stockcar-Rennen, dass das Wachstum von Daytona Beach den Strandrennen ein Ende setzen würde. Er schlug den Bau des Daytona International Speedway vor, heute eine der weltweit führenden Rennstrecken.

Der amerikanische Motorsportverband NASCAR *(siehe S. 222)* organisiert zahlreiche Rennen. Weltberühmt ist Daytona 500, das seit der Eröffnung des Daytona International Speedway 1959 veranstaltet wird.

Lee Petty

Im Jahr 1959 gewann Lee Petty das erste Daytona 500 auf dem Daytona International Speedway. Er schlug dabei seinen Gegner Johnny Beauchamp um 50 Zentimeter. An dem 500-Meilen-Wettbewerb nahmen 59 Autos teil. 41 000 Fans schauten zu.

↑ *Autos auf dem Daytona International Speedway kurz vor dem Startschuss*

13 Sanford

F3 · 60 700 ·
230 E 1st St, Seminole County; +1-407-322-2212
sanfordfl.gov

Das während der Seminolenkriege *(siehe S. 45)* errichtete Fort Mellon war die erste Siedlung am Lake Monroe. 1870 entstand in der Nähe Sanford. Dank der Schaufelraddampfer, die später auch abenteuerlustige Urlauber brachten, entwickelte es sich zu einem wichtigen Binnenhafen.

Die Innenstadt entstand um 1880, in der Blütezeit der Dampfschifffahrt. In einigen restaurierten Ziegelgebäuden (selten in Florida) sind Antiquitätenläden untergebracht. Der Bezirk ist zu Fuß in wenigen Stunden erkundet, Ausflugsfahrten auf dem Fluss sind möglich. Die meisten Besucher Sanfords kommen heute per Autoreisezug oder SunRail-Zug.

Restaurants

Bolay
Diverse Vollwertgerichte (u. a. Veggie-Bowls).
E2 · 2905 SW 42nd St #80, Gainesville
bolay.com
$$$

La Cocina de Abuela
Kolumbianisches Restaurant mit heimeligem Ambiente.
E2 · 125 NW 23rd Ave, Gainesville
So
+1-352-204-5561
$$$

Beque Holic
In dem koreanischen Restaurant können Sie Fleisch selber grillen.
E2 · 3812 W Newberry Rd, Gainesville
Fr – So abends
bequeholic.com
$$$

The Top
Burgerlokal, das auch vegetarische Gerichte anbietet.
E2 · 30 N Main St, Gainesville
Di – So 17 – 2
thetophub.com
$$$

14 Gainesville

E2 · 140 400
Chamber of Commerce, Alachua County
visitgainesville.com

Die Universitätsstadt Gainesville, kulturelle Hauptstadt im nördlichen Zentralflorida und Heimat der Footballmannschaft Gators, bietet eine angenehme Mischung aus Jung und Alt. In der historischen Innenstadt beherbergen Backsteingebäude (1820 – 1920) Cafés und Restaurants. Auf dem Campus stehen zwei Museen.

Für das **Florida Museum of Natural History** sollten Sie viel Zeit einplanen. Neben dem naturwissenschaftlichen Teil mit über zehn Millionen Fossilienarten gibt es erstklassige Schmetterlings- und Muschelsammlungen. Zudem lernt man die Landschaftsformen Floridas kennen und unternimmt eine Reise durch die Geschichte des Bundesstaates bis ins 19. Jahrhundert.

Das **Harn Museum of Art** gehört zu den größten Universitäts-Kunstmuseen der Vereinigten Staaten. Die Sammlung besticht durch asiatische Keramik, afrikanische Zeremonienobjekte,

↑ *Schöne Gebäude flankierten die 1st Street in Sanfords historischem Zentrum*

Kajakfahrer und Ausflugsboote mit Glasboden auf dem ruhigen Silver River bei Silver Springs

japanische Holzschnitte sowie eine Sammlung europäischer und amerikanischer Gemälde.

Umgebung: Die **Kanapaha Botanical Gardens** südwestlich der Stadt sind besonders von Juni bis September sehr lohnenswert, doch auch im Frühling blühen hier unzählige Azaleen. Ein Wanderweg führt um das abschüssige Gelände (25 ha), dessen Schönheit erstmals der Botaniker William Bartram zu Beginn des 19. Jahrhunderts entdeckte. Weitere Bereiche sind ein Wüstengarten, ein Sumpfpark an einem See und ein Kolibrigarten.

Florida Museum of Natural History
3215 Hull Rd
Mo–Sa 10–17, So 13–17
floridamuseum.ufl.edu

Harn Museum of Art
3259 Hull Rd
Di–So 10–17 (Do bis 21, So ab 13) Feiertage
harn.ufl.edu

Kanapaha Botanical Gardens
4700 SW 58th Dr (bei Route 24) Fr–Mi 9–17 (Sa, So bis 19)
kanapaha.org

15 Silver Springs State Park

E3 5656 E Silver Springs Blvd +1-352-236-7148 tägl. 8 bis Sonnenuntergang
silversprings.com

Seit 1878 zeigen Fahrten mit Glasbodenbooten in Silver Springs die Naturwunder der größten artesischen Quelle der Welt. Silver Springs, Floridas älteste kommerzielle Touristenattraktion, wurde im Jahr 2013 nach einer vier Millionen US-Dollar teuren Umgestaltung zum Staatspark erklärt und bietet vielfältige Freizeitaktivitäten.

Auf Bootsfahrten hat man die Möglichkeit, einen Blick auf das Outback Floridas zu werfen, wo die frühen *Tarzan*-Filme mit Johnny Weissmuller gedreht wurden.

Am Eingang des Campingplatzes zum Park – drei Kilometer südöstlich von Silver Springs – können Besucher einen 15-minütigen Spaziergang auf einem Pfad durch ein Hartholzwäldchen und ein Zypressensumpfgebiet unternehmen, der zu einem Badeloch in einer Flussbiegung führt.

Außerdem ist hier die Nachbildung eines Pionier-Cracker-Dorfs aus dem 19. Jahrhundert zu sehen. Das Silver River Museum and Environment Center zeigt interessante Ausstellungen zur Geschichte von Marion County und zur Naturgeschichte Floridas.

Floridas sprudelnde Quellen

Der überwiegende Teil der 320 bekannten Quellen Floridas befindet sich im Norden des Bundesstaats. Bei den meisten handelt es sich um artesische Quellen, die durch Wasser entstehen, das aus unterirdischen Spalten nach oben gepresst wird. Quellen mit einer Ausschüttung von mehr als drei Kubikmetern pro Sekunde gelten als sehr ergiebig. Das durch das Gestein gefilterte Wasser ist äußerst rein und teilweise reich an Salzen und Mineralien. Die schiere Schönheit der Quellen lockt seit Langem Besucher sowohl zur Erholung als auch zur Stärkung der Gesundheit an.

↑ *Kristallklares Wasser der Silver Glen Springs im Ocala National Forest*

16

Marjorie Kinnan Rawlings Historic State Park

E2 18700 S County Rd 325 Cross Creek, Alachua County Ocala Gelände: tägl. 9–17; Haus (nur Führungen): Okt–Juli: Do–So 10–15 floridastateparks.org

Die Autorin Marjorie Kinnan Rawlings kam 1928 in den kleinen Ort Cross Creek. Ihr verschachteltes Farmhaus in einem Zitrushain, vor dem Hühner picken und Enten vom Orange Lake heraufwatscheln, ist nahezu unverändert.

Die Schriftstellerin wohnte hier in den 1930er Jahren und kam bis zu ihrem Tod 1953 immer wieder zu Besuch. Personen und Landschaften dieser Gegend bestimmen ihren autobiografischen Roman *Cross Creek* (1942). *The Yearling* (1938) über einen Jungen und seinen Pfau ist von der Buschlandschaft im Süden inspiriert.

Führungen zeigen die um 1880 im Cracker-Stil erbaute Heimstätte, die fantasievoll restauriert wurde und Originalmobiliar enthält: Regale mit Werken von Autoren wie John Steinbeck und Ernest Hemingway, ein geheimes Likörfach, eine Schreibmaschine und einen Sonnenhut auf der Veranda. Alles erweckt den Eindruck, als ob die Besitzerin nur kurz in den Garten gegangen wäre.

→ *Schreibmaschine der Autorin Marjorie Kinnan Rawlings*

17

Ocala National Forest

E3 45621 State Rd 19, Altoona; +1-352-236-0288 tägl. 24 Std. fs.usda.gov

Zwischen Ocala und dem St. Johns River erstreckt sich ein rund 150 000 Hektar großer Pinienwald, den viele Wanderwege durchziehen. Das Gelände ist eines der letzten Rückzugsgebiete des bedrohten Schwarzbären und Heimat vieler anderer Tiere wie Hirsche, Otter und Vögel, darunter auch Weißkopfseeadler.

Die Wanderpfade sind unterschiedlich lang, von Planken- und Rundwegen unter einem Kilometer bis zum 106 Kilometer langen Abschnitt des National Scenic Trail. In vielen Seen werden Barsche geangelt.

An mehreren Stellen gibt es Kanus zu leihen. Die von der **Juniper Springs Recreation Area** ausgehende, elf Kilometer lange Kanutour den Juniper Creek hinunter zählt zu den schönsten in Florida. Sie sollten sie im Voraus buchen. Am Salt Springs Trail kann man besonders gut Stelzvögel beobachten, und auf dem Lake Dorr versammeln sich Brautenten.

Im Hauptbesucherzentrum im Westen des Waldes sowie in den kleineren Zentren bei Salt Springs und Lake Dorr, jeweils an der Route 19 gelegen, erhalten Sie nähere Informationen.

Juniper Springs Recreation Area
26701 State Rd 40, Astor
tägl. 8–20
fs.usda.gov

18

Ocala

E3 64 000
109 W Silver Springs Blvd
ocalamarion.com

Ocala, Verwaltungssitz von Marion County und Floridas Zentrum der Vollblutpferdezucht, umgibt hügeliges Weideland. Das mit kalkhaltigem Quellwasser angereicherte Gras und das kalziumhaltige Weideland tragen zu den leichten, starken Knochen der Pferde bei. Florida hat viele Champions hervorgebracht, darunter fünf Gewinner des Kentucky Derby.

Rund um Ocala gibt es Hunderte von Vollblutfarmen und Zuchtzentren, von denen viele besichtigt werden können. Auf den Farmen sind Araber, Paso Finos und Zwergponys zu sehen. Informationen zu Farmbesuchen erhalten Sie beim Ocala/Marion County Visitors Information Center.

Sehenswert ist auch das **Appleton Museum of Art** östlich von Ocala. Das 1984 von dem Industriellen und Pferdezüchter Arthur I. Appleton aus italienischem Marmor errichtete Museum zeigt Kunstwerke aus aller

Schon gewusst?

Mit rund 1200 Gestüten ist Ocala das größte Zentrum der Pferdezucht in Florida.

Welt, darunter präkolumbische und europäische Artefakte sowie Meissener Porzellan. Ein Schwerpunkt des Museums liegt auf europäischer Kunst aus dem 19. Jahrhundert.

Appleton Museum of Art
4333 NE Silver Springs Blvd Di–So 10–17 (So ab 12) appleton museum.org

19

Mount Dora

F3 16 600 341 N Alexander St, Lake County; +1-352-383-2165
mountdora.com

Die Stadt in den Zitrushainen des Lake County ist einer der schönsten viktorianischen Orte Floridas. Ihren Namen verdankt sie der relativ hohen Lage von 56 Metern. Ursprünglich hieß die Stadt Royellou nach Roy, Ella und Louis, den Kindern des ersten Postmeisters.

Die hübschen, mit Bäumen gesäumten Straßen Mount Doras liegen auf einer Klippe oberhalb des Seeufers. In der Handelskammer ist eine Karte über eine historische Route (5 km) erhältlich. Sie enthält eine landschaftlich schöne Strecke durch ruhige Gegenden mit schindelgedeckten Häusern (19. Jh.) sowie die restaurierte historische Innenstadt mit Geschäften und Antiquitätenläden.

Das Donnelly House, jetzt eine Freimaurerloge, ist mit seinen Türmchen und der Kuppel ein Paradebeispiel für die dekorative Steamboat-Architektur.

Das **Mount Dora History Museum** in der alten Feuerwache, die später als Gefängnis genutzt wurde, widmet sich der Stadtgeschichte. Am Lake Dora kann man angeln und Wassersport betreiben.

Mount Dora History Museum
450 Royellou Lane Do–So 13–16 mountdorahistory museum.com

→

Donnelly House: eines der auffallendsten Gebäude im Zentrum von Mount Dora

↑ *Herlong Mansion in Micanopy – Anwesen mit markanten Säulen*

20

Micanopy

E2 650 33 N Main S, Gainesville, Alachua County; +1-352-374-5260 micanopytown.com

Die zweitälteste Niederlassung von Weißen (1821) war zuerst ein Handelsposten namens Wanton auf dem Gebiet von First Nations. 1826 wurde das hübsche Dorf nach einem Seminole-Häuptling in Micanopy umbenannt und ist jetzt ein Paradies für Regisseure und Antiquitätenliebhaber.

An der mit vielen moosbewachsenen Immergrünen Eichen gesäumten Hauptstraße, Cholokka Boulevard, stehen viktorianische Häuser und historische Läden mit Backsteinfront, die Antiquitäten und Kunsthandwerk verkaufen. Das imposanteste Gebäude von Micanopy ist Herlong Mansion mit vier korinthischen Säulen. Das im 19. Jahrhundert von einem Holzbaron errichtete Gebäude bietet heute ein Bed-and-Breakfast.

Der im Jahr 1825 angelegte malerische Friedhof liegt jenseits der Seminary Road in Richtung I-75. Samtenes Moos bedeckt diese Oase der Ruhe mit Schatten spendenden Immergrünen Eichen und Zedern.

Umgebung: Im 17. Jahrhundert befand sich eine der größten spanischen Rinderfarmen Floridas nördlich vom heutigen Micanopy. Einst grasten Rinder, Pferde und Schweine auf dem üppigen Grün des **Paynes Prairie Preserve State Park**, wo heute eine kleine Herde amerikanischer Bisons und über 200 Arten einheimischer Vögel und Zugvögel zu sehen sind.

Der Gainesville – Hawthorne State Trail (27 km) folgt einer einstigen Bahnlinie und ist bei Wanderern, Reitern und Radfahrern sehr beliebt.

Expertentipp
Fundgrube für Antiquitäten

Micanopy ist einer der besten Orte in Florida zum Einkaufen von Antiquitäten. Viele Läden gibt es am Cholokka Boulevard und in der Antique City Mall (17020 Southeast, Co. Rd 234).

Paynes Prairie Preserve State Park
100 Savannah Blvd, US 441, 1 Meile (1,6 km) nördl. von Micanopy
tägl. 8 bis Sonnenuntergang
floridastateparks.org

21

Ormond Beach

F2 43 500 110 E Granada Blvd, Ormond Beach, Volusia County; +1-386-255-0415 ormondbeach.org

Ormond Beach war einer der ersten Winterferienorte an Flaglers Eisenbahnlinie. In dem nicht mehr existenten Ormond Hotel logierten einst Berühmtheiten wie John D. Rockefeller und Henry Ford.

Gegenüber dem Hotel erwarb Rockefeller im Jahr 1918 ein Haus. Trotz seines Reichtums war der Chef von Standard Oil sehr sparsam. Seine Wintervilla, **The Casements**, wurde renoviert und beherbergt heute ein Museum und Kulturzentrum mit Erinnerungsstücken aus der Rockefeller-Epoche, darunter

Schattige Wege winden sich um Seerosenteiche, in denen Schildkröten leben. Das Ormond Memorial Art Museum zeigt Ausstellungen zeitgenössischer Künstler.

auch den Strandkorb des großen Mannes mit verglasten Bullaugen. Darüber hinaus gibt es ein im Stil der Zeit eingerichtetes Zimmer und eine zusammengewürfelte Ausstellung ungarischer Volkskunst zu sehen.

In der Nähe von The Casements liegt in einem Park das **Ormond Memorial Art Museum**. Schattige Wege winden sich um Seerosenteiche, in denen Schildkröten leben. Das Museum zeigt Ausstellungen zeitgenössischer Künstler.

The Casements
25 Riverside Dr
Mo–Sa 8–17 (Sa bis 12)
thecasements.net

Ormond Memorial Art Museum
78 E Granada Blvd
Mo–Fr 10–16, Sa, So 12–16
ormondartmuseum.org

22

Blue Spring State Park

F3 2100 W French Ave, Orange City; +1-386-775-3663 tägl. 8 bis Sonnenuntergang
floridastateparks.org

Eine der größten und bedeutendsten artesischen Quellen spendet täglich 450 Millionen Liter Wasser. Dank der konstanten Wassertemperatur von 20 °C ist der Park ein beliebtes Winterquartier für Seekühe *(siehe S. 279)*, die zwischen November und März aus dem St. Johns River kommen. Sie sind von den erhöhten Plankenwegen des Parks aus zu beobachten. Schnorcheln und Tauchen sind im türkisfarbenen Wasser ebenso möglich wie Kanufahren auf dem St. Johns River.

Umgebung: Von Hontoon Landing fährt eine kostenlose Fähre zum bewaldeten **Hontoon Island State Park**, etwa drei Kilometer weiter nördlich des Blue Spring State Park. Hier gibt es einen 24 Meter hohen Aussichtsturm, Camping- und Picknickplätze sowie einen Naturlehrpfad. Kanus kann man leihen.

1955 wurde hier ein seltener hölzerner Eulen-Totempfahl der Timucua gefunden.

Hontoon Island State Park
2309 River Ridge Rd, DeLand tägl. 8–16
floridastateparks.org

Brücke im Blue Spring State Park und ein Karibik-Manati (Detail) ↓

Blaureiher am Pensacola Beach (siehe S. 244)

Panhandle

Man sagt in Florida, je weiter man nach Norden fahre, umso südlicher würde das Ambiente. Tatsächlich stehen sowohl Geschichte als auch Lebensart des »Pfannenstiels« den Südstaaten der USA weit näher als den Küstengebieten. Abgesehen von Geografie und Geschichte unterscheidet sich dieser faszinierende Teil auch in Klima und Zeit vom restlichen Florida – der Panhandle ist eine Stunde hinterher.

Die Besiedlung Floridas durch die Spanier begann im Norden. 1559 wurde in der Nähe des heutigen Pensacola eine Siedlung errichtet, die jedoch nach einem Hurrikan verlassen wurde. Nach dem Wiederaufbau musste sie ihren Rang als wichtigste Siedlung der Region um 1824 an Tallahassee abtreten.

Holz- und Baumwollhandel bescherten der Region wiederholte Phasen des Reichtums, doch durch den Eisenbahnbau in anderen Teilen Floridas fand sich der Panhandle bald auf einem Nebengleis. Touristisch wurde er erst relativ spät erschlossen, obwohl die weißen Sandstrände ihresgleichen suchen.

Panhandle

Highlights

1. Pensacola
2. Tallahassee

Sehenswürdigkeiten

3. Perdido Key
4. Steinhatchee
5. Gulf Breeze
6. Santa Rosa Island
7. Panama City Beach
8. Destin
9. Seaside
10. Blackwater River
11. Eden Gardens State Park
12. Fort Walton Beach
13. Alfred B. Maclay Gardens State Park
14. Underwater Museum of Art
15. Monticello
16. Wild Willy's Adventure Zone
17. Torreya State Park
18. Florida Caverns State Park
19. Cedar Key
20. Wakulla Springs State Park
21. St. Joseph Peninsula State Park
22. Manatee Springs State Park
23. Apalachicola
24. Suwannee River State Park
25. St. Vincent, St. George und Dog Islands

GEORGIA
Cuthbert
Leesburg
Ashburn
Jacksonville
Albany
Sylvester
Ocilla
Tifton
Douglas
Bridgeboro
Blakely
Alapaha
Camilla
Moultrie
Colquitt
Adel
Donalsonville
Lakeland
Malone
Bainbridge
Cairo
Thomasville
Quitman
Valdosta
Chattahoochee
Altha
Quincy
Alfred B. Maclay Gardens State Park
13
17
Torreya State Park
15 Monticello
Pinetta
Nordosten
Seiten 204–229
Greenville
Madison
McCaln
2 Tallahassee
Blountstown
Tallahassee International Airport
Lakeside
Suwannee River State Park
24
Telogia
Wacissa
Sirmans
Apalachicola River
Live Oak
Apalachicola National Forest
20
Wakulla Springs State Park
St. Marks
Perry
Buckville
Poplar Creek
Medart
Apalachee Bay
Suwannee River
Mayo
Sumatra
Panacea
Branford
St. Teresa Beach
Carrabelle
Adams Beach
Mallory Swamp
Keaton Beach
25 Dog Island
Tenille
23 Apalachicola
Pumpkin Swamp
Steinhatchee
4
25 St. George Island
Fanning Springs
Deadman Bay
Cross City
Cape Saint George
Manatee Springs State Park
22
Horseshoe Beach
Horseshoe Cove
Golf von Mexiko
Suwannee
Rosewood
Suwannee Sound
Cedar Key
19
Waccasassa Bay
Panhandle
0 Kilometer 40
0 Meilen 40
N

Bunte Fassaden im Seville Quarter mit vielen Bars und Restaurants

❶

Pensacola

A1 · 53 700 · 1401 E Gregory St; +1-800-874-1234 · Fiesta of Five Flags (Juni) · visitpensacola.com

Die Stadt am Wasser wurde 1559 von Spaniern gegründet. Ein Großteil des heutigen Stadtbilds entstand während einer wirtschaftlichen Blütezeit im 19. Jahrhundert. Die Innenstadt bietet zahlreiche Sehenswürdigkeiten, die durch zwei Brücken mit dem Festland verbundene Insel Pensacola Beach ist ein beliebtes Ausflugsziel.

①

Pensacola Museum of History

330 S Jefferson St · +1-850-595-5990 · Di–Sa 10–16, So 12–16 · Feiertage · historicpensacola.org

Das Museum befindet sich im einstigen Rathaus der Stadt, einem imposanten Gebäude im spanischen Neorenaissance-Stil. Unter den vielfältigen Exponaten sind Stücke aus dem Westen Floridas und Kuriositäten aus der ganzen Welt: das bunte Sammelsurium reicht von präkolumbischen Pfeilspitzen über Schrumpfköpfe bis zu einer Telefonvermittlung aus den 1930er Jahren und Cola-Flaschen.

Historische Schautafeln und Dioramen illustrieren die Stationen von Pensacolas Colonial Archaeological Trail mit Befestigungsanlagen (1752–1821). Eine der Ausstellungen widmet sich Pensacolas rund 450-jähriger Geschichte.

②

Pensacola Museum of Art

407 S Jefferson St · +1-850-432-6247 · Di–So 10–16 (So ab 12) · Feiertage · pensacolamuseum.org

In den weiß getünchten Zellen des alten Stadtgefängnisses hängen nun die Exponate des Museums hinter den Original-Eisengittern. Präsentiert werden immer wechselnde Ausstellungen, z. B. präkolumbische Keramiken, satiniertes Glas aus dem 19. Jahrhundert oder Pop-Art von Roy Lichtenstein.

③

Pensacola Children's Museum

115 E Zaragoza St · Di–So 10–16 (So ab 12) · historicpensacola.org

Das vom University of West Florida Historic Trust betriebene Museum in einem zunächst als Gulf Saloon bekannten Gebäude (1885) vermittelt Stadtgeschichte auf spielerische Art. Zu den behandelten Themen gehören u. a. die Entwicklung von Seefahrt, Holzwirtschaft und Kultur. Zu den kinderfreundlichen Ausstellungen gehören der Panton Trading Post, Lavalle Cottage, das Fort,

Schon gewusst?

Pensacola wurde erst 1821 Teil der Vereinigten Staaten.

die interaktive Ausstellung Publix Super Markets und Kiddie Corral. Im zweiten Stock gibt es eine Ausstellung über indigene Völker, Bausteine und die Möglichkeit, sich zu verkleiden.

④

Pensacola Lighthouse & Museum

2081 Radford Blvd
tägl. 10–16 (Fr–So bis 17)
Feiertage
pensacolalighthouse.org

Gegenüber dem Luftfahrtmuseum in der Naval Air Station Pensacola (NAS; Ausweis mitbringen) gehört zum Pensacola Lighthouse & Museum ein 48 Meter hoher Leuchtturm (1859). Von oben blickt man bis zum Perdido Key. Das Museum im Wärterhaus zeigt Ausstellungen zur Kultur der amerikanischen Ureinwohner auf Weedon Island, die spanische Kolonie Santa María de Galve aus dem 17. Jahrhundert und den ersten Leuchtturm von Pensacola (1824).

↑ *In der Old Christ Church ist heute ein Museum untergebracht*

⑤

Historic Pensacola Village

205 E Zaragoza St
+1-850-595-5985
Di–So 10–16 (So ab 12)
Feiertage
historicpensacola.org

Die Museen und historischen Gebäude im ältesten Viertel der Stadt befinden sich im sogenannten Historic Pensacola Village. Bei einem gemütlichen Spaziergang durch die Gassen können Sie sich ins 19. Jahrhundert zurückversetzen lassen.

Tiefere Einblicke gewinnen Sie bei einer der Führungen, die zweimal täglich am Tivoli House in der Zaragoza Street beginnen. In der Hochsaison tragen die Führer historische Kostüme. Die Route führt u. a. zum französisch-kreolischen Lavalle House (1805), zum edlen Dorr House (1871), zur Old Christ Church (1832) und zum Lear-Rocheblave House (1890). Mit einem Ticket können Sie an der Führung teilnehmen und innerhalb von einer Woche sämtliche Gebäude besichtigen. Es gilt auch für das Museum of Industry und das Museum of Commerce.

In einem Lagerhaus aus dem 19. Jahrhundert behandelt das Museum of Industry Themen wie Fischerei, Ziegelherstellung, Transportwesen und Holzhandel und vermittelt einen guten Eindruck von den Anfängen Pensacolas. Das ebenso interessante Museum of Commerce in der Zaragoza Street ist als viktorianische Straße mit Druckerei samt funktionierender Druckerpresse, Apotheke, Sattlerwerkstatt und nostalgischem Musikladen aufgebaut.

Den Seville Square überragt die Old Christ Church (heute ein Museum).

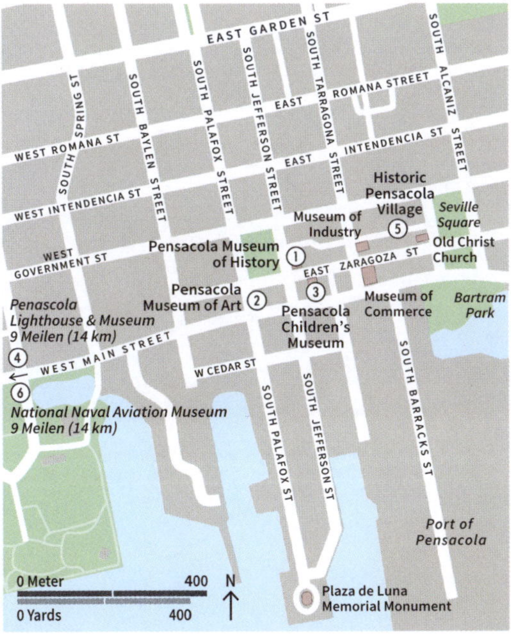

6

National Naval Aviation Museum

1750 Radford Blvd, NAS Pensacola · tägl. 10–16 · 1. Jan, Thanksgiving, 25. Dez · navalaviationmuseum.org

Fans der Flugzeug- und Militärgeschichte sollten sich dieses Museum nicht entgehen lassen. Zu den Highlight gehören Flugzeuge aus dem Ersten Weltkrieg und modernste Flugsimulatoren. Der Eintritt ist frei.

Das 1963 eröffnete Museum wurde kontinuierlich erweitert und nimmt mittlerweile eine Fläche von rund 32 000 Quadratmetern ein. Damit ist es das größte Luftfahrtmuseum der Welt. Mit über 150 Flugzeugen und Raumfähren sowie themenbezogener Kunst und interaktiven Stationen wird die Entwicklung von Luft- und Raumfahrt anschaulich dokumentiert: von den ersten Doppeldeckern bis zu modernen Raketen. Jedes Jahr verzeichnet das Museum rund eine Million Besucher.

Das Museum erstreckt sich über zwei »Decks«, deren beide Flügel von einem Atrium verbunden werden. Der Westflügel ist fast ausschließlich dem Zweiten Weltkrieg gewidmet, während der Südflügel eher allgemein gehalten ist. Weitere Flugzeuge findet man im Hangar Bay One hinter dem Gebäude.

Entdeckertipp
Fort Barrancas

In der Nähe des Museums liegt Fort Barrancas, ein Teil der von den Spaniern im 17. und 18. Jahrhundert erbauten Befestigungsanlagen. Das Besucherzentrum ist Do–Mo von 9 bis 16:15 Uhr geöffnet.

Ein Tomcat-Kampfflugzeug vor dem Eingang zum Museum ↑

↑ Eindrucksvolle Vielfalt an Flugzeugen im Luftfahrtmuseum

Flying Boats

▽ Im Ersten Weltkrieg entwickelte die US-Marine »Flugboote«. Bevor sie eingesetzt werden konnten, war der Krieg bereits beendet. 1919 startete eines dieser Flugzeuge, die NC-4, von Long Island über den Atlantischen Ozean – der erste erfolgreiche Transatlantikflug.

Flying Tigers

▷ Die aufgemalten Haifischgebisse waren das Erkennungszeichen dieser Kampfflugzeuge (P-40B Tomahawk) aus dem Zweiten Weltkrieg. Die freiwilligen Flying-Tiger-Piloten flogen am Himmel über China und Burma, waren für ihren Wagemut bekannt und wurden für ihren Einsatz gerühmt.

The Blue Angels

▽ Das Atrium zwischen den beiden Museumsflügeln ist das Herzstück der Anlage. Hier sind Flugzeuge der weltberühmten Blue Angels, des Kunstflugteams der US Navy. Blue Angels fliegen regelmäßig über das Museum. Die Zeiten variieren im Jahresverlauf *(siehe Website)*.

Spaziergang durch Pensacola

Länge 1 km **Dauer** 15 Min.

Pensacola wurde 1559 von spanischen Siedlern unter der Führung von Don Tristán de Luna gegründet, zwei Jahre später jedoch von einem Hurrikan zerstört. Die Spanier kamen zurück, doch Pensacola wechselte ständig den Besitzer: Innerhalb von 400 Jahren wehten hier die Flaggen der Spanier, Franzosen, Engländer, Konföderierten und schließlich der USA. Der Großteil des Zentrums stammt aus der Zeit des Aufschwungs nach 1880. Hier stehen Gebäude diverser Stilrichtungen: Häuschen aus der Kolonialzeit und klassizistische Gebäude aus der Blütezeit des Holzhandels (spätes 19. Jh.). Die vorgeschlagene Route konzentriert sich auf das Historic Pensacola Village *(siehe S. 235)*.

Schon gewusst?

Hurrikan Sally (2020) verursachte in Pensacola Schäden von 7,3 Milliarden US-Dollar.

Mit einfachem Grundriss und bunten Farben war das **Lavalle House** auf den Geschmack seiner französisch-kreolischen Bewohner zugeschnitten.

Das **Museum of Industry** mit rekonstruierter Sägemühle und der Kopie eines Zugs für den Holztransport widmet sich der Zeit des Holz- und Seehandels.

Das **Pensacola Museum of History** birgt eine breit gefächerte, ungewöhnliche Sammlung.

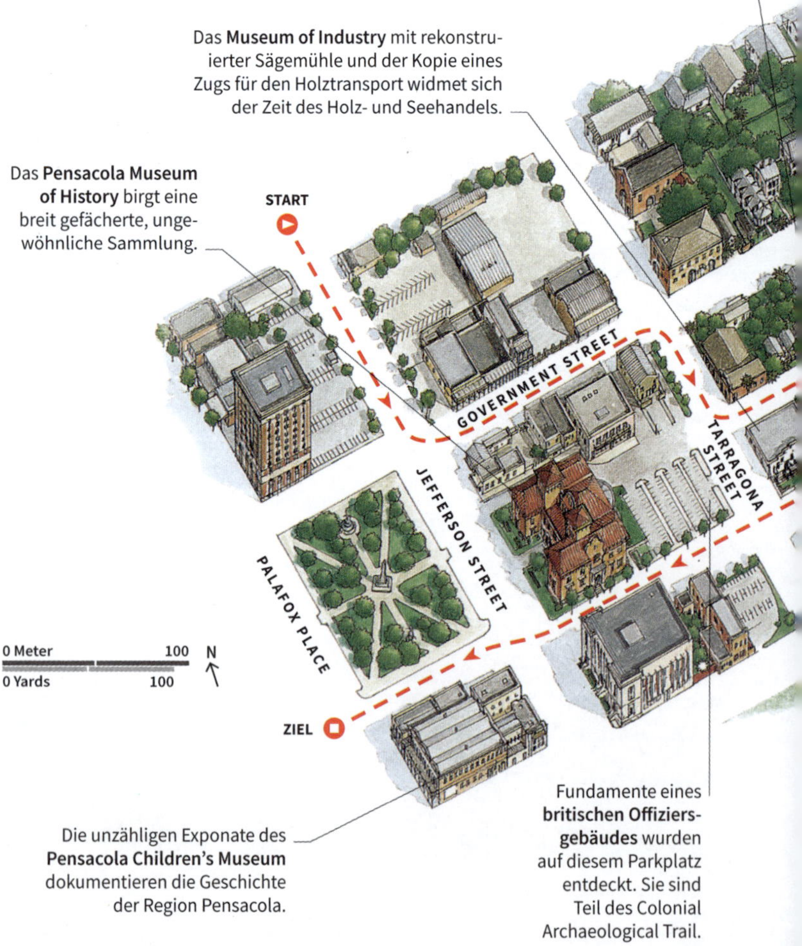

Die unzähligen Exponate des **Pensacola Children's Museum** dokumentieren die Geschichte der Region Pensacola.

Fundamente eines **britischen Offiziersgebäudes** wurden auf diesem Parkplatz entdeckt. Sie sind Teil des Colonial Archaeological Trail.

Expertentipp

JazzFest

Auf dem Sevilla Square finden viele großartige Festivals statt, darunter seit über 30 Jahren das JazzFest im April. Detaillierte Informationen finden Sie unter www.jazzpensacola.com.

Dorr House ist die letzte griechisch-klassizistische Villa im Westen Floridas.

Das **Steamboat House** in Form eines Dampfschiffs mit zwei »Decks« als Veranda stammt aus der Blütezeit der Dampfschiffe im 19. Jahrhundert.

Der **Seville Square** liegt mitten im Seville Quarter, das die Briten um 1770 anlegten.

Fountain Square ist nach seinem schön gestalteten Brunnen benannt.

Das **Museum of Commerce** wird geschickt in Form einer spätviktorianischen Straße präsentiert.

→ *Fassade des Pensacola Museum of History*

↑ *Hinter dem Old Capitol ragt das neue Capitol in die Höhe*

2

Tallahassee

C1 197 100 414 E Bloxham St
Springtime Tallahassee (März – Apr)
visittallahassee.com

Das Zentrum des »anderen Florida« liegt nur 23 Kilometer von der Grenze zu Georgia entfernt. Die einstige Apalachee-Siedlung bot sich 1824 nicht unbedingt zur Gründung von Floridas Hauptstadt an, während der Zeit der großen Plantagen nahm die Stadt jedoch einen enormen Aufschwung. Die eleganten Häuser sind noch immer schön anzusehen.

①

Historic District

Die Altstadt mit schönen Häusern aus dem 19. Jahrhundert gruppiert sich um die Park Avenue und die Calhoun Street – ruhige, schattige Straßen mit alten Eichen und Magnolienbäumen.

Das Brokaw-McDougall House an der Meridian Street ist ein gutes Beispiel für amerikanischen Klassizismus. Ähnliche Einflüsse spürt man am The Columns (1839) in der Duval Street, dem ältesten Gebäude der Stadt. Das Capitol liegt im Zentrum. Das Old Capitol wurde liebevoll restauriert, sodass die weiße Kuppel und die gestreiften Markisen wieder im Glanz von 1902 erstrahlen. Innen können der Saal des Obersten Gerichts, der für Kabinettssitzungen und der Senat besichtigt werden. Das Old Capitol steht heute im Schatten des dahinter aufragenden New Capitol mit 22 Etagen. Der Blick über Tallahassee von ganz oben versöhnt mit der etwas düsteren Architektur der 1970er Jahre. Im Informationsbüro in der East Bloxham Street gibt es Stadtpläne.

→ *Bradley Cooleys* Indian Heritage Tableau *vor dem Museum of Florida History*

②

Museum of Florida History

500 S Bronough St
+1-850-488-1484
wegen Renovierung
museumofflorida history.com

Dieses Museum behandelt rund 12 000 Jahre Geschichte. Dioramen zeigen Szenen aus der Timucua-, Apalachee- und Calusa-Kultur, Gürteltiere und ein Mastodonskelett aus Wakulla Springs *(siehe S. 251)*. Die

Schon gewusst?

Tallahassee ist Standort des größten Magnetlabors der Welt.

Objekte und Schautafeln geben einen Überblick von der Kolonisierung Floridas bis zum Tourismus der 1920er Jahre.

③
Tallahassee Museum

3945 Museum Dr
+1-850-576-1636 tägl. 9–17 (So ab 11) 1. Jan, Thanksgiving, 24., 25. Dez.
tallahasseemuseum.org

Fünf Kilometer südwestlich der Stadt steht das Tallahassee Museum, das besonders Kinder begeistert. Zentrales Element ist die Big Bend Farm, auf der das traditionelle Farmleben im 19. Jahrhunderts mit Schauspielern in Originalkostümen, Ziegen und Gänsen inmitten von um 1880 entstandenen Gebäuden veranschaulicht wird.

Eine weitere Attraktion ist Bellevue, ein Plantagenhaus aus den 1830err Jahren. Es gibt außerdem ein interaktives Discovery Center und einen Zoo.

④
Knott House Museum

301 East Park Ave
wegen Renovierung
museumoffloridahistory.com

Ungewöhnlich an diesem Haus ist die Tatsache, dass es im Jahr 1843 von einem freien Schwarzen erbaut wurde – 20 Jahre vor Abschaffung der Sklaverei in Florida. Seinen Namen hat das herrlich restaurierte viktorianische Gebäude allerdings von den Knotts, die 1928 hier einzogen und das Haus völlig neu einrichteten. Viel erinnert an die ehemaligen Besitzer – die Gedichte, die Luella Knott über ihre Möbel schrieb und daran befestigte, sind noch immer an ihrem Platz.

Hotels

Hotel Duval
Das Boutiquehotel verfügt über eine attraktive Bar auf dem Dach.
415 N Monroe St
marriott.com
$$$

Governor's Inn
Das Hotel in einem umgebauten Stall hat rustikales Interieur.
209 S Adams St
govinntallahassee.com
$$$

Aloft Tallahassee Downtown
Preiswertes Hotel mit originellem Design und Außenpool.
200 N Monroe St
marriott.com
$$$

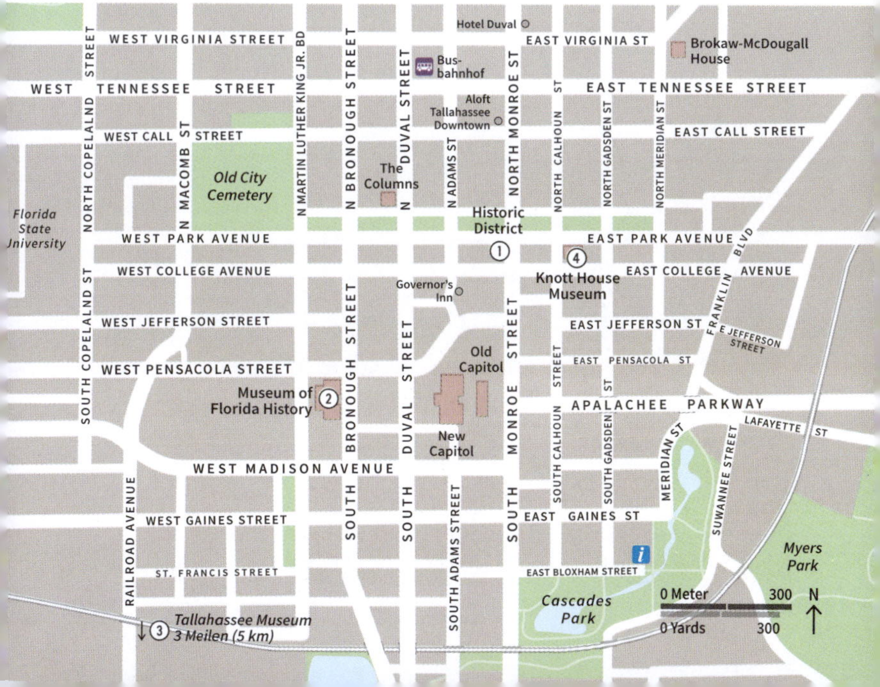

3

Perdido Key

A1 15500 Perdido Key Dr, Pensacola
visitperdido.com

Nur 30 Autominuten südwestlich von Pensacola liegen die unberührten Strände von Perdido Key, die regelmäßig unter den Top 20 der USA rangieren.

Nur 30 Autominuten südwestlich von Pensacola liegen die unberührten Strände von Perdido Key, die regelmäßig unter den Top 20 der USA rangieren. Es gibt Bars, Restaurants und Optionen zum Wassersport, Sie können aber auch einfach Sonne tanken und ein Bad nehmen.

Der Osten der Insel ist nur zu Fuß erreichbar. Die Straße hört beim **Johnson Beach**, Teil der Gulf Islands National Seashore, direkt östlich der Brücke vom Festland auf. Die Strände erstrecken sich über eine Gesamtlänge von rund zehn Kilometern.

Am Festland bietet der **Big Lagoon State Park** sowohl Sandstrände als auch Marschen, in denen man Vögel beobachten und wandern kann. Vom Aussichtsturm blickt man auf die Küste.

Johnson Beach
13300 Johnson Beach Rd tägl. 5–20 (Nov–Feb: bis 18)
nps.gov/guis

Big Lagoon State Park
12301 Gulf Beach Hwy tägl. 8 bis Sonnenuntergang floridastate parks.org

4

Steinhatchee

D2 540 Perry-Taylor County Chamber of Commerce
steinhatchee.com

Das alte, etwas verschlafen wirkende Fischerstädtchen liegt vor der Mündung des Steinhatchee River am Flussufer. Schlendern Sie zwischen den Fischercamps, Köderläden und den Booten an den Zypressenholzdocks umher. Hier angelt man nach Forellen, kann aber auch auf Krabbenfang gehen.

42 Kilometer nordwestlich von Steinhatchee liegt der Ferienort Keaton Beach.

5

Gulf Breeze

A1 6500 3044 Gulf Breeze Parkway, Santa Rosa County; +1-850-932-7888
gulfbreezechamber.com

Die florierende Stadt Gulf Breeze liegt am Westende des Hügelzuges, der sich weiter gegen Süden zur Pensacola Bay ausdehnt. Östlich der Stadt erstrecken sich große Wälder, früher Teil des riesigen Waldgebietes im Süden, dessen Holz um 1820 zum Schiffsbau verwendet wurde.

Die **Naval Live Oaks Area of the Gulf Islands National Seashore**, die sich nicht weit von der US 98 erstreckt, war ursprünglich eine staatliche Baumfarm und schützt heute einen Teil der verbleibenden Wälder. Hier findet man Pfade durch rund 500 Hektar Eichenwald, Sandhügel und Feuchtgebiete – wahre Paradiese für Watvögel.

Der Fishing Trail verläuft parallel zur US-98 (3 km hin und zurück) durch dichten Wald mit Zugangspunkten zum Wasser, während der Andrew Jackson Trail durch

← *Steg durch die Marschen im Big Lagoon State Park nahe Perdido Key*

Weißer Sandstrand an der Küste von Santa Rosa Island ↑

den nördlichen Teil des Schutzgebiets mit Küstenwäldern verläuft.

»Gulf Islands National Seashore« ist ein Sammelbegriff für mehrere Nationalparks, von denen jeder einen besonderen Schwerpunkt von natürlichem oder historischem Interesse hat und die insgesamt auf 257 Kilometern die Küste zwischen hier und Mississippi säumen.

Naval Live Oaks Area of the Gulf Islands National Seashore
1801 Gulf Breeze Parkway tägl. 8 bis Sonnenuntergang nps.gov/guis

6

Santa Rosa Island

A1 Casino Beach Boardwalk, Pensacola Beach visitpensacolabeach.com

Santa Rosa ist ein langer dünner Sandstreifen und erstreckt sich über eine Strecke von 70 Kilometern von der Pensacola Bay bis Fort Walton Beach. Das 1834 fertiggestellte Fort Pickens an der Westspitze ist das größte von vier US-Forts, die im frühen 19. Jahrhundert zur Verteidigung der Pensacola Bay errichtet wurden.

Der berühmte Apachenhäuptling Geronimo war von 1886 bis 1888 in Fort Pickens inhaftiert, und während dieser Zeit kamen Menschen von nah und fern, um ihn zu sehen. Die Behörden sollen seine Umwandlung in eine Touristenattraktion gefördert haben. Das Fort wurde bis 1947 von der US-Armee genutzt. Jetzt können Besucher die Gänge und das kleine Museum des Backsteinforts erkunden.

Santa Rosa Island verfügt über mehrere schöne weiße Strände. Pensacola Beach und Navarre Beach sind beliebt und bieten jeweils einen Angelsteg und zahlreiche Wassersportaktivitäten. Dazwischen liegt ein wunderschöner unbebauter Sandstreifen, auf dem Besucher abseits der Menschenmassen entspannen können. Es gibt auch einen Campingplatz am Westendende der Insel in der Nähe des Forts.

Fort Pickens
1400 Fort Pickens Rd (Route 399) tägl. 5–20 (Nov–Feb: bis 18) nps.gov/guis

Restaurants

Flora-Bama
Die legendäre Bar an der Staatsgrenze Florida/Alabama serviert seit den 1960er Jahren Burger, Austern und Sandwiches.
A1 17401 Perdido Key Dr, Perdido Key florabama.com
$$$

Café Tango
Wer heimeliges Ambiente schätzt, ist hier genau richtig. Das Restaurant in einem weinberankten Cottage serviert u. a. Fisch in Chorizo-Kruste.
A1 14 Vicki St, Santa Rosa Beach cafetango30-a.com
$$$

The Jellyfish
In diesem Restaurant dreht sich alles um Seafood. Spezialitäten sind Sushi und Shrimps.
A1 13700 Perdido Key Dr, Perdido Key thejellyfishbar.com
$$$

7

Panama City Beach

B2 17001 Panama City Beach Parkway +1-904-234-3435 visitpanamacitybeach.com

Panama City Beach mit seinem 43 Kilometer langen »Miracle Strip« voller Hotels, Freizeitparks und Läden ist der beliebteste Ferienort am Panhandle. Während des Spring Break zieht er Horden junger Leute an, im Sommer beherrschen Familien das Bild. Das Sportangebot ist ausgezeichnet.

Panama City Beach, die »Schiffswrackhauptstadt«, ist als eines der besten Tauchziele am Golf von Mexiko bekannt. Neben Korallenriffen gibt es über 50 künstliche Tauchgärten. Tauchschulen bieten Trips und Kurse an. **Capt. Anderson's Marina** und **Treasure Island Marina** organisieren Rundfahrten in Glasbodenbooten und Touren zur Delfinbeobachtung.

Der **St. Andrews State Park** am äußersten östlichen Ende von Panama City Beach bietet unberührte Strände. Von hier aus verkehren Fähren zur ebenfalls unberührten Shell Island auf der anderen Seite der Bucht.

Das **Museum of Man in the Sea** gewährt Einblicke in die Geschichte des Tauchens und der Schiffsbergung. Unter den vielen Exponaten findet man u. a. alte Taucherhelme, aber auch Schätze der versunkenen spanischen

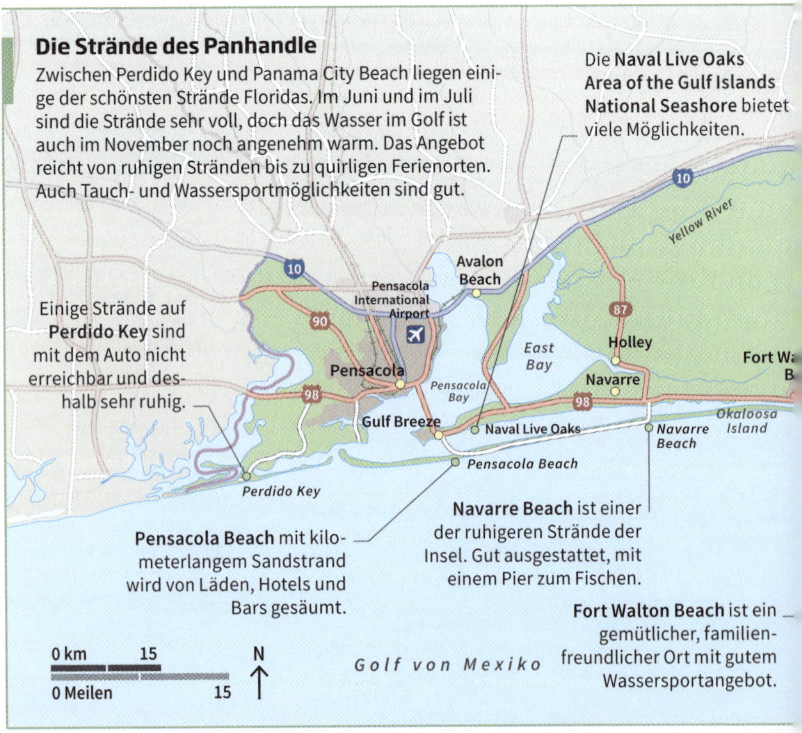

← *Riesenspaß bei einer Achterbahnfahrt in Panama City Beach*

Galeone *Atocha (siehe S. 300)* und U-Boote. Interessantestes Stück ist die *Moby Dick*, ein Walrettungsboot, das als Killerwal bemalt ist.

Die 490 Meter lange Wasserrutsche im **Shipwreck Island Waterpark** ist großartig, doch auch für Abenteuerlustige ist gesorgt mit Zoom Flume, Raging Rapids oder der 201 Meter langen Schlauchbootfahrt am White Knuckle River. Für die Kleinsten gibt es Rutschbahnen und Planschbecken.

Der **Coconut Creek Family Fun Park** hat zwei 18-Loch-Minigolfplätze unter dem Thema »Safari in Afrika« sowie ein Labyrinth von der Größe eines Fußballfeldes, in dem man von einer Insel zur nächsten reist.

Capt. Anderson's Marina
5550 N Lagoon Dr
Mo – Fr 9 –17 capt andersonsmarina.com

Treasure Island Marina
3605 Thomas Dr
tägl. 7:30 –16
treasureislandmarina.net

St. Andrews State Park
4607 State Park Lane tägl. 8 Bis Sonnenuntergang floridastateparks.org/standrews

Museum of Man in the Sea
17314 Panama City Beach Parkway
Mi – So 10 –16
maninthesea.org

Shipwreck Island Waterpark
12201 Hutchison Blvd Ende Apr – Anf. Sep; Zeiten siehe Website
shipwreckisland.com

Coconut Creek Family Fun Park
9807 Front Beach Rd
tägl. 10 – 20:30 (Fr, Sa bis 22) coconutcreekfun.com

Bar

No Name Lounge
Allein schon der Meerblick von der Terrasse der Bar lohnt einen Besuch. Jetzt noch einen schönen Drink und einen schmackhaften Snack – und dann einfach genießen.

B2 5555 W Hwy 98, Panama City
facebook.com/nonameloungepc

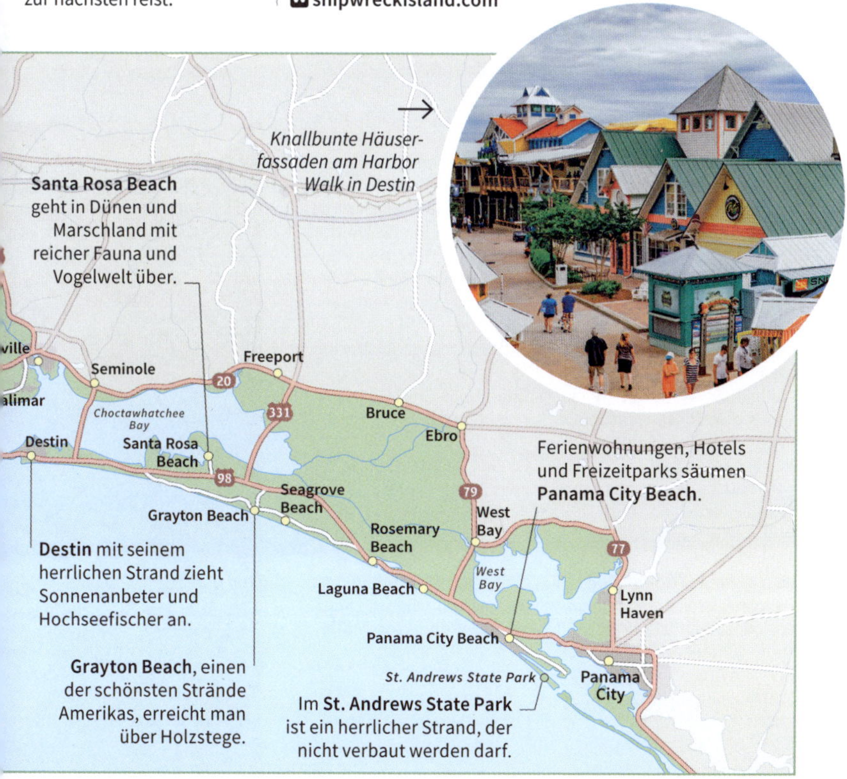

→ *Knallbunte Häuserfassaden am Harbor Walk in Destin*

8

Destin

A1 14 000
4484 Legendary Dr, Suite A, Okaloosa County; +1-850-837-6241
destinfwb.com

Die Stadt zwischen Golf von Mexiko und Choctawhatchee Bay verläuft entlang der Küstenstraße US 98. 1845 als Fischercamp gegründet, entwickelte sich Destin zum »wohlhabendsten Fischerdorf der USA«. Hochseefischen stellt die Attraktion schlechthin dar, im Hafen wimmelt es von Charterbooten. Die Gewässer um Destin sind dank eines 30-Meter-Abbruchs, 16 Kilometer von der Küste entfernt, sehr fischreich. Mit Glück fängt man hier sogar einen Silberkönig oder Fächerfisch. Wettkämpfe und Veranstaltungen auf diesem Gebiet finden recht häufig statt.

Sehr berühmt ist das Fishing Rodeo, das den ganzen Oktober dauert, auch das Destin Seafood Festival Anfang Oktober lockt Besucher in Scharen an. Auf dem dort veranstalteten Markt für Meeresfrüchte werden alle Arten von Muscheln, Shrimps und Krabben angeboten.

Mit herrlichen Stränden und der Emerald Coast ist Destin auch beliebter Ferienort, an dem man gut tauchen oder schnorcheln kann.

9

Seaside

B1–2 200 25777 US Hwy 331 South, Walton County; +1-850-231-4224
seasidefl.com

Als Robert Davis Mitte der 1980er Jahre beschloss, hier den Fremdenverkehr anzukurbeln, hatte er Badeorte seiner Kindheit vor Augen. Dabei stellte er sich einen nostalgischen Ferienort mit Floridas traditionellen Holzhäusern mit Veranda, steilem Dach und weißem Zaun vor. Überladene Details, Türmchen und Erker lassen heute den Originalstil aber kaum noch erkennen. Der Charme der pastellfarbenen, neoviktorianischen Häuser erinnert an Disney World und ist eine kurze Pause wert, wenn Sie an der US 98 daran vorbeikommen. Auch der Strand ist nicht zu verachten.

Umgebung: 1,5 Kilometer westlich von Seaside liegt der **Grayton Beach State Park**: Dieser Strand am Panhandle findet sich regelmäßig ganz vorn in den Hitlisten der US-Strände. Doch nicht nur der breite Strand mit seinem herrlichen wei-

Schon gewusst?

Seaside war Drehort für *The Truman Show* (1998) mit Jim Carrey in der Hauptrolle.

→

Wesley House, historisches Anwesen im Eden Gardens State Park

←

Boote im türkisfarbenen Wasser vor der Küste von Destin

ßen Quarzsand lockt – man kann hier auch fischen, Boot fahren, wandern und campen. Im Sommer werden Ranger-Programme für die ganze Familie angeboten.

Grayton Beach State Park
County Rd 30A, ab US 98, 1 Meile (1,6 km) westl. von Seaside tägl. 8 bis Sonnenuntergang
floridastateparks.org

10

Blackwater River

A1 Santa Rosa County
Pensacola 4315 Avalon Blvd, Milton
srcchamber.com

Der Blackwater River entspringt in Alabama und fließt 95 Kilometer nach Süden zum Golf von Mexiko. Als einer der reinsten Sandflüsse der Welt schlängelt sich sein dunkles Wasser hübsch durch den Wald und bildet dabei Altarme und Sandstrände. Hauptattraktion ist die Kanuroute: Die 50 Kilometer lange Strecke zählt zu den schönsten der USA. In Milton, Floridas selbst ernanntem Kanuzentrum, werden Kanu- und Kajaktouren angeboten, von halbtägigen Paddelrouten bis zu Drei-Tage-Marathons.

Im kleinen **Blackwater River State Park** am Ende der Kanuroute kann man picknicken, schwimmen oder auch das Flusssystem entlang der Nature-Trail-Route verfolgen, die sich etwa 1,5 Kilometer lang durch Wälder mit Eichen, Hickory, Magnolien und Ahorn schlängelt und in einer Reihe kleiner Seen mündet.

Blackwater River State Park
7720 Deaton Bridge Rd, Milton tägl. 8 bis Sonnenuntergang
floridastateparks.org

11

Eden Gardens State Park

B1 181 Eden Gardens Rd, Santa Rosa Beach
+1-850-267-8320 tägl. 8 bis Sonnenuntergang
floridastateparks.org

Der State Park bietet Wanderwege und Wassersportmöglichkeiten, im **Wesley House** gibt es eine Ausstellung. Holzbaron William H. Wesley baute sich sein prachtvolles Anwesen im Jahr 1897 am Choctawhatchee River. Die Räume dieses zweistöckigen Gebäudes sind noch heute mit Originalmöbeln ausgestattet.

Am Ufer, wo sich einst das Sägewerk befand, stehen heute Picknicktische. Bäume trieb man von den Wäldern im Landesinneren hierher, wo man sie bearbeitete. Danach wurden die Stämme mit Kähnen auf dem Intracoastal Waterway nach Pensacola gebracht.

Wesley House
181 Eden Gardens Rd Do – Mo 10 – 15
floridastateparks.org

12

Fort Walton Beach

A1 20 900
34 Miracle Strip Pwy SE, Okaloosa County fwb.org

Die Stadt liegt an der Westspitze der »Smaragdküste«, einem 40 Kilometer langen Strandstreifen, der sich östlich bis über Destin hinaus erstreckt. Tauchläden und Jachthäfen säumen die US 98, die an der Küste entlangführt und Fort Walton mit Santa Rosa Island verbindet. Es gibt hervorragende Möglichkeiten zum Schwimmen sowie zum Pier- und Hochseefischen, auch für Wassersport ist die Gegend ein erstklassiger Ort. Außerdem kann man vor der Nordküste der Insel in der geschützten Choctawhatchee Bay segeln oder surfen. Auf dem Festland gibt es Golfplätze.

In der Innenstadt steht das Indian Temple Mound Museum im Schatten einer alten Zeremonien- und Grabstätte des Apalachee-Stamms. Der Fort Walton Temple Mound wurde zwischen 800 und 1400 n. Chr. erbaut. Der Rest ist vier Meter hoch und 68 Meter breit. Das Museum zeigt Artefakte, die aus dem Hügel und anderen historischen Stätten in der Nähe geborgen wurden, und eine der schönsten Keramiksammlungen aus der Zeit vor dem Kontakt im Südosten, während gut illustrierte Ausstellungen mehr als 10 000 Jahre Besiedlung in der Gegend der Choctawhatchee Bay nachzeichnen. Das Museum ist Teil des Komplexes **Heritage Park and Cultural Center**, zu dem auch das Camp Walton Schoolhouse Museum, das Garnier Post Office Museum und das Civil War Exhibit Building gehören.

In Shalimar, fünf Kilometer nördlich, zeigt das **US Air Force Armament Museum** Flugzeuge, Raketen und Bomben vom Zweiten Weltkrieg bis heute. Zu sehen sind u. a. ein SR-71-»Blackbird«-Spionageflugzeug und modernste Laserwaffen.

Heritage Park and Cultural Center
139 SE Miracle Strip Parkway Di–Sa 10:30–14:30; Hügel: Di–Sa 10–15 fwb.org

US Air Force Armament Museum
100 Museum Dr (Route 85) tägl. 9:30–17 afarmamentmuseum.com

13

Alfred B. Maclay Gardens State Park

C1 3540 Thomasville Rd, Leon County +1-850-487-4556 tägl. 8 bis Sonnenuntergang floridastateparks.org

Die herrlichen Gärten nördlich von Tallahassee wurden ursprünglich um Killearn, das Winterhaus des New Yorker Finanziers Alfred B. Maclay, angelegt. In den Gärten rund um den Lake Hall findet man mehr als 200 Pflanzenarten. Selbst im Winter blühen Kamelien und Azaleen (Jan–Apr).

Beliebte Aktivitäten sind schwimmen, fischen oder auf dem Big Pine Nature Trail wandern.

14

Underwater Museum of Art

B2 357 Main Park Rd, Grayton Beach siehe Website umafl.org

Es scheint logisch zu sein, dass eine Region mit Weltklasse-Kunst und Tauchsport beides verbindet. Das Underwater Museum of Art liegt knapp 1,5 Kilometer vor der Küste des Grayton Beach State Park *(siehe S. 246)*. 2018 wurden sieben Skulpturen,

←

Wundervolle Stimmung beim Sonnenuntergang über dem Pier am Fort Walton Beach

↑ *Von dichter Vegetation umrahmter Teich im Alfred B. Maclay Gardens State Park*

Das Museum ist ein Ökotourismus-Unternehmen, für die Skulpturen werden umweltfreundliche Materialien verwendet.

darunter ein riesiger Schädel und ein Oktopus, in einer Tiefe von 18 Metern versenkt. Jedes Jahr kommen neue skulpturale Werke hinzu.

Das Museum ist in erster Linie ein Ökotourismus-Unternehmen, bei dem für die Skulpturen umweltfreundliche Materialien verwendet werden. Dadurch wird nicht nur eine Naturschutzbotschaft vermittelt, sondern auch das Meeresleben durch die Schaffung neuer Lebensräume unterstützt. Durch die Ansiedlung von Meereslebewesen und Pflanzen verändern sich im Lauf der Zeit auch die Kunstwerke.

Der Eintritt ins Museum ist frei, Besucher müssen jedoch sicherstellen, dass sie zertifizierte Taucher sind, die sich im offenen Wasser wohl fühlen. Dive 30 (www.dive30a.com) und Emerald Coasts Scuba (www.divedestin.net) bieten Ausflüge zum Tauchplatz an.

15 Monticello

D1 · 2600 · 420 W Washington St, Jefferson County; +1-850-997-5552 · cityofmonticello.us

Das 1827 gegründete Monticello (sprich »Montisello«) ist nach der Heimat des US-Präsidenten Thomas Jefferson in Virginia benannt. Im Herzen von Floridas Baumwollanbaugebiet gelegen, florierte die Stadt und förderte den Bau eleganter Häuser. Einige von ihnen sind heute Gästehäuser, die sich als Stützpunkt für Ausflüge in die Umgebung von Tallahassee gut eignen.

Im Zentrum der Stadt steht an der US 90 das imposante Rathaus. Die Altstadt liegt im Norden, wo Sie auf Alleen und eine Vielzahl alter Gebäude stoßen, angefangen bei Häusern, die um 1850 vor dem Sezessionskrieg erbaut wurden, bis hin zu Queen-Anne-Häusern mit Holzverzierung und neogotischen Elementen.

Ende Juni findet das Watermelon Festival statt, eine Art Erntedankfest mit Festzügen, Tanz, Rodeos und dem traditionellen Wassermelonenkerne-Spuckwettbewerb.

16 Wild Willy's Adventure Zone

A1 · 1306 Miracle Strip Parkway SE, Fort Walton Beach · tägl. 10–22 · wwazone.com

Den Themenpark auf Okaloosa Island erreicht man von Destin aus mit dem Auto über die Midbay Bridge. Das Gelände bietet einen gelungenen Mix aus Outdoor- und Indoor-Aktivitäten. Aufregendste Attraktion ist die insgesamt 18 Meter hohe Tree Top Challenge mit fünf Ebenen, auf denen die Hindernisse mit der Höhe immer anspruchsvoller werden.

Die Redemption Arcade ist eine Halle mit einer großen Zahl von traditionelleren und moderneren Video-Spielen, von denen jedem interessierten Besucher einige durchaus bekannt vorkommen dürften.

Zu den Hightech-Vergnügungen gehören neben einem 3-D-Kino auch ein 4-D-Kino mit beweglichen Sitzen und anderen Spezialeffekten. Die Kinos bieten von Western bis zu Dinosaurierfilmen grandiose optische Erlebnisse. Auch die Trampoline sind stets begehrte Attraktionen.

Bizarre Felsformationen im Florida Caverns State Park ↑

17 Torreya State Park

C1 2576 NW Torreya Park Rd, Bristol
Blountstown tägl. 8 bis Sonnenuntergang
floridastateparks.org

Etwas abseits der üblichen Touristenrouten liegt dieser Park, der einen Abstecher wert ist. Seinen Namen erhielt er von einer Eibenart, die hier früher häufig vorkam. Er liegt an einer reich bewaldeten Flussschlinge. Die hohen Steilufer, von denen die Konföderierten im Sezessionskrieg die gegnerischen Kanonenboote beschossen, gehören zu den wenigen natürlichen Aussichtspunkten Floridas.

Das schöne neoklassizistische Gregory House (19. Jh.) steht in 45 Meter Höhe auf dem Steilufer. Es wurde 1935 von seinem ursprünglichen Platz weiter flussabwärts hierherversetzt und restauriert. Das Innere ist mit Originalmöbeln ausgestattet.

Zum Fluss und wieder zurück braucht man etwa 25 Minuten, oder man folgt dem elf Kilometer langen Weeping Ridge Trail. Beide Routen führen durch dichten Wald, in dem man Vögel, Rotwild, Biber und eine seltene Schildkrötenart beobachten kann, deren Panzer eine landkartenartige Zeichnung aufweist.

Schon gewusst?

Der Apalachicola River im Torreya State Park ist ein beliebtes Angelrevier.

18 Florida Caverns State Park

B1 Jackson Co. 3345 Caverns Rd, ab Route 166, 3 Meilen (5 km) nördl. von Marianna Höhlenführungen: Do – Mo 9 –16 (Ende Mai –Anf. Sep: tägl.)
floridastateparks.org

Der Kalkstein, der die Oberfläche der Halbinsel Florida bestimmt, tritt in dem Höhlensystem, das vom Chipola River entwässert wird, an die Oberfläche. Das Regenwasser, das in Jahrtausenden durch das weiche Kalkgestein sickerte, bildete eine atemberaubende Höhlenlandschaft mit Stalagmiten, Stalaktiten und Tropfsteinsäulen. Ziehen Sie sich warm an, die Temperatur liegt dort zwischen 16 und 19 °C.

Im Park kann man auch wandern und reiten, der Chipola River bietet sich zum Schwimmen und Fischen an. Eine 84 Kilometer lange Kanuroute windet sich durch

→ *Becken im dicht bewaldeten Wakulla Springs State Park*

die hoch aufragenden Kalkklippen nach Süden zum Dead Lake, etwas westlich vom Apalachicola National Forest.

19

Cedar Key

D3 700 450 2nd St, Cedar Key, Levy County cedarkey.org

Am Ende der Inselkette, die in den Golf von Mexiko hineinreicht und durch Brücken verbunden ist, liegt das malerische viktorianische Fischerdorf Cedar Key. Im 19. Jahrhundert nahm der Ort als Endstation der ersten Eisenbahn, die durch ganz Florida ging, und durch den Holzboom einen großen Aufschwung. Innerhalb kurzer Zeit waren die Zedern, die dem Ort ihren Namen gaben, abgeholzt. Einige der alten Lagerhäuser existieren als Läden und Restaurants weiter, doch im Allgemeinen ist Cedar Key angenehm ruhig.

Von den Docks fahren Boote zum Beispiel zum National Wildlife Refuge vor der Küste oder zu Touren entlang der Salzmarschküste, wo man Vögel beobachten kann.

Eine Alternative zu Bootsfahrten bietet das auch wegen seiner Vielfalt spannende **Cedar Key Historical Society Museum**, in dem versteinerte Tapirzähne, Keramikscherben und Krabbenfallen zu sehen sind. Hier erhält man auch einen Plan mit den Sehenswürdigkeiten der Stadt.

Cedar Key Historical Society Museum
609 D St und 2nd St Do – So 13 –16 (Sa ab 11) cedarkeyhistory.org

Expertentipp
Fahrspaß in Cedar Key

Ein besonderer Spaß ist eine Fahrt mit einem Gulf Kart genannten Vehikel (ab 30 Dollar für zwei Stunden). Infos bietet die Gulf Kart Company (www.gulfkartcompany.com).

20

Wakulla Springs State Park

C2 Wakulla Co. 550 Wakulla Park Dr tägl. 8 bis Sonnenuntergang floridastateparks.org

Als eine der ergiebigsten Süßwasserquellen der Welt pumpt Wakulla pro Minute 2,6 Millionen Liter Wasser in das große Becken, den großen Reiz des Parks.

Besucher können im klaren, durch Kalkstein gefilterten Wasser schwimmen, schnorcheln oder eine Fahrt in einem Glasbodenboot unternehmen. Bei einem Ausflug auf dem Wakulla River hat man gute Chancen, Alligatoren, Fischadler oder Watvögel zu sehen.

Reisen Sie nicht ab, ohne das Hotel und Restaurant Wakulla Springs Lodge im spanischen Stil zu besuchen, das in den 1930er Jahren als Jagdsitz erbaut wurde. Die Lobby ist der schönste Teil mit Tennessee-Marmor, der die Böden, Treppenhäuser und die Bar schmückt. Sehenswert ist auch der Art-déco-Aufzug, einer der ältesten der Welt.

21 St. Joseph Peninsula State Park

B2 8899 Cape San Blas Rd tägl. 8 bis Sonnenuntergang floridastate parks.org

Wer Ruhe sucht, findet sie in diesem Park an der Spitze der Landzunge, die nördlich vom Cape San Blas in die St. Joseph's Bay reicht. Man kann auf dem Parkgelände schwimmen, schnorcheln und fischen. Vogelliebhaber sollten ihren Feldstecher dabeihaben, denn hier wurden mehr als 200 Vogelarten registriert. Man kann in Hütten mit Blick auf die Bucht übernachten, es gibt aber auch einen gut ausgestatteten Campingplatz.

Vom Strand können Sie einen Ausflug in die Palmen- und Nadelwälder unternehmen, wo Sie auf eine artenreiche Tierwelt (u. a. Rotwild, Waschbären, Luchse und Kojoten) treffen.

22 Manatee Springs State Park

D2 11650 NW 115 St, Chiefland tägl. 8 bis Sonnenuntergang floridastateparks.org

Rund 50 Kilometer nördlich von Cedar Key befindet sich der Manatee Springs State Park, wo eine Quelle aus einer Höhlenmündung neun Meter unter der Oberfläche eines azurblauen Beckens sprudelt. Das Quellwasser speist den Suwannee River, der glasklar ist und sowohl für Schnorchler als auch Taucher einen großen Anziehungspunkt bildet.

Trotz des Parknamens sieht man Seekühe, die hier gelegentlich überwintern, eher selten. Dagegen kann man viele andere Tiere entdecken, darunter etwa Dutzende Schildkröten, Fische und Reiher, die im seichten Wasser fressen, sowie Truthahngeier, die über ihnen schweben.

Im Park kann man auch schwimmen, ein Kanu mieten, eine Bootstour unternehmen oder einem der Wanderwege folgen. Mit etwas Glück sieht man im Unterholz ein Gürteltier.

23 Apalachicola

C2 2350 17 Avenue E, Apalachicola apalachicolabay.org

Die 1823 gegründete Stadt erlebte in den ersten rund 100 Jahren ihrer Existenz als Zollstation am gleichnamigen Fluss ihre wirtschaftliche Blütezeit. Mit dem Baumwollhandel nahm sie einen rasanten Aufschwung, später kamen Holzhändler und Schwammtaucher hier zu großem Reichtum. Die Nadel- und Hartholzwälder des Apalachicola National

Forest reichen 19 Kilometer nördlich von Apalachicola bis zur Stadtgrenze von Tallahassee.

Nach dem Ende des Holzbooms in den 1920er Jahren wandte sich die Stadt dem Fisch- und Austernfang in der Mündung des Apalachicola River zu. Die Boote liegen noch immer hier am Kai, der mit Kühlhäusern und alten Baumwolllagerhallen gesäumt ist. In der Water Street bieten Läden frische Austern an.

Die schachbrettartig angelegte Altstadt hat zahlreiche nette Gebäude aus der Zeit des Baumwollbooms aufzuweisen. Im Stadtplan der Handelskammer wird auch auf einige Schätze wie etwa das neoklassizistische Raney House Museum (1838) hingewiesen.

Im **John Gorrie Museum State Park**, benannt nach dem berühmtesten Sohn der Stadt, steht ein Modell seiner Eismaschine. Ursprünglich

← Three Soldiers – *Statue auf der Vietnam Veterans Memorial Plaza in Apalachicola*

← *Schwimmen im Suwannee River im Manatee Springs State Park und Kajakfahrer an den Quellen* (Detail)

zur Kühlung der Säle für Gelbfieberpatienten gedacht, legte Dr. Gorries Erfindung den Grundstein für die Entwicklung von Kühlschränken und Klimaanlagen.

Auf der Veterans Memorial Plaza an der Market Street steht eine prächtige Bronzenachbildung der berühmten Skulptur *Three Soldiers* in Washington, DC zu Ehren der Veteranen des Vietnamkriegs.

John Gorrie Museum State Park
46 6th St (Gorrie Square) Do–Mo 9–17
floridastateparks.org

24 Suwannee River State Park

D2 3631 201st Path, Live Oak +1-386-362-2746 tägl. 8 bis Sonnenuntergang
floridastateparks.org

Der Suwannee River, der durch Stephen C. Fosters Lied *Old Folks at Home* (1851) berühmt wurde, entspringt in Georgia. Nach 425 Kilometern mündet er in den Golf von Mexiko.

Der Park, den der Fluss durchfließt, lockt mit einigen der schönsten Kanurouten Floridas mit leichter Strömung und niedrigen Ufern. Im Kanu haben Sie gute Chancen, Wildtiere zu beobachten, z. B. Reiher und Schildkröten. Die Kanus kann man im Park mieten.

25 St. Vincent, St. George und Dog Islands

C2 17 Avenue E, Apalachicola, Franklin County
apalachicolabay.org

Die Inseln trennen die Apalachicola Bay vom Golf von Mexiko. St. George ist durch eine Brücke mit Apalachicola verbunden. 14 Kilometer Dünen am Ostende gehören zum Schutzgebiet **Dr. Julian G. Bruce St. George Island State Park**. Die meisten Strände liegen am Golf von Mexiko, sie gehören zu den besten der USA.

Das **St. Vincent National Wildlife Refuge** im Westen ist unbewohnt und nur von St. George aus erreichbar. **St. Vincent Island Shuttle and Fishing Charters** bieten Bootsfahrten an. Auf St. Vincent können Sie im Sommer Seeschildkröten, im Winter Zugvögel beobachten. Dog Island im Osten erreicht man per Boot von Carrabelle. Dort gibt es einen schönen Strand.

Dr. Julian G. Bruce St. George Island State Park
1900 E Gulf Beach Dr, St. George Island tägl. 8 bis Sonnenuntergang
floridastateparks.org

St. Vincent National Wildlife Refuge
St. Vincent Island
tägl. 24 Std. fws.gov

St. Vincent Island Shuttle and Fishing Charters
690 Indian Pass Rd, Port St. Joe
stvincentisland.com

> **Der Suwannee River State Park lockt mit einigen der schönsten Kanurouten Floridas. Im Kanu haben Sie gute Chancen, Wildtiere zu beobachten.**

Sonnenuntergang über Clearwater Beach (siehe S. 264)

Golfküste

Schon seit der spanischen Kolonisation konzentriert sich das Leben an der Golfküste um die Tampa Bay. Als natürlicher Hafen zog die Bucht im 19. Jahrhundert viele Pioniere an. Das günstige Klima bewog sogar einige dazu, hier Zucker anzubauen.

Nach dem Bürgerkrieg entwickelte sich die Golfküste zu einer wichtigen Handelsregion für den karibischen Raum. Zu verdanken war dies unter anderem der Eisenbahn von Henry Plant, die um 1880 von Virginia verlegt worden war. So florierte die Region um Tampa zu dieser Zeit wie nie mehr danach. Menschen aus aller Welt strömten hierher: von den griechischen Schwammtauchern, die sich in Tarpon Springs ansiedelten, bis hin zu John Ringling, der zu Beginn des 20. Jahrhunderts den berühmtesten Zirkus der Welt gründete.

Henry Plant lockte reiche Reisende aus dem Norden mit dem Anpreisen des sommerlichen Winterwetters hierher. Die viel zitierten 361 Sonnentage pro Jahr ziehen noch heute zahlreiche Urlauber an die großzügig verteilten Strände mit dem warmen Wasser des Golfs von Mexiko. Darüber hinaus kann man aber auch einige der interessantesten Städte Floridas besuchen oder Wildnisgebiete erkunden, die von menschlicher Besiedlung praktisch unberührt geblieben sind.

Golf von Mexiko
Nordosten
Seiten 204–229
Inglis
Dunnellon
Crystal River 9
Hernando
Homosassa Springs
Homosassa Springs Wildlife State Park 8
Inverness
Leesburg
Floral City
Sumterville
Florida's Turnpike
Bushnell
Brooksville
Weeki Wachee Springs 11
Groveland
Ridge Manor
Green Swamp Wilderness Preserve
Spring Hill
Hudson
Bayonet Point
Dade City
Port Richey
Zephyrhills
Land O'Lakes
Anclote Keys
Elfers
Hillsborough River 13
Polk City
Tarpon Springs 10
Lutz
Palm Harbor
Carrollwood
Gibsonia
University
Lakeland
Caladesi Island State Park 15
Temple Terrace
19 Florida Southern College
12 Dunedin
Tampa 3
Tampa International Airport
Plant City
Clearwater
Brandon
Largo
St. Petersburg-Clearwater International Airport
Mulberry
Bartow
Riverview
Seminole
Gibsonton
Lealman
Pasadena
Bradley Junction
Fort Meade
1 St. Petersburg
St. Petersburg Beach
Ruskin
Sun City Center
Central Gulf Coast Beaches 2
Tampa Bay
Mullet Key
Bowling Green
De Soto National Memorial 17
18 Gamble Plantation Historic State Park
Wauchula
Anna Maria Island
20 Bradenton
Bradenton Beach
Zolfo Springs
Sarasota-Bradenton International Airport
Ringling Museum Cà' d'Zan 6
5 Ringling Museum of Art
Gardner
Myakka City
7 Sarasota
Longboat Key
Siesta Key
21 Myakka River State Park
Vamo
24 Arcadia
Casey Key
Laurel
Venice 22
North Port
Manasota
Port Charlotte
Cleveland
Englewood
Punta Gorda
Grove City
Gasparilla Island 23
Charlotte Harbor
Boca Grande
North Fort Myers
Bookelia
Lee Island Coast 4
Fort Myers 16
Pine Island
Cape Coral
Captiva
Captiva Island
Sanibel Island
San Carlos Park
Koreshan State Park 14
Bonita Springs
Golfküste
0 Kilometer 30
0 Meilen 30
N

Golfküste

Highlights

1. St. Petersburg
2. Central Gulf Coast Beaches
3. Tampa
4. Lee Island Coast
5. Ringling Museum of Art
6. Ringling Museum Cà' d'Zan

Sehenswürdigkeiten

7. Sarasota
8. Homosassa Springs Wildlife State Park
9. Crystal River
10. Tarpon Springs
11. Weeki Wachee Springs
12. Dunedin
13. Hillsborough River
14. Koreshan State Park
15. Caladesi Island State Park
16. Fort Myers
17. De Soto National Memorial
18. Gamble Plantation Historic State Park
19. Florida Southern College
20. Bradenton
21. Myakka River State Park
22. Venice
23. Gasparilla Island
24. Arcadia
25. Babcock Ranch Eco Tours

1

St. Petersburg

E4 258 200 100 2nd Ave N; +1-727-821-4715
Festival of the States (März/Apr) stpete.com

Die Stadt mit den breiten Avenues entstand im 19. Jahrhundert zur Zeit der Landspekulationen. Als der Farmer John Williams 1875 hier Land kaufte, träumte er davon, eine große Stadt zu gründen. Der adelige Exilrusse Peter Demens versorgte die Stadt bald mit einem Eisenbahnanschluss und gab ihr einen Namen – als Erinnerung an seine Geburtsstadt.

①

St. Petersburg Museum of History

335 2nd Ave NE +1-727-894-1052 Mo–Sa 10–17, So 12–17 1. Jan, Thanksgiving, 25. Dez spmoh.org

In diesem Museum wird die Geschichte der Stadt von prähistorischer Zeit bis in die Gegenwart nachgezeichnet: mit Mastodonknochen, Fossilien, Keramiken und einer lustigen Spiegelgalerie, in der sich die Besucher in viktorianischen Kostümen sehen können.

In einem eigenen Pavillon ist das Wasserflugzeug *The Benoist* ausgestellt, das St. Petersburg als Geburtsort des kommerziellen Flugverkehrs kennzeichnet. In diesem Flugzeug überquerte 1914 der erste zahlende Passagier die Tampa Bay.

②

Florida Holocaust Museum

55 Fifth St S +1-727-820-0100 Di–So 10–17 1. Jan, Thanksgiving, 25. Dez, jüdische Feiertage thefhm.org

Das Holocaust Museum in Downtown St. Petersburg ehrt die Millionen Menschen, die im Holocaust litten und ihr Leben ließen. Themen sind weniger die Grauen des Holocaust als vielmehr die Toleranz, Menschlichkeit und die Geschichte des Antisemitismus.

→ *Besucher in einem Ausstellungssaal im Florida Holocaust Museum*

Highlight

↑ *Die Skyline von St. Petersburg spiegelt sich im klaren Wasser der Tampa Bay*

Ein besonderer Pavillon birgt die Nachbildung eines Wasserflugzeugs namens *Benoist,* das St. Petersburg als Geburtsort der kommerziellen Luftfahrt kennzeichnet.

③

St. Pete Pier

⌂ 00 2nd Ave NE ◷ tägl. 6–23 W stpetepier.org

In St. Petersburg gab es im Lauf der Jahre mehrere Piers, die in die Tampa Bay hineinragten. Der neu renovierte Vergnügungspier wurde im Jahr 2020 im Rahmen der Sanierung der Uferpromenade eröffnet. Im Pier District gibt es mittlerweile viele Restaurants, ruhige Grünflächen und Kinderspielplätze.

④

Museum of Fine Arts

⌂ 255 Beach Dr NE ✆ +1-727-896-2667 ◷ Di–Sa 10–17 (Do bis 20), So 12–17 W mfastpete.org

Das Kunstmuseum in einem beeindruckenden neoklassizistischen Gebäude oberhalb der Bucht ist für seine umfangreiche Sammlung europäischer, amerikanischer, präkolumbischer und asiatischer Werke bekannt. Bei seiner Eröffnung im Jahr 1965 war es das erste Museum in Downtown. Unter den Impressionisten sind *Waldlichtung* (1877) von Cézanne und Monets Klassiker *Parlament im Nebel – London* (1904) zu nennen. Des Weitern sind *Mohn* von Georgia O'Keeffe, *Die Lektüre* (1888) von Berthe Morisot und Auguste Rodins *Anrufung* (1886) im Skulpturengarten zu sehen.

Eine Sammlung mit Fotografien vom frühen 20. Jahrhundert bis heute rundet die Präsentationen ab.

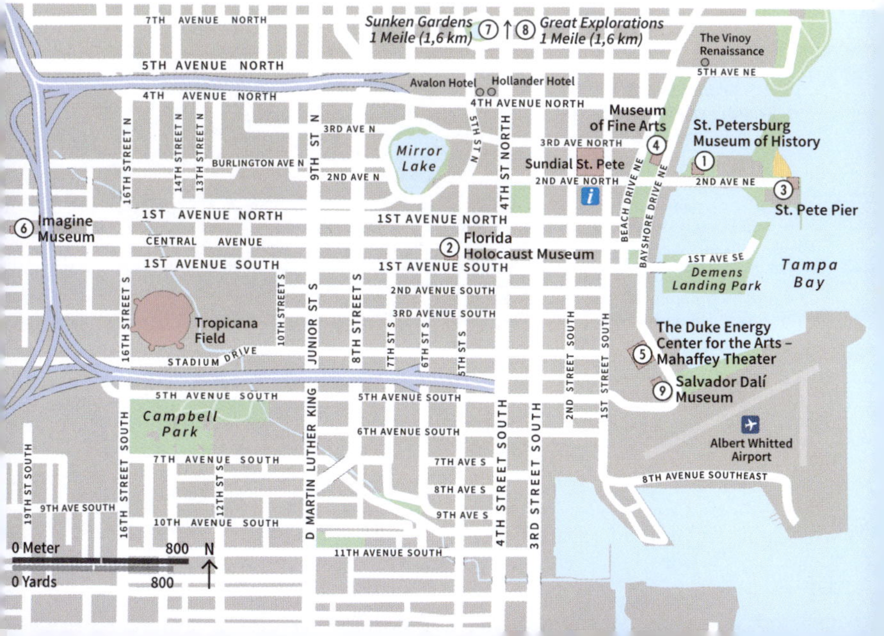

Hotels

Avalon Hotel St. Petersburg
Wer das besondere Etwas sucht, ist hier genau richtig: Das Boutiquehotel präsentiert sich in zauberhaftem Art-déco-Look, die Zimmer werden mit Retro-Stil und subtilen Neon-Akzenten in Szene gesetzt. Käse- und Weinproben runden das Gesamtbild ab.

443 4th Ave N
avalonstpetersburg.com
$$$

Hollander Hotel
Das in einem gelungenen Stilmix gestaltete Hotel, ein Schwesterhotel des Avalon, überzeugt schon von außen mit seiner Terrasse und dem hübsch gestalteten Pool mit kleinen Hütten und Poolbar.

421 4th Ave N
hollanderhotel.com
$$$

The Vinoy Renaissance St. Petersburg Resort & Golf Club
Die rosafarbene Fassade des Gebäudes (1925) sticht am Hafen hervor. Das Hotel punktet mit einem glänzend ausgestatteten Spa-Bereich, einem Diner im Stil der 1920er Jahre und einem Golfplatz.

450 7th Ave NE
marriott.com
$$$

5 The Duke Energy Center for the Arts - Mahaffey Theater

400 1st St S · tägl. · themahaffey.com

Das moderne verglaste Gebäude bietet einen atemberaubenden Blick über die Tampa Bay. Es verfügt über ein hochmodernes Theater. Das Theater wurde erstmals 1965 eröffnet, Ende der 1980er Jahre renoviert und nach einer Familie aus St. Petersburg umbenannt, die zur Finanzierung beigetragen hatte. Heute ist das Theater die zentrale Anlaufstelle für Broadway-Shows, Musik- und Tanzveranstaltungen, Entertainer, Sonderausstellungen und Kindertheater. Es ist auch die Heimat der klassischen Musikkonzerte des Florida Orchestra. Das Orchester gibt jährlich fast 100 Konzerte im Dreistädtegebiet Tampa, Clearwater und St. Petersburg. Die Veranstaltungen im Mahaffey sind immer gut besucht.

6 Imagine Museum

1901 Central Ave · Di–So 10–17 (Do bis 20, So ab 12) · imaginemuseum.com

In den 1960er Jahren begann Glaskunst in den USA populär zu werden. Es gibt aber nur wenige Museen, die sich dieser Kunstform widmen. Das 018 eröffnete Imagine Museum gehört zu den interessantesten. In den Ausstellungen werden sowohl Objekte von Künstlern aus den Vereinigten Staaten als auch anderer Ländern gezeigt. Das Spektrum reicht von relativ einfachen frühen Werken bis hin zu aufregenderen zeitgenössischen Stücken.

Die Präsentation der Exponate in stimmungsvollen Galerien ist überaus gelun-

Schon gewusst?
St. Petersburg verzeichnete einmal 768 Sonnentage in Folge – Guinness World Record.

Flamingos an einem Teich – Blickfang in den Sunken Gardens ↑

↑ *Riesenspaß bietet das interaktive Museum Great Explorations*

gen. Der Stilbogen reicht von realistischen Formen der Werke Brent Kee Youngs bis zu abstrakteren Designs von Glaskünstlern wie Mark Peiser und William Lequier. Bei der Gestaltung der Werke kommen neueste Technologien zum Einsatz. Der Vorstellungskraft der Künstler (und der Besucher) sind keine Grenzen gesetzt.

⑦

Sunken Gardens

1825 4th St N Mo–Sa 10–16:30, So 12–16:30 stpete.org/visitors/sunken_gardens.php

Tausende tropischer Pflanzen wuchern in dem großen Garten, der drei Meter unterhalb der vorbeiführenden Straße liegt. Früher war hier eine mit Wasser gefüllte Doline – heute hält man den Boden mittels eines Rohresystems trocken. Auf dem Gelände befindet sich ein seit über 100 Jahren betriebenes Museum, das älteste der Stadt.

Schlendern Sie vorbei an Bougainvilleen und Hibiskus, und besuchen Sie den Orchideengarten oder die Flamingos. Es gibt auch ein Schmetterlingshaus.

⑧

Great Explorations

1925 4th Street N
+1-727-821-8992
Mo–Sa 10–16:30, So 12–16 greatex.org

»Selber machen« ist das Motto dieses Kindermuseums. Jugendliche werden ermutigt, herumzuklettern und alles anzufassen. Im Ausstellungsbereich Orange Grove pflücken, verpacken und versenden Kinder Orangen, backen Pizza oder erstellen animierte Videos. Der Schwerpunkt liegt hier auf Teamarbeit. Weitere Highlights sind die Lego-Wand, »Great Beginnings«, das zeigt, wie Pflanzen wachsen, und das Kid Science Lab.

Im Jahr 2007 eröffnete Great Explorations außerdem als erstes Kindermuseum in Amerika eine lizenzierte Vorschule, in der die Mission des angeregten Lernens fortgeführt wird.

Great Explorations war das erste Kindermuseum in Amerika, das eine lizenzierte Vorschule eröffnete, in der die Mission des angeregten Lernens fortgeführt wird.

9

Salvador Dalí Museum

1 Dalí Boulevard, St. Petersburg 4, 32 +1-727-823-3767
tägl. 10–18 (Do bis 21) Thanksgiving, 25. Dez thedali.org

Salvador Dalí gehört zu den berühmtesten Künstlern der Welt. Dieses Museum, auch bekannt als The Dalí, widmet sich seinem einzigartigen surrealistischen Stil sowie früheren Werken, die seine Vielseitigkeit demonstrieren.

Das Museum besitzt die umfassendste Sammlung von Werken Salvador Dalís (1904–1989) außerhalb Spaniens. Das erste Museum zu Ehren des Künstlers wurde 1982 eröffnet, 40 Jahre nach der ersten Begegnung Dalís mit Reynolds Morse, einem Geschäftsmann aus Ohio, der daraufhin Dalís Kunst zu sammeln begann. Nach einer landesweiten Suche nach einem neuen Standort für die Sammlung wählte Morse ein Gebäude in St. Petersburg, das dem Elternhaus des Künstlers im katalonischen Cadaqués ähnelt. 2011 zog das Museum in ein Anwesen, das auch Wirbelstürmen standhält, am Wasser um. Zur umfangreichen Sammlung aus allen Schaffensperioden Dalís gehören 96 Ölbilder, mehr als 100 Aquarelle und Zeichnungen, rund 1300 Grafiken, Skulpturen und andere Objekte. Die Exponate umfassen ein sehr breites Spektrum: von frühen figurativen Malereien über die ersten surrealistischen Experimente bis hin zu den großen Kompositionen Dalís.

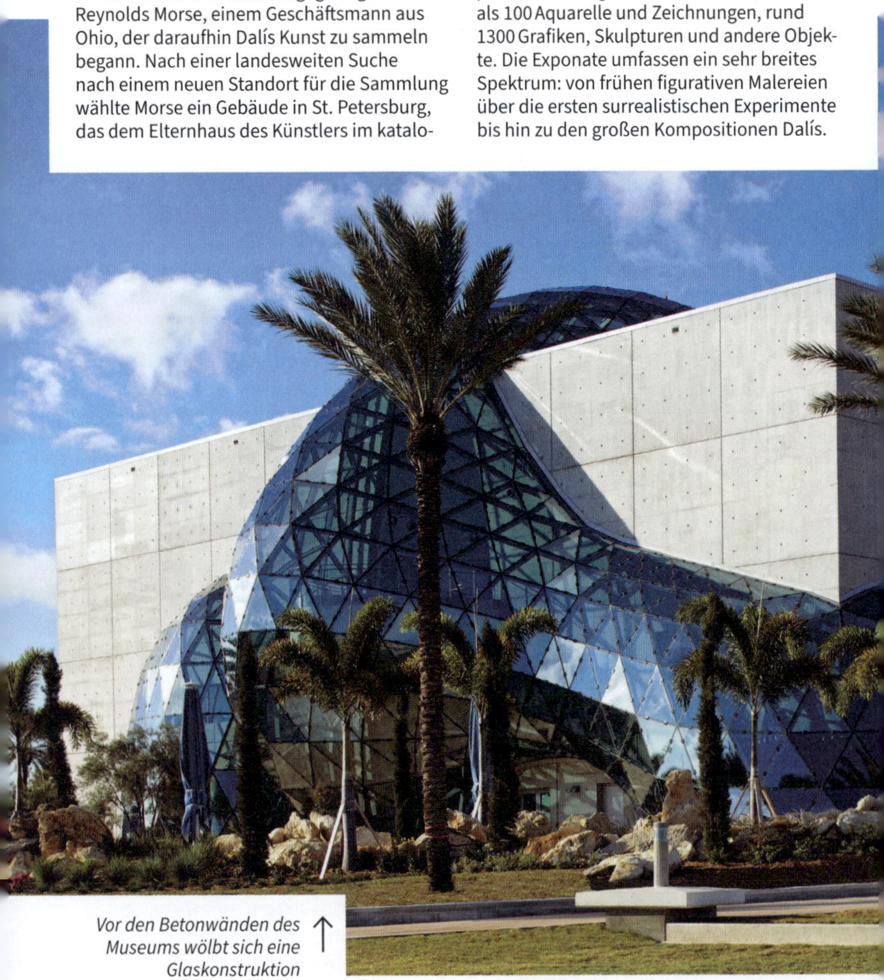

Vor den Betonwänden des Museums wölbt sich eine Glaskonstruktion ↑

↑ *Schlanke Wendeltreppe im lichtdurchfluteten Museum*

Attraktionen

Frühe Werke

▷ Zu Beginn seines Künstlerlebens malte Salvador Dalí Stillleben wie das Ölgemälde *Der Brotkorb* aus dem Jahr 1926.

Einflüsse

▽ Im Unterschied zu anderen Künstlern der 1930er Jahre vermied Dalí politische Aussagen. In *The Weaning of Furniture Nutrition* (1934) stellt er sein früheres Kindermädchen als Netzflickerin dar.

Surrealismus

▷ In seinen surrealistischen Werken macht Dalí Rätselhaftes sichtbar. Zu den Schätzen des Museums aus jener Epoche gehört das Gemälde *Apparat und Hand* (1927).

»Nukleare Mystik«

▽ In den 1950er Jahren begann Dalí, sich Themen wie Religion und vor allem Wissenschaft zuzuwenden. Seine Gemälde aus dieser »nukleare Mystik« genannten Schaffensperiode wie etwa *Nature Morte Vivante* (1956) zeigen schwebende Objekte.

Weite Abschnitte der Traumstrände von Clearwater Beach werden bewacht ↑

❷

Central Gulf Coast Beaches

E4

Mit durchschnittlich 361 Sonnentagen pro Jahr zieht der Abschnitt zwischen St. Petersburg und Clearwater Urlauber in Scharen an. Insgesamt stehen nicht weniger als 45 Kilometer herrlicher Strände zur Verfügung. Neben klarem Wasser überzeugt auch die entspannte Atmosphäre.

①
Clearwater Beach

Pinellas Co 114 000 Clearwater; ab Cleveland St Pier 60 Visitor Center, 1 Causeway Blvd, Clearwater Beach visit stpeteclearwater.com

Mit dem Clearwater Beach beginnen die Ferienorte, die die Golfküste säumen. Hotels und Bars dominieren die Uferpromenade, aber Clearwater Beach schafft es, seinen Charakter zu bewahren. Das nächtliche Festival Sunsets at Pier 60 bietet Kunsthandwerksstände und Straßenkünstler. Der Strand wird regelmäßig zu den besten des Landes gewählt, die Wassersportmöglichkeiten sind ausgezeichnet. Vom Jachthafen starten Bootsfahrten aller Art.

②
Pass-a-Grille

Pinellas County Tampa St. Petersburg Tampa Bay Beaches Chamber of Commerce, 6990 Gulf Blvd visit passagrille.com

Am südlichen Ende kann man in Pass-a-Grille nach den überfüllten Stränden von St. Pete Frischluft tanken. Der verschlafene Ort hat nette Häuser (frühes 20. Jh.) und unberührte Strände zu bieten. Achtung: viel Kleingeld für die Parkuhren mitnehmen!

Schon gewusst?

Die Wassertemperatur im Golf von Mexiko liegt ganzjährig über 25 °C.

③
Seaside Seabird Sanctuary

18328 Gulf Blvd, Indian Shores, 33785 tägl. 8–16 seaside seabirdsanctuary.org

Sand Key gegenüber von Clearwater Pass verläuft 19 Kilometer nach Süden. Sand Key Park an der Spitze hat einen palmengesäumten Strand, wo es etwas gemütlicher als im deutlich lebhafteren Clearwater Beach zugeht.

Beim noblen Wohnviertel Belleair mit einem Hotel von Henry Plant, elf Kilometer südlich, befindet sich das Seaside Seabird Sanctuary. Die 1971 unter anderem Namen eingerichtete Station pflegt verletzte Vögel – pro Jahr sind es etwa 2500. Neben den zu pflegende Tieren gibt es im Sanctuary auch eine Reihe ständiger Bewohner. Man sieht Pelikane, Eulen, Reiher und Vertreter vieler weiterer Vogelarten.

④

Madeira Beach

Pinellas County ✈ Tampa 🚌 St. Petersburg
i Tampa Bay Beaches Chamber of Commerce, 6990 Gulf Blvd W visit stpeteclearwater.com

Südlich von Clearwater beginnen die St. Petersburg Beaches. Bis Madeira Beach bieten sie einen eher enttäuschenden Anblick. Wenn Sie die größeren Orte meiden wollen und auf der Suche nach gemütlicher Atmosphäre sind, sind Sie in Madeira Beach richtig. Das nachgebaute Fischerdorf John's Pass Village in der Nähe hat originelle Restaurants und Läden sowie einen Pier, an dem Fischer- und andere Boote anlegen.

⑤

Pinellas County Heritage Village

11909 125th St N, Largo
Mi – So 10 –16 (So ab 13)
W heritagevillagefl.org

Der Ort ist die 13 Kilometer weite Fahrt ins Landesinnere nach Largo südöstlich von Clearwater wert. Die 16 historischen Gebäude des Dorfs stammen aus diversen Gegenden. Highlight ist zweifellos das McMullen-Blockhaus, das Einblick in das Leben einer viktorianischen Familie gibt. Das Museum zeigt Fertigkeiten aus der Pionierzeit.

↑ *Bummel über den Steg von John's Pass Village in der Nähe von Madeira Beach*

⑥

St. Pete Beach

Pinellas County ✈ Tampa 🚌 St. Petersburg
i Tampa Bay Beaches Chamber of Commerce, 6990 Gulf Blvd W visit stpeteclearwater.com

Etwas südlich von Madeira Beach liegt St. Pete Beach, der belebteste Strand an der Golfküste. Er bietet einen elf Kilometer langen Streifen weißen Sandes und ein lebhaftes Treiben entlang der Küste.

An seinem südlichen Ende thront das Don CeSar Resort. Das in den 1920er Jahren erbaute Hotel ist von seiner Größe und der umfangreichen Liste seiner prominenten Gäste typisch für die Grandhotels dieser Zeit.

3

Tampa

E4 387 000 201 N Franklin St
Gasparilla Festival (Ende Jan)
visittampabay.com

Tampa wächst so schnell wie nur wenige Städte Floridas. Viele der alten Häuser mussten bereits Wolkenkratzern Platz machen, dennoch stößt man hier und da noch auf Spuren der bewegten Geschichte der Stadt – besonders im ehemaligen Latino-Viertel Ybor City. Größte Attraktion ist heute Busch Gardens, einer der Top-Themenparks in den USA, aber auch das Henry B. Plant Museum und die Promenade.

①

Henry B. Plant Museum

401 W Kennedy Blvd
+1-813-254-1891 Di–Sa 10–17, So 12–17 1. Jan, Thanksgiving, 25. Dez
plantmuseum.com

Die maurischen Türme des früheren Tampa Bay Hotel mit dem Henry B. Plant Museum sieht man von überall in der Stadt.

Henry Plant gab das Gebäude 1891 als Hotel für Passagiere seiner neuen Eisenbahn in Auftrag. Der Bau verschlang drei Millionen Dollar. Das Hotel hatte jedoch keinen Erfolg und war nach Plants Tod 1899 dem Verfall preisgegeben. Die Stadt erwarb das Gebäude 1905, seit 1933 gehört es zur University of Tampa. Südflügel und Erdgeschoss wurden original belassen und bilden heute das Museum.

Hier gibt es Sonderausstellungen, die dem Spanisch-Amerikanischen Krieg und dem Leben von Plant gewidmet sind, sowie einen Film, der den historischen Kontext bietet. Besucher sind eingeladen, auf dem Universitätscampus herumzulaufen.

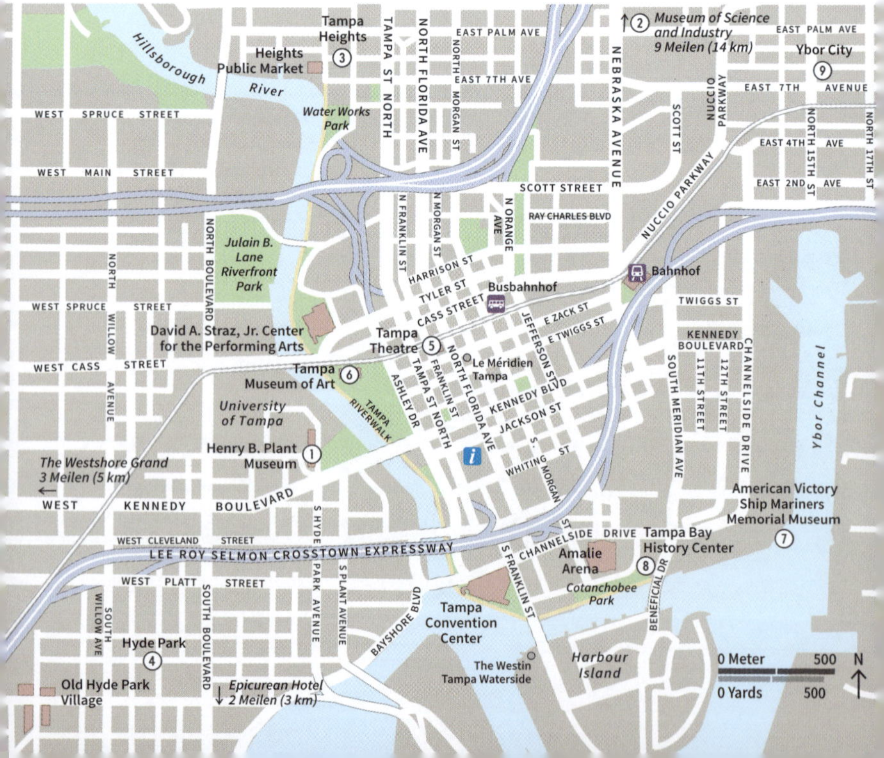

Die Wolkenkratzer der Skyline spiegeln sich im Hillsborough River

Henry Plant gab das Gebäude 1891 als Hotel für Passagiere seiner neuen Eisenbahn in Auftrag. Der Bau verschlang drei Millionen Dollar.

②

Museum of Science and Industry

4801 E Fowler Ave
+1-813-987-6100
tägl. 10–17 mosi.org

Drei Kilometer nordöstlich von Busch Gardens erkundet das Museum of Science and Industry die Geheimnisse der Welt mit interaktiven Ausstellungen, Spielen und Filmen. Besucher können den Mond in der von der NASA finanzierten Mondkolonie »Mission: Moonbase« erkunden und in »Connectus« die Welt der Zukunft erleben.

Im Saunders Planetarium finden regelmäßig Vorführungen statt. An allen Freitag- und Samstagabenden werden auf dem Parkplatz Teleskope aufgestellt, mit denen Besucher den nächtlichen Sternenhimmel beobachten können.

③

Tampa Heights

Das historische Viertel liegt nördlich der Innenstadt am Ostufer des Hillsborough River. Ende 2017 wurden zwei Food Halls mit einer Reihe cooler Lokale eröffnet, darunter ein Kaffeehaus, eine Mikrobrauerei und zahlreiche andere Aktivitäten, die eine vielfältige Mischung von Unternehmen anziehen. Es ist auch über den Tampa Riverwalk erreichbar.

④

Hyde Park

Am nördlichen Rand der Hillsborough Bay liegt der Hyde Park, ein bezauberndes historisches Viertel. Die Häuser stammen aus dem späten 19. Jahrhundert und weisen eine Mischung architektonischer Stile von Kolonialstil bis Neogotik auf. Die ruhigen Wohnstraßen lassen sich am besten zu Fuß erkunden. Besucher können ihre Autos im Hyde Park Village an der Snow Avenue parken, wo sie mehrere gehobene Läden und Restaurants finden. An manchen Tagen spielen Straßenmusiker.

Die Legende von Gaspar

Der Pirat José Gaspar überfiel im 19. Jahrhundert viele Schiffe und Orte zwischen Tampa und Fort Myers. Sein Stützpunkt waren Inseln der Lee Island Coast *(siehe S. 270f)*. Schließlich wurde er angeblich von einem amerikanischen Kriegsschiff in die Enge getrieben, worauf er sich lieber ertränkte, statt sich gefangen nehmen zu lassen. Tampa fiel Gaspar mehrmals zum Opfer und begeht nun jedes Jahr im Januar das Gasparilla Festival.

Besucher des Gasparilla Festivals

⑤

Tampa Theatre

711 N Franklin St · +1-813-274-8981 · siehe Website · tampatheatre.org

Zu seiner Zeit war das Tampa Theatre das modernste Kino der USA. John Eberson entwarf es 1926 mit zahlreichen Anklängen an die Mittelmeerarchitektur. Das Resultat gilt manchen als »andalusisches Bonbon«.

Um die Illusion von freiem Raum zu erzielen, stattete Eberson die Decke mit einem Sternenhimmel aus Lämpchen aus. Von Nebelmaschinen wurden künstliche Wolken produziert, spezielle Lichteffekte sollten die aufgehende Sonne simulieren.

Der einfachste Weg, das Kino zu besichtigen, ist der Besuch einer Vorstellung. Hier finden regelmäßig Filmfestivals, Theaterspiele und Veranstaltungen statt. Führungen mit einem Film über das Kino und einem kleinen Konzert auf der alten Kino-Orgel mit ihren 1000 Pfeifen gibt es nur zweimal im Monat.

↑ *Ein Stück Nostalgie im Straßenbild: Fassade des Tampa Theatre*

↑ *Kinder erkunden eine Ausstellung im Tampa Bay History Center*

⑥

Tampa Museum of Art

120 W Gasparilla Plaza · +1-813-274-8130 · tägl. 10–17 (Do bis 20) · Feiertage · tampamuseum.org

Das Museum genießt einen besonderen Ruf wegen der großen Vielfalt seiner Exponate: Zu sehen ist hier klassisch-griechische, römische und etruskische bis hin zu zeitgenössischer Kunst.

Das Museum wurde 2010 in ein neues Gebäude im Curtis Hixon Waterfront Park verlegt. Schon der Bau (Architekt: Stanley Saitowitz) gilt als Kunstwerk aus Aluminium, Glas und Fiberglas. Auf dem Gelände organisiert das Museum Outdoor-Events.

⑦

American Victory Ship Mariners Memorial Museum

701 Channelside Dr · Mo 12–17, Di–So 10–17 · americanvictory.org

Das Marinemuseum befindet sich hinter dem Florida Aquarium und birgt eines von nur vier voll funktionsfähigen Schiffen aus dem Zweiten Weltkrieg in den USA. Die *SS American Victory* wurde 1945 zu den letzten Kriegshandlungen im Zweiten Weltkrieg als Marinefrachtschiff vom Stapel gelassen und diente später im Korea- und Vietnamkrieg. Besucher können den engen Innenraum im Zustand aus den 1940er Jahren erkunden.

⑧

Tampa Bay History Center

801 Old Water St · tägl. 10–17 · Thanksgiving, Weihnachten · tampabayhistorycenter.org

In wunderschöner Lage direkt am Wasser dokumentiert das Tampa Bay History Center die Vergangenheit der Region mit einer Reihe spannender Ausstellungen. Die vielfältige Sammlung erkundet das Leben der ersten Einwohner von Tocobaga und Timucua, Piraten wie Jack Rackam, die Zigarrenindustrie der 1920er Jahre in Ybor City und die Heldentaten von Teddy Roosevelt.

⑨

Ybor City

Tampa-Ybor · 1600 E 8th Ave; +1-813-241-8838 · yborcityonline.com

Der Spanier Don Vicente Martinez Ybor verlegte 1886 seine Zigarrenfabrik von Key

West nach Tampa, wohin ihm etwa 20 000 Arbeiter – größtenteils Kubaner und Spanier – folgten. Mit einem Hafen, in den regelmäßig Schiffe mit Tabak aus Kuba einliefen, war Tampa ein idealer Standort für die Herstellung von Zigarren. Um 1900 wurden in Ybor City über 111 Millionen Zigarren im Jahr handgerollt.

Man spürt hier noch das Erbe des Zigarrenbooms vom Ende des 19. und Anfang des 20. Jahrhunderts. Die mit schmiedeeisernen Balkonen und reich mit Fliesen verzierten Fassaden spanisch angehauchte Hauptstraße 7th Avenue hat sich nur wenig verändert.

An der Stelle der früheren Zigarrenfabriken und Arbeiterhütten sind nun Läden, Restaurants und Clubs. Tagsüber ist es hier ruhig, doch abends erwacht Ybor City zum Leben.

Hotels

Le Méridien Tampa
Das zentral gelegene Hotel in einem ehemaligen Gerichtsgebäude überzeugt durch seine Architektur sowie einen Pool und ein französisch inspiriertes Bistro.
601 N Florida Ave
W marriott.com
$$$

The Westin Tampa Waterside
Das Hotel mit modernen Zimmern steht auf Harbour Island. Die hoteleigene Blue Harbor Eatery + Bar bietet einen schönen Blick auf die Bucht.
725 South Harbour Island Blvd
W marriott.com
$$$

Epicurean Hotel
Das Epicurean ist für seine renommierte Gastronomie bekannt. Neben dem Steakhouse umfasst es auch zwei Spitzenrestaurants, in denen selbst verwöhnte Gaumen auf ihre Kosten kommen.
1207 S Howard Ave
W epicureanhotel.com
$$$

The Westshore Grand
Ein modernes und luxuriöses Hotel mitten in Tampa. Der Pool auf dem Dach ist ein großartiger Ort, um Floridas Sonne ausgiebig zu genießen.
4860 West Kennedy Blvd W westshoregrand.com
$$$

Schon gewusst?

In Tampa gelang Baseballstar Babe Ruth im Jahr 1919 mit 179 Metern sein längster Home Run.

↑ Von Lokalen und urigen Läden gesäumte Straße in Ybor City

Weißer Sand und türkisfarbenes Wasser – Strand auf Sanibel Island ↑

4

Lee Island Coast

E5 1159 Causeway Rd, Sanibel
sanibel-captiva.org

Die Lee Island Coast ist eine wunderbare Mischung aus Sandstrand (berühmt für die Muscheln), exotischen Tieren, üppiger Vegetation und herrlichen Sonnenuntergängen. Ganz besonders beliebt sind Sanibel und Captiva Island mit ihren Ferienorten, Häfen und Golfplätzen. Ruhigere Inseln mit Strand und Natur pur sind leicht per Boot zu erreichen.

①

Sanibel und Captiva Island

Obwohl die Inseln leicht erreichbar sind, herrscht hier eine karibisch-entspannte Atmosphäre. Wer gern relaxt und Muscheln sucht, ist hier richtig. Die meisten Besucher lassen sich schnell vom Muschelfieber anstecken.

Die **Sanibel Captiva Conservation Foundation** bemüht sich um den Schutz eines Großteils des Sumpflands im Inneren von Sanibel Island. Die sechs Kilometer Plankenweg sind viel ruhiger als jene des bekannteren »Ding« Darling Refuge. Von einem Beobachtungsturm hat man eine tolle Aussicht. Die meisten öffentlichen Strände liegen am Gulf Drive.

Captiva Island ist weniger erschlossen als Sanibel, es gibt aber Ferienanlagen, z.B. das South Seas Island Resort mit einem eigenen Hafen – von hier fahren Boote nach Cayo Costa.

Besuchen Sie das **Bailey-Matthews National Shell Museum** auf Sanibel. Hier kann man angeblich ein Drittel der weltweit insgesamt 10000 vorkommenden Arten bestaunen, die in der Hall of Shells nach Herkunft angeordnet sind.

Das **J.N. »Ding« Darling National Wildlife Refuge** nimmt ungefähr zwei Drittel der Fläche von Sanibel ein. Tiere wie Waschbären, Alligatorenbabys, Rosalöffler und Weißkopfseeadler bekommt man hier häufig zu Gesicht.

Ein Traum für Muschelsammler

Die Strände von Sanibel und Captiva zählen zu den muschelreichsten der USA. Es gibt kein vorgelagertes Riff, das die Muscheln zertrümmern könnte, das Wasser ist seicht und warm, der Meeresboden flach – ideale Bedingungen für Muschelwachstum. Lebende Muscheln zu sammeln, ist auf Sanibel strafbar, halten Sie sich an leere Muschelschalen.

> Expertentipp
> **Pine Island**
> Die Insel wird eher von Mangroven denn von Stränden umgeben und eignet sich sehr gut als Zwischenstation zu anderen Inseln. Bootsfahrten aller Art starten am Jachthafen von Bokeelia.

Der rund acht Kilometer lange »Wildlife Drive« kann mit Rad oder Auto zurückgelegt werden. Kanus, Boote und Räder kann man ausleihen.

Sanibel Captiva Conservation Foundation
3333 Sanibel-Captiva Rd Mai–Nov: Mo–Fr; Dez–Apr: Mo–Sa
sccf.org

Bailey-Matthews National Shell Museum
3075 Sanibel-Captiva Rd tägl. 10–17
shellmuseum.org

J.N. »Ding« Darling National Wildlife Refuge
1 Wildlife Dr tägl. 9–16 fws.gov/refuge/jn-ding-darling

② Cabbage Key

cabbagekey.com

Die Autorin Mary Roberts Rhinehart ließ sich im Jahr 1938 hier nieder. In ihrem Haus im Schatten zweier Lorbeerbäume liegt heute das Cabbage Key Inn. Berühmt ist das Restaurant wegen der rund 30 000 signierten Ein-Dollar-Scheine. Der erste Schein stammte von einem Fischer, der sicherstellen wollte, dass er sich auch beim nächsten Besuch etwas zu trinken leisten konnte. Das nächste Mal reichte das Geld aber auch so, und deshalb ließ er den Schein dort. Viele Gäste übernahmen die Idee.

Vom zwölf Meter hohen Wasserturm blickt man über die Insel. Hier beginnt auch

↑ Ein-Dollar-Noten an Decke und Wänden des Cabbage Key Inn

ein Wanderpfad. Tropic Star von Pine Island und Captiva Cruises von Captiva Island bieten ziemlich regelmäßig Fahrten nach Cabbage Key an.

③ Cayo Costa State Park

Cayo Costa Island
+1-941-964-0375 tägl. 8 bis Sonnenuntergang

Cayo Costa Island ist eine der ursprünglichsten Inseln Floridas. Weite Teile sind mit Beständen von australischen Kiefern und brasilianischen Pfefferbäumen bedeckt. In den 1950er Jahren importierte man für Schatten und Holz diese für die Insel eher untypischen Bäume. Heute werden die Wälder ausgelichtet, um einheimischen Arten Platz zu machen.

Besucher können einige Mangrovensümpfe erkunden. Es gibt auch zahlreiche Vogelbeobachtungsposten.

Die Insel wird das ganze Jahr über von Booten angelaufen. Eine Bahn verbindet die Docks mit dem Golf von Mexiko.

5

Ringling Museum of Art

E4 5401 Bay Shore Rd, Sarasota +1-941-359-5700 tägl. 10–17 (Do bis 20) 1. Jan, Thanksgiving, 25. Dez ringling.org

Der Ringling Circus ist ein weltweit bekanntes Unternehmen, und der wohlhabende Lebensstil der bekannten Familie wird im Ringling Estate präsentiert, dessen Herzstück das Ringling Museum of Art ist.

Der aus Iowa stammende John Ringling begann als Zirkusdirektor und brachte es zum Multimillionär. 1925 entschloss er sich zum Bau eines Museums für seine umfangreiche Kunstsammlung, die er dem Bundesstaat Florida schenkte. In den folgenden sechs Jahren sammelten Ringling und seine Frau Mable neben europäischer Kunst (u. a. Werke der italienischen und flämischen Renaissance sowie des Barock) auch Kunst aus Asien. Es gibt auch ein Zentrum für asiatische Kunst, ein japanisches Teehaus, eine Galerie für zeitgenössische Kunst sowie getäfelte Räume aus dem Anwesen der Familie Astor in New York.

> **1925 entschloss sich John Ringling zum Bau eines Museums für seine umfangreiche Kunstsammlung, die er dem Bundesstaat Florida schenkte.**

Attraktionen

Monda Gallery

△ Die Ausstellung widmet sich der modernen und zeitgenössischen Kunst des 20. und 21. Jahrhunderts.

Chao Center for Asian Art

▽ Das Chao Center for Asian Art umfasst ältere und zeitgenössische Werke

Astor Rooms

△ Die eleganten Möbel aus dem 19. Jahrhundert stammen aus einem New Yorker Herrenhaus

Bayfront Gardens

▽ Sehr eindrucksvoll ist auch der 1913 angelegte Mable Ringling's Rose Garden

Schon gewusst?

John Ringling war einer von sieben Brüdern, von denen fünf den Ringling Circus gründeten.

↑ *Ausstellungssaal mit Gemälden und Skulpturen aus der Renaissance; Fassade und Gartenanlage* (Detail)

Ulla R. und Arthur F. Searing Wing

▽ Dieser Flügel ist für Sonderausstellungen vorgesehen

Skulpturen

△ Klassische Skulpturen stehen im Innenhof, der im Stil der Renaissance gestaltet ist

Kurzführer

Die Räume reihen sich um einen Skulpturengarten. Man beginnt rechts vom Eingang und folgt den chronologisch angeordneten Räumen entgegen dem Uhrzeigersinn. Vertreten sind Werke von spätmittelalterlicher Malerei bis zu europäischer Kunst des 20. Jahrhunderts. Der Schwerpunkt liegt auf italienischen Werken aus dem 16. und dem 17. Jahrhundert. Moderne Kunst und Sonderausstellungen befinden sich im Searing Wing. Im Besucherpavillon ist das Historic Asolo Theater zu sehen, das 1798 in der Nähe von Venedig erbaut und 1930 nach Sarasota verschifft wurde.

6

Ringling Museum Cà' d'Zan

E4 5401 Bay Shore Rd, Sarasota +1-941-359-5700 tägl. 10–17 (Do bis 20) 1. Jan, Thanksgiving, 25. Dez ringling.org/ca-dzan

Das italienisch inspirierte Herrenhaus mit dem Glamour eines Fantasiepalastes war Ringlings Winterresidenz. In den wunderschönen Räumen gibt es viel zu bewundern.

An diesem Gebäude manifestierten die Ringlings ihre Liebe zu Italien. Das Anwesen ist einem venezianischen Palast nachempfunden, obwohl man auch Anklänge an die französische und italienische Renaissance findet. Die Cà' d'Zan mit ihrer Marmorterrasse und dem charakteristischen Turm wurde 1926 nach zwei Jahren Bauzeit fertiggestellt. Ballsaal, Hof, Speisezimmer und Schlafräume geben einen guten Eindruck vom Leben der Superreichen dieser Zeit. Die Originalmöbel stehen großteils noch an ihrem Platz.

Schon gewusst?

Das Anwesen trägt einen venezianischen Namen: Cà' d'Zan bedeutet »Johns Haus«.

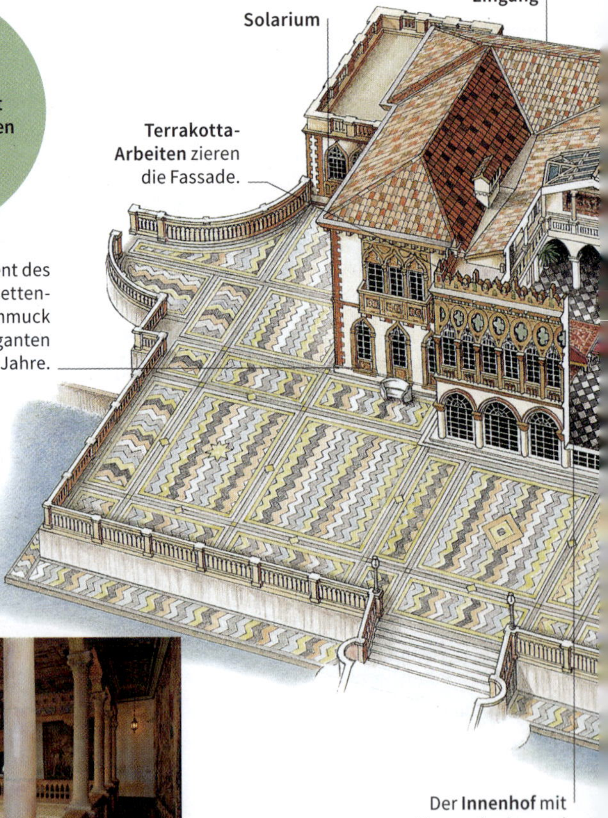

→ *Reich geschmückte Fassade und Terrasse der Cà d'Zan*

← *Von Säulen flankierte Galerie im Obergeschoss*

Highlight

→ *Blick über die Villa mit der zum Wasser führenden Terrasse*

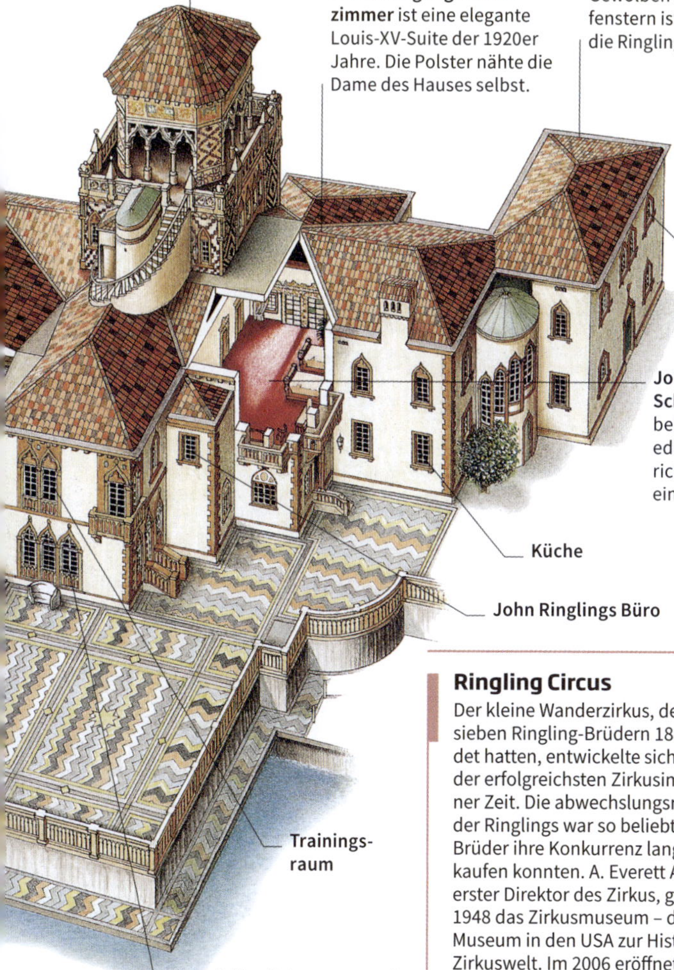

Ringling Circus

Der kleine Wanderzirkus, den fünf der sieben Ringling-Brüdern 1884 gegründet hatten, entwickelte sich zu einem der erfolgreichsten Zirkusimperien seiner Zeit. Die abwechslungsreiche Show der Ringlings war so beliebt, dass die Brüder ihre Konkurrenz langsam aufkaufen konnten. A. Everett Austin Jr., erster Direktor des Zirkus, gründete 1948 das Zirkusmuseum – das erste Museum in den USA zur Historie der Zirkuswelt. Im 2006 eröffneten Tibbals Learning Center steht das Howard Bros. Circus Model, eine Miniaturversion des Ringling Circus.

Sonnenbaden am Siesta Key Beach auf einer Sarasota vorgelagerten Insel ↑

SEHENSWÜRDIGKEITEN

7

Sarasota

E4 55 000 1945 Fruitville Rd, Sarasota County; +1-941-957-1877 Circus Festival (Jan) visitsarasota.com

Die Stadt gilt als Floridas kulturelles Zentrum, was auch John Ringling zu verdanken ist. Man stößt überall auf seine Spuren, besonders natürlich in seinem Haus *(siehe S. 274f)* und der Kunstsammlung *(siehe S. 272f)*.

Zu den weiteren Sehenswürdigkeiten gehört das **Sarasota Classic Car Museum**, das über 75 Oldtimer zeigt. Zu den Highlights der Sammlung zählen Oldtimer-Modelle von Alfa Romeo, Bentley, Cadillac, Edsel und Ferrari.

Das **Sarasota Art Museum** befindet sich in der historischen Sarasota High School und wird vom Ringling College of Art + Design betrieben. Es konzentriert sich auf Kunst des 20. und 21. Jahrhunderts und verfügt über Ausstellungsräume, ein Auditorium und einen Skulpturengarten im Freien. Obwohl es keine ständige Sammlung gibt, sind die temporären Ausstellungen hier immer ausgezeichnet – 2023 waren etwa Textilkünstler wie Lisa Solomon und zeitgenössische Fotografen wie Tyler Mitchell zu sehen.

Nicht nur Hobbygärtner schwärmen von den **Marie Selby Botanical Gardens**. Marie Selby plante die Anlage in den 1920er Jahren. Die Gärten erheben sich über der Bucht von Sarasota inmitten von Lorbeer und viel Grün. In den Gärten gibt es mehr als 20.000 tropische Pflanzen, darunter eine berühmte Sammlung von Orchideen und Epiphyten.

Mote Aquarium und Mote Marine Laboratory befinden sich auf City Island zwischen Lido Key und Longboat Key. Von der Bucht hat man eine hervorragende Aussicht auf die Skyline von Sarasota, aber die wahren Attraktionen finden sich im Inneren, etwa ein riesiges Haifischbecken mit Unterwasserbeobachtungsfenstern und die Ausstellung »Otters & Their Waters« mit den Flussottern Huck, Pippi und Jane.

Die nahen Barriereinseln – Longboat Key, Lido Key und Siesta Key – verfügen über herrliche Sandstrände mit Blick auf den Golf von Mexiko und sind sehr beliebt. Die Inseln sind stellenweise verbaut, es gibt aber auch ruhigere Plätze. Der Strand im South Lido Park auf Lido Key ist unter der Woche ruhig und verfügt über einen schönen Waldweg. Auf Siesta Key ist der breite Siesta Key Beach zu jeder Zeit belebt. Ruhiger geht es am Turtle Beach zu. Longboat Key ist für seine Golfplätze bekannt. Wo auch immer Sie sind, die Wassersportmöglichkeiten sind ausgezeichnet.

Sarasotas Barriereinseln - Longboat Key, Lido Key und Siesta Key - verfügen über herrliche Sandstrände mit Blick auf den Golf von Mexiko und sind sehr beliebt.

Schon gewusst?

Towles Court Artist Colony bietet Studio Nights an (www.towlescourt.com).

Sarasota Classic Car Museum
5500 N Tamiami Trail tägl. 9–18 sarasotacarmuseum.org

Sarasota Art Museum
1001 S Tamiami Trail tägl. 10–17 (So ab 11) sarasotaart museum.org

↑ *Im Sarasota Classic Car Museum ausgestellte Oldtimer*

Marie Selby Botanical Gardens
1534 Mound St tägl. 10–17 selby.org

Mote Aquarium und Mote Marine Laboratory
1600 Ken Thompson Parkway tägl. 9:30–17 mote.org

8 Homosassa Springs Wildlife State Park

E3 4150 South Suncoast Blvd, Homosassa +1-352-628-5343 tägl. 9–17:30 floridastateparks.org

Einer der besten Orte, um Seekühe zu beobachten, ist der Homosassa Springs Wildlife State Park, wo ein schwimmendes Observatorium es Besuchern ermöglicht, den Tieren ganz nah zu kommen. Verletzte Seekühe werden hier behandelt, bevor sie wieder in die Wildnis entlassen werden. Im Erholungsbecken sind es oft ein halbes Dutzend, im Winter sogar noch mehr außerhalb des Parkzauns: Bei kaltem Wetter werden Seekühe vom warmen Quellwasser angelockt.

Restaurants

Owens Fish Camp
Lassen Sie den Fang des Tages nach Ihren Wünschen zubereiten.

E4 516 Burns Ct, Sarasota mittags owensfishcamp.com

$$$

Dry Dock Waterfront Grill
Das Hafenrestaurant überzeugt mit frischem Seafood und herrlicher Aussicht. Es gibt auch Fleisch- und Gemüsegerichte.

E4 412 Gulf of Mexico Dr, Longboat Key drydockwater frontgrill.com

$$$

The Cottage
Asiatische Einflüsse finden Sie in Gerichten wie Thunfisch-Tacos und Hummerbrötchen.

E4 153 Avenida Messina, Sarasota cottagesiestakey.com

$$$

9

Crystal River

E3 3400
123 NW US 19, Citrus County crystalriverfl.org

Zwischen Januar und März tummeln sich Seekühe in großen Herden von bis zu 300 Tieren in den warmen Quellen von Crystal River.

Es gibt mindestens zwei gute Gründe, Crystal River zu besuchen: Zwischen Januar und März tummeln sich Seekühe in Herden von bis zu 300 Tieren in den warmen Quellen. Das **Crystal River National Wildlife Refuge** in der nahen Kings Bay schuf man zum Schutz dieser Tiere. Auf morgendlichen Bootstouren sind die Tiere im klaren Wasser gut zu sehen (Touren sollte man im Voraus buchen).

Den **Crystal River Archaeological State Park** hingegen kann man das ganze Jahr über besuchen. Der Komplex aus sieben Siedlungshügeln der Native Americans westlich der Stadt hat 1600 Jahre Siedlungsgeschichte (ca. 200 v. Chr. – 1400 n. Chr.) hinter sich. Er zählt zu den ältesten durchgehend bewohnten Gebieten Floridas. Etwa 7500 Native Americans pilgerten alljährlich über große Distanzen zu ihren Zeremonien hierher. Ausgrabungen von 400 der etwa 1000 Gräber ergaben, dass diese lokalen Stämme auch Handelsbeziehungen mit Stämmen in Nord-Florida unterhielten.

Von der Aussichtsplattform überblickt man das gesamte Gelände. Darunter liegt der Hügel mit dem Hauptheiligtum (600 n. Chr.).

Ganz in der Nähe flankieren Zeremoniensteine (440 n. Chr.) zwei Grabhügel. Der Stil ist charakteristisch für Mesoamerikas präkolumbische Kulturen, doch Beweise für eine Verbindung mit Crystal River konnten bisher nicht erbracht werden.

In der Westecke der Stätte befindet sich ein Siedlungsgebiet mit zwei versteckten Hügeln. Im Informationszentrum sieht man ein Modell des Geländes sowie Keramiken.

Crystal River National Wildlife Refuge
1502 SE Kings Bay Drive Mo – Fr 8 –16 (Nov – Apr: tägl.) fws.gov/refuge/crystal-river

Crystal River Archaeological State Park
3400 N Museum Point Park: tägl. 8 bis Sonnenuntergang; Museum: Do – Mo 9 –17 floridastateparks.org

10

Tarpon Springs

E4 25 500 100 Dodecanese Blvd (Sponge Docks tarponspringschamber.org

Die Stadt, die sehr lebhaft wirkt, ist als Zentrum griechischer Kultur bekannt – ein Vermächtnis der griechischen Fischer, die in den 1920er Jahren von reichen Schwammvorkommen angelockt wurden. So stößt man hier auf griechische Restaurants und eine Athens Street.

An den Docks am Dodecanese Boulevard geht es hoch her – die Schwammbestände konnten sich nach dem Schwammsterben in den 1940er Jahren erholen.

Holztreppe auf den Haupthügel des Crystal River Archaeological State Park ↑

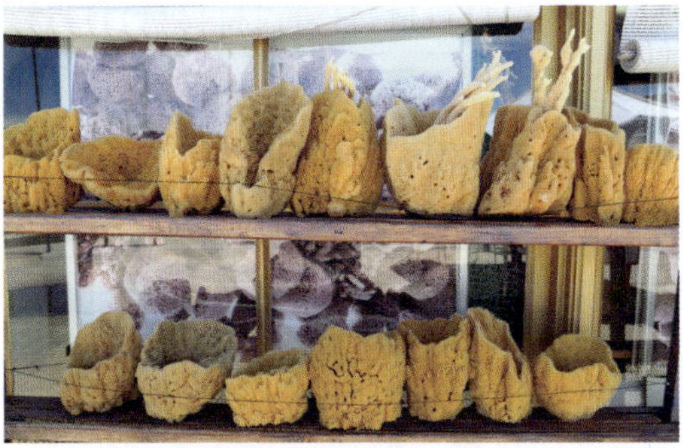

Auslage eines Ladens im Shoppingkomplex Sponge Exchange, Tarpon Springs

Die Schwammtaucher organisieren Bootsfahrten.

Das **Spongeorama**, ein Mix aus Museum und Shoppingcenter, ist in alten Schuppen an den Docks untergebracht. Die Sponge Exchange ist ein Komplex mit Boutiquen, Galerien und Restaurants.

Drei Kilometer südlich steht die **St. Nicholas Greek Orthodox Cathedral** (1943). Die neobyzantinische Kirche ist der Hagia Sophia in Istanbul nachempfunden. In ihr werden die Feiern zum Dreikönigsfest eröffnet.

Spongeorama
510 Dodecanese Blvd
tägl. 10–18
spongeorama.com

St. Nicholas Greek Orthodox Cathedral
36 N Pinellas Ave bei Orange St
stnicholastarpon.org

11 Weeki Wachee Springs

E3 6131 Commercial Way, Spring Hill, Kreuzung US 19 und SR 50, Hernando County Brooksville
tägl. 9–17:30; Meerjungfrauenshows: tägl. 11, 15
weekiwachee.com

Dieser traditionsreiche Themenpark wurde auf einer der größten Süßwasserquellen Floridas errichtet. In den 1940er Jahren ließ der ehemalige Navy-Taucher Newton Perry Schwimmerinnen als Meerjungfrauen in Unterwassershows auftreten. Fünf Meter unter Wasser wurde ein Theater mit Luftröhren gebaut, die die Schwimmerinnen mit Sauerstoff versorgen.

Zu den weiteren Attraktionen zählen ein Wasserpark, eine informative Ausstellung über die Tierwelt Floridas und eine Flussfahrt durch die Wildnis. Sie bietet die Möglichkeit, einheimische Tiere wie Weißkopfseeadler, Schildkröten und Reiher zu beobachten.

12 Dunedin

E4 36 000 301 Main St, Pinellas County; +1-727-733-3197
visitdunedinfl.com

Dunedin wurde vom Schotten John L. Branch gegründet. Er eröffnete hier 1870 einen Laden, der die Schiffe Richtung Key West versorgte. Schiffe und Eisenbahn brachten Handel und Wohlstand mit sich, der auch Branchs Landsleute überzeugte. Die schottischen Wurzeln zeigen sich in den jährlichen Highland Games Ende März oder Anfang April.

Die renovierten Gebäude im Viertel um die Main Street verbreiten Kleinstadtflair des frühen 20. Jahrhunderts. Das **History Museum** zeigt Exponate und Fotos aus den frühen Jahren der Stadt.

Die Railroad Avenue ist Teil des Pinellas Trail, eines asphaltierten Wander- und Radwegs, der 76 Kilometer entlang der alten Eisenbahnroute von Tarpon Springs bis St. Petersburg verläuft.

History Museum
349 Main St
tägl. 11–16 (So ab 12)
dunedinmuseum.org

Floridas Seekühe

Bis Anfang des 20. Jahrhunderts wurden Seekühe wegen ihres Fleischs oder als Sport gejagt. Heute sind sie durch die Zerstörung ihres Lebensraums bedroht. In den letzten Jahren haben sich die Bestände erholt, die Population stieg bis 2023 auf etwa 7520 Tiere. Die Seekühe werden bis zu drei Meter lang. Sie leben in seichten Gewässern in Küstennähe, Flüssen und Quellen und verbringen täglich fünf Stunden nur mit Fressen (v. a. Seegras).

»Meerjungfrau« im Themenpark Weeki Wachee Springs (siehe S. 279)

13

Hillsborough River

E4 Hillsborough County

Der Hillsborough River fließt durch das Gebiet im Nordosten nach Tampa. Ein Aufenthalt am Fluss stellt eine willkommene Abwechslung zur Hektik der Stadt dar. Beide Ufer sind mit dichten Wäldern mit Immergrünen Eichen, Magnolien und Mangroven bewachsen, von denen einst große Gebiete Floridas bedeckt waren.

Am unmittelbarsten erleben Sie den Hillsborough River auf einer Kanutour. Kanus und Kajaks kann man im **Lettuce Lake Park** mieten, etwa 20 bis 30 Minuten vom Stadtzentrum von Tampa entfernt. Trotz dieser Nähe zur Stadt ist das Gebiet noch überraschend unberührt. Mit ein wenig Glück sehen Sie eines der zahlreichen hier lebenden Wildtiere wie Reiher, Alligatoren, Schildkröten oder Otter. Die Tour ist für Anfänger geeignet. Sie können zwischen drei Routen wählen, die etwa acht Kilometer lang sind und für die Sie zwei Stunden paddeln müssen. Dabei haben Sie genügend Zeit, die Natur zu genießen. Es werden auch Tagestouren angeboten.

Ein Abschnitt des Flusses ist Naturschutzgebiet – auch den **Hillsborough River State Park** erforschen Sie am besten mit dem Kanu. Es gibt Wanderwege, und Sie können fischen oder schwimmen. Auf dem Gebiet liegt auch ein ganzjährig geöffneter Campingplatz, zudem gibt es Picknickplätze an hübschen Stellen.

Der 1936 eröffnete Hillsborough River State Park zählt zu den ältesten Floridas, u. a. wegen der Bedeutung von Fort Foster, das im Zweiten Seminolenkrieg erbaut wurde, um eine Brücke am Zusammenfluss von Hillsborough River und Blackwater Creek zu sichern. Fort und Brücke wurden rekonstruiert, jeden März wird eine Schlacht nachgestellt. An Wochenenden fahren Busse vom Parkeingang dorthin.

Lettuce Lake Park
6920 E Fletcher Ave, Tampa tägl. 8–18 (Sommer: bis 19) hillsboroughcounty.org

Hillsborough River State Park
15402 US 301 N, 12 Meilen (19 km) nordöstl. von Tampa tägl. 8 bis Sonnenuntergang floridastateparks.org

↑ *Der Natur ganz nah: entspannte Kanutour auf dem Hillsborough River*

14

Koreshan State Historic Site

E5 3800 Corkscrew Rd, Estero, 14 Meilen (23 km) südl. von Fort Myers tägl. 8 bis Sonnenuntergang; historische Stätte: tägl. 9–17 floridastate parks.org

1894 hatte der Gründer der Sekte, Dr. Cyrus Teed, eine Vision, nach der er seinen Namen in Koresh (hebräisch für Cyrus) ändern und in den Südwesten Floridas ziehen sollte, um dort eine Stadt zu gründen. Er wählte dafür dieses schöne Gebiet am Estero River. Die Sekte lebte in einer Art Kommune mit gleichen Rechten für Frauen und Männer und gemeinsamem Eigentum.

Nach seinem Tod im Jahr 1908 verließen viele der rund 250 Mitglieder die Sekte. Die letzten vier überließen 1961 das Gebiet dem Staat. Zwölf der 60 Häuser sind stehen geblieben, darunter auch das Haus von Cyrus Teed.

Durch den Park führen Wege, auf dem Fluss kann man Kanu fahren. Es gibt einen Campingplatz, geführte Touren und die Möglichkeit zu fischen.

15

Caladesi Island State Park

E4 1 Causeway Blvd +1-727-469-5918 tägl. 8 bis Sonnenuntergang floridastateparks.org

Der Caladesi Island State Park liegt auf einer der wenigen noch weitgehend unberührten Inseln im Golf von Mexiko. Der fünf Kilometer lange Strand wird von Dünen gesäumt, ein fünf Kilometer langer Wanderpfad führt durch Zypressen- und Mangrovenwälder.

Man erreicht den Park mit der Fähre in 20 Minuten vom **Honeymoon Island State Park**, einem fünf Kilometer

Museum im Edison Winter Estate und Fassade des Anwesens (Detail) ↑

nördlich von Dunedin gelegenen Brutgebiet für Fischadler, oder von Clearwater Beach *(siehe S. 264)* aus.

Honeymoon Island State Park

Route 586, 3 Meilen (5 km) nordwestl. von Dunedin tägl. 8 bis Sonnenuntergang floridastateparks.org

16

Fort Myers

E5 92 300
2201 Second St
fortmyers-sanibel.com

Der Weg über den Caloosahatchee River nach Fort Myers gibt bereits einen Vorgeschmack auf die schöne Stadt mit dem Flair vergangener Zeiten. Der palmengesäumte McGregor Boulevard folgt der Biegung des Flusses. Das Viertel rund um die First Street mit seinen vielen Läden und Restaurants ist sehr sehenswert. Ein Busservice verbindet die wichtigsten Sehenswürdigkeiten des Zentrums.

Der Erfinder Thomas Alva Edison (1847–1931) machte Fort Myers in den 1880er Jahren bekannt, durch ihn entwickelte sich das kleine Fischerdorf zur Stadt. Sein Haus – ein Teil der **Edison and Ford Winter Estates** – ist das berühmteste Gebäude der Stadt. Edison baute es im Jahr 1886. Haus, Labor und botanischer Garten blieben größtenteils unverändert. Das zweistöckige Gebäude mit dem angrenzenden Gästehaus war eines der ersten Fertighäuser in den USA. Die einzelnen Teile wurden nach Edisons Vorgaben in Maine vorgefertigt und danach mit dem Schiff nach Fort Myers gebracht. Aus diesem Grund weist das Haus keine architektonischen Spielereien auf. In seinem Labor auf der gegenüberliegenden Seite des McGregor Boulevard sind noch einige Stücke seiner Originalausrüstung zu sehen.

Neben Edisons Haus (Besuch mit dem gleichen Ticket) steht das kleine Anwesen, das der Autohersteller Henry Ford 1916 kaufte. Die Räume wurden mit Stilmöbeln ausgestattet und strahlen noch immer die Gemütlichkeit aus, die Clara Ford so schätzte. In der Garage stehen frühe Ford-Modelle.

Edison and Ford Winter Estates

2350 McGregor Blvd tägl. 9–17:30 edisonfordwinterestates.org

Shopping

Quartz & Clover

Der Laden in der Innenstadt von Fort Myers bietet Quarz- und Kristallschmuck, lokale Kunst und Souvenirs.

E5 2281 First St, Fort Myers quartzandclover.com

17 De Soto National Memorial

E4 8300 De Soto Memorial Hwy, Bradenton +1-941-792-0458 tägl. 9–17 1. Jan, Thanksgiving, 25. Dez nps.gov/deso

Acht Kilometer westlich vom Zentrum Bradentons *(siehe S. 285)* erinnert das De Soto National Memorial an die Landung Hernando de Sotos im Jahr 1539. Auf der Suche nach Gold stieß der spanische Seefahrer in vier Jahren mit 600 Männern rund 6500 Kilometer in den Südosten der USA vor und erreichte den Mississippi. De Soto und die Hälfte seiner Armee starben auf dem glücklosen Treck. Ein Denkmal erinnert an die gescheiterte Expedition.

Hier beginnt auch der De Soto Trail, der einem Teil ihrer Route folgt. Im Park wurde de Sotos Basislager nachgebaut. Kostümierte Konquistadoren versetzen Besucher in den damaligen Alltag. Im Informationszentrum befinden sich ein Museum und ein Buchladen, darüber hinaus sind hier Waffen und Rüstungen aus dem 16. Jahrhundert zu sehen. Ein Wanderpfad (1 km) führt durch das Dickicht der Mangrovenwälder.

18 Gamble Plantation Historic State Park

E4 3708 Patten Ave, Ellenton, Manatee County Park: tägl. 8 bis Sonnenuntergang; Museum und Haus: Do–Mo 12:45–17 floridastateparks.org

In dem State Park steht die Gamble Mansion, das einzige Wohnhaus im Süden Floridas aus der Zeit vor dem Bürgerkrieg. Das weiß getünchte Herrenhaus an der Straße nach Bradenton wurde von 1845 bis 1850 für Major Robert Gamble erbaut und gilt als bedeutsame architektonische Sehenswürdigkeit. Zu Beginn der 1850er Jahre lebten und arbeiteten hier fast 200 Sklaven, bevor die Plantage 1859 verkauft wurde. 1925 ging das Anwesen an den Staat Florida über.

Die noch original erhaltene Einrichtung von Gamble Mansion und der Garten mit moosbewachsenen Bäumen verströmen pure Südstaatenromantik. Die Zuckerplantage hatte ursprünglich eine Fläche von rund 1400 Hektar. An der Stelle der früheren Sklavenunterkünfte wurde inzwischen eine Schule errichtet.

Schon gewusst?

Frank Lloyd Wright gilt als Wegbereiter einer nachhaltigen Architektur.

19 Florida Southern College

E4 111 Lake Hollingsworth Dr, Lakeland, Pol County Lakeland tägl. 9:30–16:30 Feiertage flsouthern.edu

Das etwas abgelegene College stellt die umfassendste Ansammlung von Frank-Lloyd-Wright-Gebäuden dar. Erstaunlicherweise ließ sich der vielleicht bedeutendste Architekt der Moderne darauf ein, den Campus in Lakeland lediglich zu gestalten, um seine Ideen verwirklichen zu können – bezahlt würde er später, sofern man Geldgeber fand.

Mit dem Bau seines »Kinds der Sonne« begann Wright, bereits bekannt als Begründer der Organischen Architektur, 1938. Zum Zweck, die

Gebäude mit ihrer natürlichen Umgebung verschmelzen zu lassen, setzte er Glas ein, um das Sonnenlicht ins Innere zu integrieren. Von den 18 geplanten Gebäuden waren bei seinem Tod 1959 erst sieben fertig. Fünf weitere folgten später.

An der Annie Pfeiffer Chapel wird Wrights bemerkenswertes Konzept deutlich. Buntes Glas unterbricht die Monotonie der Mauern, anstelle des Turms wurde ein spektakulärer Aufsatz errichtet. Wright selbst bezeichnete das Gebäude als »Schmuckschatulle«.

Der Campus wirkt hell und offen, wie Wright es geplant hatte. Die Gebäude werden durch überdachte Gänge, die zwei Kilometer langen »Esplanaden«, miteinander verbunden, deren Licht- und Schatteneffekte und unterschiedliche Höhen auch optische Übergänge schaffen.

Der Campus ist immer zugänglich, die Gebäude jedoch nur wochentags. Das Sharp Family Tourism and Education Center (tägl. 9:30–16:30) dient als Informationszentrum und präsentiert darüber hinaus eine permanente Ausstellung von Zeichnungen und Möbeln des Architekten sowie Fotos vom Bau des College. Touren (mit Führer oder per Audioguide) durch die Ausstellung werden angeboten.

↑ *Tipp für einen Familienausflug: das Bishop Museum of Science and Nature in Bradenton*

← *Spaziergang am Ufer des Manatee River, De Soto National Memorial*

20 Bradenton

E4 56 000
1 Haben Blvd, Palmetto, Manatee County bradentongulfislands.com

Bradenton, die Hauptstadt von Manatee County, ist wegen der IMG Academy, bekannt, in der Tennistalente wie Andre Agassi oder Pete Sampras zu Weltstars aufgebaut wurden.

Bevor Sie sich zu den schönen Stränden aufmachen, gibt es einiges zu sehen. Der **Manatee Village Historical Park** z. B. erzählt mit einer Sammlung restaurierter Häuser die Geschichte der Besiedlung Floridas vor 100 Jahren. Ob Bootshaus, Kramladen oder Wohnhaus eines der ersten Siedler – alle Gebäude sind noch original eingerichtet und sehen aus wie damals.

Das **Bishop Museum of Science and Nature** mit dem Thema »Von der Steinzeit in den Weltraum« ist unterhaltsam und lehrreich zugleich. Zu sehen sind Dioramen mit Dinosauriern, Häuser der spanischen Siedler aus dem 16. Jahrhundert in Originalgröße und frühe Autos. Im Bishop Planetarium gibt es Lasershows. Das Parker Manatee Rehabilitation Habitat bietet eine temporäre Heimat für Seekühe, die nach einer medizinischen Behandlung wieder in die Freiheit entlassen werden.

Manatee Village Historical Park

1404 Manatee Ave E Mo–Fr, 2. u. 4. Sa im Monat 9–16 manateevillage.org

Bishop Museum of Science and Nature

201 10th St W Di–Sa 10–17, So 12–17 Nov: 1. Sa southfloridamuseum.org

Entdeckertipp
Anna Maria Island

Zwei Brücken verbinden Bradenton mit Anna Maria Island, deren sandige, von Dünen gesäumte Küste viele Surfer anzieht. Es gibt einige kleinere Ferienanlagen und einen Pier.

21 Myakka River State Park

E4 · 13208 SR 72, 9 Meilen (14 km) östl. von Sarasota · tägl. 8 bis Sonnenuntergang · floridastateparks.org

Trotz der Nähe zu Sarasota vermittelt der Myakka River State Park einen lebendigen Eindruck davon, wie die ersten Siedler die Region erlebten. Dichte Eichenwälder, Palmendickicht, Nadelwälder und trockene Prärie werden von Marschland, Seen und Sümpfen unterbrochen.

Das 150 Quadratkilometer große Gebiet erstreckt sich am Myakka River und rund um den Upper Myakka Lake. In diesem Naturreservat wurden über 200 Vogelarten registriert, u. a. Silber- und Blaureiher, Geier und Ibisse, aber auch Exemplare der seltenen Fischadler, Weißkopfseeadler und wilden Truthähne. Alligatoren und Rotwild sieht man oft. Beobachtungsstationen liegen im gesamten Park verstreut.

Für Naturliebhaber stehen 63 Kilometer markierte Wanderwege und 24 Kilometer Reitwege zur Verfügung. Zwischen Dezember und Mai, der günstigsten Zeit für einen Besuch, gibt es Führungen mit einer Kleinbahn.

Geführte Bootsfahrten werden das ganze Jahr über angeboten.

22 Venice

E5 · 26 000 · Venice Area Chamber of Commerce, 597 S Tamiami Trail, Sarasota County · visitvenicefl.org

Venice ist ein gemütliches Städtchen am Meer etwas abseits der Touristenrouten. Die Haupteinkaufsstraße, Venice Avenue, ist voller Blumen und Palmen. Es gibt auch einige liebevoll restaurierte historische Gebäude, etwa das hübsche Venice Little Theatre aus dem Jahr 1927 an der Tampa Avenue.

Der palmengesäumte Caspersen Beach liegt am südlichen Ende des Harbor Drive. Hierher kommt man zum Schwimmen und Muschelsammeln, obwohl die Muschelstrände weiter südlich liegen *(siehe S. 270f)*. Das Gebiet ist berühmt für versteinerte Haizähne, die von der Flut angeschwemmt werden.

23 Gasparilla Island

E5 · Venice · Boca Grande Chamber of Commerce, 471 Park Ave, Boca Grande · bocagrandechamber.com

Gasparilla Island entdeckten zuerst die Fischer für sich, später flüchteten die Reichen vor dem Winter im Norden auf die Insel zwischen Sarasota und Fort Myers.

→

Leuchtend rosafarbene Fassade des Venice Little Theatre (1927)

←

Feuchtgebiet im von reicher Tierwelt geprägten Myakka River State Park und ein Blaureiher (Detail)

Das Leben spielt sich um den Ort Boca Grande ab, der durch einen Damm mit dem Festland verbunden ist. Der restaurierte ehemalige Bahnhof, das San Marco Theatre und das großartige Gasparilla Inn erinnern an vergangene Zeiten. Zahlreiche Holzgebäude blieben erhalten und verleihen dem Ort durch ihre bunten Fassaden ein geradezu tropisches Antlitz. Die Fischerei hat sehr große Bedeutung – Boca Grande gilt als Tarpon-Zentrum. In zahlreichen Häfen werden Bootsfahrten angeboten, einige führen auch zu den Barriere-Inseln in der Nähe *(siehe S. 276f)*. Man kann die Insel auch auf dem Radweg erkunden, der entlang der alten Eisenbahnlinie über die gesamte Länge der Insel verläuft.

Im **Gasparilla Island State Park** an der Südspitze der Insel erwarten Sie ruhige Strände. In einem alten Leuchtturm (19. Jh.) sind ein Museum und ein Besucherzentrum untergebracht, seine Aufgabe hat inzwischen das modernere Range Light übernommen.

Gasparilla Island State Park
880 Belcher Rd, Boca Grande tägl. 8 bis Sonnenuntergang floridastateparks.org

24 Arcadia

E4 7500 DeSoto County Chamber of Commerce, 222 E Oak St, Arcadia visitdesoto.com

Ein Spaziergang durch die alte Cowboystadt ist ein wahres Vergnügen. Noch heute sind Pferde ein wichtiger Teil des alltäglichen Lebens. Im März und Juli erreicht das Cowboyfieber einen Höhepunkt, wenn Teilnehmer und Fans sich zum All-Florida Championship Rodeo einfinden, dem ältesten Floridas.

Die Architektur Arcadias spiegelt Reichtum und Optimismus der 1920er Jahre wider. Beste Beispiele dafür sind das Koch Arcade Building und das Old Opera House, beide in der West Magnolia Street.

Viele der älteren Häuser wurden bei einem Brand 1905 und bei Wirbelstürmen 2004 und 2022 zerstört. Einige wenige aus den 1800er Jahren können nach Absprache mit der Handelskammer besichtigt werden.

25 Babcock Ranch Eco Tours

F5 8502 FL-31, Punta Gorda, Charlotte County tägl. 9:30–15 25. Dez babcockranchecotours.com

Die Ranch gehörte ursprünglich dem Holzbaron E. V. Babcock, der die Zypressenwälder in den 1930er Jahren abholzen ließ. Die Familie Babcock verkaufte sie 2006 an den Staat Florida, und ein Teil der 36 420 Hektar großen Ranch ist heute als Babcock Ranch Eco Tours geöffnet.

Eine Führung dauert 90 Minuten, wobei die Besucher mit Bussen durch tiefe Wälder und Sümpfe kutschiert werden und Gelegenheit haben, Tiere aus der Nähe zu beobachten.

Pumas, die hier erfolgreich gezüchtet wurden, streifen durch ihre Gehege. Alligatoren tauchen nicht weit entfernt auf. Die Pferde, auch Cracker-Rinder sind zu sehen. Diese Touren sind sehr beliebt und müssen im Voraus gebucht werden.

> **Im März und Juli erreicht das Cowboyfieber einen Höhepunkt, wenn Teilnehmer und Fans sich zum All-Florida Championship Rodeo einfinden, dem ältesten Floridas.**

Mit dem Airboat durch die Everglades

Everglades und Keys

Das damals von Unmengen von Moskitos verseuchte Festland wurde erst Mitte des 19. Jahrhunderts im Gebiet um Naples besiedelt, einem heute florierenden Ferienort an der Küste. Erschlossen wurde die Region erstmals durch den 1928 gebauten Tamiami Trail zwischen Atlantik- und Golfküste.

Entlang dieses Trails entstanden Siedlungen wie Everglades City und Chokoloskee, die sich seit der Wende zum 20. Jahrhundert kaum verändert haben. Sie kennzeichnen den westlichen Eingang zum Everglades National Park. Die von Bauminseln unterbrochenen Feuchtgebiete besitzen ihre eigene Schönheit und sind ein wahres Paradies für Tiere.

Vom Ende der Halbinsel setzen sich die Keys nach Südwesten fort, eine Kette von Inseln im Schutz des einzigen Korallenriffs von Nordamerika. Einst führte Henry Flaglers Overseas Railroad über die Inseln, die Bahnlinie wurde allerdings durch den Overseas Highway abgelöst, eine der klassischen Routen in den Vereinigten Staaten. Heute sind die Keys vor allem für Angeln, Schnorcheln und Tauchen bekannt, und der entspannte tropische Lebensstil wird bestens von Jimmy Buffets Margaritaville verkörpert, das 1985 in Key West eröffnet wurde.

Everglades und Keys

Highlights

1. Everglades National Park
2. Key West

Sehenswürdigkeiten

3. Naples
4. Marco Island
5. Big Cypress Swamp
6. Key Largo
7. John Pennekamp Coral Reef State Park
8. Islamorada
9. Indian und Lignumvitae Keys
10. Marathon
11. Pigeon Key
12. Lower Keys
13. Miccosukee Indian Village
14. Ah-Tah-Thi-Ki Museum
15. Florida Keys National Wildlife Refuges
16. Dry Tortugas National Park
17. Tavernier

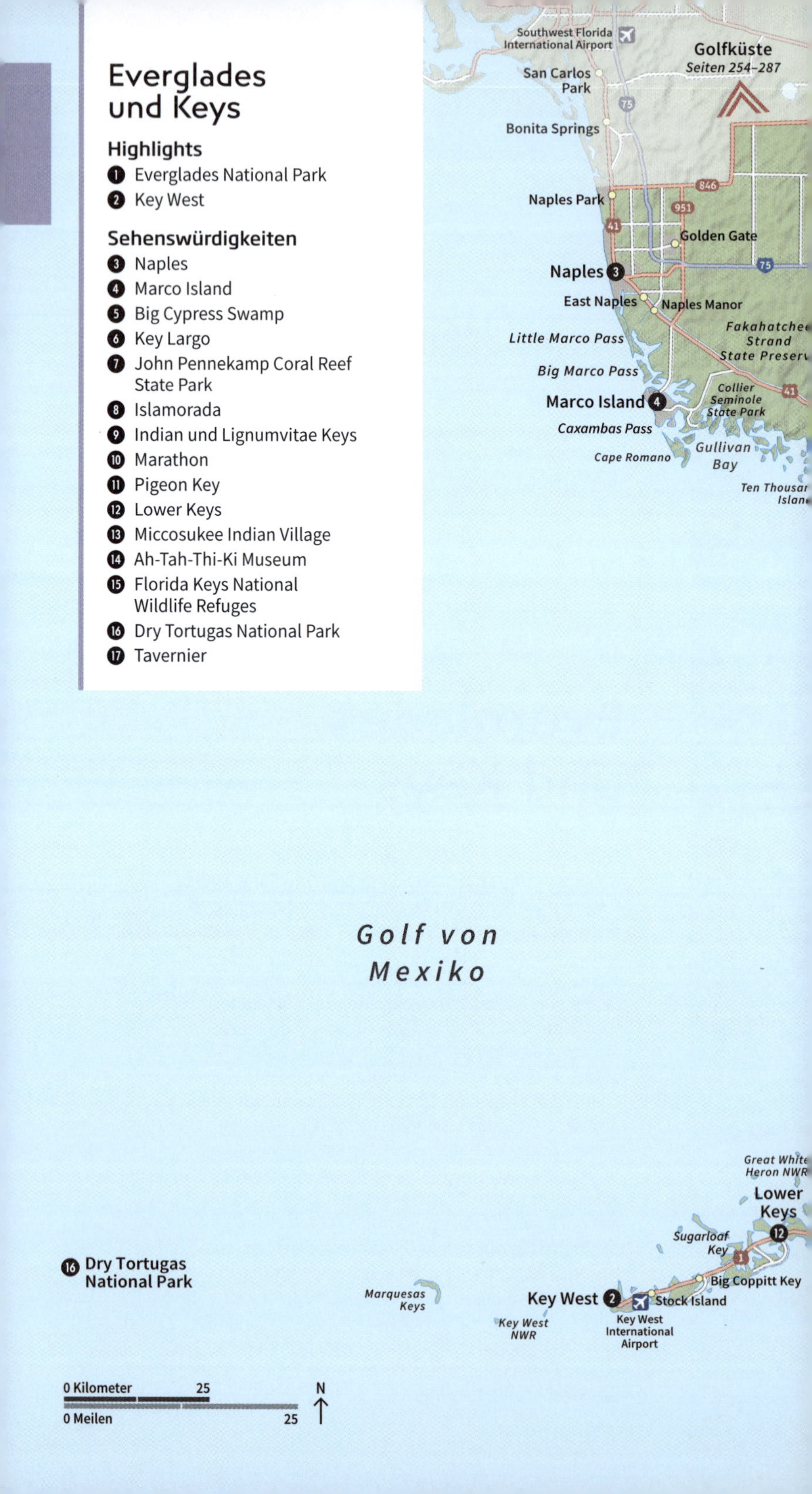

Delray Beach
Gold und Treasure Coast
Seiten 108–137
Boca Raton
Immokalee
Ah-Tah-Thi-Ki-Museum
Big Cypress Reservation
Miami Canal
Coral Springs
Pompano Beach
Sunrise
Fort Lauderdale
Fort Lauderdale-Hollywood International Airport
Dania
Big Cypress National Preserve
Pembroke Pines
Hollywood
Big Cypress Swamp
North Miami
Hialeah
Monroe Station
Everglades City
Tamiami Trail Reservation
Chokoloskee
Miami International Airport
Tamiami Canal
Miami
Miccosukee Indian Village
Coral Gables
Miami
Seiten 50–105
Shark Valley
Richmond Heights
Biscayne Bay
Goulds
Highland Point
Sands Key
Homestead
Pa-hay-okee Overlook
Florida City
Elliot Key
Shark Point
Royal Palm Visitor Center
Old Rhodes Key
Ponce de Leon Bay
Card Sound
Mahogany Hammock
Northwest Cape
Whitewater Bay
Everglades National Park
Key Largo
Cape Sable
Crocodile Lake NWR
John Pennekamp Coral Reef State Park
Middle Cape
Flamingo
East Cape
Key Largo
Key Largo National Marine Sanctuary
Florida Bay
Tavernier
Plantation Key
Islamorada
Indian und Lignumvitae Keys
Duck Key
Long Key
Florida Keys
Naational Key Deer Refuge
Pigeon Key
Marathon Shores
Big Pine Key
Marathon
Bahia Honda State Park
Florida Keys National Wildlife Refuges
Everglades und Keys

❶

Everglades National Park

F6 40001 SR-9336, Homestead; +1-305-242-7700
nps.gov/ever

Ein Aufenthalt in den Everglades ist ein geradezu unvergessliches Erlebnis, und der Everglades National Park der ideale Ort, um dieses berühmte Naturwunder genauer zu erkunden. Es gibt Wander- und Radwege sowie zahlreiche Möglichkeiten für Bootsfahrten durch das dichte Gewässernetz. Ein besonderer Reiz des Nationalparks liegt in seiner Ursprünglichkeit und der damit verbundenen ökologischen Bedeutung für die hiesige Tier- und Pflanzenwelt.

①

Everglades City

815 Oyster Bar Lane; +1-239-695-3311

Die Stadt ist das selbst ernannte »Tor zu 10 000 Inseln« und ein sehr guter Ausgangspunkt für Kajakfahrer, die den Nationalpark erkunden möchten. Kajakangeln ist in diesem Teil der Everglades eine beliebte Aktivität. Bei Ausflügen ins Hinterland bietet sich ein tiefer Einblick in die Natur des Gebiets.

Für Übernachtungen – oder sogar längere Aufenthalte – gibt es empfehlenswerte Unterbringungs- und Verpflegungsmöglichkeiten.

②

Royal Palm Visitor Center

Royal Palm Rd (bei SR-9336/Main Park Rd)
tägl. 10–16 nps.gov

Jeder Besucher des Parks sollte beim Royal Palm Visitor Center vorbeischauen, hier bekommt man Informationen über das Areal.

Zwei Pfade befinden sich auf dem Gebiet des ersten Nationalparks Floridas (1916 gegründet). An dem beliebten Anhinga Trail über den Taylor Slough ist das Wasser etwas tiefer als in der Umgebung, sodass Tiere in den trockenen Wintermonaten hierher zum Trinken kommen. Auf den offenen Flä-

Everglades in Gefahr

Das Ökosystem der Everglades und die Menschen Floridas stehen in direkter Konkurrenz um das unbezahlbare Gut: Bewässerungskanäle und Straßen unterbrechen den natürlichen Wasserfluss des Lake Okeechobee, und die Trockenlegung von Land für die Bebauung hat sich nachteilig auf die Tierwelt ausgewirkt. Die Landwirtschaft in Zentralflorida verbraucht große Mengen an Wasser, und der hohe Einsatz von Düngemitteln fördert das unnatürliche Wachstum der Sumpfvegetation. Der Staat und die Bundesregierung untersuchen, wie man das Gebiet am besten schützen und den Wasserfluss wieder in seinen natürlichen Zustand zurückführen kann.

Tagesanbruch über Long Pine Key im Everglades National Park

Expertentipp
Jahreszeiten in den Everglades

Klimatisch lässt sich das Jahr in den Everglades in zwei gegensätzliche Phasen unterteilt: Regenzeit und Trockenzeit. Die Regenzeit dauert den ganzen Sommer und Herbst hindurch, dann muss man mit vielen Insekten rechnen. Weitaus angenehmer ist es hier in der Trockenzeit von Dezember bis Mitte Mai.

chen kann man gut fotografieren, es gibt auch weniger Insekten, doch die Sonne kann gefährlich werden. Alligatoren versammeln sich am Alligatorloch am Anfang des Trails. Zudem sieht man Rotwild und Schlangenhalsvögel. In der Nähe ist das Ernest F. Coe Visitor Center.

↑ Blaureiher – ein typischer Vertreter der Vogelwelt in den Everglades

③

Long Pine Key

Main Park Rd (SR-9336), 7 Meilen (11 km) vom Haupteingang entfernt nps.gov

Die gute Lage des Campingplatzes ist einer der Hauptgründe für einen Besuch. Von hier starten schattige Trails. Weichen Sie nicht vom Pfad ab. Das Kalkgestein hat häufig Löcher, die vom Regen ausgeschwemmt wurden und schwer zu sehen sind.

Große Flächen mit im Süden Floridas einzigartigen Sumpfzypressen gaben dem Gebiet seinen Namen. Das insekten- und witterungsbeständige Holz war lange als Baumaterial sehr beliebt.

④
Flamingo

1 Flamingo Lodge Hwy, Homestead
flamingoeverglades.com

Der Ort liegt 60 Kilometer vom Haupteingang des Parks entfernt. Vor 1900 war die Siedlung ein abgelegener Außenposten und Zufluchtsort für Jäger und Fischer. Heute sind einige Parkwächter die einzigen Langzeitbewohner.

Die Lage an der Florida Bay bietet Besuchern eine große Auswahl an Aktivitäten wie Wandern, Fischen, Bootfahren und das Beobachten von Wildtieren. Eine Übernachtung auf dem Campingplatz ist empfehlenswert, besonders für Vogelbeobachtungen, für die sich der frühe Morgen und späte Abend am besten eignen.

In der Florida Bay leben neben vielen Vogel- und Tierarten auch Seekühe *(siehe S. 279)* und das vom Aussterben bedrohte Amerikanische Krokodil. Vom Alligator unterscheidet es sich durch die graugrüne Farbe und sein Gebiss: Bei geschlossenem Maul sieht man sowohl Zähne des Ober- als auch des Unterkiefers. Die Chance, eines zu entdecken, ist gut.

Im Besucherzentrum von Flamingo gibt es Naturführer und Informationen über Programme mit Rangern, Diashows, Vorträge und für Mutige die »Slough-Slogs«: Touren durch den Sumpf für Unerschrockene.

Sicherheitstipps

Insektenschutzmittel sind unabdingbar, vor allem im Sommer. Folgen Sie den Anweisungen der Hinweistafeln und des Personals, seien Sie vorsichtig mit Tieren und Pflanzen. Alligatoren können springen und bewegen sich auch an Land sehr schnell. Manche Bäume und Büsche sind giftig. Seit einiger Zeit vermehren sich Tigerpythons in den Everglades – sie können gefährlich sein. Weichen Sie möglichst nicht von den Routen ab. Wildtiere können plötzlich auf der Straße stehen – fahren Sie stets langsam.

↑ *Gemütliche Bootsfahrt durch den ruhig dahinfließenden Buttonwood Canal*

⑤
Mahogany Hammock Trail

20 Meilen (32 km) westl. des Royal Palm Visitor Center (bei SR-9336/Main Park Rd) **nps.gov/ever**

Der beliebte – aber unberührte –, 800 Meter lange Mahogany Hammock Trail führt durch eine der größten Bauminseln (Hammocks) des Parks. Das Gebiet beherbergt eine große Vielfalt an Fauna und Flora, darunter den größten lebenden Mahagonibaum der USA und riesige Bromelien. Die dschungelartige Vegetation ist während der Regenzeit (Mitte Mai – Nov) besonders dicht.

⑥
Shark Valley

US-41 (36000 SW 8th St)
nps.gov/ever

Shark Valley ist ein viel gastfreundlicherer Ort, als es der Name (»Haifischtal«) vermuten lässt. Durch das Gebiet führt eine 24 Kilometer lange Straße. Die Tierwelt präsen-

→ *Plankenweg durch die dichte Graslandschaft am Pa-hay-okee Overlook*

Highlight

tiert sich vielfältig. Shark Valley bietet sich für eine Radtour an. Die einzigen motorisierten Fahrzeuge sind hier Busse.

⑦

Pa-hay-okee Overlook

13 Meilen (20 km) nordwestl. des Royal Palm Visitor Center (bei SR-9336/Main Park Rd) nps.gov/ever

Die offene Sägegrasprärie, auf die man vom Pa-hay-okee Overlook einen schönen Blick hat, ist der Inbegriff der Everglades. Vom Aussichtsturm kann man beobachten, wie der Wind über das Meer von Gras streicht und sich dessen Farbe dabei in Wellen verändert. Zu sehen sind auch Stelzvögel, Falken und Schneckenweihen, deren einzige Nahrung, die Apfelschnecken, auf dem Sägegras lebt. In der Prärie wachsen auch Rohrkolben und andere Sumpfpflanzen.

⑧

Main Park Road

Main Park Rd (SR-9336)
nps.gov/ever

Ein beliebter Ausflug im Everglades National Park ist ein Halt an den verschiedenen Wanderwegen entlang der Main Park Road (Route 9336). Am südlichen Teil der Straße, zwischen Mahogany Hammock und Flamingo, gibt es einige weniger besuchte Wanderwege. Schön sind etwa der West Lake Trail oder der Snake Bight Trail, der an der Florida Bay endet. Informationstafeln helfen Ihnen unterwegs, die Flora und Fauna zu bestimmen. Nehmen Sie unbedingt Insektenschutzmittel und Sonnenschutz mit.

TOP 3 Outdoor-Aktivitäten

Wandern
Es gibt schöne Wege für Spaziergänger wie für Wanderer.

Kajak und Kanu fahren
Einige Fahrten dauern nur eine Stunde, für andere braucht man eine ganze Woche.

Rad fahren
Neben asphaltierten Wegen gibt es schattige Trails durch idyllische Waldgebiete.

> **Die offene Sägegrasprärie, auf die man vom Pa-hay-okee Overlook einen schönen Blick hat, ist der Inbegriff der Everglades.**

Ökosystem Everglades

Die Everglades sind ein Sumpfgebiet, dessen dicke Torfschicht vom Lake Okeechobee überschwemmt wird. Das Gebiet ist 80 Kilometer breit und 320 Kilometer lang. Tropische Luft- und Wasserströmungen bedingen in dieser gemäßigten Zone einzigartige Ökosysteme. Spezielle Vegetationsformen wie Zypressenkuppeln und Bauminseln mit verschiedenen Baumarten unterbrechen die Weite der Sägegrasprärie. Hier leben Hunderte von Tierarten, darunter etwa 350 Vogelarten, für die die Everglades berühmt sind.

↑ *Schuppenpanzer und Gebiss machen die Alligatoren zu den bekanntesten und gefürchtetsten Parkbewohnern*

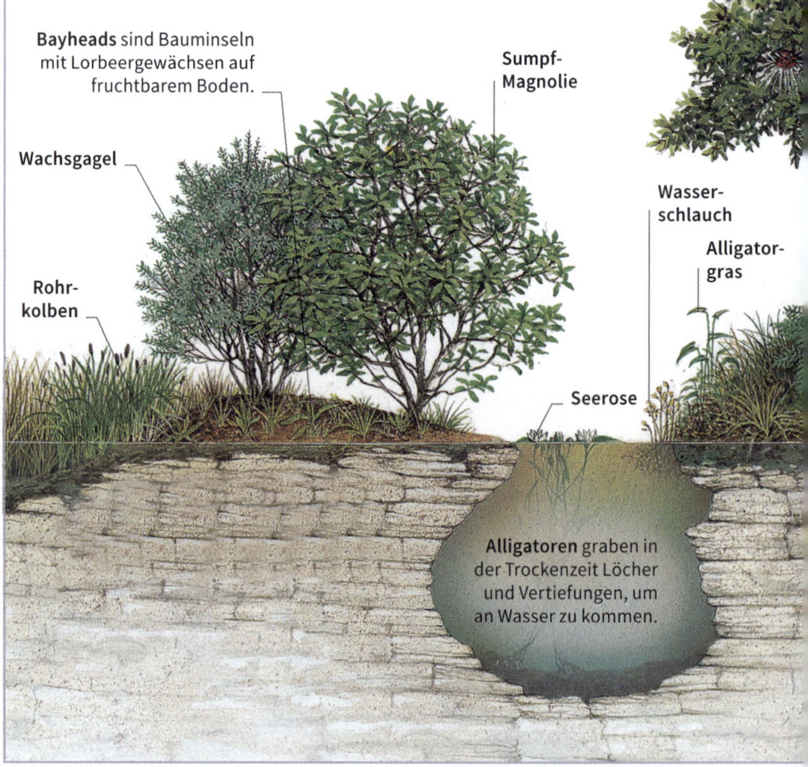

Schon gewusst?

Überall in den Everglades ist das Gequake der Baumfrösche zu hören.

↑ *Typisch Key West: Küstenpromenade, Palmen und Holzstege*

2

Key West

F7 · 26 500 · Greater Key West Chamber of Commerce, 510 Greene St · Conch Republic Independence Celebration (Apr); Hemingway Festival (Juli); Fantasy Fest (Okt) · fla-keys.com

Die meisten Sehenswürdigkeiten liegen nur maximal drei Blocks von der Duval Street entfernt, Hauptachse der Altstadt und Verbindung zwischen dem Golf von Mexiko und dem Atlantik. Mit dem Conch Train, der Old Town Trolley Tour, dem Rad oder bei einem Spaziergang durch die Gassen gewinnen Sie einen sehr guten Überblick.

①

Fort East Martello Museum

3501 S Roosevelt Blvd
tägl. 10–17 · kwahs.org

Mit dem Bau des East Martello Tower im Osten der Insel wurde 1861 begonnen. Ziel war, das Fort Zachary Taylor zusätzlich zu sichern. Der Turm wurde aber nie fertiggestellt, weil Bauweise und Gestalt bald als überholt galten.

Heute beherbergt der Turm ein Museum, in dem man einen guten Überblick über die bunte Vergangenheit von Key West gewinnt: von den vielen literarischen Spuren bis zur wirtschaftlichen Entwicklung der Insel. Zu sehen sind auch abenteuerliche Flöße, auf denen Kubaner vor Castros Regime flohen.

Vom Turm selbst hat man einen sehr schönen Blick, er beherbergt auch Werke lokaler Künstler.

Schon gewusst?

Judy Blume (* 1938), Kinder- und Jugendbuchautorin, lebt seit Langem in Key West.

②

Fort Zachary Taylor Historic State Park

601 Howard England Way
tägl. 8 bis Sonnenuntergang · floridastateparks.org

Das Fort wurde 1866 als Teil des Küstenverteidigungssystems fertiggestellt. Im Bürgerkrieg waren hier Nord-

»Wrecking«: Ein gutes Geschäft

Seit Ende des 18. Jahrhunderts wurden die Gewässer um die Keys von britischstämmigen Bewohnern der Bahamas kontrolliert, die auch in der Nähe des Riffs patrouillierten, um auf Grund gelaufene Schiffe zu bergen. So landeten Güter aus aller Welt auf den Keys: von Holz über Wein bis zu Luxusgütern wie Silber. Diese Art der Warenbeschaffung nannte man »Wrecking«. Sie war so beliebt, dass der US-Kongress 1825 per Gesetz ausschließlich US-Bürgern das »Wrecking« erlaubte.

Schöne Aussicht
Mallory Square

Der bezaubernde Platz am nördlichen Rand der Altstadt ist der perfekte Ort, um einen der berühmten Sonnenuntergänge von Key West zu genießen und dazu Performancekünstlern zuzusehen.

staaten-Truppen stationiert, um die Loyalität der Insel zu sichern. Um 1890 wurde es umgebaut. Heute befindet sich hier ein Museum mit Exponaten aus dem Bürgerkrieg. Auch das Areal und eine Aussichtsplattform können besichtigt werden. In der Nähe liegt der schönste öffentliche Strand der Insel mit einem Picknickplatz.

③

Hemingway Home

907 Whitehead St **tägl. 9–17** **hemingwayhome.com**

Das Haus im spanischen Kolonialstil ist wohl die am meisten gepriesene Attraktion der Stadt. Hemingway lebte hier 1931–40. Zu sehen ist auch der Raum, in dem der Autor mehrere Werke verfasste. *Haben und Nichthaben* spielt als einziges in Key West. Gezeigt werden seine Bibliothek, Erinnerungsgegenstände und der Sessel, in dem er beim Schreiben saß. Auf Führungen werden Hemingways außerliterarische Leidenschaften beschrieben: Hochseefischen und die Bar Sloppy Joe's *(siehe S. 302)*.

Nachfahren seiner sechszehigen Katzen streichen noch heute durch Garten und Haus.

④

Key West Lighthouse

938 Whitehead St
+1-305-294-0012
tägl. 10–17 **kwahs.org**

Direkt gegenüber von Ernest Hemingways Haus steht der im Jahr 1848 erbaute Leuchtturm. Im Wärterhäuschen am Fuß des Leuchtturms ist ein bescheidenes Museum mit historischen Exponaten, u. a. aus dem Leuchtturm, untergebracht.

Der Leuchtturm selbst ist jedoch die größte Attraktion. Wenn Sie die 88 Stufen erklimmen, haben Sie einen Panoramablick über die Insel und den Ozean und können durch die alte Linse blicken, die einst ein Licht von etwa 40 Kilometern auf das Meer werfen konnte.

↑ *Bäume umrahmen den strahlend weißen Leuchtturm von Key West*

Hotels

Marquesa Hotel
Die vier Gebäude des Boutiquehotels stammen aus dem 19. Jahrhundert. Sie sind um zwei Pools gebaut, die viel Grün umgibt.
600 Fleming St
marquesa.com
$$$

Southernmost Point Guest House
Das Haus ist weit über ein Jahrhundert alt. Es punktet mit gemütlichen Zimmern mit Terrassen, Hängematten und einem kleinen Pool. Das Frühstück wird auf der sonnigen Veranda serviert.
1327 Duval St
southernmost point.com
$$$

Winslow's Bungalows
Das Gästehaus bietet diverse Optionen – Unterkünfte im Motelstil am Pool oder einzelne Cottages. Die Duval Street ist nicht weit weg, man hört den Lärm hier aber nicht.
725 Truman Ave
keywesthistoricinns.com
$$$

The Gardens Hotel
Ein Hotel mitten im Grünen. Jedes der 21 Zimmer verfügt über Massivholzböden und Himmelbetten.
526 Angela St
gardenshotel.com
$$$

↑ *Das eindrucksvolle Harry S. Truman Little White House Museum*

⑤ Harry S. Truman Little White House Museum

111 Front St tägl. 9:30–16:30 trumanlittlewhitehouse.com

Das vergleichsweise bescheidene Haus wurde 1890 für Marineoffiziere erbaut, ist aber vor allem als Winterwohnsitz des Weißen Hauses von Präsident Harry S. Truman von 1946 bis 1952 bekannt. Seitdem wird es zeitweise von Präsidenten und ehemaligen Präsidenten genutzt und war 2001 Schauplatz der Friedensgespräche zwischen den Präsidenten Armeniens und Aserbaidschans. Führungen finden in den wichtigsten Räumen mit vielen Erinnerungsstücken statt und bieten unterhaltsame Geschichten über Trumans Leben in Key West.

⑥ Mel Fisher Maritime Museum

200 Greene St +1-305-294-2633 Di–So 10–16 melfisher.org

Hinter der schlichten Steinfassade verbergen sich Schätze. Mel Fisher entdeckte 1985 westlich von Key West die Wracks der spanischen Galeonen *Nuestra Señora de Atocha* und *Santa Margarita*. Rund 47 Tonnen Gold- und Silberbarren und 32 Kilogramm Rohsmaragde waren 1622 mit den Schiffen untergegangen.

Zu den Exponaten gehören Schmuck, Münzen und Kruzifixe. Auch die Geschichte der Bergung wird illustriert.

⑦ The Oldest House Museum

322 Duval St +1-305-294-9501 Mo–Sa 10–16 oirf.org

Das 1829 errichtete Haus von »Wrecker« Francis B. Watlington soll das älteste Gebäude von Key West sein. Maritime

← *Alter Taucherhelm – Exponat im Mel Fisher Maritime Museum*

Einflüsse sind unverkennbar, etwa die von Schiffen entlehnte Dachluke. Das Haus ist vollgestopft mit nautischem Krimskrams, Schiffsmodellen und Gemälden sowie Dokumenten zum »Wrecking« *(siehe S. 298)*, das Key West (und Captain Watlington) reich gemacht hat. Besucher werden von Mitarbeitern begrüßt, die mit ihren Anekdoten die Geschichte des Hauses lebendig werden lassen.

Das Küchenhaus im Hof ist das älteste der wenigen Beispiele, die man in Key West noch antrifft. Durch die Trennung vom Hauptgebäude hielt man das Brandrisiko gering und vermied außerdem eine unnötige Erwärmung im Rest des Hauses.

Key-West-Stil

Key Wests Architektur besticht vor allem durch ihre Schlichtheit, bedingt durch das heiße Klima und die Knappheit an Baumaterial – hauptsächlich geborgenes oder importiertes Holz. Die frühen Conch-Häuser (vom Beginn des 19. Jh.) wurden oft von Schiffbauern errichtet, die Eindrücke von ihren Reisen einfließen ließen. Von den Bahamas stammen diverse Vorrichtungen für Schatten und Belüftung gegen die Hitze. Neoklassizistische Elemente kamen aus dem Norden, dekorative Spielereien gehen auf den viktorianischen Stil Ende des 19. Jahrhunderts zurück. Wer es sich leisten konnte, bevorzugte verspielte Details. Seit den 1970er Jahren, als man die eigenständige Architektur der Stadt zu schätzen begann, wurden viele Häuser renoviert.

⑧

Bahama Village

Petronia St

Sehr reizvoll ist Bahama Village, dem die ersten Siedler von Key West den Namen gaben. Das historische Viertel im Westen wird von Fort, Virginia, Petronia und Whitehead Street begrenzt. Das Leben spielt sich hier auf der Straße ab. Man spielt Domino, und die Hühner laufen frei herum – eine karibische Enklave in Nordamerika. Die meisten charakteristischen Shotgun-Häuser blieben von der allgemeinen Renovierungswut verschont.

⑨ ♿

Key West Cemetery

701 Passover Lane
+1-305-292-8177
tägl. 7–19 (Winter: bis 18)

Die Gräber werden hier wegen des Kalkbodens und der Nähe zum Wasser meist oberirdisch angelegt. Es gibt einen jüdischen und einen katholischen Bereich, während viele der kubanischen Grüfte von einem Huhn gekrönt werden – ein Hinweis auf die Santería-Religion. Es gibt sogar einen Tierfriedhof. Die Statue eines Matrosen erinnert an die 252 Seemänner, die zu Beginn des Spanisch-Amerikanischen Krieges 1898 im Hafen Havannas mit dem Schlachtschiff USS *Maine* untergingen.

Von vielen ersten Siedlern kannte man nur den Spitznamen. Diese Vertraulichkeit folgte ihnen bis ins Grab: Auf dem Friedhof liegen Bunny, Shorty, Bean …

↑ *Mit dem Rad durch die farbenfrohen Straße von Bahama Village*

Spaziergang durch Key West

Länge 2 km **Dauer** 25 Min.

Key West ist der südlichste Punkt des US-Festlands. Die Stadt wirkt wie ein Magnet auf alle, die Florida und die USA hinter sich lassen wollen. Hier kann man sich gut dem legeren Lebensgefühl hingeben.

Die erstmals 1513 erwähnte Insel zog Piraten und später »Wreckers« an *(siehe S. 298)*, die auf vorbeifahrende Frachtschiffe und deren Ladung lauerten. Key West entwickelte sich zur reichsten Stadt Floridas, Einwanderer aus allen Teilen der Welt strömten hierher. Architektur, Küche und Lebensgeist zeugen von diesem vielfältigen kulturellen Erbe. Auch viele Künstler und Schriftsteller sowie eine lebendige LGBT+ Community tragen zum liberalen Spirit der Stadt bei.

Die opulent eingerichtete **Curry Mansion** spiegelt den Wohlstand der »Wreckers« wider.

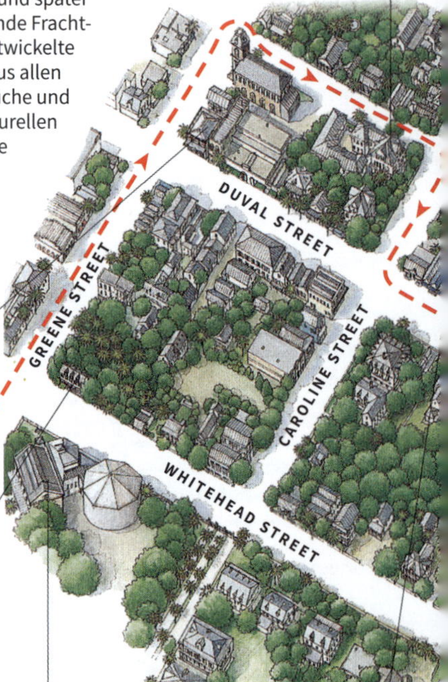

Sloppy Joe's zählte zu Hemingways Lieblingsbars. 1935 zog sie aus ihrem alten Sitz in der Greene Street in die Duval Street.

Das um 1840 erbaute **Audubon House** enthält Möbel dieser Zeit und Originalstiche des Vogelkundlers John James Audubon.

Welche Schätze das Meer bietet und wie man sie findet, wird im **Mel Fisher Maritime Museum** gezeigt.

Die **Duval Street** mit Souvenirläden und den meisten Attraktionen der Altstadt bildet die Hauptachse der Stadt.

←

Besucher genießen Livemusik in der Bar Sloppy Joe's

Highlight

Schon gewusst?

Nach der Entdeckung wurde Key West zuerst »Cayo Hueso« (»Knocheninsel«) genannt.

→ *Die leuchtend weiße Episcopal Church – wichtiges Element des Stadtbilds*

The Oldest House Museum

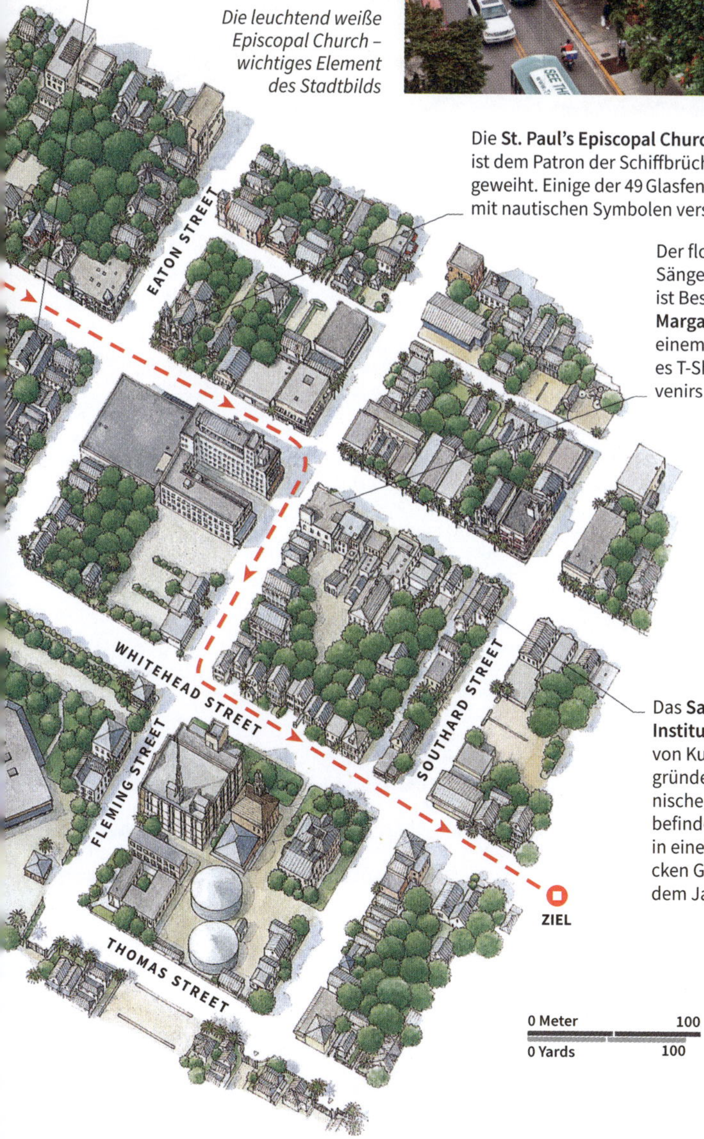

Die **St. Paul's Episcopal Church** (1912) ist dem Patron der Schiffbrüchigen geweiht. Einige der 49 Glasfenster sind mit nautischen Symbolen versehen.

Der floridianische Sänger Jimmy Buffett ist Besitzer des Cafés **Margaritaville** mit einem Shop, in dem es T-Shirts und Souvenirs gibt.

Das **San Carlos Institute** wurde 1871 von Kubanern gegründet. Das kubanische Kulturinstitut befindet sich heute in einem neobarocken Gebäude aus dem Jahr 1924.

SEHENSWÜRDIGKEITEN

3
Naples

EF5 19300
paradisecoast.com

Die Strandstadt ist stolz auf ihr gepflegtes Äußeres und auf ihre 55 Golfplätze: Sie hat die größte Pro-Kopf-Konzentration von Golfplätzen im ganzen Bundesstaat.

Ein großer Teil des Zentrums stammt aus dem frühen 20. Jahrhundert. Dieses Viertel mit pastellfarbenen Gebäuden lädt zum Bummeln ein. Viele Häuser aus dem 19. Jahrhundert wurden 1960 vom Hurrikan Donna zerstört, ebenso auch der 1887 angelegte Pier. Im Jahr 1961 wurde er wieder aufgebaut.

Schon gewusst?

Der Third Street South Farmer's Market in Naples findet samstags ab 7:30 Uhr statt.

Hinter dem 16 Kilometer langen weißen Sandstrand stehen viele Privathäuser, es gibt aber auch öffentliche Zugänge zu sicheren Stränden, wo man im warmen Golf baden kann.

Insbesondere auf die Geschichte der Region konzentriert sich das informative **Collier Museum at Government Center** mit einem nachgebauten Seminolendorf und Exponaten indigener Stämme, Hinterlassenschaften der Siedler und Zeugnissen vom Bau des Tamiami Trail (US 41), an dem das Museum steht.

Collier Museum at Government Center
3331 Tamiami Trail E
Di–Sa 9–16
colliermuseums.com

4
Marco Island

F6 1102 N Collier Blvd, Collier County marcoislandchamber.org

Die nördlichste der Ten Thousand Islands ist ein guter Ausgangspunkt für Ausflüge an den Westrand der Everglades. Seit den 1960er Jahren ist Marco Island touristisch erschlossen. Hier wurden bedeutende archäologische Funde gemacht – einige sind über 3500 Jahre alt. Sie wurden an Museen weitergegeben, doch auf der Insel findet man noch Hügel aus Muscheln und Knochen, die auf das Leben der indigenen Calusa hinweisen.

5
Big Cypress Swamp

F6 Collier County, Monroe County +1-239-695-1201 nps.gov/bicy

Das ausgedehnte seichte Sumpfbassin, in dem viele Tiere wie der vom Aussterben bedrohte Florida-Puma leben, ist kein homogenes Sumpfgebiet, sondern eine Mischung verschiedener Lebensräume, bestimmt von nur geringen Unterschieden im Niveau: Hier finden sich sandige Nadelwäldchen, Feucht- und Trockenprärie und Waldinseln (Hammocks, *siehe S. 297*). Ein Drittel des

↑ *Pier in Naples – ein idealer Ort für den Genuss des Sonnenuntergangs*

Sumpfs bedecken Zypressen, die in Gürteln und langen schmalen Wäldern, den sogenannten »Strands«, wachsen. Von der Größe dieser Stränge hat das Gebiet seinen Namen.

Der Sumpf dient bei Niederschlägen als wichtiges Wasserreservoir für die Everglades und als Puffer für den Everglades National Park. Der im Jahr 1928 fertiggestellte Tamiami Trail (US 41) durchschneidet das Sumpfgebiet und erschloss es. Die Straße führt an den Everglades vorbei und reicht von Tampa bis Miami – daher auch ihr Name.

Heute erscheinen solche technischen Kraftakte ökologisch bedenklich, da sie den natürlichen Fluss des Wassers blockieren und damit die Balance des einzigartigen Ökosystems Süd-Floridas gefährden.

Das **Big Cypress National Preserve** ist das größte Naturschutzgebiet im Sumpf. Hier kann man den Blick von der US 41 genießen und am Oasis Visitor Center halten, um sich zu informieren.

Im westlichen Teil des Big Cypress Swamp liegt der **Fakahatchee Strand Preserve State Park**, eines der wildesten Gebiete Floridas. Der Entwässerungsgraben ist 32 Kilometer lang und zwischen fünf und acht Kilometer breit.

Die Holzwirtschaft wurde in den 1950er Jahren aufgegeben, nachdem rund 99 Prozent der Zypressen zerstört worden waren. Die letzten, teilweise mehr als 600 Jahre alten Exemplare stehen am Big Cypress Bend, wo ein schmaler Pfad an Orchideen, nestartigen Bromelien und an der größten Gruppe von Königspalmen in den Vereinigten Staaten vorbeiführt.

Auf der Route 846 von Naples nach Nordosten gelangt man zum beliebten **Corkscrew Swamp Sanctuary**. Hier führt ein drei Kilometer langer Plankenweg an verschiedenen Lebensräumen vorbei, u. a. an Floridas größter Gruppe alter Zypressen.

Das Reservat ist landesweit berühmt für seinen Vogelreichtum. Der bedrohte Waldibis kommt fast jeden Winter her.

Expertentipp
Outdoor-Aktivitäten

Im Big Cypress Swamp bieten Ranger geführte Aktivitäten an, darunter Wanderungen, Veranstaltungen zur Tierwelt und Kanutouren. Reservieren Sie möglichst schon zwei Wochen im Voraus (www.nps.gov/bicy).

Big Cypress National Preserve
Tamiami Trail E, Ochopee tägl. 24 Std. 33000 Tamiami Trail E, Ochopee nps.gov/bicy

Fakahatchee Strand Preserve State Park
137 Coastline Dr, Copeland tägl. 8 bis Sonnenuntergang floridastateparks.org

Corkscrew Swamp Sanctuary
375 Sanctuary Rd W tägl. 8–15

→ *Alligator im Big Cypress National Preserve*

6 Key Largo

G6 9600
Key Largo Chamber of Commerce
keylargochamber.org

Key Largo, die erste bewohnte und größte Insel der Keys, wurde von spanischen Entdeckern »Cayo Largo« genannt. Durch die Nähe zu Miami ist Key Largo auch am belebtesten. Größte Attraktion der Insel sind die Tauch- und Schnorchelmöglichkeiten entlang des Korallenriffs direkt vor der Küste im John Pennekamp Coral Reef State Park. Für diejenigen, die einfach nur entspannen möchten, ist Key Largo auch ein schöner Ort, um den Sonnenuntergang zu genießen.

Eine weitere Attraktion ist die ***African Queen***, das Boot aus dem gleichnamigen Film (1951). Wenn es nicht restauriert wird, kann man kurze Vergnügungsfahrten unternehmen. Es liegt an der MM 100, die auch die Basis für mehrere Bootscharter ist, darunter das *Key Largo Princess Glass Bottom Boat*. Key Largo ist auch die Heimat des **Dagny Johnson Key Largo Hammock Botanical State Park**, eines der größten Gebiete mit tropischem Hartholz aus Westindien in den USA. Über neun Kilometer führen Wanderwege durch den Wald und bieten Gelegenheit zur Sichtung von Krokodilen und Vögeln.

Einer der ungewöhnlichsten Orte zum Übernachten auf den Keys ist Jules' Undersea Lodge im seichten Wasser einer Mangrovenlagune vor Key Largo – Gäste

↑ *Eines der Hafenbecken von Key Largo, der größten Insel der Keys*

Floridas Korallenriff

Nordamerikas einziges lebendes Korallenriffsystem erstreckt sich über 320 Kilometer entlang der Keys von Miami bis zu den Dry Tortugas. Als komplexes und äußerst empfindliches Ökosystem schützt es diese niedrigen Inseln vor Stürmen und starken Wellen, die vom Atlantischen Ozean heranrollen. Korallenriffe werden im Lauf der Jahrtausende von Milliarden winziger Meeresorganismen, sogenannten Polypen, geschaffen. Das drei bis 18 Meter unter der Oberfläche gelegene Riff ist ein kompliziertes Netz aus unzähligen Rissen und Hohlräumen und beherbergt eine Vielzahl von Pflanzen und vielfältigen Meeresbewohnern, darunter mehr als 500 Fischarten.

Fotomotiv
Christusstatue

Christ of the Deep, eine etwa drei Meter lange Christusstatue, steht bei den Key Largo Dry Rocks in sechs Meter Tiefe auf einem Sockel – für Schnorchler und Taucher ein perfektes Motiv für ein Unterwasserfoto.

müssen tauchen, um zum Eingang zu gelangen.

African Queen
99701 Overseas Hwy
siehe Website
africanqueenflkeys.com

Dagny Johnson Key Largo Hammock Botanical State
County Road 905, MM 106 tägl. Sonnenauf- bis -untergang floridastate parks.org

7
John Pennekamp Coral Reef State Park
G6 102601 Overseas Hwy Hwy MM 102.5, Key Largo tägl. 8 bis Sonnenuntergang floridastate parks.org

Nur fünf Prozent des Naturparks liegen über Wasser: ein Besucherzentrum, ein kleines Museum zur Ökologie des Riffs, drei Schwimmbereiche und mehrere Waldpfade. Berühmt ist der Park vor allem für sein Unterwassergebiet, das sich fünf Kilometer von Key Largo nach Osten erstreckt und unvergessliche Einblicke in die Farben und Formen eines Korallenriffs gewährt.

Im Park kann man Kanus, Schlauch- oder Motorboote mieten sowie Schnorchel- und Tauchausrüstung. Arrangiert werden auch Schnorchel- und Tauchtrips. Es gibt zudem eine Tauchschule, bei der man Tauchscheine erwerben kann. Wer nicht gern nass wird, nähert sich der Unterwasserwelt im Glasbodenboot. Die meisten Touren führen ins Gebiet des Florida Keys National Marine Sanctuary (auch Key Largo National Marine Sanctuary), das sich weitere fünf Kilometer ins Meer erstreckt.

Teile des Riffs eignen sich sehr gut zum Schnorcheln, z. B. das seichte Wasser der White Bank Dry Rocks mit einer Vielzahl an Korallen und tropischen Fischen. Das Molasses Reef daneben lockt Taucher und Schnorchler an, die hier auf unzählige Fische stoßen werden. Das French Reef weiter im Norden wartet mit verschiedenen Höhlen auf, durch die man schwimmen kann.

Schon gewusst?

John Pennekamp war auch an der Gründung des Nationalparks Everglades beteiligt.

Steinkorallen

Diese Tiere bilden ein Außenskelett aus Kalk, um ihren weichen Körper zu schützen. Die Korallenstöcke entstehen durch die Vermehrung der zahllosen Polypen. Mikroskopisch kleine Pflanzen im Gewebe bestimmen die Farbe.

Korallenriff mit der Farbenpracht der Unterwasserwelt

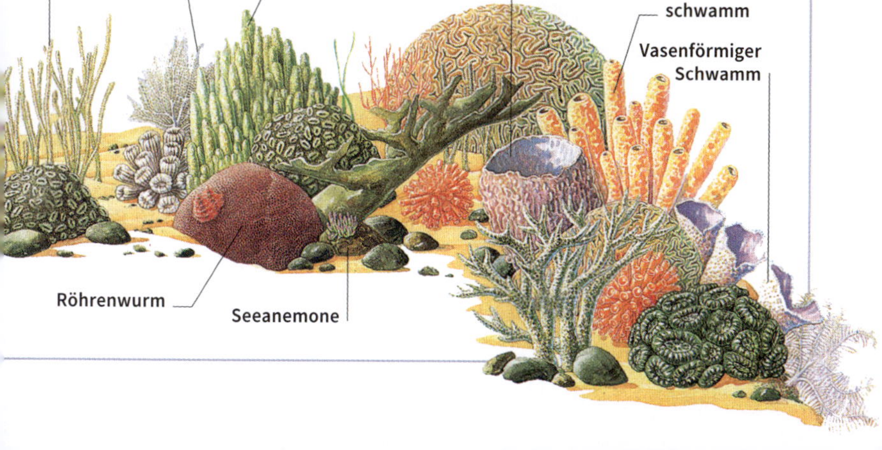

Urlaubsfeeling: Restaurant direkt am Strand von Islamorada ↑

8
Islamorada

G7 7000 87100 Overseas Hwy, Monroe County; +1-305-644-4503 islamoradachamber.com

Die mit dem inoffiziellen Titel »Sportfishing Capital of the World« ausgezeichnete Gemeinde wird »Ailamoreida« ausgesprochen und erstreckt sich über sieben Inseln.

In der Whale Harbor Marina in der Stadt Islamorada auf Upper Matecumbe Key liegen Charterschiffe für die Hochseefischerei, auch für größere Gruppen mit unterschiedlicher Erfahrung. Selbst weniger passionierte Angler können auf diese Weise herrliche Stunden auf See verbringen. Bei MM 82 gedenkt das Art Deco Hurricane Monument der rund 500 Menschen, die im Jahr 1935 bei einem Hurrikan durch eine verheerende Flutwelle starben.

9
Indian und Lignumvitae Keys

FG7 Lower Matecumbe Key 106240 Overseas Hwy, Key Largo floridastateparks.org

Diese unbewohnten Inseln zu beiden Seiten des Ocean Highway sind nur mit einem Boot zu erreichen.

Für seine bescheidene Größe hat Indian Key erstaunlich viel Geschichte aufzuweisen. 1831 ließ sich hier »Wrecker« *(siehe S. 298)* Captain J. Houseman nieder. Eine kleine Siedlung entstand unter seiner Herrschaft, wurde jedoch 1840 von Seminolen ausgerottet. Seitdem wurde die kleine Insel nicht wieder besiedelt, und inmitten von vielfältiger, üppiger Vegetation sind nur noch Reste der Siedlung zu sehen. Ein Aussichtsturm bietet einen schönen Rundblick.

Lignumvitae Key ist etwas größer, botanisch noch interessanter und nur mit einem Ranger zugänglich. Unter den 133 Baumarten gab eine Art mit blauen Blüten, die bis zu 1000 Jahre alt werden kann, der Insel ihren Namen. Wissenschaftler schätzen die Vegetation auf mehr als 10 000 Jahre.

Man findet auch einige Baumschnecken und eindrucksvoll große Spinnen. Die Mitnahme von Insektenschutzmittel ist ratsam.

Expertentipp
Lignum vitae

Lignum vitae (lateinisch: »Holz des Lebens«) gehört zu den schwersten Hölzern der Welt. Dieses immer seltener werdende – auch Guajak genannte – Hartholz wächst auf Lignumvitae Key.

In der Whale Harbor Marina in der Stadt Islamorada auf Upper Matecumbe Key liegen Charterschiffe für die Hochseefischerei.

Fischen auf den Florida Keys

Es gibt im Süden Floridas drei herausragende Gebiete zum Fischen. In der Nähe des warmen Golfstroms tummeln sich große Fische wie etwa der Marlin – für Sportfischer bieten sich hier beste Bedingungen zum Hochseefischen. Die Gewässer an der Küste des Atlantischen Ozeans bis zum Korallenriff warten mit zahlreichen tropischen Arten wie Schnapper und Zackenbarsch auf. Nördlich der Keys im flachen Wasser des Golfs von Mexiko tummeln sich Tarpune. Bedeutende Zentren für Sportfischen sind Islamorada, Marathon und Key West. Im gesamten Gebiet stoßen Sie auf kleine Häfen mit Booten zum Mieten.

Angelausflüge

Die Keys sind ein Paradies für Hochseefischer. Wegen des Einflusses des Golfstroms bieten diese Gewässer die unterschiedlichsten Möglichkeiten zum Angeln. Es gibt eine Reihe von Unternehmen, die Hochseeangelausflüge organisieren. Angeln im Süßwasser kann man im Amelia Earhart Park oder im Lake Okeechobee *(siehe S. 128)*.

Zu den renommiertesten Anbietern für Angelausflüge gehört der Key West Fishing Club (www.keywestfishingclub.com).

Informationen

Anglerläden am Overseas Highway und in den Häfen bieten Genehmigungen und Ausrüstung (auch zu leihen), meist auch gute Tipps zu Begleitern und Touren in der Umgebung.

Auf beliebten Gruppenfahrten kann man preiswert in Riffnähe fischen. Der Preis enthält üblicherweise die Lizenz. Die Ausrüstung wird gestellt, und die Crew berät Sie.

Das Angebot an Fischen hängt von Wetter und Jahreszeit ab, doch grundsätzlich können Sie um die Florida Keys das ganze Jahr über fischen.

Offenes Meer oder Küste?

Hochseefischen spricht insbesondere Abenteurernaturen à la Hemingway an. Ein eigenes Sportboot mit Crew zu mieten, kommt jedoch recht teuer. Kleine Boote fischen in den ruhigen Gewässern nahe der Küste. Hier ist dafür gesorgt, dass Sie nicht mit leeren Händen heimkommen.

Für Angelausflüge stehen in Islamorada viele Boote bereit ↑

10
Marathon

F7 9700
12222 Overseas Hwy
floridakeysmarathon.com

Spanische Siedler tauften die Insel ursprünglich »Kuhinsel« (Vaca Key), wohl wegen der vielen Seekühe *(siehe S. 279)*, die einst vor der Küste lebten. Umbenannt wurde sie nach 1900 von den Männern, die die Overseas Railroad bauten.

Die Insel ist das Zentrum der mittleren Keys (»Middle Keys«). Marathons größtes Plus sind seine reichen Fischgründe – besonders vielversprechend angeblich unter den Brücken, wo der Atlantik in den Golf von Mexiko übergeht. Besucher können aus einem breiten Angebot an Angeltechniken wählen. Dazu gehören Speerfischen (in den »Upper Keys« illegal, aber hier erlaubt) und Leinenfischen am vielleicht längsten Pier der Welt: einem drei Kilometer langen Teil der alten 7-Mile Bridge. Südlich des Overseas Highway gibt es schöne Strände, die häufig künstlich mit Sand aufgeschüttet wurden.

Einen Besuch wert ist Crane Point Hammock mit tropischem Wald und Mangrovensümpfen. Es gibt Naturpfade und ein traditionelles Muschelhaus aus *tabby* – einer Art Beton aus verbrannten Muscheln und Korallen. Den Naturpark betritt man durch das **Crane Point Museum**, dessen Sammlung die Geschichte, Geologie und Ökologie der Inseln erklärt.

Etwa zwei Meilen hinter Crane Hammock führt der Overseas Highway am **Turtle Hospital** vorbei, einer Rettungs-, Rehabilitations- und Freilassungseinrichtung für verletzte Schildkröten, die überall auf den Keys geborgen wurden. Bei Führungen (obligatorisch) sieht man das Krankenhaus und die Reha-Abteilung mit Geschichten einiger aktueller Patienten.

Crane Point Museum
5550 Overseas Hwy Mo–Sa 9–17, So 12–17 cranepoint.net

Turtle Hospital
2396 Overseas Hwy tägl. 9–18
urtlehospital.org

11
Pigeon Key

F7 1090 Overseas Hwy MM 47.5, Marathon tägl. 9:30–16 pigeonkey.net

Die winzige Insel war einst die Basis für den Bau von Henry Flaglers 7-Mile Bridge (1912). Sieben Holzbauten, die einst von Bautrupps benutzt wurden, gehören heute zur Marine Research and Educational Foundation.

Im Brückenwärterhaus ist ein historisches Museum, doch viele besuchen die Insel nur der Ruhe wegen. Die alte Brücke, die parallel zur neuen 7-Mile Bridge (1982) verläuft, bietet eine atemberaubende Kulisse für die Insel. Pigeon Key erreicht man über die neue Brücke oder auf einer Bootstour von Marathon aus. Hier sind keine Autos erlaubt. Gehen Sie also zu Fuß, nehmen Sie das Rad oder fahren Sie mit dem Touristenzug.

↑ *Bridge Tender's House (Brückenwärterhaus) – Sitz des historischen Museums auf Pigeon Key*

↑ *Badespaß an einem weißen Strand im Bahia Honda State Park, Lower Keys*

Schon gewusst?

Nahe Blue Hole beginnt der Jack Watson Nature Trail, ein rund 1,5 Kilometer langer Rundweg.

⑫
Lower Keys

F7 31281 Overseas Hwy, Big Pine Key
fla-keys.com

Südlich der 7-Mile Bridge ändern die Keys ihr Gesicht. Das Land wirkt zerklüfteter und weniger bebaut als im Norden, man sieht mehr Wald. Hier läuft alles viel gemächlicher ab.

Nur 60 Kilometer von Key West entfernt erstreckt sich der **Bahia Honda State Park**, ein geschütztes Gebiet von 212 Hektar mit den schönsten Stränden der Keys: weiß, direkt vor dichtem tropischem Wald mit vielen Wanderwegen. Wer sich auf den Weg macht, kommt an ungewöhnlichen Baumarten wie Silberpalmen vorbei und kann viele Vögel sichten. Es gibt auch die Möglichkeit, sich ein Boot zu leihen, doch Vorsicht: Die Strömung kann hier sehr stark sein.

Vom Park kann man auch in das Looe Key National Marine Sanctuary abtauchen. Der acht Kilometer lange Abschnitt des Riffs ist ein Tauchgrund mit einzigartigen Korallenformationen.

Von Bahia Honda verläuft der Highway nach Norden und gelangt zur zweitgrößten Insel der Kette: Big Pine Key. Es ist der beste Ort, kleine Key-Hirsche zu beobachten (am besten zur Morgen- oder Abenddämmerung). Wenn Sie bei MM 30 der Abzweigung nach Key Deer Boulevard folgen, kommen Sie zum Blue Hole, einem gefluteten Steinbruch im Wald. Von der Aussichtsplattform sehen Sie Hirsche und andere Tiere, die hierher zum Trinken kommen.

Ein Wahrzeichen der Keys ist das **No Name Pub**, versteckt in Big Pine Key direkt vor dem Damm nach No Name Key. Dem Gemischtwarenladen wurde 1936 das Pub hinzugefügt. Es ist vor allem für seine mit Dollarscheinen bedeckten Wände und die Pub-Pizza bekannt.

Bahia Honda State Park
36850 Overseas Hwy tägl. 8 bis Sonnenuntergang
floridastateparks.org

No Name Pub
30813 Watson Blvd
nonamepub.com

Key-Hirsche

Die vom Aussterben bedrohte kleinwüchsige Hirschart kommt nur auf Big Pine Key und den umliegenden Inseln vor. Die Tiere schwimmen zwischen den Inseln hin und her, häufiger sieht man sie aber in den Kiefernwäldern. Trotz Geschwindigkeitsbeschränkungen werden jährlich ungefähr 50 Tiere durch Autos getötet.

Dekorierter Tierschädel im Miccosukee Indian Village

13 Miccosukee Indian Village

F6 Mile Marker 36, US 41, 25 Meilen (40 km) westl. des Florida's Turnpike Mi – So 9 – 16:30 miccosukee.com/village

Viele Mitglieder des Miccosukee-Stamms leben an der US 41. Das in der Nähe des Shark Valley *(siehe S. 294f)* gelegene Miccosukee Indian Village ist als einziges öffentlich zugänglich. Man sieht traditionelle *chickees* (Pfahlhütten) und kann Handwerke wie Puppenbinden oder Perlenverarbeitung verfolgen. Im Miccosukee Museum sind Bilder, Bekleidung und Alltagsgegenstände ausgestellt. Zum erstklassig ausgestatteten Resort gehören auch ein Spa-Bereich und ein Golfplatz.

> **Im Miccosukee Indian Village sieht man traditionelle *chickees* und Handwerke wie Puppenbinden oder Perlenverarbeitung.**

14 Ah-Tah-Thi-Ki Museum

F5 34725 West Boundary Road, Big Cypress Seminole Indian Reservation tägl. 9 – 17 ahtahthiki.com

Das Museum nimmt eine Fläche von rund 26 Hektar innerhalb der Big Cypress Seminole Reservation ein. Hier gibt es u. a. ein nachgebautes Dorf zu sehen, in dem Seminolen traditionelles Handwerk zeigen.

Das Museum zielt mit der Präsentation von mehr als 180 000 Objekten sowie einer gut ausgestatteten Bibliothek auf die Vermittlung von Kultur und Geschichte. Ah-Tah-Thi-Ki bedeutet »Ort zum Lernen«. Eindrucksvoll ist auch ein 180-Grad-Panoramafilm.

15 Florida Keys National Wildlife Refuges

F7 30587 Overseas Hwy, Big Pine Key, Monroe County tägl. 24 Std. fws.gov

Dieser Naturkomplex besteht aus vier verschiedenen nationalen Wildschutzgebieten (NWRs), die zum Schutz der auf den Keys heimischen Vögel und Wildtiere eingerichtet wurden: National Key Deer Refuge, Great White Heron NWR, Crocodile Lake NWR und Key West NWR.

Das National Key Deer Refuge schützt Key-Hirsche *(siehe S. 311)* sowie 21 andere bedrohte Tier- und Pflanzenarten. In anderen National Wildlife Refuges werden etwa Graureiher oder Krokodile geschützt.

Das Key West NWR hat seinen Sitz in Big Pine Key, deckt aber die Marquesas und 13 weitere Keys westlich von Key West ab, die nur mit dem Boot erreichbar sind. Dieses Refugium ist Heimat von rund 250 Vogelarten und auch als Nistplatz für Meeresschildkröten wichtig.

16 Dry Tortugas National Park

E7 Fort Jefferson, Key West 1601 North Roosevelt Blvd tägl. 24 Std. nps.gov/drto

Die Dry Tortugas bestehen aus sieben Koralleninseln 109 Kilometer westlich von Key West. Am häufigsten wird Fort Jefferson auf Garden

Seminolen

Der Name »Seminolen« (Wanderer) kam um 1700 für Creek-Stämme in Gebrauch, die vor den europäischen Siedlern in den Süden nach Florida flohen. Landstreitereien veranlassten die Regierung im Jahr 1911, den Florida-Stämmen Reservate zuzusprechen. Hier leben Seminolen nach ihren Traditionen, verbinden sie jedoch mit Elementen des modernen Amerika.

Key besucht – hierbei handelt es sich um die größte steinerne Befestigung der USA. Ein 21 Meter breiter Graben und 15 Meter hohe, bis zu 2,50 Meter dicke Mauern umgeben die Anlage.

Ursprünglich sollten hier 1500 Männer mit 450 Kanonen die Florida Straits kontrollieren. Im Jahr 1845 wurde mit dem Bau begonnen, der insgesamt 30 Jahre in Anspruch nahm, doch das Fort wurde niemals fertiggestellt oder in einem Kampf genutzt. Nachdem die während des Bürgerkriegs stationierten Nordstaaten-Truppen abgezogen waren, diente es lediglich als Gefängnis für Deserteure.

Die Insel ist nur mit dem Boot oder einem Wasserflugzeug zu erreichen. Die meisten Besucher kommen im Rahmen organisierter Touren von Key West, bei denen man auch im kristallklaren Wasser schnorcheln kann.

Von März bis Oktober lassen sich hier Zug- und Nistvögel nieder, darunter auch Tölpel, Schwalben und der herrliche Fregattvogel.

17 Tavernier

G6 · 2000 · 87100 Overseas Hwy, Islamorada; +1-305-451-1414

Der Ort südlich von Key Largo ist für seine Geschichte und Tierwelt bekannt. Henry Flaglers Eisenbahn erreichte diesen Teil der Keys um 1910. Heute findet man um MM 92 einige Häuser aus den 1920er und 1930er Jahren.

Die bemerkenswerteste Attraktion ist das **Florida Keys Wild Bird Rehabilitation Center**, in dem verwundete Vögel gepflegt werden. Die meisten Verletzungen stammen von Auto- und Angelunfällen. Die hier verarzteten Vögel erholen sich in großen Käfigen in ruhiger Umgebung – ein krasser Gegensatz zur Hektik auf der restlichen Insel.

Florida Keys Wild Bird Rehabilitation Center
92080 Overseas Hwy
tägl. Sonnenauf- bis -untergang (Besucherzentrum: Mo – Fr 10 – 14)
keepthemflying.org

↑ *Sonnenbaden neben der Festung: Strand beim Fort Jefferson auf Garden Key*

REISE-INFOS

Overseas Highway über die Keys

FLORIDA REISEPLANUNG

Mit etwas Planung sind die Vorbereitungen für die Reise schnell zu erledigen. Die folgenden Seiten bieten Ihnen Tipps und Hinweise für Anreise und Aufenthalt in Florida.

Auf einen Blick

Währung
US-Dollar (USD)

Ausgaben pro Tag

Sparsam	Preisbewusst	Luxus
80 $	200 $	350 $

Mineralwasser	Kaffee	Bier	Menü (2 Pers.)
2 $	3 $	6 $	60 $

Klima

Die Sonne scheint fast das ganz Jahr über, an der Westküste gibt es stellenweise 361 Sonnentage im Jahr.

Das Klima ist warm. Im Norden kann es im Winter am Abend kühl werden, im Süden ist es im Sommer sehr feucht.

Kurze Schauer sind zur Regenzeit (Mai – Sep) häufig. Die Hurrikansaison dauert von Juni bis November.

Strom
In den USA beträgt die Stromspannung 110 Volt, 60 Hz. Für europäische Elektrogeräte benötigen Sie einen Adapter.

Einreise

Informationen zu den Einreisebestimmungen, einschließlich Visa, erhalten Sie bei der nächstgelegenen US-Botschaft oder auf der Website des US-Außenministeriums. Als Teilnehmer am US-Visa-Waiver-Programm können deutsche Staatsangehörige zu Zwecken des Tourismus, für Geschäftsreisen oder im Transit visafrei in die USA einreisen, sofern sie über einen elektronischen Reisepass (e-Pass mit Chip), eine gültige elektronische Einreisegenehmigung (ESTA) sowie ein gültiges Rück- oder Weiterflugticket verfügen. Auch Minderjährige können nur dann visafrei einreisen, wenn sie einen eigenen e-Pass und eine ESTA-Genehmigung haben. Die ESTA-Beantragung ist gebührenpflichtig (21 USD). Die einmal erteilte Reisegenehmigung gilt für beliebig viele Einreisen für die Dauer von jeweils maximal 90 Tagen innerhalb eines Zeitraums von zwei Jahren. Die zuständigen US-Behörden empfehlen, den Antrag mindestens 72 Stunden vor Reiseantritt zu stellen.

Eine gültige ESTA-Genehmigung begründet noch keinen Anspruch auf Einreise in die USA. Die endgültige Entscheidung darüber und die tatsächlich erlaubte Aufenthaltsdauer trifft der US-Grenzbeamte. Eine spätere Verlängerung der Aufenthaltsgenehmigung ist nicht möglich.

ESTA
W esta.cbp.dhs.gov
US Department of State
W travel.state.gov

Sicherheitshinweise

Aufgrund unvorhersehbarer Entwicklungen kann es zu Änderungen und Einschränkungen kommen. Aktuelle Hinweise zur Einreise sowie Sicherheitshinweise finden Sie beim deutschen Auswärtigen Amt (www.auswaertiges-amt.de), beim österreichischen Bundesministerium für europäische und internationale Angelegenheiten (www.bmeia.gv.at) oder beim Eidgenössischen Departement für auswärtige Angelegenheiten der Schweiz (www.eda.admin.ch).

Zoll

Auf der Website der **US Customs and Border Protection Agency** findet man Informationen über die Waren und Devisen, die man ein- oder ausführen darf. Während des Flugs erhalten Sie ein blaues Formular für die Zollerklärung – hier benötigen Sie zwingend eine erste Übernachtungsadresse in den USA.

U.S. Customs and Border Protection
W cbp.gov/travel/international-visitors/know-before-you-visit

Versicherungen

Wir empfehlen eine umfassende Versicherung, die den Verlust von Eigentum, medizinische Versorgung, Stornierungen und Verspätungen abdeckt. In den USA gibt es keine allgemeine Gesundheitsversorgung für Bürger oder Besucher, daher ist es wichtig, eine Krankenversicherung abzuschließen.

Impfungen

Für die USA gibt es keine Pflichtimpfungen.

Hotels

Die Zimmerpreise variieren je nach Jahreszeit enorm. In Südflorida dauert die Hochsaison von Mitte November bis Ostern, im Panhandle und im Nordosten verlangen Hotels im Frühling und Sommer die höchsten Preise.

Wetter

Florida ist gelegentlich durch Hurrikane gefährdet. Bei Gefahr werden Vorwarnungen ausgegeben, **Ready** listet Sicherheitsvorkehrungen auf.

Ready
W ready.gov/hurricanes

Bezahlen

Die gängigen Kredit-, Debit- und Prepaid-Karten werden fast überall in Florida akzeptiert. Kontaktloses Bezahlen ist üblich, für kleinere Gegenstände, Bustickets und Trinkgelder ist jedoch Bargeld erforderlich.

Die Telefonnummer des Sperr-Notrufs bei Verlust einer Karte lautet: +49 116 116.

In den USA wird Trinkgeld erwartet, in Restaurants 20 Prozent der Rechnung. Taxifahrer bekommen 15 Prozent, Hotelportiers und Housekeeping fünf Dollar pro Tasche beziehungsweise pro Tag.

Reisende mit besonderen Bedürfnissen

Viele Gruppen bieten Ratschläge für Reisende mit Behinderungen, darunter **Mobility International USA** und Visit Florida *(siehe S. 322)*. **Lighthouse Central Florida** ist eine Anlaufstelle für sehbehinderte Reisende, die **SportsAbility Alliance** listet Freizeitaktivitäten im ganzen Bundesstaat auf. **Visit Florida Keys** bietet inselspezifische Ratschläge, das Walt Disney World® Resort verfügt über einen barrierefreien Parkführer.

Einige Autovermietungen, etwa **Wheelchair Getaways**, bieten Fahrzeuge für Menschen mit Behinderungen an. Etliche Busse verfügen über einen Rollstuhlzugang – achten Sie auf einen Aufkleber an der Windschutzscheibe oder an der Tür.

Lighthouse Central Florida
W lighthousecfl.org
Mobility International USA
W miusa.org
SportsAbility Alliance
W fdoa.org
Visit Florida Keys
W fla-keys.com/travelers-with-disabilities
Wheelchair Getaways
W wheelchairgetaways.com

Öffnungszeiten

Montag Einige Museen bleiben geschlossen.
Sonntag Viele Banken schließen am Nachmittag, kleinere Läden bleiben zu.
Feiertage Viele Attraktionen schließen eher oder bleiben den ganzen Tag geschlossen.

Feiertage

1. Jan	New Year (Neujahr)
Jan (3. Mo)	Martin Luther King, Jr. Day
Feb (3. Mo)	Presidents' Day
März/Apr	Easter (Ostern)
Mai (4. Mo)	Memorial Day
4. Juli	Independence Day (Nationalfeiertag)
Sep (1. Mo)	Labor Day (Tag der Arbeit)
Okt (2. Mo)	Columbus Day
11. Nov	Veterans Day
Nov (4. Do)	Thanksgiving (Erntedank)
25. Dez	Christmas (Weihnachten)

IN FLORIDA UNTERWEGS

Ob Rundreise oder Aktivurlaub, Städtereise oder relaxen am Strand – hier erhalten Sie Informationen zur Anreise und zu den Transportmöglichkeiten innerhalb Floridas.

Auf einen Blick

Ticketpreise

Miami
2,25 $
Einzelticket
Metrorail

Orlando
2 $
Einzelticket
Lynx

Tallahassee
1,25 $
Einzelticket
StarMetro

Tempolimits

Geschwindigkeitsbegrenzungen werden in den USA von den Staaten festgelegt, für Florida gelten folgende Werte:

Interstate Highways
70 **mph** (113 km/h)

State Highways
55 **mph** (88 km/h)

Innerhalb von Ortschaften
30 **mph** (48 km/h)

Verkehrsberuhigte Zonen
20 **mph** (32 km/h)

Anreise mit dem Flugzeug

Die wichtigsten Flughäfen Floridas sind Miami, Orlando, Tampa und Fort Lauderdale. Sie werden alle von nationalen Fluggesellschaften aus der ganzen Welt angeflogen. Darüber hinaus gibt es in den Wintermonaten Hunderte von Charterflügen.

Planen Sie für Ein- und Ausreise wegen der umfassenden Sicherheitskontrollen an den Flughäfen genügend Zeit ein.

Die Tabelle auf Seite 319 zeigt Transportoptionen und die jeweiligen Kosten für die Fahrt zwischen Flughäfen und Reisezielen in der Umgebung. Beachten Sie, dass öffentliche Busse günstiger sind als Shuttlebusse. Der Fahrpreis vom Miami International Airport nach Miami Beach beträgt beispielsweise für einen Expressbus 2,65 Dollar.

Anreise mit dem Zug

Mit Zügen von **Amtrak**, dem größten Eisenbahnunternehmen der USA, erreicht man Florida von der Ostküste. Drei Züge fahren täglich von New York City nach Florida: Der Silver Service fährt über Washington, DC nach Jacksonville und Orlando, von dort nach Miami oder Tampa. Die Fahrzeit beträgt bis zu 28 Stunden, es gibt Schlaf- und Speisewagen. Der Palmetto bedient die gleiche Strecke, bietet aber zusätzlich eine Business-Class.

Wer mit dem Autozug reisen will, nimmt den Auto Train von Amtrak, der täglich in etwa 18 Stunden von Lorton (Virginia) nach Sanford rund 50 Kilometer nördlich von Orlando fährt.

Amtrak-Züge bedienen nur eine begrenzte Anzahl von Städten in Florida. Anders als Tampa ist die Golfküste nur durch Amtrak-Busse, sogenannte »Thruway«-Busse, verbunden. Sie fahren von Winter Haven bei Orlando über St. Petersburg und Sarasota nach Fort Myers.

Wenn Sie mehrere Zugfahrten planen, empfiehlt sich ein Bahnpass, mit dem man während eines bestimmten Zeitraums unbegrenzt auf dem Amtrak-Netz fahren kann. Er muss jedoch vor der Ankunft in den USA online bei Amtrak oder bei einem Amtrak-

Vom Flughafen ans Ziel

Flughafen	Ziel	Entfernung	Taxi	Shuttlebus
Miami	Miami Beach	10 Meilen (16 km)	35–40 $	20–30 $
Orlando	Walt Disney World® Resort	18 Meilen (29 km)	60–70 $	49 $
	Universal Orlando Resort™	15 Meilen (24 km)	55–60 $	40–60 $
	Downtown Orlando	14 Meilen (22,5 km)	45–50 $	38 $
Sanford	Walt Disney World® Resort	40 Meilen (64 km)	100–110 $	20–50 $
Tampa	Downtown Tampa	9 Meilen (14 km)	30 $	19 $
Fort Lauderdale	Fort Lauderdale	8 Meilen (13 km)	20–25 $	13–15 $
	Miami	30 Meilen (48 km)	80–90 $	25 $

Partner im Ausland gekauft werden. Die Bahnpreise können es zwar nicht mit den Fahrpreisen von Bussen aufnehmen, aber eine Zugreise ist meist komfortabler und entspannter als eine Busfahrt.

Eine weitere Bahnverbindung innerhalb Floridas ist **Tri-Rail** im Süden Floridas. Der Zug hält an 15 Haltestellen zwischen dem Flughafen von Miami und West Palm Beach, u. a. in Fort Lauderdale und Boca Raton. Die Züge verkehren mehr oder weniger stündlich, am Wochenende seltener.

Amtrak
W amtrak.com
Tri-Rail
W tri-rail.com

Anreise mit dem Bus

Auf längeren Strecken innerhalb der USA fahren Sie am preisgünstigsten mit Bussen von **Greyhound**. »Express«-Busse halten unterwegs nur selten, die anderen fahren mehr Orte an. Auf einigen Routen gibt es sogenannte *flag stops*, an denen der Busfahrer Reisende an Orten ohne Bushaltestelle ein- oder aussteigen lässt. Zahlen Sie direkt beim Fahrer, oder reservieren Sie im Voraus auf der Website von Greyhound bzw. beim nächsten Greyhound-Partner, den Sie meist in einem Laden oder im Postamt finden.

Mit einem Greyhound-Pass ist unbeschränktes Reisen innerhalb eines bestimmten Zeitraums (zwischen vier und 60 Tagen) möglich. Er lohnt sich jedoch nur, wenn Sie in dieser Zeit viel unterwegs sind. Günstiger sind die Pässe, wenn Sie vor Reiseantritt außerhalb der USA erworben werden.

Fahrpläne sowie Informationen zu Preisen und Gepäcklimits finden Sie auf der Website.

Red Coach betreibt kleinere, exklusiver ausgestattete Busse, in denen man aus zurücklehnbaren Sitzen Filme anschauen kann. Red Coach bedient die Strecken zwischen Miami und Orlando, Jacksonville, Tampa, Tallahassee und Gainesville.

Greyhound
W greyhound.com
Red Coach
W redcoachusa.com

Öffentliche Verkehrsmittel

Die meisten Städte in Florida verfügen über ein gutes öffentliches Verkehrsnetz, die überwiegende Mehrheit ist jedoch auf ein Auto angewiesen. Es stehen verschiedene Transportmittel zur Auswahl, darunter Züge und Busse. Sicherheits- und Hygienemaßnahmen, Fahrpläne, Ticketinformationen, Verkehrspläne und mehr erhalten Sie in Touristeninformationszentren, Bahnhöfen und auf den Websites einzelner Betreiber.

Tickets

In den meisten Städten gibt es nur Busse, in Miami auch Metrorail und Metromover. Wenn Sie mehrere Tage in einer Stadt bleiben, lohnt sich in der Regel der Kauf eines speziellen Passes. Für Kinder gelten ermäßigte Preise.

Für Stadtbusse sollten Sie die Tickets beim Fahrer kaufen und entsprechend Kleingeld dabeihaben. Es wird empfohlen, mit dem genauen Fahrpreis zu bezahlen, da die Fahrer nicht immer Wechselgeld herausgeben können.

Busse

Im Miami-Dade County sind **Metrobusse** unterwegs. Ein Einzelticket kostet 2,25 Dollar (mehrmaliges Umsteigen ist möglich), ein 24 Stunden gültiger Tagespass 5,65 Dollar, ein Wochenpass 29,25 Dollar. Der Umstieg vom Bus auf einen Zug ist kostenfrei.

Dank der **Lynx**-Busse kann man sich in und um Orlando auch ohne Auto gut fortbewegen. Die Linien bedienen die touristisch interessantesten Gebiete wie Downtown Orlando, International Drive (einschließlich Universal Studios Florida™ und SeaWorld®) und Walt Disney World® Resort. Kostenlos ist die Benutzung der (von Lynx betriebenen) **Lymmo**-Busse, die durch Downtown Orlando fahren und das Entertainment-Viertel und die Sportarena Amway Center bedienen.

Lynx und Lymmo
W golynx.com
Metrobus
W miamidade.gov/global/transportation

Metrorail und Metromover

In Miami gibt es neben Bussen zwei schienenbasierte öffentliche Verkehrsmittel. Die 40 Kilometer lange **Metrorail** bietet eine Verbindung zwischen Coral Gables oder Coconut Grove und Downtown. Züge fahren täglich von 6 bis 24 Uhr alle zehn Minuten. Von der Metrorail können Sie in Hialeah in die Tri-Rail umsteigen sowie an den Stationen Government Center und Brickell in den Metromover.

Die kostenlosen Züge von **Metromover** verbinden auf drei erhöhten Rundlinien das Zentrum von Downtown mit den Vierteln Omni und Brickell. Insgesamt gibt es 20 Bahnhöfe. Die Wagen fahren von 5 bis 24 Uhr, in Spitzenzeiten alle 90 Sekunden, sonst alle drei Minuten.

Metrorail und Metromover
W miamidade.gov/global/transportation

Taxis

Taxis sind eine bequeme, wenn auch teure Art, sich fortzubewegen. Aufgrund der Beliebtheit der Mitfahrdienste Lyft und Uber werden sie zwar immer seltener, man findet sie aber noch an Taxiständen und Hotels in größeren Städten sowie an Flughäfen. Sie können auch telefonisch gebucht werden. Die meisten haben ein Schild auf dem Dach, das leuchtet, wenn das Taxi frei ist.

Wassertaxis

In Städten wie Jacksonville, Tampa und Fort Lauderdale sowie auf den Inseln um Fort Myers stehen Wassertaxis zur Verfügung. Die meisten festen Routen sind zwar auf Urlauber ausgerichtet und verbinden Hotels, Restaurants und Läden. Doch auch eine Stadtbesichtigung vom Wasser aus macht Spaß, oft kann man dafür Sonderpreise vereinbaren.

Auto fahren

Autofahren in Florida ist im Großen und Ganzen die effizienteste Art, sich in städtischen Gebieten fortzubewegen und zwischen Städten zu reisen. Es ist auch ganz einfach: Die meisten Autobahnen sind gut asphaltiert, und die Mietwagenpreise sind die niedrigsten in den USA.

Autovermietung

Um in den USA einen Wagen zu mieten, müssen Sie mindestens 21 Jahre (bei manchen Verleihern auch 25 Jahre) alt sein, einen gültigen Führerschein besitzen (ein internationaler Führerschein ist nützlich), Ihren Pass und eine Kreditkarte vorlegen.

Die bekannten Autovermietungen betreiben in allen größeren Städten und an den Flughäfen Floridas Filialen. Es ist in der Regel billiger, ein Fahrzeug am Flughafen zu mieten, als in einer Filiale in der Innenstadt.

Stellen Sie sicher, dass im Vertrag der Collision Damage Waiver (CDW; auch bekannt als Loss Damage Waiver, LDW) inbegriffen ist, ansonsten sind Sie für alle Schäden am Auto verantwortlich, auch für unverschuldete. Im Mietvertrag ist meist eine Haftpflichtversicherung enthalten, die aber selten angemessen ist. Eine zusätzliche Versicherung *(Additional* oder *Supplementary Liability Insurance)* ist anzuraten.

Manche Firmen berechnen eine Gebühr, wenn Sie den Wagen in einer anderen Stadt abgeben. Wer das Auto nicht vollgetankt zurückbringt, muss mit hohen Benzinkosten rechnen. Beachten Sie, dass Benzinpreise in der Nähe von Flughäfen höher sind.

Verkehrsregeln

Für alle Insassen besteht Anschnallpflicht. Die Benutzung von Mobiltelefonen am Steuer ohne Freisprechanlage, Geschwindigkeitsübertretungen *(siehe S. 318)* und Überschreitungen der erlaubten Alkoholgrenze von 0,8 Promille (für Fahrer unter 21 Jahre: 0,2 Promille) werden mit hohen Geldbußen belegt. Trinken Sie am besten gar keinen Alkohol, wenn Sie Auto fahren wollen.

Auf mehrspurigen Straßen, auch auf Interstate Highways, darf auf beiden Seiten überholt werden. Es ist nicht erlaubt, die Spur über einen doppelten gelben oder doppelten weißen Strich zu wechseln. Einfache durchgezogene Linien hingegen dürfen zum Überholen oder Abbiegen überfahren werden.

Sie dürfen bei Rot nach rechts abbiegen, soweit es kein Schild verbietet, aber Sie müssen zuerst anhalten.

Wenn ein Schulbus auf einer zweispurigen Straße hält, muss der Verkehr in beiden Richtungen anhalten. Auf einer Schnellstraße mit mindestens vier Spuren muss nur der Verkehr in Fahrtrichtung des Schulbusses anhalten.

Parken

In Freizeitparks, an Hauptattraktionen, in Einkaufszentren und teilweise sogar in Innenstädten findet man in der Regel problemlos einen Parkplatz. Schwierig wird es meist in der Nähe der Stadtstrände.

In Großstädten gibt es Parkhäuser, doch meist werden Sie um die Parkuhr nicht herumkommen. Wer einen Parkplatz ergattert hat, sollte die Parkuhr großzügig füttern: Die Gebühr schwankt zwischen 50 Cent und fünf Dollar pro Stunde. Wenn Sie überziehen, riskieren Sie eine hohe Geldstrafe, Parkkrallen oder dass Ihr Wagen abgeschleppt wird.

Achten Sie auf Parkverbotsschildern – sie sind häufig an Telefonmasten, Straßenlaternen oder Wänden angebracht. Geparkte Autos müssen zu Hydranten drei Meter Abstand haben, sonst können sie abgeschleppt werden.

Straßen und Maut

Der Bundesstaat Florida hat ein ausgezeichnetes Straßennetz. Die schnellsten Routen sind die Interstate Highways (I-10, I-75 usw.). Diese sechsspurigen Straßen sind hervorragend ausgebaut und bieten in regelmäßigen Abständen (etwa alle 45 Min.) sichere Rastplätze.

Das Fernverkehrsnetz umfasst auch gebührenpflichtige Straßen, oft Turnpikes, Expressways oder auch Toll Roads genannt. Die wichtigsten mautpflichtigen Straßen sind der BeachLine Expressway (zwischen Orlando und der Space Coast) und der Florida Turnpike, der von der I-75 nordwestlich von Orlando nach Florida City führt. Die Höhe der zu zahlenden Maut hängt von der zurückgelegten Streckenlänge ab. Bezahlen können Sie an vielen Mautstellen noch bar – entweder beim Kassierer oder indem Sie das passende Kleingeld in einen Korb werfen.

Einige Abschnitte des Florida Turnpike in der Nähe von Miami wurden auf elektronische Mauterfassung umgestellt, Bargeld wird dort nicht mehr akzeptiert. Autoverleiher haben darauf reagiert und verrechnen die Gebühren mit Ihrer Kreditkarte. In dem Fall können Sie ohne anzuhalten eine Spur mit der Beschilderung »SunPass Only« oder »EPASS Only« nutzen.

Auch U.S. Highways haben meist mehrere Spuren. An ihnen liegen Motels und Tankstellen. Auf diesen Highways kommt man meist sehr gut vorwärts. In der Nähe der Zentren größerer Städte wie Miami oder Orlando läuft der Verkehr aber häufig zäh – vor allem in den Hauptverkehrszeiten.

Auf den schmaleren State und County Roads lässt sich die Umgebung weitaus besser genießen. Nicht asphaltierte Straßen gibt es in ländlichen Gegenden. Beachten Sie, dass einige Autoverleiher die Benutzung dieser Straßen ausschließen.

Pannenhilfe

Bringen Sie Ihr Fahrzeug bei einer Panne an den Straßenrand, schalten Sie die Warnblinkanlage ein, und rufen Sie die Polizei. Auf Expressways können Sie die Notrufsäulen *(Motorist Aid Call Boxes)* benutzen.

Bei einer Panne mit einem Mietwagen rufen Sie zuerst die im Mietvertrag angegebene Nummer für Notfälle an. Mitglieder der **American Automobile Association (AAA)**, eines Partnerclubs des ADAC, können ihre Autos bis zur nächsten Service-Station abschleppen lassen. Kleinere Probleme wird die AAA gegen Gebühr an Ort und Stelle beheben. Wenn Sie kein Mitglied sind, hilft die Florida Highway Patrol (511) oder der Road Ranger Service (*347).

American Automobile Association (AAA)
W aaa.com

Fahrrad fahren

Radfahren ist keine gute Möglichkeit, sich in den großen Städten fortzubewegen (mit Ausnahme einiger Teile von Miami Beach), aber kleinere Städte sind normalerweise ruhig genug, um sicher mit dem Fahrrad erkundet zu werden.

Für längere Ausflüge gibt es kilometerlange markierte Radwege entlang der Küste, das Landesinnere durchziehen Fernradwege. Der **Florida Coast-to-Coast Trail** verbindet Titusville mit St. Petersburg, der Pinellas Trail St. Petersburg mit Tarpon Springs. Der Florida Keys Overseas Heritage Trail verläuft entlang der US-1 nach Key West.

Florida Coast-to-Coast Trail
W fgtf.org/projects/coast-to-coast-connector

Zu Fuß unterwegs

Floridas Städte sind nicht besonders fußgängerfreundlich, und die heißen und feuchten Sommer machen es ziemlich unangenehm, länger zu Fuß unterwegs zu sein. Aber auch außerhalb der städtischen Gebiete gibt es in Florida einige schöne Wanderwege.

Informationen darüber, einschließlich Karten, stellt die **Florida Trail Association** zur Verfügung.

Florida Trail Association
W floridatrail.org

PRAKTISCHE HINWEISE

Florida ist eine spannende und dazu noch unkomplizierte Reiseregion. Mit diesen Hinweisen und Tipps für Ihren Aufenthalt kommen Sie vor Ort bestens zurecht.

Auf einen Blick

Notrufnummer

Generelle Notrufnummer

911

Zeit

In größten Teil Floridas gilt Eastern Standard Time (= MEZ – 6 Std.), auf dem Panhandle Central Standard Time (= MEZ – 7 Std.). Sommerzeit: 2. So im März bis 1. So im November.

Leitungswasser

Falls nicht anders angegeben, ist Leitungswasser bedenkenlos trinkbar. An einigen Stränden gibt es Trinkwasserspender.

Websites

www.visitflorida.com
Floridas Tourismusbüro

www.nhc.noaa.gov
National Hurricane Center

www.aaa.com
American Automobile Association

www.amtrak.com
US-amerikanisches Schienennetz

www.greyhound.com
Amerikas nationales Busnetz

Persönliche Sicherheit

Florida ist ein relativ sicheres Reiseziel, dennoch ist es ratsam, Vorsichtsmaßnahmen zu treffen. So gibt es Teile von Miami, Orlando, Jacksonville und anderen Städten, in denen Sie wachsam sein sollten. Planen Sie Ihre Routen im Voraus, sehen Sie nur diskret auf Karten und meiden Sie nachts verlassene Gebiete. Wenn Sie eine Wegbeschreibung benötigen, wenden Sie sich an das Hotel- oder Ladenpersonal oder an die Polizei.

Bewahren Sie Kreditkarten, Mobiltelefone und Bargeld an einem sicheren Ort auf. Wenn Ihnen etwas gestohlen wurde, melden Sie die Straftat schnellstmöglich der nächstgelegenen Polizeidienststelle. Besorgen Sie sich auch eine Kopie des Polizeiberichts, um Ansprüche bei Ihrer Versicherung geltend machen zu können.

Beim Verlust des Reisepasses oder wenn Sie anderweitig in größeren Schwierigkeiten sind, wenden Sie sich an das **Konsulat** Ihres Heimatlandes.

Für die meisten Menschen ist Florida ein einladender und entgegenkommender Ort. Die kulturelle Zusammensetzung ist gemischt (mit großen lateinamerikanischen und afroamerikanischen Gemeinschaften), und Florida gilt schon seit Langem als LGBTQ+ freundliches Urlaubsziel. Miami ist weltberühmt für seine dynamische LGBTQ+ Szene, und auch Key West, Orlando, Fort Lauderdale und Tampa unterstützen die Community seit Langem. Key West wählte 1983 einen der ersten offen schwulen Bürgermeister des Landes. Diese Haltung erstreckt sich jedoch nicht immer auf die ländlicheren Gebiete, und die politischen Ansichten in Florida sind in den vergangenen Jahren viel konservativer geworden. Wenn Sie sich unsicher fühlen, finden Sie auf der Website von **Safe Space Alliance** den nächsten Zufluchtsort.

Safe Space Alliance
W safespacealliance.com

Deutsches Generalkonsulat
100 N Biscayne Blvd, Suite 2200, Miami, FL 33132 +1-305-358-0290
W miami.diplo.de

Österreichisches Honorarkonsulat
2445 Hollywood Blvd, Miami, FL 33022
+1-954-925-1100
de.austria.org/honoraryconsulates
Schweizer Konsulat
c/o Dufry America, LLC, 13690 NW 14th St, Miami, FL 33182 **+1-786-838-2912**
eda.admin.ch/atlanta

Gesundheit

Das Gesundheitswesen in den USA ist qualitativ hochwertig, aber teuer. Stellen Sie vor Ihrem Besuch sicher, dass Sie über eine vollständige Auslandskrankenversicherung *(siehe S. 317)* verfügen, und bewahren Sie Quittungen auf, um sie bei Bedarf bei Ihrer Versicherung geltend machen zu können. Krankenhäuser akzeptieren die meisten Kreditkarten, ebenso wie Ärzte und Zahnärzte.

Bei kleineren Beschwerden helfen rund um die Uhr geöffnete Ambulanzen und Apotheken wie Walgreens und CVS, von denen ebenfalls einige 24-Stunden-Service anbieten.

Für Florida-Besucher ist die Sonne gefährlich. Benutzen Sie Sonnencreme mit hohem Lichtschutzfaktor, und tragen Sie einen Hut. Achten Sie vor allem auf Ihre Kinder.

Rauchen, Alkohol und Drogen

In Florida gilt ein teilweises Rauchverbot, Rauchen ist in den meisten geschlossenen Räumen und in öffentlichen Verkehrsmitteln verboten. Für Nutzer von E-Zigaretten gelten die gleichen Regeln.

In den USA ist es erst ab 21 Jahren erlaubt, Alkohol zu kaufen (das gilt auch für Tabakwaren) und zu trinken. Jüngere Leute sollten deshalb Ihren Pass dabeihaben, da ohne Ausweis weder der Zutritt zu Bars noch die Bestellung von alkoholischen Getränken in Restaurants gestattet ist.

Der Besitz von Betäubungsmitteln ist strengstens verboten und kann strafrechtlich verfolgt und mit einer Gefängnisstrafe geahndet werden.

Ausweispflicht

Sie müssen sich in den USA jederzeit ausweisen können, jedoch nicht ständig Ihren Pass bei sich tragen. Falls die Polizei Ihre Identität überprüfen will, genügt meist eine Fotokopie Ihres Ausweises.

Mobiltelefone und WLAN

Triband- oder Multiband-Handys aus der ganzen Welt sollten in den USA funktionieren, Ihr Diensteanbieter muss jedoch möglicherweise internationales Roaming freischalten.

Die wichtigsten US-Netzanbieter sind AT & T, Sprint, T-Mobile US und Verizon. Die meisten bieten Prepaid-Telefone mit nutzungsbasierter Bezahlung und US-SIM-Karten ab etwa 15 Dollar (zzgl. Steuern) an, die Sie bei Ankunft kaufen können. Preiswerte Mobiltelefone gibt es auch in Supermärkten, Läden wie 7-Eleven und Kaufhäusern wie Target, Walmart und Best Buy.

Kostenloses WLAN ist fast überall allgegenwärtig. Cafés und Restaurants gestatten oft die Nutzung ihres WLANs, wenn Sie einen Einkauf tätigen.

Steuern

Die staatliche Umsatzsteuer in Florida beträgt sechs Prozent. Kommunen können zusätzliche Abgaben bis zu einem Höchstsatz von 2,5 Prozent erheben. Tampa berechnet den vollen Steuersatz von 8,5 Prozent, Miami addiert ein Prozent, und Orlandos Steuersatz beträgt 6,5 Prozent.

Post

Postämter haben werktags von 9 bis 17 Uhr geöffnet, einige auch am Samstagvormittag. Das Porto für einen Standardbrief bzw. eine Postkarte nach Europa beträgt 1,15 Dollar. Briefmarken erhält man in Postämtern, Drugstores, Supermärkten und Hotels.

Viele Amerikaner nehmen für Inlands- und Auslandspost private Kurierdienste wie UPS, DHL oder Federal Express in Anspruch.

Besucherpässe

Mit Discountkarten können Sie in Florida möglicherweise viel Geld sparen, aber Sie sollten vorab realistisch einschätzen, wie oft Sie sie nutzen werden – die meisten Karten sparen nur dann Geld, wenn sie maximal genutzt werden. Der **Sightseeing Day Pass** und **Go City** bieten ermäßigten Eintritt in Miami und Orlando.

Go City
gocity.com
Sightseeing Day Pass
sightseeingpass.com

WALT DISNEY WORLD® – INFORMATIONEN

Das Walt Disney World® Resort bietet Spaß für die ganze Familie. Mit folgenden Tipps wird Ihr Aufenthalt in dieser zauberhaften Welt zu einem unvergesslichen Erlebnis.

Auf einen Blick

Ausgaben pro Tag (4 Personen)

Sparsam	Preisbewusst	Luxus
160 $	220 $	350+ $

Besucherreichste Zeiten

Feiertage *(siehe S. 317)*.
Spring Break (Frühlingsferien) und Ostern.
Juni bis Anfang August.
Letzte November-Woche (Thanksgiving).

Neue Attraktion

2023 unterzeichnete der Gouverneur von Florida, Ron DeSantis, einen Gesetzentwurf, der dem Staat die Kontrolle über die Disney-Themenparks einräumt. Neue Attraktionen unterliegen nun der Genehmigung der Regierung.

Öffnungszeiten

Die Öffnungszeiten variieren je nach Park, Tag und Jahreszeit. Alle Parks verlängern ihre Öffnungszeiten im Sommer.

Websites und Apps

Walt Disney World® Resort
disneyworld.disney.go.com

Behinderte Gäste
disneyworld.disney.go.com/guest-services/guests-with-disabilities

Disney Play App
disneyworld.disney.go.com/guest-services/play-app

Event-Kalender
disneyworld.disney.go.com/calendars

Karte des Parks
disneyworld.disney.go.com/maps

Veranstaltungen mit Eintrittskarten
disneyworld.disney.go.com/events-tours

Tickets

Sie können Tickets für den Besuch eines einzelnen Parks kaufen. Mit der Park Hopper® genannten Option haben Sie Zugang zu mehreren Parks und weiteren Bereichen auf dem Gelände. Neben Tagestickets gibt es auch solche für mehrere Tage.

Wenn Sie für Ihren Aufenthalt ein Pauschalpaket buchen, profitieren Sie von diversen Bonusangeboten.

Das Resort bietet das ganze Jahr über viele Events. Für die meisten ist neben dem Eintritt auch der Erwerb eines separaten Tickets erforderlich.

W **disneyworld.disney.go.com/admission**

Übernachten

Das Walt Disney World® Resort bietet seinen Gästen vier verschiedene Kategorien von Unterkünften – vom günstigen Value Hotel (ab 99 $ pro Nacht) bis zur Deluxe Villa (ab 335 $ pro Nacht). Die preiswerten Optionen sind weiter von den Parks entfernt, für den Transport stehen diverse Verkehrsmittel *(siehe S. 325)* zur Verfügung. Villen liegen den Attraktionen näher und sind besser und schneller zu erreichen.

Natürlich können Sie auch außerhalb des Parkgeländes übernachten, was in der Regel günstiger ist. Der Aufenthalt in einem Resort-Hotel bietet allerdings eine ganze Reihe von Vergünstigungen, darunter eine Reservierung für Disney Genie+, Extra Magic Hours, Zugang zu Disney-Restaurants, Flughafentransfer und MagicBands.

W **disneyworld.disney.go.com/resorts**

Transport

Anreise

Der dem Walt Disney World® Resort nächstgelegene internationale Flughafen ist Orlando International Airport (MCO). Die Fahrzeit zwischen Flughafen und Resort liegt je nach Verkehr zwischen 25 Minuten und einer Stunde. Disneys kostenloser Magical Express Service wurde 2023 eingestellt; sogar Gäste der Resort-Hotels müssen jetzt für den Transport vom Flughafen bezahlen. **Mears Connect** und

Sunshine Flyer bieten Shuttlebusse ab etwa 16 Dollar pro Strecke an. Andere Besucher können vom Flughafen ein Taxi nehmen *(siehe S. 319)*.

Mears Connect
W mearsconnect.com
Sunshine Flyer
W sunshineflyer.com

Auto fahren

Am Orlando International Airport gibt es viele Mietwagenfirmen. Es ist auch möglich, ein Fahrzeug im Car Care Center des Resorts zu mieten, das sich in der Nähe des Themenparks Magic Kingdom® befindet.

Das Parken in Resort-Hotels ist für registrierte Gäste kostenlos, das Parken in den Themenparks ist für Hotelgäste ebenfalls kostenlos (sonst 25 – 50 $ pro Tag).

Automiete von Disney World
W disneyworld.disney.go.com/guest-services/car-rental-services

Öffentliche Verkehrsmittel

Themenparks und Hotels im Walt Disney World® Resort liegen bis zu elf Kilometer voneinander entfernt. Disney betreibt mehrere Transportmittel, die zu den Gästebereichen fahren, darunter Busse, Monorails (Züge), Boote und die Skyliner-Gondeln. »Minnie Vans« kann man auch über die Lyft-App mieten *(siehe S. 320)*.

Transportsysteme
W disneyworld.disney.go.com/guest-services/resort-transportation

Essen

Restauranttische sollten Sie reservieren – vor allem für spezielle Events wie etwa Character Dining und Fireworks Dessert Party sowie für beliebte Restaurants wie Be Our Guest. Einige Lokale akzeptieren Buchungen bis zu 120 Tage im Voraus.

Sie können eigene Speisen und Getränke (kein Alkohol!) ins Resort mitbringen. Beachten Sie, dass die Mitnahme von Glasbehältern mit Ausnahme von Gläsern für Babynahrung auf dem gesamten Gelände verboten ist.

W disneyworld.disney.go.com/dining

Disney Dining Plans

Eine Option für Gäste von Disney-Hotels ist der Disney Dining Plan, den man zu einem Pauschalpaket hinzubuchen kann. Je nach Hotelkategorie variiert der Umfang des Angebots – vom Frühstück bis zur Vollpension, vom Selbstbedienungslokal bis zum Restaurant mit Büfett oder Service am Tisch. Im Angebot sind vier verschiedene Dining Plans.

W disneyworld.disney.go.com/dining/plans

Weitere Features

My Disney Experience App

Gäste sollten sich nach Möglichkeit die App My Disney Experience herunterladen, die sowohl bei Google Play als auch im App Store kostenlos verfügbar ist. Mit der App kann man Disney Genie+ Reservierungen buchen, Wartezeiten für Fahrgeschäfte abrufen und Zeiten für Veranstaltungen erfahren. Die GPS-fähigen Karten sind für die Orientierung in den Parks hilfreich, zudem kann man Tische in Restaurants reservieren und Läden mit Merchandising-Artikeln finden. WLAN ist im gesamten Walt Disney World® Resort verfügbar, sodass Gäste die App auf dem ganzen Gelände nutzen können.

Disney Genie und Disney Genie+

Disney Genie ist ein kostenloses Planungstool, das FastPass+ ersetzt hat – es ist in die Apps My Disney Experience und Disneyland integriert. Die App ermöglicht es Ihnen, Ihren Tag effizienter zu planen, indem es die Wartezeiten für Fahrten anzeigt. Disney Genie+ ist ein zusätzlicher, kostenpflichtiger Service (ca. 15 – 29 $ pro Person und Tag), mit dem man bei bestimmten Fahrgeschäften dank der »Lightning Lane« die Warteschlange am Eingang umgehen kann. Der Service umfasst auch Audioerlebnisse und den Zugriff auf Augmented-Reality-Objektive während der Nutzung der App. Sie können Fahrten ab 7 Uhr morgens am Tag Ihres Besuchs buchen. Alternativ können Sie sich für das Programm Individual Lightning Lanes entscheiden, mit dem Sie die Warteschlange für zwei Fahrten pro Tag umgehen können (bis zu 25 $).

W disneyworld.disney.go.com/genie

MagicBands

MagicBands sind Armbänder, die Gästen als Parkticket und Zutritt zu den Warteschlangen von Disney Genie+ dienen. Für Gäste eines Resort-Hotels können sie auch als Zimmerschlüssel fungieren. Darüber hinaus gelten die bunten Bänder nach Hinterlegung einer Kreditkartennummer als bequeme Bezahlmethode für Essen und Souvenirs. MagicBands sind bei jeder Reservierung im Walt Disney World® Resort kostenlos.

W isneyworld.disney.go.com/guest-services/access-the-magic

Memory Maker

Mit diesem Pass können Gäste für einen Festpreis unbegrenzt alle im Park aufgenommenen Bilder herunterladen, die PhotoPass®-Fotografen mit professionellen Kameras aufnehmen.

W disneyworld.disney.go.com/memory-maker

REGISTER

Seitenzahlen in **fetter Schrift** beziehen sich auf Haupteinträge.

D

E

F

N

O

P

Q

R

S

T

U

V

W

X

Y

Z

DANKSAGUNG

DK bedankt sich bei den folgenden Personen für ihren Beitrag zur vorherigen Ausgabe: Stephen Keeling, Manu Velasco.

BILDNACHWEIS

Dorling Kindersley dankt folgenden Personen, Institutionen, Unternehmen und Bildarchiven für die Erlaubnis, ihre Fotos zu reproduzieren.

l = links; r = rechts; o = oben; u = unten; m = Mitte.

© 2018 Universal Orlando. All Rights Reserved: 174ml, 179mlu, 182mro, 183b, 184ml, 184–185om.

2018 – Salvador Dalí Museum, Inc., St. Petersburg, FL.: 262–263ul, 263ol; *Der Brotkorb*, 1945/© Salvador Dali, Fundació Gala-Salvador Dalí, DACS 2019 263or; *The Weaning of Furniture Nutrition*, 1934/ © Salvador Dalí, Fundació Gala-Salvador Dalí, DACS 2019 263mro; *Apparat und Hand*, 1927/© Salvador Dalí, Fundació Gala-Salvador Dalí, DACS 2019 263mr; *Nature Morte Vivante*, 1956/© Salvador Dalí, Fundació Gala-Salvador Dalí, DACS 2019 263ur.

4Corners: Pietro Canali 17mo, 108–109; Susanne Kremer 8ml, 8–9, 21mo, 288–289.

Alamy Stock Photo: 24BY36 41ur; AF archive 48um, 49mru; age fotostock/Alvaro Leiva 76ul; All Canada Photos 14mlu; Alpha and Omega Collection 162mru; Andreoletti 242ul; Jon Arnold Images Ltd 27ml, 237mr; Art Directors & TRIP 190mu; Bill Bachmann 224ur, 244o; Lori Barbely 142–143om; Andrew Barker 151um, 152–153ul, 162mlu, 162ur, 165o, 184u; Mark J. Barrett 252–253om; Pat & Chuck Blackley 221ol; blickwinkel 37ul; steve bly 309mro; Jason Bryan 69mru; Roman Budnyi 191mru; Buff Henry Photography 104o; Pat Canova 250o, 252ul, 253or; Yvette Cardozo 34–35u; Peter Carroll 163ur; Charles O. Cecil 85ur; Tonya Civiello-Bixler 148ul; Lucy Clark 159ur, 160o; Collection Christophel 49ul; Bruce Corbett 248ul; Creative Touch Imaging Ltd. 312ol; Cultura Creative (RF) 131u; Ian Dagnall 228–229u, 264o, 269u, 296mlo, 302ul; Danita Delimont 105ul, 270o; David R. Frazier Photolibrary, Inc. 297or; Teila K. Day Photography 22o; Songquan Deng 143or, 166–167ol; Reinhard Dirscherl 229mru; Disney Magic 155um, 169u; dmac 144–145om, 150o; Education & Exploration 3 42or; Education & Exploration 4 132–133; Richard Ellis 46ul; Everett Collection Historical 46mru; EyeVisualEyesIt 199ur; Findlay 13mru, 30–31om, 1428l, 168–169ol, 180um, 181o; Frank Fell 63mlo; Fotan 157ml; Gabbro 305ur; The Granger Collection 44ul; Richard Green 148–149or, 166mlu, 167mru; Jeffrey Isaac Greenberg 4+ 56ur; Jeffrey Isaac Greenberg 9+ 268or; Hemis 59mlo; Dan Highton 163mlu; Historic Images 101ur; Robert Hoetink 1o, 170–171; Hendrik Holler 308o; Hum Images 190ul; IamKai/Stockimo 145ml; imageBROKER 293ul; Images-USA 218o, 272mo, 273um; Paul Jacobs 162ul; Brian Jannsen 190mru, 304–305o; JeffG 91ur, 189ul, 273mlu; John Kellerman 79ur; Dzmitry Kliapitski 174o; Russell Kord 92–93u, 97mu, 100ul; Lazyllama 74o; Rick Lewis 245mr, 246o; Littleny 70mro, 72or, 168ur; LMR Group 313om; LOOK Die Bildagentur der Fotografen GmbH 303or; lovethephoto 31mlo; Luckyphotographer 102–103u; Patrick Lynch 127ol; Dennis MacDonald 78or, 227ur; Ilene MacDonald 125ol; dov makabaw 129ul; Thomas Marchessault 143mlo; mauritius images GmbH 116um; Ball Miwako 177mlo; Dawna Moore 219u, 222mlu; Moviestore Collection Ltd 48ul; Glenn Nagel 33or; NASA Image Collection 191ul; Natural History Library 40ol; Nature Picture Library/Alex Mustard 279ur; Newscom/BJ Warnick 223u; Nikreates 94o; NJphoto 153or; North Wind Picture Archives 45or; M. Timothy O'Keefe 136–137o, 165ur; Sean Pavone 19ul, 176–177ol, 201u, 204–205; Andrew Pearson 22mr; Douglas Peebles Photography 15mr; Sergio Pitamitz 26u; Peter Ptschelinzew 123um; robertharding/Michael Runkel 312–313u; Grant Rooney 197ul; Dominic Romer 29u; RosalreneBetancourt 10 285or; RosalreneBetancourt 13 73or, 93or, 174ul; RosalreneBetancourt 3/*Porträts von Mao*, 1972/© 2019 The Andy Warhol Foundation for the Visual Arts, Inc./DACS, London 119ul; RosalreneBetancourt 6 43ul, 124–125u; RosalreneBetancourt 7/*Inflammatory Essays*, 1979–1982/Jenny Holzer © ARS, NY und DACS 2019 24–25mo; RosalreneBetancourt 9 222ur; Tom Rose 181ur; Jorge Royan 18mo, 138–139; RSBPhoto 237ol; RSBPhoto1 30–31ul, 151or, 179ur; Stephen Saks Photography 25or, 105or, 235or, 237mro; James Schwabel 25ol, 135ul, 202ur, 236–237ul, 260–261um, 265ul, 277ul, 282ul, 283o, 283mlo, 284–285u, 286ur, 286–287o, 294or, 294–295ur; Science History Images 194mro; stephen searle 158u, 200um; Helen Sessions 145u, 147ml, 150mro, 152ml; Martin Shields 270ur; Sinibomb Images 174mru; Carmen K. Sisson/Cloudybright 216ul; Don Smetzer 226um; Solarysys 31mru; Tom Stack 40–41ul, 278u, 309u; Felix Stensson 58u; Johnny Stockshooter/© Bradley Dooley 240ur; SuperStock 208ur; Tasfoto 71mro; Torontonian 95mlu; Travel Pictures 182o; Tribune Content Agency LLC 42ol; A. Robert Turner 163mru; United Archives GmbH 49mlu; VIAVAL 196o; Stephen Vincent 228ol; Joe Vogan 136mro;

gary warnimont 237ur; WaterFrame_mus 130ul; Mark Waugh 198o; Sally Weigand 200or; Tim E White 178–179ol; Jennifer Wright 272ul; WS Collection 46ol; ZealPhotography 144u; ZUMA Wire/Mario Houben 28–29or, /Scott A. Miller 42ul; ZUMA Press Inc 29mr, 60ul, 177or, 267ur, 271or, 280–281, /*Rainbow Man*, 1984/© Judy Chicago ARS, NY and DACS, London 2019 38–39.

Associated Press AP: The Florida Times-Union/Bruce Lipsky 42m.

Boca Raton Resort & Club, A. Waldorf Astoria Resort: 118o.

Bridgeman Images: Peter Newark American Pictures 45ol.

Butterfly World: 129or.

Depositphotos Inc: korzeniewski 27ol.

© Disney: 142mro, 146ol, 146–147um, 147or, 154–155ul, 160ur, 161or, 162–163or.

Dorling Kindersley: Max Alexander 300um.

Dreamstime.com: 157um; Aguina 156o; Aiisha 191or; Jon Bilous 213or; Francisco Blanco 43ml; Chris Boswell 240o; Paul Brennan 215ur; Jerry Coli 158–159om; Dimarik16 28ul; Svetlana Foote 37mro; Fotoluminate 77ul; Rod Gimenez 215or; Michael Gordon 164ul; Ben Graham 287or; Kmiragaya 55ul, 98; Daniel Korzeniewski 213mr; Sergii Koval 13ur; Brian Lasenby 202ol; Miroslav Liska 32ol, 210ur; Littleny 71mr; Meinzahn 4, 16m, 50–51; Morenaki 299mro; Msbruckner 43or; Sean Pavone 8mlu, 112o, 120o, 130 131om, 188o, 208o, 212ul, 258–259ol, 266–267; Eduardo Di Piemonte 12–13um; Ondřej Prosický 36–37om; TasFoto 123ml; Typhoonski 134o; Rudy Umans 39ml; Jeff Whyte 163ul.

Fish House, Pensacola: 22mru.

Flagler Museum: 33ur, 115or.

The Florida Keys and Key West: 43mr.

Getty Images: 36ul; Filippo Bacci 314–315; Pat Canova 39u; CircleEyes 310–311o; Corbis Historical 46–47om; EyeEm/Ganesh Ampalavanar 298o, /Melanie Wynarski 12mlo; Kevin Fleming 128o; Stephen Frink 15o; Glowimages 45mr; Carol Grant 12mlu; Jeff Greenberg 34–35o, 258ur; Historic Map Works LLC 44o; ISC Archives/RacingOne 223mr; Yale Joel 47um; James Keith 26ol, 292–293ol; Glenn van der Knijff 13or; Morton Kunstler 45mro; Ratul Maiti 41or; Thaddaeus McAdams 60–61o; Miami Herald 43ol; Moment Open/ddmitr 137ur; Arthur Morris 27ur; Rebecca Nelson 15ur; Roberto Machado Noa 61mru; Nowordz Photography 42mr; John Parra 63mru; pidjoe 69mu; Joe Raedle 43ur, 47mru; James Randklev 249o; Smithlandia Media 176–177um; Jane Sweeney 32–33ul; THEPALMER 2–3; Time Life Pictures 47or; Universal Images Group/Jeff Greenberg 202–203o.

Getty Images/iStock: ampueroleonardo 122ol; anouchka 69ur; baluzek 250–251u; bauhaus1000 36mo; benedek 220u, 234o, 239ur; bhofack2 35mlo; Boogich 177mru; csfotoimages 268ul; CynthiaAnnF 41mlu; Damocean 307mru; EditorBRo 246–247u; felixmizioznikov 33mlu; gregobagel 90–91o; alex grichenko 243o, 306mr; Jimmy69 56mlu; krblokhin 58–59ol; littleny 14o; marchello74 68–69o; MichaelWarrenPix 22ul, 226o; mihtiander 55o, 80–81; Susanne Neumann 20mu, 254–255; NicolasMcComber 89ur; Sean Pavone 6–7; Rauluminate 56o; Ron_Thomas 214ul; SeanPavonePhoto 210–211ol, 217om; stellalevi 71or; Tahir-Abbas 14–15um; TriggerPhoto 35mru; twildlife 311ur; Flavio Vallenari 209or; Viktorcvetkovic 45um; Michael Warren 106–107, 224–225o; wsfurlan 24ol; Patricia Yablonski 279ol; YinYang 276–277o; Yoela 95u.

Great Explorations Children's Museum: 261o.

The Greater Miami Convention & Visitors Bureau www.gmcvb.com: 84–85o.

The John and Mable Ringling Museum of Art: 272mlu, 272mru, 272ur, 272–273or, 275or; Giovanni Lunardi 274ul.

Kennedy Space Center: 192u, 193ol, 193ur.

LEGOLAND® FLORIDA: © Chip Litherland Photography Inc. 186–187ol, 187mlu, 187ur, 187mru.

Muse, Sarasota: 24or.

Norton Museum of Art: Nigel Young/ Foster + Partners 126mlu, 126–127u.

Ocean Grill, Miami Beach: 56mr.

Osme Perfumery: 59ur.

Phillip and Patricia Frost Museum of Science: 88o.

Picfair.com: Kymberley Evan 20ol, 230–231.

Pinecrest Gardens, Miami: 62–63ul.

Rex by Shutterstock: 49ur; Kobal/Columbia 48o, 20th Century Fox/Glenn Watson/48ur.

Robert Harding Picture Library: Angelo Cavalli 54m, 64 – 65.

Sarasota Chalk Festival: 12' x 12' Pavement Art Photo/Artist Tomo Saito 42ur.

Shutterstock.com: Chris LaBasco 62 – 63o, Roberto La Rosa 300or.

SuperStock: DeAgostini 44mlu; age fotostock/Jeff Greenberg 301u.

The Bass, Miami Beach: Zachary Balber/The Haas Brothers: *Ferngully*, 5. Dezember 2018 – 21. April 2019 76 – 77om.

Twist: 61ul.

The Wolfsonian-Florida International University: World Red Eye 75ul.

WonderWorks, Orlando: 38ur, 198mlo.

The Wynwood Walls: Photo courtesy of Goldman Properties 103or.

Umschlag

Vorderseite und Buchrücken:
Getty Images/iStock: xbrchx.
Rückseite: **4Corners:** Susanne Kremer m; **Dreamstime.com:** Kmiragaya mlo, Sean Pavone or.

Alle anderen Bilder © Dorling Kindersley

MIX
Papier | Fördert gute Waldnutzung
FSC® C018179
www.fsc.org

Dieser Reiseführer wird regelmäßig aktualisiert. Angaben wie Telefonnummern, Öffnungszeiten, Adressen, Preise und Fahrpläne können sich jedoch ändern. Der Verlag kann für fehlerhafte oder veraltete Angaben nicht haftbar gemacht werden. Für Hinweise, Verbesserungsvorschläge und Korrekturen ist der Verlag dankbar. Bitte richten Sie Ihr Schreiben an:

Dorling Kindersley Verlag GmbH
Redaktion Reiseführer
Arnulfstraße 124 • 80636 München
reise@dk.com

DK Penguin Random House
www.dk-verlag.de

DK London (aktualisierte Neuauflage)

Mitwirkender Stephen Keeling

Lektorat Georgina Dee, Shikha Kulkarni, Hollie Teague, Beverly Smart, Alison McGill, Dipika Dasgupta, Alex Pathe, Anuroop Sanwalia, Nandini Desiraju, Simona Velikova

Gestaltung und Bildredaktion Maxine Pedliham, Priyanka Thakur, Sarah Snelling, Stuti Tiwari, Donna-Marie Scrase, Bharti Karakoti, Rohit Rojal, Taiyaba Khatoon, Vagisha Pushp

Herstellung Jason Little, Samantha Cross

Kartografie Suresh Kumar, Casper Morris, Ashif

Illustrationen Richard Bonson, Richard Draper, Chris Orr & Assocs, Pat Thorne, John Woodcock

Zuerst erschienen 1994 in Großbritannien bei Dorling Kindersley Ltd., London

Aktualisierte Neuauflage 2024 / 2025

Verlagsleitung Monika Schlitzer
Programmleitung Heike Faßbender
Redaktionsleitung Stefanie Franz
Herstellungskoordination Antonia Wiesmeier

Übersetzung Susanne Traub-Schweiger, Garmisch-Partenkirchen; Gerhard Bruschke, München
Redaktion Dr. Gabriele Rupp, Krailling
Schlussredaktion Monika Hensley, Köln
Umschlaggestaltung Ute Berretz, München

Satz und Produktion DK Verlag, München
Druck RR Donnelley Asia Printing Solutions Ltd., China

ISBN 978-3-7342-0824-9

20 21 22 26 25 24

ALABAMA
Opp
Dothan
Camilla
Brewton
Atmore
Colquitt
Moultrie
Lakeland
Thomasville
Valdosta
Blackwater River State Park
DeFuniak Springs
Florida Caverns State Park
Marianna
Chattahoochee
Milton
Quincy
Alfred B. Maclay Gardens State Park
Pensacola
Valparaiso
Torreya State Park
Monticello
Gulf Breeze
Destin
Eden Gardens State Park
Blountstown
Tallahassee
Suwannee State
Fort Walton Beach
Perdido Key
Santa Rosa Island
Underwater Museum of Art
Seaside
Wakulla Springs State Park
Live Oak
Panama City
Panama City Beach
Apalachicola National Forest
St. Marks
Perry
Branford
St. Joseph Peninsula State Park
Oak Grove
Carrabelle
Dog Island
Keaton Beach
Apalachicola
Steinhatchee
St. Vincent Island
St. George Island
Manatee Springs State Park
Suwannee
Cedar Key
Golf von Mexiko
Homosassa Springs Wildlife S
Weeki Wachee
Tarpon Spr
Caladesi Islan
Dune
Clearwa
St. Pete
De Soto National M
Ringlir
Orlando und Walt Disney World® Resort
EATONVILLE
CLARCONA
WINTER PARK
FAIRVIEW SHORES
Lake Virginia
Lake Apopka
WINTER GARDEN
OCOEE
PINE HILLS
Orlando Science Center
Harry P. Leu Gardens
Orange County Regional History Center
ORLOVISTA
ORLANDO
FLORIDA'S TURNPIKE
Lake Hiawassee
Clear Lake
HARLEM HEIGHTS
CONWAY
Turkey Lake
Lake Holden
WINDERMERE
Lake Butler
Universal Studios Florida™
Wizarding World of Harry Potter™
Islands of Adventure™
PINE CASTLE
Lake Conway
Volcano Bay™
SKY LAKE
Lake Tibet
The Wheel at ICON Park™
International Drive
TAFT
Lake Sheen
Orlando International Airport
Aquatica
Magic Kingdom®
SeaWorld® Orlando
Discovery Cove®
WALT DISNEY WORLD® RESORT
Disney Springs®
Epcot®
Disney's Typhoon Lagoon Water Park
Disney's Animal Kingdom®
HUNTERS CREEK
Disney's Hollywood Studios®
Disney's Blizzard Beach Water Park
BUENAVENTURA LAKES
CELEBRATION
Altstadt von Kissimmee
0 Kilometer 5
0 Meilen 5
N
KISSIMMEE
Silver Spurs Rodeo